westermann

Iris Fürst, Elke Helbig, Vera Schmitt

Kinder- und Jugendliteratur

Theorie und Praxis

5. Auflage

Bestellnummer 08124

Die in diesem Produkt gemachten Angaben zu Unternehmen (Namen, Internet- und E-Mail-Adressen, Handelsregistereintragungen, Bankverbindungen, Steuer-, Telefon- und Faxnummern und alle weiteren Angaben) sind i. d. R. fiktiv, d. h., sie stehen in keinem Zusammenhang mit einem real existierenden Unternehmen in der dargestellten oder einer ähnlichen Form. Dies gilt auch für alle Kunden, Lieferanten und sonstigen Geschäftspartner der Unternehmen wie z. B. Kreditinstitute, Versicherungsunternehmen und andere Dienstleistungsunternehmen. Ausschließlich zum Zwecke der Authentizität werden die Namen real existierender Unternehmen und z. B. im Fall von Kreditinstituten auch deren IBANs und BICs verwendet.

Zusatzmaterialien zum Titel „Kinder- und Jugendliteratur"

Für Lehrerinnen und Lehrer

BiBox westermann inkl. E-Book

Lehrerlizenz BiBox Dauerlizenz: 978-3-427-87477-5
Kollegiumslizenz BiBox Dauerlizenz: 978-3-427-87479-9
Kollegiumslizenz BiBox Schuljahr: 978-3-427-87481-2

Für Schülerinnen und Schüler

BiBox westermann inkl. E-Book

Schülerlizenz BiBox Schuljahr: 978-3-427-08125-8

westermann GRUPPE

Druck und Bindung: Westermann Druck GmbH, Georg-Westermann-Allee 66, 38104 Braunschweig

ISBN 978-3-427-**08124**-1

Inhaltsverzeichnis

Inhalt

Vorwort

Das vorliegende Buch „Kinder- und Jugendliteratur" wendet sich an

- Leserinnen, die sich in einer pädagogischen Ausbildung befinden,[1]
- pädagogische Fachkräfte
- und an Kinder- und Jugendliteratur interessierte Eltern und Erziehende.

Mit diesem Buch werden sowohl theoretische als auch praktische Grundlagen im Bereich der Kinder- und Jugendliteratur geschaffen. Die Lehrpläne der Fachschulen (Fachakademien) für Sozialpädagogik und der Fachschulen für Kinderpflege der einzelnen Bundesländer finden ihre Berücksichtigung. Dabei wurde besonders auf eine themenverbindende praktische Handlungsorientierung geachtet, durch die die Lernenden Kompetenzen im literarischen Bereich erwerben sollen.

In der vorliegenden überarbeiteten 4. Auflage des Buches wird dem länderübergreifendem Lehrplan und den Veränderungen in der Ausbildung Rechnung getragen. So werden die theoretischen Inhalte der Handlungs- und Lernfelder anhand von Lernsituationen erarbeitet und eingeübt.

Ein wichtiges Anliegen der Autorinnen ist es, der Freude und dem Spaß im Umgang mit Literatur neue Wege und Möglichkeiten zu eröffnen. Dem Literaturgenuss der Kinder und der Erwachsenen werden neue Impulse gesetzt, die anregen und neugierig machen sollen, sich mit Literatur auseinanderzusetzen. So gibt es in jedem Kapitel viele Anregungen zur praktischen Umsetzung von Bildungsaktivitäten.

Web

Hilfreiche Ideen für Projekte schließen sich an die Kapitel an und sind z. T. im dazugehörigen Downloadmaterial (BuchPlusWeb) zu finden. Im BuchPlusWeb befinden sich Ergänzungsmaterialien zum Lehrbuch, die vielseitig praxisorientiert eingesetzt werden können. Gerade für das selbstorganisierte Lernen oder für Lernsituationen gibt es Materialien, die ein vertiefendes und praxisorientiertes Arbeiten erleichtern. Zudem werden Tabellen, Schaubilder und Bearbeitungsvorgaben angeboten, um einzelne Inhalte des Lehrbuchs veranschaulichend zusammenzufassen. Auf zugehörige Downloadmaterialien wird im Buch mit nebenstehendem Symbol verwiesen. Hinweise zum Download und den dazu nötigen Zugangscode finden Sie vorne im Buch.

---

[1]Zugunsten der besseren Lesbarkeit haben sich die Autorinnen für die eingeschlechtliche Schreibweise Erzieherinnen, Leserinnen, Schülerinnen usw. entschieden. Selbstverständlich sind stets auch männliche Studierende und Erzieher angesprochen.

Die Autorinnen

Iris Andrea Fürst, geb. 1963, Erzieherin und Diplom-Sozialpädagogin (FH), von 1980 bis heute ehrenamtlich in der Kinder- und Jugendarbeit, insbesondere bei „Kinder Stark machen“ und Prävention vor sexuellem Missbrauch, tätig. Lehrtätigkeit seit 1990 in der Berufsfachschule für Kinderpflege sowie im Berufskolleg Sozialpädagogik mit den Schwerpunkten Kinder- und Jugendliteratur, Medienpädagogik, Bewegungserziehung, Erziehungswissenschaft sowie Methodik und Didaktik der Sozialpädagogik in den verschiedenen Handlungs- und Lernfeldern.

Elke Helbig, geb. 1962, Ausbildung zur staatlich anerkannten Erzieherin. Berufliche Erfahrungen in verschiedenen sozialpädagogischen Einrichtungen, Studium der Sozialpädagogik, Diplom-Sozialpädagogin (FH), mehrere Semester Studium der Erziehungswissenschaften, langjährige Lehrtätigkeit an Fachschulen für Sozialpädagogik.

Vera Schmitt, geb. 1960, Ausbildung zur staatlich anerkannten Erzieherin, Studium an der Fachhochschule für Sozialwesen, staatl. anerkannte Dipl.-Sozialpädagogin (FH), seit 1989 Lehrerin an berufsbildenden Schulen. Mehrjährige Mentorentätigkeit bei Direkteinsteigern und Lehrtätigkeit bei der Nachqualifizierung zur staatlichen anerkannten Erzieherin. Schwerpunkte der Tätigkeit sind der Unterricht in den Handlungsfeldern BHF, UES, BEF und USP.

1 Information für Lernende und Lehrende

1.1 Hinweise zum Umgang mit dem Buch – länderübergreifender Lehrplan

Das vorliegende Buch berücksichtigt das kompetenzorientierte Qualifikationsprofil für die Ausbildung von Erzieherinnen und Erzieher an Fachschulen/Fachakademien für Sozialpädagogik und bezieht sich damit – themenspezifisch – auf den länderübergreifenden Lehrplan. Wesentliche Elemente der Buchstruktur ergeben sich aus den Grundsätzen und Zielen des Qualifikationsprofils für die Ausbildung:

- generalistische Ausbildung
- Theorie-Praxisverknüpfung
- Kompetenzorientierung
- Integrale Persönlichkeitsentwicklung
- Querschnittaufgaben wie z. B. Sprachbildung.

Die sprachliche Bildung im Sinne einer kontinuierlichen Begleitung und Unterstützung der Sprachentwicklung mit dem Ziel, Kinder, Jugendliche und junge Erwachsene zu einer weitreichenden sprachlichen Kompetenz zu führen, die sie befähigt, sich angemessen und facettenreich ausdrücken zu können, wird hier besonders in den Fokus genommen. Dabei werden Entwicklungs- und Bildungsprozesse angeregt, unterstützt und gefördert.

Zu jedem Kapitel wird jeweils eine Einführung angeboten, der folgende Absichten zugrunde liegen:

- Motivation und Annäherung an das jeweilige literarische Thema,
- Anknüpfen an die eigenen Erfahrungen und persönlichen Bezüge zum jeweiligen literarischen Thema,
- Einstiegsmöglichkeiten in literarische Bereiche, die auch für eine Umsetzung in der sozialpädagogischen Praxis geeignet sind.

Durch diese unterschiedlichen Zugänge werden Gespräche angeregt, sodass ein intensiver Austausch über bisherige Literaturerfahrungen stattfinden kann. Dem schließt sich eine Begriffsklärung und theoretische Darstellung der jeweiligen Literaturgattung an.

Die Situation des Kindes ist Ausgangspunkt aller literaturpädagogischen Überlegungen. In jedem Kapitel finden zum einen die entwicklungspsychologischen Grundkenntnisse Eingang in die theoretische Auseinandersetzung mit Literatur, zum anderen wird auf die oft ganz unterschiedlichen individuellen Situationen des einzelnen Kindes hingewiesen. Beobachtungsaufgaben und Eigenreflexionen vertiefen die Informationsvermittlung.

Aus der pädagogischen Bedeutung der jeweiligen Literaturthemen heraus werden notwendige Beurteilungs- und Auswahlkriterien für geeignete Kinder- und Jugendliteratur entwickelt.

Die Faszination von literarischen Begegnungen zu entdecken und vertiefen, soll das Ziel der literaturpädagogischen Auseinandersetzungen sein. Jeweils am Ende der Kapitel finden sich zahlreiche praxisorientierte Anregungen, um mit Kindern unterschiedlichsten Alters Literatur zu erleben. Sie sollen motivieren, Literatur selbst einzusetzen und mit Kindern und Jugendlichen gemeinsam Literatur zu genießen.

Anregungen, Aufgaben, eigene Überlegungen und Erkundungen sind im Buch mit diesem Symbol (Lupe) gekennzeichnet und sollen eine aktive Auseinandersetzung mit den Inhalten ermöglichen.

1.2 Lernsituationen

Die nachfolgenden Lernsituationen sollen eine berufsspezifische Verknüpfung von pädagogischem Fachwissen mit Handlungswissen ermöglichen. Dabei sollen die Schülerinnen im Team möglichst selbstständig arbeiten.

Praxisrelevante Situationen wurden beispielhaft für verschiedene sozialpädagogische Arbeitsfelder ausgewählt, in denen exemplarisch Fach-, Handlungs-, Sozial- und Personalkompetenz für pädagogisch Tätige Anwendung finden.

Die erste Lernsituation ist bewusst sehr ausführlich und komplex gehalten, um hier aufzuzeigen, welche beruflichen Handlungszusammenhänge sich ergeben können. Die weiteren Lernsituationen wurden offener und kürzer gehalten, um eigene Erfahrungen oder spezifische Ergänzungen möglich zu machen. Die im Anschluss an die Situationsbeschreibung folgenden Aufgabenstellungen bieten eine Orientierung und Hilfestellung, jedoch sollten die Schülerinnen selbstständig an diese Problemsituationen herangehen. Fachtexte zu den einzelnen Kapiteln der Kinder- und Jugendliteratur werden in den jeweiligen Aufgabenstellungen genannt. Es können auch Fachtexte von weiteren Lernfeldern mitbenutzt werden.

1.2.1 Ganzheitliche Sprachförderung durch Kinderliteratur

Web

Sie haben sich als Erzieherin beim dreigruppigen städtischen Kindergarten „Sonnenschein" in Kleinstadt beworben und eine Zusage für die Arbeit als Gruppenleitung bekommen. Ihre Vorgängerin hat Ihnen Notizen über Ihre neue Gruppe (26 Kinder im Alter von 3 bis 6 Jahren) hinterlassen (siehe Notizen unten).

Der Kindergarten arbeitet teiloffen (Flur, Bewegungsbereich für alle), mit festen Gruppen und hat noch keine Konzeption vorliegen. Das Team besteht aus sechs Erzieherinnen (davon zwei in Teilzeit), einer freigestellten ebenfalls neuen Leitung und zwei Schulpraktikantinnen.

Bei der ersten Teamsitzung wird deutlich, dass die Leitung von ihrer Fachberatung den Auftrag bekommen hat, für den Kindergarten ein ganzheitliches Sprachförderkonzept durch Kinderliteratur zu entwickeln und auszuprobieren. Sie sind als Gruppenleitung an dieser Erstellung mit beteiligt.

Notizen über Ihre Gruppe von Ihrer Vorgängerin:

Simon (3;8) ist die erste Woche zur Eingewöhnung im Kindergarten. Seine Oma begleitet ihn und kann ihn dort bereits für ca. 1 Stunde gut alleine lassen. Simon zeigt Auffälligkeiten in seiner Sprache: „Oma wiedertommt", sagt er, nachdem sich seine Oma von ihm verabschiedet hat. In der „Bauete" hat er einen „doosen Turm baut" und „pielt".

Anna-Lena (3;6) spricht weder mit den Erwachsenen noch mit den Kindern im Kindergarten. Stattdessen sitzt sie überwiegend am Maltisch und beobachtet, was um sie herum geschieht. Ihre Mutter versichert aber, zu Hause würde sie viel erzählen.

Max (3;4), Leon (4;2) und Lena (5;4) sprechen selten im Stuhlkreis/in der Kinderkonferenz oder in anderen Situationen in der Gesamtgruppe, jedoch in ihrer Kleingruppe. Lena und Leon puzzeln besonders gerne die Holzpuzzles „Huhn“ und „Frosch“.

Mohamed (4;3), Fatima (5;1), Kaya (4;5) und Hakan (4;7) spielen miteinander „wilde Tiere“ und sprechen untereinander nur türkisch. Dabei fauchen sie, schleichen sich an die anderen Kinder heran und verschwinden wieder in ihrer Ecke.

Samuel (4;9) kommt aus den USA und ist erst seit einem Monat in der Gruppe. Er spricht eine Mischung aus Deutsch und Englisch und spielt mit Nicole (4;3) am liebsten „Hunde“.

Die fünf Vorschulkinder (Jonas 6;2, Niels 6;4, Joshua 5;7, Tanja 5;6 und Julia 6;4) haben ein erstaunliches Wissen über Dinosaurier und bringen täglich ihre Dinofiguren mit in den Kindergarten; ebenso Sachbücher über Dinosaurier. Niels stößt bei den S-Lauten an seine Zähne und lispelt stark. Für Joshua und Tanja stehen Entwicklungsgespräche mit deren Eltern an, da beide sogenannte „Kann-Kinder“ sind.

Hauptsächlich im Flurbereich spielen Max (3;4), Tim (3;6), Sven (5;1), Alexandra (5;0) und Jana (5;2) mit den Schaumstoffteilen Zirkus. Dabei geht die Initiative von Alexandra, Sven und Jana aus, die mit ihren Eltern zum Geburtstag von Alexandra eine Zirkusvorstellung besucht haben.

Tobias (5;0) wohnt auf einem Bauernhof und hat alle Kinder schon zu sich nach Hause eingeladen. Tobias spricht starken Dialekt. Tobias, Manuel (4;9), Stefan (4;6), Silvie (3;9) und Vanessa (4;1) bauen regelmäßig auf dem Bauteppich einen Bauernhof und spielen mit den Tierfiguren.

Aufgaben

1. *Erstellen Sie eine Liste mit Aufgaben, die Sie als neue Gruppenleitung vor sich haben. Analysieren und erfassen Sie die Aufgabenstellung.*
2. *Ordnen Sie Ihre Aufgabenliste nach Prioritäten.*
3. *Formulieren Sie Ziele, was Sie erreichen, planen und ausarbeiten wollen.*
4. *Planen und verteilen Sie die Unteraufgaben in Ihrem Lernteam.*
5. *Führen Sie Ihre Aufgabenstellungen durch. Benutzen Sie Fachtexte:*
   - *Sprachförderung (Kapitel 1.4)*
   - *Lyrik (Kapitel 2)*
   - *Märchen (Kapitel 3)*
   - *Bilderbuch (Kapitel 4)*
6. *Präsentieren und dokumentieren Sie Ihre Bearbeitung der Aufgabenstellung.*
7. *Reflektieren und werten Sie die Lernsituation aus.*

1.2.2 Kinderliteratur als Zuwendung bei Kleinstkindern

Web

Sie arbeiten als Jahrespraktikantin in der Kinderkrippe Kunterbunt in einer größeren Stadt. Ihre Krippe wurde gerade von privater Trägerschaft neu gegründet und hat eine Konzeption erstellt. Als wichtigstes Ziel wurde in der Konzeption aufgeführt, dass die pädagogischen Fachkräfte eine positive, annehmende und individuelle Beziehung zu den Kindern aufbauen, sodass sich die Kinder wohlfühlen, Vertrauen aufbauen und emotionale Stabilität als Grundlage für ihre weitere Entwicklung erlangen. Dieses Ziel soll unter anderem durch den Einsatz von Kinderliteratur erreicht werden.

Sie arbeiten in einer Gruppe mit acht Kindern im Alter von neun Monaten bis zwei Jahren. Von Ihrer Leitung bekommen Sie die Aufgabe, zu den Kindern eine emotionale Beziehung aufzubauen und dabei Kinderliteratur einzusetzen. Sie finden in der Kinderkrippe folgenden Tagesablauf vor:

Tagesablauf	
7:30 Uhr bis 8:30 Uhr	Bringzeit/Freispiel
8:30 Uhr bis 9:00 Uhr	Frühstück
9:00 Uhr bis 9:30 Uhr	Morgenkreis
9:30 Uhr bis 11:00 Uhr	Aktivitäten/Projekte/Ausflüge/Freispiel im Außengelände
11:30 Uhr bis 12:00 Uhr	Mittagessen
12:00 Uhr bis 14:30 Uhr	Schlafzeit/Abhol- und Bringzeit der Halbtags-Kinder
14:45 Uhr bis 15:15 Uhr	Zwischenmahlzeit
15:15 Uhr bis 15:30 Uhr	Nachmittagskreis
15:30 Uhr bis 16:30 Uhr	Aktivitäten/Projekte/Ausflüge/Freispiel im Außengelände
16:30 Uhr bis 17:00 Uhr	kleine Zwischenmahlzeit
17:00 Uhr bis 17:45 Uhr	Abholzeit/Freispiel

Aufgaben

1. *Erfassen und analysieren Sie die Lernsituation. Überlegen Sie, wie, wann und wodurch Sie zu den Kindern eine Beziehung aufbauen können.*
2. *Beschäftigen Sie sich mit Fachtexten zu den Themen Lyrik, Bilderbuch und Märchen.*

   Überlegen Sie, aus welchen Lernfeldern Sie weitere Fachtexte zur Bearbeitung der Aufgaben benötigen.
3. *Präsentieren und dokumentieren Sie die Bearbeitung der Aufgabenstellung.*
4. *Reflektieren und werten Sie die Lernsituation und die Ergebnisse aus.*

1.2.3 Eröffnung eines Leseclubs im Schülerhort

Sie arbeiten als Jahrespraktikantin in einem Schülerhort in einer Kleinstadt. Der Hort besteht aus 48 Kindern im Alter von 6 bis 14 Jahren und arbeitet teiloffen, d. h., Essen- und Hausaufgabenzeiten werden in festen Gruppen durchgeführt; die Freizeitbeschäftigung findet in Arbeitsgruppen oder offenen Angeboten statt.

Im Schülerhort werden die Kinder durchgehend ab Montag bis Freitag ab 7:00 bis 18:00 Uhr betreut. Das Angebot beinhaltet eine zuverlässige und familiäre Betreuung, gesunde und ausgewogene Verpflegung, Hausaufgabenhilfe und ein breit gefächertes Freizeitangebot.

Die Kinder werden dort emotional, sprachlich, sozial, motorisch, kreativ, kognitiv und multikulturell gefördert und bekommen die Möglichkeit, demokratisch mitzubestimmen. Dabei werden ihnen Grenzen vorgegeben, die es ihnen ermöglichen, sich zu selbstständigen Erwachsenen zu entwickeln.

In der letzten Kinderkonferenz haben die Kinder beschlossen, das Musikzimmer aufzulösen. In der nachfolgenden Abstimmung wünscht sich die Mehrheit der Kinder (insgesamt 26 – hauptsächlich Kinder aus der zweiten und dritten Klasse) ein ruhiges, gemütliches Lesezimmer, in dem auch Hörspielkassetten gehört werden können. Sie als Jahrespraktikantin können sich vorstellen, diese Entscheidung als Anlass für Ihr Jahresprojekt zu nehmen und sich mit den Kindern um eine Gestaltung des Raumes sowie um Literaturangebote zu kümmern.

Beschreibung der Räumlichkeiten:

Die beiden Gruppenräume (40 qm und 52 qm) mit den dazugehörigen Nebenräumen, d. h. Hausaufgaben- und Spielräume (je 32 qm) und ein weiteres Zimmer (ehemaliges Musikzimmer mit 17 qm) befinden sich im 1. Obergeschoss.

Im 2. Obergeschoss befinden sich ein Kreativraum mit Werkbereich (35 qm) und ein Computerraum (15 qm).

Im Gebäude werden weitere Räumlichkeiten u.a. gemeinsam mit den Kindergartenkindern genutzt: Bewegungsraum, Raum der Stille.

Aufgaben

1. *Erfassen und analysieren Sie die Lernsituation in ihren vielfältigen Aufgabenstellungen in Kleingruppen. Ergänzen Sie sich im Plenum.*
2. *Beschäftigen Sie sich mit den Fachtexten zu den Themen:*
   - *Erstlesebuch*
   - *Kinderbuch*
   - *Comic*
   - *Kinder- und Jugendzeitschriften*

   Überlegen Sie, aus welchen Lernfeldern Sie weitere Fachtexte zur Bearbeitung der Aufgaben benötigen.
3. *Überlegen Sie, worauf Sie bei der Einrichtung eines „Leseclubs" achten sollten. Zur Präsentation könnten Sie ein Modell (Schuhkarton als Raum) oder eine Skizze vorbereiten. Bedenken Sie dabei, die Kinder in den Gestaltungsprozess miteinzubeziehen.*
4. *Stellen Sie die Ergebnisse Ihrer Lernsituationsbearbeitung vor.*
5. *Reflektieren und werten Sie die Lernsituation und die Ergebnisse aus.*

1.2.4 Wecken der Lesemotivation von Jungen

Sie arbeiten als Erzieherin in einer Ganztagsgrundschule in einer größeren Stadt in einem neu entstandenen Stadtteil. In insgesamt 18 Klassen findet dabei eine ganztägige Förderung und Betreuung statt. In den Klassen arbeitet ein Team von Pädagogen am Vor- und Nachmittag zusammen. Um Entwicklungsprobleme von Kindern rechtzeitig zu erkennen und gleich vor Ort kompetent Hilfe anbieten zu können, koordinieren Lehrkräfte, Sozialpädagogen und Erzieherinnen einer Klassenstufe ihre Arbeit. Während die Lehrkraft in der Regel nach zwei Jahren wechselt, begleiten die Sozialpädagogen und Erzieherinnen eine Klassenstufe über vier Jahre. Die Klassen sind eine Lern-, Tisch- und Spielgemeinschaft. Nach dem Unterricht gehen die Schülerinnen und Schüler mit den Sozialpädagogen und Erzieherinnen in den Speisesaal. Im Anschluss an das Mittagessen finden die Kinder im Freien viele Möglichkeiten zum Toben und Sich-Bewegen-Können vor oder sie widmen sich im eigenen Freizeithaus jenen Angeboten, die von dem Erzieherteam und ihnen selbst gemeinsam entwickelt werden. Das Team und Sie unterstützen auch nach Rücksprache mit der Lehrkraft die Inhalte des Unterrichts, um auf diese Weise Unterricht und Freizeit zu ergänzen und zu entlasten. So kommen die Klassenlehrer der dritten Klassen auf Ihr Team zu und wünschen sich Unterstützung bei der Förderung der Lesekompetenz insbesondere der Jungen der Klasse. Sie haben in allen Klassen festgestellt, dass der Leistungsvorsprung der Mädchen im Lesen besonders ausgeprägt ist und dass die Jungen deutlich weniger begeisterte und aktive Leser sind als die Mädchen. Nun erwarten sie von Ihnen und Ihrem Team, dass sowohl in der Klasse im Unterricht als auch in der Freizeitgestaltung auf das Lesemotivationsproblem eingegangen wird und sie möchten konkrete Ideen, Projektvorschläge und Methoden von Ihnen erfahren.

Aufgaben

1. *Analysieren Sie die Lernsituation, besonders im Hinblick auf das Arbeitsfeld als Erzieherin, und erfassen Sie Ihre Aufgabenstellung.*
2. *Informieren Sie sich zu den Themengebieten der Aufgaben: Kinderliteratur, Comics, Kinder- und Jugendzeitschriften.*

   Überlegen Sie, aus welchen Lernfeldern Sie weitere Fachtexte zur Bearbeitung der Aufgaben benötigen.
3. *Präsentieren und dokumentieren Sie Ihre Arbeitsergebnisse.*
4. *Reflektieren und evaluieren Sie die Lernsituation.*

1.2.5 Mädchentreff im Heimbereich

Im Kinderheim St. Clara gibt es eine separat geführte Mädchenwohngruppe, die Platz für acht Mädchen ab zwölf Jahren bietet. Die Betreuung der Mädchen erfolgt durch drei weibliche Erzieherinnen und Sie als Anerkennungspraktikantin.

Konzeptionell verankert ist eine therapeutische Unterstützung durch das heilpädagogische Reiten oder Einzelgespräche mit Psychologinnen. Die Mädchen werden ernst und wichtig genommen, es wird ein positives Selbstbild, ihre Autonomie und die Gestaltung einer positiven Lebensperspektive gefördert. Dabei wird besonders viel Wert auf die Entwicklung zur Selbstständigkeit gelegt. Die Mädchen waschen ihre Kleidung selbst und das Team kocht am Wochenende gemeinsam mit den Mädchen die Mahlzeiten.

Sie bauen einen guten Kontakt zu den Mädchen auf, die viele ‚Frauenfragen‘ an Sie stellen:

- Wie merkt man, dass man verliebt ist?
- Wie küsst man einen Jungen?
- Was passiert bei der monatlichen Blutung?
- Wie benutzt man einen Tampon?
- Was passiert, wenn ein Mann und eine Frau Geschlechtsverkehr haben?
- Was verändert sich in meinem Körper als Mädchen?
- Was wünsche ich mir in meinem Leben als Mädchen? ...

Sie beschließen mit den acht Mädchen, sich regelmäßig einmal pro Woche zu treffen, um mit ihnen über ihre Fragen und Bedürfnisse zu sprechen. Dabei nutzen Sie zum Gesprächsanreiz Jugendzeitschriften (z. B. „Bravo“ oder „Mädchen“), entsprechende Sachliteratur zur Aufklärung und die Internetseite www.loveline.de der Bundeszentrale für gesundheitliche Aufklärung (BZgA).

Aufgaben

1. *Analysieren Sie die Lernsituation und ihre Aufgabengebiete.*
2. *Beschäftigen Sie sich mit Fachtexten zu der Lernsituation:*
   - *Jugendzeitschriften*
   - *Mädchenbuch*
   - *Internetseite der Bundeszentrale für gesundheitliche Aufklärung*

   Ergänzen Sie Ihr Fachwissen durch Fachtexte anderer Lernfelder.
3. *Präsentieren Sie Ihre Konzeption, inhaltliche Planung und Vorgehensweise am einem Beispiel des Mädchentreffs.*
4. *Reflektieren Sie die Lernsituation und werten Sie diese aus.*

1.3 Hinweise für die Unterrichtsgestaltung

Für die Unterrichtsgestaltung werden spezielle Methodenvorschläge angeboten, die eine aktive Auseinandersetzung mit den Inhalten ermöglichen:

1.3.1 Medienbiografie als Einstieg in das Unterrichtsfach

Web

Diese Methode macht eine Annäherung an die Literaturvielfalt und an die eigenen Literaturerfahrungen möglich und bietet damit einen Überblick über die Inhalte des Faches.

Jeder notiert für sich seine Lieblingsfiguren aus der Kinder- und Jugendliteratur, also aus Kinder- und Jugendbüchern, Zeitschriften, Comics, Märchen, Gedichten, und überlegt, warum diese Figuren Lieblingsfiguren sind.

In einer Kleingruppe werden die Lieblingsfiguren dann vorgestellt und besprochen, was die Faszination dieser literarischen Figuren für den einzelnen ausgemacht hat. Jede Gruppe sucht sich nun fünf Lieblingsfiguren aus und lässt diese pantomimisch lebendig werden, wobei die anderen Kleingruppen versuchen, diese Figur zu erraten. In der Gesamtgruppe kann ein Auswertungsgepräch folgen und die Inhalte des Faches können vorgestellt werden.

1.3.2 Karusselldiskussion

Bei dieser Methode werden alle Beteiligten gleichzeitig aktiviert und alle kommen miteinander ins Gespräch. Dies bietet sich insbesondere bei einer kontrovers geführten Diskussion an:

- Jeder liest zuerst den vorbereiteten Fragenkatalog, der die Diskussionsgrundlage bildet, durch.
- Dann sucht sich jeder eine Frage aus, die ihn interessiert.
- Die Gruppe soll nun zu gleichen Teilen einen Innenkreis und einen Außenkreis bilden, sodass jeder Teilnehmer ein Gegenüber hat.
- Die Teilnehmer des Außenkreises stellen die von ihnen ausgewählte Frage an ihr Gegenüber im Innenkreis.

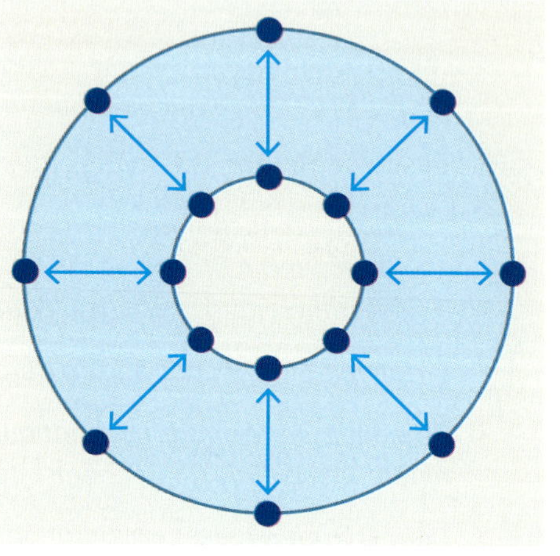

Doppelkreis (Gesprächspaare)

- Dieses beantwortet die Frage und hat dafür ca. eine Minute Zeit. Beobachtet wird die Diskussion und der Zeitverlauf von einem Karusselldiskussionsbegleiter.
- Anschließend dreht sich das „Karussell" um eine Position, d.h., die Person des Außenkreises wechselt ihr Gegenüber nach rechts. Der Innenkreis stellt nun eine Frage an den Außenkreis, wobei für die Antwort erneut eine Minute Zeit zur Verfügung steht.
- Der Wechsel kann beliebig oft erfolgen. Jedoch sollte, je nach Teilnehmerzahl, auf die hohe Lautstärke und damit das Konzentrationsvermögen Rücksicht genommen werden.

1.3.3 Mensch, red mit mir!

Material: Jeder Mitspieler benötigt eine Spielfigur; jede Spielgruppe (bis zu sechs Personen) benötigt einen Würfel, ein DIN-A3-großes Papier und verschiedenfarbige Filzstifte.

Runde 1: Jeder Spieler würfelt der Reihe nach, dabei werden die gewürfelten Augenzahlen als Spielfelder auf das Papier übertragen. Jeweils neben das zuletzt hinzugefügte Spielfeld notiert der Spieler eine selbst ausgedachte Frage zu einem zuvor gestellten Thema (z.B. alte Menschen/junge Menschen). Dies wird so lange weitergeführt, bis kein Platz auf dem Papier mehr frei ist und man entweder zurück zum Startfeld gelangt oder eine Zielposition aufmalt und vereinbart.

Spielfeldskizze

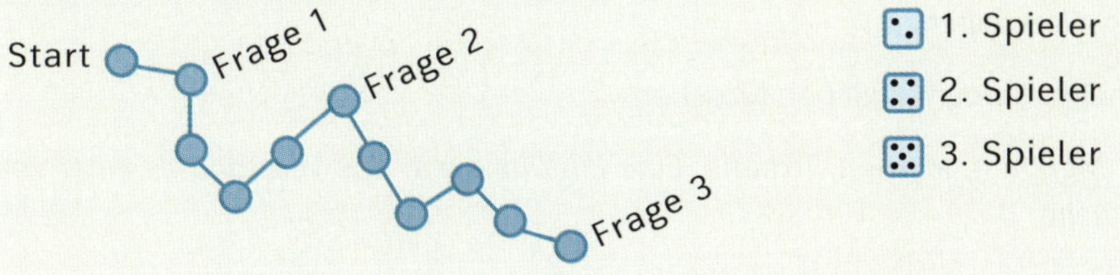

Runde 2: Jeder Spieler beginnt bei Start und rückt je nach gewürfelter Zahl vorwärts. Gelangt er auf eine notierte Frage, so muss er diese beantworten, gelangt er auf ein leeres Spielfeld, so muss er sich eine neue Frage zum vereinbarten Thema ausdenken.

Zeichnung des Spielfeldes

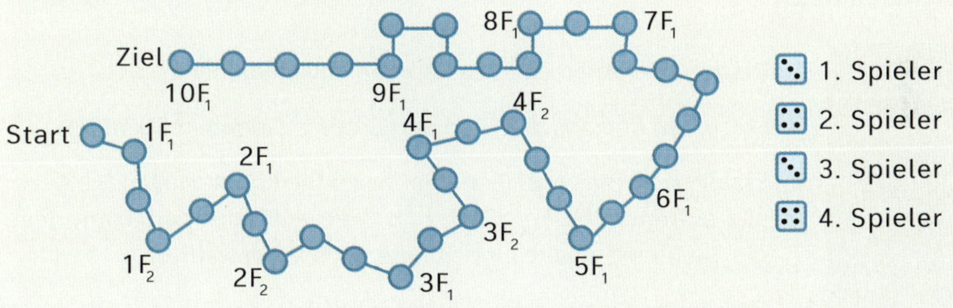

Runde 3: Es wird nur noch geantwortet, wenn an dem entsprechenden Feld eine Frage notiert ist – oder die Spielerunde kommt so miteinander ins Gespräch, dass das Spielfeld gar nicht mehr notwendig ist.

(nach einer Idee von Martin Wägele)

1.3.4 Unterrichtsprojekt zum Thema Märchen

In sechs Unterrichtseinheiten soll das Märchen Rotkäppchen von den Brüdern Grimm beispielhaft analysiert und in unterschiedlichen Fassungen betrachtet werden.

Ziel ist es, ein Volksmärchen ganz zu erfassen und aus verschiedenen Blickwinkeln zu betrachten, unterschiedliche Neufassungen kennenzulernen und zu beurteilen, die eigene Fantasie und Kreativität einzusetzen und das im Projekt Erfahrene praktisch umzusetzen.

Sie benötigen für diese Aufgabe die Textvorlagen aus Kapitel 1.3.5 und folgende Bücher:

- Brüder Grimm: *Rotkäppchen*
- Bruno Bettelheim: *Kinder brauchen Märchen*
- Erich Fromm: *Märchen, Mythen, Träume: Eine Einführung in das Verständnis einer vergessenen Sprache*
- Hans Ritz: *Die Geschichte vom Rotkäppchen: Ursprünge, Analysen, Parodien eines Märchens*
- Siegfried Schödel: *Märchenanalysen. Texte und Materialien für den Unterricht*
- Sybille Günther: *Willkommen im Kinder-Märchenland! Märchen werden lebendig durch Erzählen, Hören, Spielen und Gestalten*

1. Unterrichtseinheit

Intention	Auffrischen/Vertiefen eines bekannten Volksmärchens
Medieneinsatz	Das Märchen *Rotkäppchen* von den Brüdern Grimm in Buchform
Umsetzung	• Erzählen Sie das Märchen oder lesen Sie es vor. Halten Sie dabei alle auftretenden Personen und Tiere auf einer Karteikarte fest, die Sie für die zweite Einheit bitte noch aufbewahren. • Bearbeiten Sie anschließend folgende Fragen: 1. Hat Rotkäppchen einen Vater? 2. Erkennen Sie Vaterfiguren im Märchen? 3. Welche Erwartungen haben Sie an einen Vater? 4. Warum geht die Mutter nicht selbst zur Großmutter, obwohl sie Angst um Rotkäppchen hat? 5. Was können Eltern ihren Kindern nicht abnehmen? (Erkenntnisse, Erfahrungen, Auseinandersetzung mit Umwelt usw.) 6. Welche Aussage hat das Märchen nach allgemeinem Verständnis?

2. Unterrichtseinheit

Intention	Personen und Tiere aus dem Märchen auf deren Symbolcharakter und psychoanalytische Bedeutung überprüfen
Medieneinsatz	Auszüge aus *Kinder brauchen Märchen* von Bruno Bettelheim (siehe Bettelheim, 1980, S. 198 ff.)

Umsetzung	Die Schülerinnen arbeiten in vier Gruppen: • Die erste Gruppe erhält die Karteikarte „Jäger und Wolf“ und soll aus den Textauszügen die verschiedenen Deutungen der Personen notieren. „Jäger“ = verantwortungsbewusster, rettender Vater „Wolf“ = Repräsentant des Asozialen und Animalischen • Die zweite Gruppe erhält die Karteikarte „Rotkäppchen“ und bearbeitet die erwähnten Eigenschaften und Lebensphasen dieser Figur. „Rotkäppchen“ = pubertierendes Mädchen, emotional unreif, naiv, brav und an den Geheimnissen der Erwachsenen interessiert. • Die dritte Gruppe erhält die Karteikarten „Mutter“ und „Großmutter“, und erarbeitet die Funktionen und Eigenschaften dieser Personen. „Großmutter“ und „Mutter“ sind eine Person, die Großmutter schenkt dem Kind einen roten Mantel, um männliche Anziehungskraft auf Rotkäppchen zu lenken usw. • Die vierte Gruppe beschäftigt sich mit der psychoanalytischen Bedeutung des Märchens nach Bruno Bettelheim und vergleicht dieses Ergebnis mit der allgemeinen Aussage des Märchens. Alle Ergebnisse werden zum späteren Vergleich an eine Pinnwand angeheftet.

3. Unterrichtseinheit

Intention	Symbolische Deutung, pädagogische Sichtweise und moralische Botschaft des Märchens erfassen
Medieneinsatz	Auszüge aus *Märchen, Mythen, Träume* von Erich Fromm, *Märchenanalysen. Texte und Materialien für den Unterricht* von Siegfried Schödel und *Die Geschichte vom Rotkäppchen* von Hans Ritz.
Umsetzung	Arbeiten Sie aus den Texten folgende symbolische Bedeutungen heraus: 1. Das rote Käppchen: Sinnbild der Menstruation, sexuelle Anziehungskraft 2. Die Vögel: erotisches Symbol, welches das Mädchen von seiner Aufgabe abhalten soll 3. Die Flasche: Symbol für den weiblichen Körper Notieren Sie die pädagogische Bedeutung des Märchens und halten Sie die Ergebnisse an der Pinnwand fest. Vergleichen Sie diese anschließend mit den allgemeinen Aussagen und den psychoanalytischen Ansätzen nach Bruno Bettelheim.

4. Unterrichtseinheit

Intention	• Vertiefung des Inhalts des Originalmärchens • Kennenlernen verschiedener Neufassungen des Märchens
Medieneinsatz	1. Textvorlage: Was passiert zuerst? 2. Textvorlage: Ein bockstarkes Märchen 3. Textvorlage: Rotkäppchen einmal anders 4. Textvorlage: Rotkäppchen – diesmal amtlich
Umsetzung	Die unterschiedlichen Märchenfassungen werden vor der Klasse vorgelesen und anschließend über die Intention der Autoren gesprochen und darüber diskutiert, welchen Adressaten die Verfasser erreichen wollen.

5. Unterrichtseinheit

Intention	Eigene Erfindungsgabe und Ausdrucksfähigkeit einbringen
Medieneinsatz	Das Märchen *Rotkäppchen* von den Brüdern Grimm im Original
Umsetzung	Die Schülerinnen verfassen den Text in Gruppenarbeit oder Einzelarbeit in Reimform.

6. Unterrichteinheit

Intention	Übergang vom Unterrichtsprojekt zum allgemeinen Thema Märchen
Medieneinsatz	„Schüttel-Märchen"
Umsetzung	Die Schülerinnen bearbeiten in Einzelarbeit das Schüttel-Märchen, dabei werden die unterschiedlichen Märchen erfasst und aufgelistet. Eines der Märchen sollte in der Originalfassung erzählt werden.

Zur Erweiterung des Märchenprojektes bietet sich eine praktische Umsetzung in Form eines „Rotkäppchen-Zimmers" oder eines „Rotkäppchen-Parcours" an. Schattenfiguren, Figuren aus Pappmaschee, Mobiles, Klappkarten und Faltarbeiten können erstellt und im Zimmer dekoriert werden. „Rotkäppchentee" und „Rotkäppchen-Kuchen" können zum Abschluss des Projektes und zur Vorstellung für andere Klassen und Lehrer gereicht werden.

Zur Bearbeitung weiterer Märchen bietet sich das Buch *Willkommen im Kindermärchenland* von Sybille Günter an. Hier werden nicht nur hilfreiche Tipps zur praktischen Umsetzung von verschiedenen Märchen gegeben, sondern auch theoretisches Wissen vermittelt.

1.3.5 Textvorlagen zum Märchenprojekt

1. Was passiert zuerst?

1. „Es wunderte sich, dass die Türe aufstand, und wie es in die Stube trat, so kam es ihm seltsam darin vor, dass es dachte: ‚Ei, du mein Gott, wie ängstlich wird mir's heute zumut, und bin sonst gerne bei der Großmutter!' Es rief ‚Guten Morgen', bekam aber keine Antwort. Darauf ging es zum Bett und zog die Vorhänge zurück: da lag die Großmutter und hatte die Haube tief ins Gesicht gesetzt und sah so wunderlich aus. ‚Ei, Großmutter was hast du für große Ohren!' [...] ‚Aber Großmutter, was hast du für ein entsetzlich großes Maul?' ‚Dass ich dich besser fressen kann.' Kaum hatte der Wolf das gesagt, so tat er einen Satz aus dem Bette und verschlang das arme Rotkäppchen."

2. „Es war einmal eine kleine süße Dirne[1], die hatte jedermann lieb. [...] Einmal schenkte sie ihm ein Käppchen von rotem Sammet, und weil ihm das so wohl stand und es nichts anderes mehr tragen wollte, hieß es nur das Rotkäppchen."

3. „Rotkäppchen aber holte geschwind große Steine, damit füllte sie dem Wolf den Leib, und wie er aufwachte, wollte er fortspringen, aber die Steine waren so schwer, dass er gleich niedersank und sich totfiel."

4. „Die Großmutter aber wohnte draußen im Wald, eine halbe Stunde vom Dorf. Wie nun Rotkäppchen in den Wald kam, begegnete ihm der Wolf [...] ‚Rotkäppchen, wo wohnt deine Großmutter?' ‚Noch eine gute Viertelstunde weiter im Wald, unter den drei großen Eichbäumen, da steht ihr Haus, unten sind die Nusshecken, das wirst du ja wissen', sagte Rotkäppchen."

5. „Rotkäppchen aber war nach den Blumen herumgelaufen, und als es so viel zusammen hatte, dass es keine mehr tragen konnte, fiel ihm die Großmutter wieder ein, und es machte sich auf den Weg zu ihr."

6. „Der Wolf aber ging geradewegs nach dem Haus der Großmutter und klopfte an die Tür. [...] Der Wolf drückte auf die Klinke, die Türe sprang auf, und er ging, ohne ein Wort zu sprechen, gerade zum Bett der Großmutter und verschluckte sie. Dann tat er ihre Kleider an, setzte ihre Haube auf, legte sich in ihr Bett und zog die Vorhänge vor."

7. „Da waren alle drei vergnügt; der Jäger zog dem Wolf den Pelz ab und ging damit heim. [...] Rotkäppchen aber dachte: ‚Du willst dein Lebtag nicht wieder allein vom Wege ab in den Wald laufen, wenn dir's die Mutter verboten hat.' "

8. „Der Jäger ging eben an dem Haus vorbei und dachte: ‚Wie die alte Frau schnarcht, du musst doch sehen, ob ihr etwas fehlt.' [...] Wie er ein paar Schnitte getan hatte, da sah er das rote Käppchen leuchten, und noch ein paar Schnitte, da sprang das Mädchen heraus und rief. ‚Ach, wie war ich erschrocken, wie war's so dunkel in dem Wolf seinem Leib!' Und dann kam die alte Großmutter auch noch lebendig heraus und konnte kaum atmen."

---

[1] *Dirne ist hier in der mittelalterlichen Bedeutung „junges Mädchen" verwendet.*

9. „Eines Tages sprach seine Mutter zu ihm: ‚Komm, Rotkäppchen, da hast du ein Stück Kuchen und eine Flasche Wein, bring das der Großmutter hinaus. [...] Und wenn du in ihre Stube kommst, so vergiss nicht, guten Morgen zu sagen, und guck nicht in allen Ecken herum.' ‚Ich will schon alles gut machen', sagte Rotkäppchen zur Mutter und gab ihr die Hand darauf."

10. „Der Wolf dachte bei sich: ‚Das junge zarte Ding, das ist ein fetter Bissen, der wird noch besser schmecken als die Alte: du musst es listig anfangen, damit du beide erschnappst.' Da ging er ein Weilchen neben Rotkäppchen her, dann sprach er: ‚Rotkäppchen, sieh einmal die schönen Blumen, die ringsumher stehen, warum guckst du dich nicht um? Ich glaube, du hörst gar nicht, wie die Vöglein so lieblich singen? Du gehst ja für dich hin, als wenn du zur Schule gingst, und es ist so lustig draußen in dem Wald."

11. „Rotkäppchen schlug die Augen auf, und als es sah, wie die Sonnenstrahlen durch die Bäume hin und her tanzten und alles voller schöner Blumen stand, dachte es: ‚Wenn ich der Großmutter einen frischen Strauß mitbringe, der wird ihr auch Freude machen; es ist so früh am Tag, dass ich doch zu rechten Zeit ankomme', lief vom Wege ab in den Wald hinein und suchte Blumen. Und wenn es eine gebrochen hatte, meinte es, weiter hinaus stände eine schönere, und lief darnach, und geriet immer tiefer in den Wald hinein."

12. „Wie der Wolf seine Gelüste gestillt hatte, da legte er sich wieder ins Bett, schlief ein und fing an, überlaut zu schnarchen."

(Brüder Grimm, 1979, S. 308)

2. Ein bockstarkes Märchen – „Ein Typ erzählt Rotkäppchen"

„In dieser Story geht's um sonen reichen Zahn, der wohl mords knackig aussah, aber durch die feine Family total out war. Jede Menge Klamotten und sonen Plunder, aber dafür immer auf liebes Mädchen machen und sonen Scheiß. Die fuhr da aber entweder voll drauf ab oder blickte überhaupt nich durch, jedenfalls machte se nie Rabatz, sondern lief auch noch mit soner affigen roten Samtmütze rum, die ihr die Großmutter mal verpasst hatte. Jedenfalls durch selbige antike Dame kam dann die ganze Story ins Rollen. Die hatte es wohl irgendwie umgehauen, wahrscheinlich Migräne oder so, wie das bei diesen feinen Pinkeln ja immer so is. Jedenfalls lag se in ihrer Poofe flach und erwartet, dass die liebe Family anmarschiert kommt. Die Alten vom Zahn hatten da wohl aber auch nicht gerade den schärfsten Bock drauf, jedenfalls musste der Zahn jetzt mit sonem Fresskorb in den Wald latschen, wo der Nobelschuppen von der maroden Alten stand. Und wie der Zahn so durch den Wald schnürt, kommt doch son haariger dunkler Typ angepirscht und ist unheimlich scharf auf den Zahn, weil der so heiß aussieht. Die ist aber durch ihre scheiß bürgerliche Erziehung total verklemmt und lässt ne unheimlich blöde Quatsche raus. Der Typ denkt wohl, dass er das schon irgendwie managt und macht auf romantisch, so mit Blümchen, Vögelein und heiteitei. Die kapiert aber wieder nich die Bohne was läuft und will immer nur für die abgeschlaffte Alte Blumen griffeln. Der Typ dreht fast durch, weil er den Zahn nicht krallen kann, will aber unbedingt zu Potte kommen. Die Story mit dem kranken Friedhofsgemüse hatte der Zahn ja beim Blumenknacken an ihn rangelabert. Also, nix wie hin in die Villa, die alte Dame aus der Poofe geschmissen und sich schon mal selber reingehauen. Als der Zahn endlich angeschlurft kommt, schnallt der erst gar nix. Hat wohl seine Linsen nich drin oder ist sonst wie ein bisschen behämmert. Vielleicht isse aber auch cleverer als se aussieht, und hat total kapiert, was Sache is, steigt aber voll auf die Masche ein. Jedenfalls nach sonem bisschen Geplänkel von wegen großer Nase und Augen und so ist die Sache geritzt, der Typ griffelt sich den Zahn und vernascht ihn. Die Kiste wär ja auch ganz o. k. gewesen, wenn nicht die verklemmte Lady Zoff gemacht hätte. Vielleicht hätte auch selber nen Bock auf den Typ gehabt und war jetzt sauer. Bei dieser Sorte Weiber ist ja alles drin. Jedenfalls holt se sonen Flintenspezi als Verstärkung. Der spielt sich auch gleich als der dicke Macker auf und fuchtelt solange mit seiner Knarre rum, bis der Typ die Mücke macht, und ist auch noch stolz drauf. Die alte Lady macht sich jetzt unheimlich über den Fresskorb her und ist auch ganz happy. Nur für den Zahn war das natürlich unheimlich beknackt, dass ihre erste dicke Kiste so voll in die Hosen gegangen ist."

(Claus/Kutschera, 1986, S. 51)

3. Rotkäppchen einmal anders: Das elektrische Rotkäppchen

„Es war einmal eine süße elektrische Dirn, die hatte jedermann elektrisch lieb, am liebsten aber ihre elektrische Großmutter; sie wusste gar nicht, was sie alles dem Kind geben sollte. Einmal schenkte sie ihm ein elektrisches Käppchen von rotem Samt. Und weil es ihm gar so gut stand, dass es gar nichts anderes mehr tragen wollte, hieß es das ‚elektrische Rotkäppchen'. Da sagte einmal seine elektrische Mutter zu ihm: ‚Komm doch mal her, elektrisches Rotkäppchen! Hier hast du ein Stück elektrischen Kuchen und eine elektrische Flasche mit elektrischem Wein, die bring der elektrischen Großmutter hinaus. Sie ist krank und schwach und soll sich damit ein bisschen elektrisieren. Aber gib schön acht, dass du nicht vom Weg abkommst, sonst verbiegst du dir deinen Draht! Nun geh schon!' Sie schaltete ihr Kind an, gab ihm einen Schubs, und das elektrische Rotkäppchen machte sich auf den elektrischen Weg. Nun wohnte die elektrische Großmutter aber eine elektrische Stunde weit hinter dem elektrischen Märchenwald. Im elektrischen Märchenwald begegnete dem elektrischen Rotkäppchen auf einer elektrischen Lichtung der elektrische Wolf. Das elektrische Rotkäppchen wusste nicht, was für ein fürchterlich und gemeiner Elektrisierer er war, und es fürchtete sich nicht vor ihm ‚Guten Tag, elektrisches Rotkäppchen!', sprach er. ‚Wo willst denn du so früh hinaus?' ‚Zur elektrischen Großmutter, ihr etwas elektrischen Kuchen und elektrischen Wein bringen. Sie soll sich daran etwas elektrisieren. Das wird ihr gut tun.' ‚Wo wohnt denn deine elektrische Großmutter?', fragte der elektrische Wolf. ‚Eine elektrische Stunde weit weg', antwortete das elektrische Rotkäppchen, ‚hinter den großen Elektroleitungen, du wirst das ja wissen.' ‚Hör, Rotkäppchen', sprach der elektrische Wolf, ‚hast du die elektrischen Lampen im Wald nicht gesehen? Hast das schöne Summen und Simmen nicht gehört? Geh vom Weg ab! Du wirst sehen, wie schön elektrisch das alles ist.' Das elektrische Rotkäppchen schlug die Augen auf und sah, dass es stimmte, was der elektrische Wolf gesagt hatte. Und er drehte es etwas nach links, und so wich es vom Weg ab und ging in den elektrischen Märchenwald hinein. Es elektrisierte sich an den schönen elektrischen Lampen, bis es fünf Uhr war. Inzwischen aber kam der elektrische Wolf zum elektrischen Haus der elektrischen Großmutter und sprach elektrisch: ‚Mach mir auf, elektrische Großmutter, ich bin das elektrische Rotkäppchen und soll dir elektrischen Kuchen und elektrischen Wein bringen, damit du dich daran schön elektrisieren kannst.' ‚Drück nur auf den elektrischen Knopf', sprach die elektrische Großmutter. Und als der elektrische Wolf das getan hatte, ging die Tür elektrisch auf. Er ging hinein und fraß die elektrische Großmutter auf. Er setzte sich ihr elektrisches Nachthäubchen auf,

zog sich ihr elektrisches Nachthemd an und legte sich elektrisch ins Bett. Er zog elektrisch die Vorhänge zu, und als das elektrische Rotkäppchen kam und der elektrischen Großmutter die elektrischen Geschenke brachte, sah es in der elektrischen Stube so seltsam aus. Das elektrische Rotkäppchen sprach: ‚Ei, wie ist mir so seltsam elektrisch zumute. Ich kam doch sonst immer so gern zur elektrischen Oma!' Sie kam näher, zog elektrisch den Vorhang zur Seite und sprach: ‚Ei, elektrische Großmama, was hast du heute für elektrisch große Ohren?' ‚Damit ich dich besser hören kann', antwortete der elektrische Wolf. ‚Aber was hast du für eine elektrisch große Nase?' ‚Damit ich dich besser riechen kann.' ‚Und was hast du für elektrisch große Augen?' ‚Damit ich dich besser beleuchten kann.' ‚Aber du hast auch so einen elektrisch großen Mund!' ‚O ja', sagte der elektrische Wolf, sprang aus dem Bett und fraß das elektrische Rotkäppchen auf. Dann legte er sich wieder hin und fing an, elektrisch zu schnarchen. Zufällig kam der Elektriker des Weges. Der hörte das elektrische Schnarchen draußen und sprach zu sich: ‚Warum schnarcht die elektrische Großmutter nur so laut, sie wird doch wohl keine elektrische Störung in der Röhre haben!' Er drückte die elektrische Klinke herunter, ging in das elektrische Haus und fand den elektrischen Wolf im elektrischen Bett. Da nahm der Elektriker sein elektrisches Werkzeug, klemmte dem elektrischen Wolf den Strom ab und löschte ihm das elektrische Leben aus. Dann schraubte er ihn auseinander und fand in seinem Bauch die elektrische Oma und das elektrische Rotkäppchen und befreite sie. Da waren die beiden aber froh. Sie teilten mit dem Elektriker ihren elektrischen Wein und den elektrischen Kuchen und verspeisten alles zusammen. Dann nahm der Elektriker das elektrische Rotkäppchen mit, begleitete es noch ein kleines elektrisches Stück Wegs, und es ging zurück durch den elektrischen Wald zu seiner elektrischen Mutter. Und es ging Zeit seines Lebens nie, nie wieder von seinem elektrischen Weg ab, um elektrische Lampen zu besichtigen, und deswegen lebte es noch sehr lange. Und wenn es nicht gestorben ist, dann lebt es auch noch heute."
(Janosch, 1991, S. 123)

4. Rotkäppchen – diesmal amtlich

„Eine Vernehmlassung aus Bundestagskreisen ergab die Inangriffnahme der Übersetzung von Kindermärchen in amtliches Sprachgut zu Lesezwecken. Diesfallsige Übersetzungen sollen in Tötungsabsicht der deutschen Sprache bei der nächsten Parteibuchmesse auf Bundesebene zur Inaugenscheinnahme freigegeben werden. Im Kinderanfall unserer Stadtgemeinde ist eine hierorts wohnhafte, noch unbescholtene Minderjährige aktenkundig, welche durch ihre unübliche Kopfbekleidung gewohnheitsrechtlich Rotkäppchen genannt zu werden pflegt. Der Mutter besagter R. wurde seitens deren Mutter ein Schreiben zugestellt, in welchem dieselbe Mitteilung ihrer Krankheit und Pflegebedürftigkeit machte, worauf die Mutter der R. dieser die Auflage machte, der Großmutter eine Sendung von Nahrungs- und Genussmitteln zu Genesungszwecken zuzustellen. Vor ihrer Inmarschsetzung wurde die R. seitens ihrer Mutter schulisch über das Verbot betreffens Verlassens der Waldwege auf Kreisebene belehrt. Dieselbe machte sich infolge Nichtbeachtung dieser Vorschrift straffällig und begegnete beim Übertreten des diesbezüglichen Blumenpflückverbotes einem polizeilich nicht gemeldeten Wolf ohne festen Wohnsitz. Dieser verlangte in unberechtigter Amtsanmaßung Einsichtnahme in das zu Transportzwecken von Konsumgütern dienende Korbbehältnis und traf in Tötungsabsicht die Feststellung, dass die R. zu ihrer verschwägerten und verwandten, im Baumbestand angemieteten Großmutter eilends war. Da wolfseits Verknappung auf dem Ernährungssektor vorherrschend war, fasste er den Beschluss, bei der

Großmutter der R. unter Vorlage falscher Papiere vorsprachig zu werden. Weil dieselbe wegen Augenleidens krank geschrieben war, gelang dem in Fressvorbereitung befindlichen Untier die diesfallsige Täuschungsabsicht, worauf es unter Verschlingung der Bettlägerigen einen strafbaren Mundraub zur Durchführung brachte. Ferner täuschte das Tier bei der später eintreffenden R. seine Identität mit der Großmutter vor, stellte derselben nach und durch Zweitverschlingung der R. seinen Tötungsvorsatz erneut unter Beweis. Der sich auf einem Dienstgang befindliche und im Zuge der Beförsterung zuständige Waldbeamte B. vernahm Schnarchgeräusche und stellte deren Urheberschaft seitens des Tiermaules fest. Er reichte bei seiner vorgesetzten Dienststelle ein Tötungsgesuch ein, das dortseits zuschlägig beschieden und pro Schuss bezuschusst wurde. Nach Beschaffung einer Pulverschießvorrichtung zu Jagdzwecken gab er in wahrgenommener Einflussnahme auf das Raubwesen einen Schuss ab. Dieses wurde nach Empfangnahme des Geschosses ablebig. Die gespreizte Beinhaltung des Totgutes weckte in dem Schussgeber die Vermutung, wonach der Leichnam Menschenmaterial beinhalte. Zwecks diesbezüglicher Feststellung öffnete er unter Zuhilfenahme eines Messers den Kadaver zur Totvermarktung und stieß hierbei auf die noch lebhafte R. nebst Großmutter, durch die unverhoffte Wiederbelebung bemächtigte sich beider Personen ein gesteigertes, amtlich nicht zulässiges Lebensgefühl, dem sie durch groben Unfug, öffentliches Ärgernis erregenden Lärm und Nichtbeachtung anderer Polizeiverordnungen Ausdruck verliehen, was ihre Haftpflichtmachung zur Folge hatte. Der Vorfall wurde von den Kulturschaffenden Gebrüdern Grimm zu Protokoll genommen und reichbekinderten Familien in Märchenform zustellig gemacht. Wenn die Beteiligten nicht durch Zwangsverstromung ablebig gemacht und in Fortfall gekommen sind, sind dieselben derzeitig noch lebhaft."

(Troll, 1981, S. 37)

5. Schüttel-Märchen

„Es war einmal ein König. Der hatte lange kein Kind mehr gekriegt. Da schnitt er sich in den Finger und sprach: ‚Blau wie Blut, schwarz wie Ebenholz'. Nun kriegte er eines, das trug ein rotes Käppchen auf dem Kopfe. Da war große Freude im ganzen Reich. Auch kam die böse Fee herein. Sie sagte: ‚Butje, Butje Timpetee, Mantje, Mantje in der See.' Schon brodelte das Meer ungeheuerlich, und ein Frosch mit einer kleinen Krone auf dem linken Ohr fragte: ‚Wer hat von meinem Tellerchen gegessen?'

Die Königstochter liebte solche Fragen nicht. Sie nahm den Frosch, warf ihn gegen die Rosentapete, und als der Frosch herunterfiel, war er ein Bär, dem es goldig durch den Pelz blitzte, wo er ihn nicht richtig zugeknöpft hatte. Zauste man den Bären zu arg, dann brummte er: ‚Was pumpelt in meinem Bauch herum? Ich dacht', es wären sieben Zwerge, und nun ist mir, als tanze eine Hexe auf glühenden Pantoffeln in mir.'

Einmal ging der Bär durch den Wald. Da sah er um ein Feuerlein ein Männlein tanzen, das sang mit zartem Stimmchen: ‚Heute hack' ich Holz, morgen klau' ich Bier, übermorgen hol' ich mir dem König sein Kind. Ach, wie gut, dass ich selber nicht weiß, dass ich König Drosselbart heiß.'

Bald darauf sattelte es sein edles Ross und ritt damit aus dem Wald in die Stadt hinein, auf den Marktplatz hinauf und dort mitten durch einen Porzellanladen. Bei jedem Schritt rief das Ross: ‚Sieben auf einen Streich!' Dabei begab es sich, dass sich das Ross eine Scherbe in den Huf trat, und also forderte es vom Drosselbart: ‚Wenn du deines Glücks gewiss sein willst, so lasse mir ein paar feine Stiefel machen.' Der Drosselbart kratzte sich am langen Kinn und nahm sein Geld zusammen und tat also.

Das gestiefelte Ross trabte spornstreichs zum Schloss des bösen Zauberers und brach sich ein Stück Pfefferkuchen vom Dach. Dabei murmelte es: ‚Die Guten ins Kröpfchen.' Plötzlich tönte es aus dem Brunnen: ‚Wenn das deine Mutter wüsste, das Herz tät' ihr springen.'
Das tapfere Ross antwortet nicht. Da tönte es wieder aus dem Brunnen: ‚Wer aus mir trinkt, der wird ein Mensch.' Trotz seiner Furcht antwortet das Ross wieder nicht, und es fraß ein Stück Zuckerwatte vom Schornstein des Schlosses. Noch einmal rief die Stimme aus dem Brunnen: ‚Rapunzel, Rapunzel, lass dein Haar herab.' Doch das Ross tat so, als hätte es nichts gehört. Nun öffnete sich die Tür des Schlosses, und heraus trat der Bär, der ein Frosch gewesen war; denn niemand anders als der Froschbär war der böse Zauberer. Der Froschbärzauberer brummte: ‚Ich weiß, warum du gekommen bist. Du willst die Prinzessin erlösen, die hoch oben auf dem Glasberg sitzt, der mit Erbsen bestreut ist und von sieben Raben bewacht wird. Täglich muss sie dort ihr Kopfkissen ausschütteln, damit es auf Erden schneit. Aber nur eine reine Jungfrau kann sie erlösen, die drei Aufgaben erfüllt.' Zufällig war das gestiefelte Ross eine reine Jungfrau, und flink. ‚Die erste Aufgabe lautet, wie viel ist eins und eins?' sagte der Zauberer. ‚Das ist leicht', antwortet das Ross. ‚Zwei, soviel wie die Prinzessin Augen im Kopf hat.' ‚Die zweite Aufgabe lautet, wie viel ist zwei und zwei?' sagte der Zauberer. ‚Auch das ist leicht', antwortete das Ross. ‚Vier, denn so viele Finger hat die Prinzessin an einer Hand.' ‚Die dritte Aufgabe lautet, wie viel ist drei mal drei?' sagte der Zauberer. ‚Zehn', antwortet das Ross. ‚Soviel, wie die Prinzessin Haare auf dem Kopf und Zähne im Mund hat.' ‚Das hat dir der Teufel gesagt', schrie der Zauberer, ohne erst nachzurechnen, und mit einem entsetzlichen Donnerschlag verschwand er. Da war die Prinzessin erlöst und heiratete den König Drosselbart.
Sie lebten glücklich zusammen. Manchmal allerdings, wenn die Prinzessin in ihrem Märchenbuch las, seufzte sie: ‚Ach, wenn's mich nur gruselte.' Doch das gelang ihr nimmermehr, weil sie nie aus ihrem Märchenbuch herausguckte."

(Frank, 2001, S. 51–53)

Aufgabe

1. *Versuchen Sie, alle durcheinandergeschüttelten Märchen zu erfassen und in der richtigen Reihenfolge zu notieren.*
2. *Erzählen Sie die Märchen „richtig".*

Tipp: Wenn Sie im Internet nach „Rotkäppchen" suchen, indem Sie diesen Begriff in einer Suchmaschine eingeben, finden Sie weitere Versionen des Märchens, unter anderem auch das von Charles Perrault, in dem der moralische Zeigefinger noch deutlicher zu erkennen ist als in der von den Brüdern Grimm herausgegebenen Fassung.

1.3.6 Das Märchenprojekt im fächerverbindenden Unterricht

Um ein Projekt im fächerverbindenden Unterricht zu verwirklichen, bedarf es einer konkreten Vorbereitung im Kollegium. Alle Lehrplaneinheiten müssen aufeinander abgestimmt und im Stoffverteilungsplan berücksichtigt werden.

Da die Projektarbeit im Kindergarten immer größere Bedeutung gewinnt, ist es sinnvoll, den Auszubildenden die Gelegenheit zu bieten, ein Projekt unter Anleitung zu erarbeiten und durchzuführen.

- Im **fächerverbindenden Unterricht** kann im Fach **Deutsch** das *Rotkäppchen* z. B. als Erörterung, als Bericht, als Diktat oder als Bewerbungsschreiben (*Rotkäppchen* schreibt eine Bewerbung) bearbeitet werden. Die Schülerinnen könnten auch einen Steckbrief vom *Rotkäppchen* erstellen.
- In den Fächern **Musik, Rhythmik und Bewegungserziehung** kann das Märchen in Reimform verklanglicht, als Rhythmikeinheit erarbeitet, als Fantasiereise oder Erlebnisparcours umgesetzt werden.
- Im Fach **Bildende Kunst** können *Rotkäppchen*-Drucke hergestellt, Märchenlandschaften auf Leintüchern dargestellt und *Rotkäppchen*-Mandalas entworfen werden.
- Im Fach **Erziehungswissenschaft/Erziehungslehre** können die tiefenpsychologischen Bedeutungen von Symbolen und Figuren im Märchen noch genauer erarbeitet und in der Lehrplaneinheit „Magische Phase“ vertieft werden.
- Im Handlungsfeld **Berufliches Handeln fundieren** kann eine Ausarbeitung für ein Angebot mit dem Thema „Märchen“ erarbeitet und in anderen Handlungsfeldern vertieft werden. Spielideen, wie z. B. ein „Rotkäppchen-Rollenspiel“ oder „Rotkäppchen“ als Brettspiel, können in der Lehrplaneinheit „Spiel“ verwirklicht werden.
- Im Fach **Werken** können Figuren aus Draht und Pappmaschee oder aus Ton gefertigt, ein Tannenwald und Figuren gefaltet werden. Mit Märchenwolle und Draht können der Wolf und die Großmutter dargestellt werden.
- Im Fach **Nahrungszubereitung** (Berufsfachschule für Kinderpflege) können u. a. „Rotkäppchen-Plätzchen“, „Rotkäppchen-Tee“ und „Rotkäppchen-Cocktails“ hergestellt werden.

1.3.7 Handlungsorientierter Unterricht mit Kinder- und Jugendliteratur

Die Lernziele von handlungsorientiertem Unterricht liegen zum einen in der Wiederholung und Vertiefung von bereits vermittelten Inhalten, zum anderen in der Verbesserung der Teamfähigkeit der Schülerinnen.

Vorgehensweise:

1. Die Schülerinnen erhalten ausreichend Zeit, um sich in einen bereits bekannten Unterrichtsinhalt – z. B. Lyrik, verschiedene Arten von Bilderbüchern, oder Comics – einzulesen.
2. Die Lehrkraft stellt anschließend 20 Begriffe vor, die im Zusammenhang mit dem entsprechenden Thema gelernt wurden. Aufgabe der Lernenden ist es, sich so viele Begriffe wie möglich zu merken. Zunächst werden die Begriffe vorgelesen (auditive Aufnahme) und die Schülerinnen erhalten etwas Zeit zum Merken. Nach dieser kurzen

Pause zeigt die Lehrkraft den Schülern die Begriffe, die auf jeweils einer Karteikarte vermerkt sind (visuell), nach einer erneuten kurzen Pause werden die Karteikarten in der Klasse herumgegeben, um sie nun haptisch wahrzunehmen.

3. Im Anschluss notieren die Schülerinnen in Einzelarbeit so viele Begriffe wie möglich.
4. In Dreier-Gruppen tragen die Schülerinnen schließlich fehlende Begriffe zusammen. Die Begriffe, die ohne eine bestimmte Reihenfolge vorgetragen wurden, können nun in Sachbereiche zusammengefasst werden. Auf diese Weise strukturieren die Schülerinnen den Themenbereich.
5. Eine Person je Gruppe benennt und erläutert die Begriffe, die zusammengetragen wurden.

Abschließend erhalten die Schülerinnen die Gelegenheit, eine Infokartei einzurichten, zu der alle in der Klasse Zugang haben. Auf der Rückseite der Karteikarten werden Definitionen, Erläuterungen und Querverbindungen notiert.

Eine Erweiterung wäre es, diese Infokartei bei Klassenarbeiten zur Verfügung zu stellen. Jeder Schüler kann einmal nach vorne kommen und sich einen Begriff samt Information auf der Rückseite durchlesen.

Da jeder Einzelne für die Ausführungen auf der Rückseite der Kartei selbst verantwortlich ist, entsteht der Anspruch, die Ausführungen richtig und vollständig zu erstellen.

1.4 Sprachförderung

Beispiel: Nach Ihrem erfolgreichen Abschluss als staatlich anerkannte Erzieherin bewerben Sie sich auf eine Stelle zur Sprachförderung von Kindern im katholischen Kindergarten Don Bosco. Beim Einstellungsgespräch werden Sie mit dem Zitat *„Die Grenzen meiner Sprache bedeuten die Grenzen meiner Welt“* von Ludwig Wittgenstein konfrontiert und aufgefordert, hierzu Stellung zu beziehen.

Im weiteren Verlauf des Gesprächs werden Ihnen folgende Aufgaben gestellt:

Aufgaben

1. *Stellen Sie dar, welche Bedeutung und Funktion die Sprache für ein Kind hat und welche emotionalen Folgen eine Sprachauffälligkeit haben kann.*
2. *Der Träger möchte von Ihnen wissen, wie Sie Kinder aus Familien mit Migrationshintergrund sprachlich fördern können und was es hierbei zu bedenken gilt.*
3. *Ihnen ist es sehr wichtig darzustellen, dass Sprachentwicklung nur im Miteinander, in der Zuwendung und in der Annahme des Kindes als einzigartiges Wesen erfolgreich sein kann. Denn Bildung entsteht in der Bindung. Stellen Sie dar, wie wichtig frühkindliche Bildungen sind.*

4. *Im weiteren Verlauf des Vorstellungsgespräches werden Sie aufgefordert, die Ihnen bekannten Tests zur Sprachstanderfassung zu benennen und kurz zu erläutern.*
5. *Sie werden gebeten, das Würzburger Trainingsmodell vorzustellen. Hier dürfen Sie sich auch kritisch äußern und alternative Förderungsmöglichkeiten aufzeigen.*
6. *Im Gespräch wird deutlich, dass sich die Mitarbeiter der Institution schon längere Zeit mit der Sprachentwicklung und Sprachförderung von Kindern beschäftigt haben. Sie werden darauf angesprochen, wie Sie die Sprachentwicklung positiv begleiten könnten und welche Kommunikationssperren dabei zu vermeiden sind.*

1.4.1 Die Bedeutung der Sprache für den Menschen

Aufgaben

Web

Diskutieren Sie die folgenden Texte hinsichtlich der Bedeutung sprachlicher Zuwendung für eine gesunde Entwicklung.

Das Sprachexperiment von Kaiser Friedrich II. (1194–1259)

Nach einer Legende soll Kaiser Friedrich II. auf der Suche nach der Ursprache des Menschen folgendes Experiment durchgeführt haben: Er ließ neugeborene Kinder von Ammen aufziehen, wobei diese den Kindern zwar beste Pflege und Ernährung angedeihen lassen sollten, jedoch kein Wort mit ihnen sprechen durften. Die Kinder sollten nicht die Sprache ihrer Umgebung erlernen, sondern aus sich heraus eine Sprache produzieren. Obwohl es ihnen ansonsten an nichts fehlte, starben sämtliche Säuglinge vor Ablauf des ersten Lebensjahres an den unterschiedlichsten Erkrankungen.

Die sogenannte Ammensprache

Die Art, in der Erwachsene mit Säuglingen sprechen, bezeichnet man als sogenannte Ammensprache. Überall auf der Welt ist eine Änderung der Stimmlage, das Hervorheben bestimmter Worte durch Dehnung und übermäßige Betonung zu beobachten. Bei der Ansprache von kleinen Kindern bilden die Erwachsenen kurze Sätze, machen viele, längere Pausen und wiederholen einzelne Worte. Der Tonfall lässt die Babys die Bedeutung der Worte erkennen.

Durch die Ammensprache wird zunächst eine emotionale Beziehung zwischen den beiden Gesprächspartnern aufgebaut und somit die Grundlage zur Verständigung geschaffen. Der Arzt, Forscher und Psychoanalytiker René A. Spitz (1887–1974) stellte fest, dass Säuglinge und Kleinkinder, die zwar ausreichend gepflegt und versorgt werden, denen aber Ansprache und liebevolle Zuwendung, Körperkontakt und Anregung jedweder Art fehlt, seelisch und körperlich verkümmern. Über die Ammensprache passt sich der

Erwachsene dem Kind an. Dieses hört immer wieder dieselben Laute und Silben, bis es sie wiedererkennt und schlussendlich selbst verwendet.

Die Begleitung von Lautäußerungen durch Gestik und Mimik vermittelt dem Kind, dass Sprache mit Bewegungen, Gefühlen und Tätigkeiten in Verbindung steht.

1.4.2 Bildung und Bindung

Schon im Säuglingsalter bindet sich der Mensch an seine Eltern, die ihn versorgen und schützen sollen. Ob es gelingt, eine sichere Bindung zu entwickeln, hängt von der Qualität der Erfahrungen mit Mutter und Vater ab. Wie die Forschungsergebnisse von René A. Spitz, dem Ehepaar Karin und Klaus E. Grossmann, John Bowlby und Mary Ainsworth zeigen, ist eine sichere Bindung zu einer Bezugsperson das Fundament für spätere Freundschaften, Partnerschaften und den rücksichtsvollen sozialen Umgang mit anderen.

Grundlegend ist, dass ...

- sich bereits am Ende des ersten Lebensjahres sicher gebundene Kinder durch subtilere und vielfältigere Kommunikationsfähigkeiten auszeichnen.
- sicher gebundene Kinder im Alter von zwei Jahren in Problemlösungssituationen eher in der Lage sind, auf soziale Ressourcen, z. B. die Unterstützung durch die Mutter, zurückzugreifen.
- sich bei sicher gebundenen Kindern im Kindergarten weniger aggressives bzw. feindseliges Verhalten gegenüber anderen Kindern zeigte und weniger emotionale Isolation und Abhängigkeit von den Erzieherinnen beobachtet wurde.
- sicher gebundene Kinder mehr Kompetenz im Umgang mit anderen Kindern zeigen und eine positivere Wahrnehmung von sozialen Konfliktsituationen haben und letztlich sehr viel konzentrierter beim Spiel sind.
- sicher gebundenen Kindern die Auseinandersetzung mit der Umwelt und die Bewältigung von Entwicklungsaufgaben besser gelingt.
- Säuglinge und Kleinkinder auf sichere Bindungen angewiesen sind. Gerade in dieser frühen Lebensphase muss die positive, stabile Beziehung genutzt werden, um die hirnbiologische Basis für spätere Lernleistungen und die soziale bzw. emotionale Kompetenz zu bilden.
- über den Blickkontakt, Streicheln, Halten und Trösten das Kind eine Beziehung zu einer erwachsenen Person entwickelt und über das Vertrauen in der Verlässlichkeit dieser Bezugsperson das Kind an Sicherheit gewinnt. Mit dieser Sicherheit kann das Kind sich wagen, neugierig und aktiv auf die Welt zuzugehen.
- eine gute Beziehung die kindliche Entscheidungsfähigkeit fördert und die soziale Kompetenz und die geistige Beweglichkeit stärkt.

1.4.3 Exkurs: Anthropologische Erkenntnisse über den Menschen

Der Mensch: ein Wesen mit Geist und Vernunft

Der Mensch ist das einzige Wesen, das mit Bewusstsein, Verstand, Erinnerungsvermögen, Begriffssprache, Urteils- und Reflexionsvermögen ausgestattet ist.

Er ist ein geistiges Wesen, denn er kann ...

- eigene Gedanken formulieren, Gegenstände benennen und bezeichnen sowie Sachverhalte darstellen.
- Objekten einen Sinn verleihen, Werte und Ziele setzen sowie zweckbewusst und geplant handeln.
- die Welt gestalten und umgestalten sowie Gegebenheiten infrage stellen und ändern.
- sich seine Zeit einteilen, über sie verfügen und die Gegenwart für sich sinnvoll gestalten.
- unterscheiden zwischen Gegenwart, Vergangenheit und Zukunft sowie sich vergangene und zukünftige Situationen vorstellen.
- die Zukunft gedanklich vorwegnehmen und sie durch geplantes Handeln beeinflussen.
- sich nach (selbst gewählten) Zielen richten und diese als Wertmaßstäbe für die Beurteilung eigenen und fremden Verhaltens einsetzen.

Die Ausstattung des Menschen mit Geist und Vernunft befreit ihn vom Zwang der Natur und ermöglicht ihm eine enorme Lern- und Erziehungsfähigkeit. Die Veranlagung entfaltet sich jedoch nicht von selbst, sondern muss durch Lernprozesse und Erziehung im Laufe des Lebens hervorgebracht werden. Dies ist eine sehr schwierige Aufgabe der Erziehung, weil von deren Realisierung das Schicksal des Menschen und seiner Kultur abhängt.

Der Mensch: ein Kulturwesen

Organische Unspezialisiertheit und Unfertigkeit, natürliches Nichtfestgelegtsein und Instinktarmut zwingt den Menschen zu Entwicklung von Kultur. Als ein mit Vernunft und Geist ausgestattetes Wesen bedurfte er von Anfang an nicht einer starren Lebensführung.

Kultur ist eine vom Menschen selbst geschaffene bzw. veränderte Umwelt. Dazu gehören die Neuschaffungen und Veränderungen von Wohnverhältnissen, Formen der Verständigung, von Kunst, Wissenschaft, Recht, Religion, Wert- und Normvorstellungen ebenso wie die Veränderung und Umgestaltung der Natur selbst.

Der Mensch ist ein Kulturwesen im doppelten Sinn: Er ist Erzeuger der Kultur und Erzeugnis der Kultur.

Kultur ist also ein Produkt des Menschen und der Mensch ist ein Produkt seiner Kultur. Um in einer Kultur leben zu können, muss der Mensch die jeweilige kulturelle Lebensweise erlernen. Dabei kommt es bei der Erziehung vor allem auf den Erwerb von Kulturtechniken an, die die Erhaltung und Weitergabe der jeweiligen Kultur ermöglichen. Dazu gehören

Fähigkeiten und Haltungen wie beispielsweise Sprache, Denken, Lesen und Schreiben, Wertebewusstsein, Moralvorstellungen usw.

Durch Lernen und Erziehung muss aber auch die Fähigkeit zu produktivem Neuschaffen und zur Veränderung von kulturellen Verhältnissen vermittelt werden. Hierzu zählen Techniken wie Kritikfähigkeit, Kreativität, Produktivität, Engagement, Verantwortungsbewusstsein und die Fähigkeit, fehlerhafte Entwicklungen zu erkennen.

Der Mensch: ein soziales Wesen

Der Mensch ist von Anfang an in eine soziale Situation, eine bestimmte Gesellschaft, eingebettet. Er ist von Geburt an auf Mitmenschen und soziale Beziehungen angewiesen. Nur durch das Zusammenleben mit anderen Menschen kann er existieren und zum Menschen im humanen Sinne werden.

Der Mensch ist ein soziales Wesen. Seine Daseinsform ist das Zusammenleben, welches sich in verschiedenen Gruppen, Institutionen wie Familie, Schule, Betrieb usw. vollzieht und durch Verhaltensvorschriften geregelt wird. Ein Verstoß gegen diese Regeln kann den Einzelnen mit sich selbst und anderen in Schwierigkeiten bringen.

Um mit anderen Menschen zusammenleben zu können, müssen notwendige soziale Verhaltensregeln erlernt werden. Neben der Anpassung an bestehende soziale Spielregeln und soziale Lebensformen hat Erziehung zur Neuerung und Veränderung von sozialen Verhältnissen zu befähigen.

Um ungerechtfertigte Abhängigkeiten und Zwänge, persönliches Machtstreben und Willkür sowie Unterdrückung im sozialen Leben zu verhindern, ist es Aufgabe der Erziehung, den Menschen zu kritischem Widerstand zu befähigen. Dies ist auch dann nötig, wenn Menschenrechte wie Würde der Person, Achtung vor dem Leben, Freiheit oder Gleichheit vor dem Gesetz in Gefahr sind.
(vgl. Hobmair, 2012, S. 45 ff.)

Aufgaben

1. *Erarbeiten Sie in kleinen Gruppen, auf welche Weise wesentliche Normen und Werte innerhalb unserer Kultur tradiert und weitergegeben werden.*
2. *Überlegen Sie, inwieweit der Einsatz von Kinder- und Jugendliteratur bereits in frühen Jahren die erfolgreiche Sozialisation eines Menschen unterstützen kann.*

1.4.4 Die Funktionen der Sprache – ein Überblick

Sprache kann verschiedene Funktionen haben.

- **Denkfunktion:**
  Sprache unterstützt das Denken und ist aktiv an Überlegungen und an der Lösung von Problemen beteiligt (inneres Sprechen).

- **Ausdrucksfunktion:**
  Sprache macht es möglich, Empfindungen und Gedanken auszudrücken.
- **Beschreibungsfunktion:**
  Sprache dient der Beschreibung von Dingen und Sachverhalten.
- **Appellfunktion:**
  Sprache kann helfen, das Verhalten des anderen zu beeinflussen.
- **Bewertungsfunktion:**
  Sprache bewertet und beurteilt eigenes und fremdes Verhalten sowie Objekte und Situationen.

- **Handlungsfunktion:**
  Sprache gibt Handlungsanweisung und kann somit das Handeln des anderen steuern.
- **Kommunikationsfunktion:**
  Sprache dient dem Austausch von Informationen.
- **Verständigungsfunktion:**
  Sprache dient der Verständigung von Menschen untereinander.
- **Kulturtradierungsfunktion:**
  Sprache überliefert kulturelle Lebensweise und Inhalte an die nächsten Generationen, sodass diese auf dem Wissen aufbauen können.

1.4.5 Die Bedeutung der Sprache – ein Überblick

Sprache ...

- beeinflusst die Speicherkapazität des Gehirns,
- entscheidet über den Anteil eines Menschen am gesellschaftlichen Leben,
- bestimmt den schulischen und beruflichen Erfolg,
- ermöglicht, Gefühle und Bedürfnisse auszudrücken,
- übt erheblichen Einfluss auf das Denken aus,
- informiert und sozialisiert.

1.4.6 Frühkindliche Sprachentwicklung

Verbindung zwischen der sprachlichen und motorischen Entwicklung

Die Verknüpfung von Bewegung, Sprache, Denken und Wahrnehmen führt zum Begreifen und Erfassen der Umwelt. Denken und Sprechen, Bewegung und Wahrnehmung bedingen und aktivieren sich gegenseitig, beeinflussen sich und treiben sich an. Bei einer Untersuchung von sprachauffälligen Kindern konnte festgestellt werden, dass bei ihnen eine

Schwäche der Wahrnehmungsverarbeitung vorliegt. Diese machte sich vor allem dann bemerkbar, wenn schnell aufeinander folgende Signale vorlagen.

Der Spracherwerb ist kein isolierter Vorgang, sondern ein Zusammenspiel von sensorischen, motorischen, kognitiven, emotionalen und sozialen Entwicklungsprozessen. Dieses Zusammenspiel wird durch den Sprachbaum von Wolfgang Wendlandt besonders deutlich.

Der Sprachbaum von Wendlandt

Die Sprachentwicklung des Kindes und die dabei benötigte Unterstützung durch die jeweiligen Bezugs- und Kontaktpersonen sind besonders anschaulich und einprägsam am Modell des Sprachbaums von Wolfgang Wendlandt dargestellt.
(vgl. Wendlandt, 2011, S. 10)

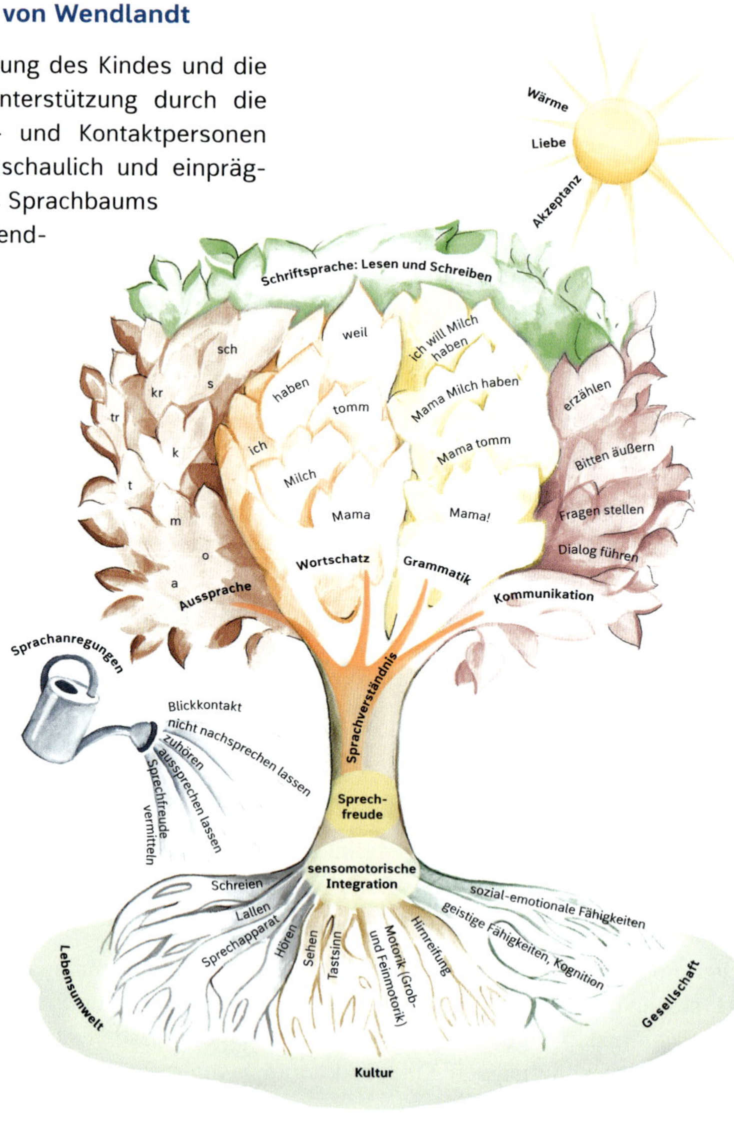

Die Wurzeln des Baumes sind Symbole für die Voraussetzungen der Sprach- und Sprechfähigkeit. Dazu gehören Sinneswahrnehmungen wie Hören, Sehen und Tasten, aber auch die Hirnreifung und die geistige Entwicklung. Hier muss das Elternhaus und die pädagogische Fachkraft sinnliches Erfassen und elementares Erleben ermöglichen. Kindliche Bedürfnisse ernst nehmen, seine sprachliche Begeisterung pflegen und seinen Geist mit vielen Informationen „füttern" – ihm also eine anregende Umgebung bieten. Die Baumwurzeln sind dabei fest mit und in der individuellen Lebenswelt eines jeden Kindes verbunden, die immer auch durch die Kultur und Gesellschaft geprägt wird, in die das Kind hineinwächst.

Der Baumstamm symbolisiert das Sprachverständnis und die Sprechfreude, die erst einmal jedes Kind von sich aus besitzt. Kindern, selbst ganz kleinen, macht es Spaß, sich anderen mitzuteilen, mit anderen Kontakt aufzunehmen und von Wünschen, Erlebnissen, Sorgen und Nöten zu erzählen. Je größer sowohl das Sprachverständnis als auch die Sprechfreude bei einem Kind sind, desto größer und stärker ist der Stamm. Und desto größer kann dann auch die Krone wachsen, die die aktive Sprache des Kindes darstellt. Artikulation, Wortschatz und Grammatik entwickeln sich in einem beachtlichen Tempo.

Die Gießkanne, die den Baum mit Nährstoffen versorgt, meint die individuelle Pflege, die die Bezugspersonen dem jeweiligen Kind zukommen lassen kann: dem Kind zuhören, es aussprechen lassen und es dabei anschauen, sich für Erzähltes interessieren, das Kind nicht wegen Fehler unterbrechen und selbst Freude am Sprechen zeigen.

Die Sonne steht für die Liebe und für die Zuneigung und Wärme, die Eltern und Erzieherinnen dem Kind entgegenbringen sollten. So bekommt das Kind eine gewisse Selbstsicherheit zu experimentieren, sprachlich etwas auszuprobieren, Fehler zu machen und daraus lernen zu können. Kinder, denen genau diese Liebe und Akzeptanz fehlen, gehen ein, wie ein Baum ohne Sonne. Sie verbleiben oder verfallen in frühkindlichen Sprechweisen oder verstummen sogar völlig. Die Sonne symbolisiert die Liebe, Akzeptanz und Achtung vor der Leistung des Kindes.
(vgl. Wendlandt, 2011, S. 10 ff.)

Die Bedeutung der Kindertagesstätte für die Sprachentwicklung des Kindes

Schon das kleine Kind ist auf Kommunikation angewiesen und zur Kommunikation fähig (vgl. S. 37 f.). Die Basis des Sprachverständnisses und der Kommunikationsmöglichkeiten erwirbt es in den ersten Lebensjahren. Die darauf aufbauende Sprachentwicklung entfaltet, verfeinert und erweitert die erworbenen Grundstrukturen.

Sprechen und Sprache des Kleinkinds

Durch Sprechen und Sprache stellt das Kind Beziehungen zu anderen Menschen her.

Durch den Umgang mit Literatur erfährt es über sachliche Informationen hinaus eine durch Fantasie erweiterte Empfindungs- und Erlebniswelt.

Mit den Mitteln der Sprache verarbeitet es Erscheinungen und Vorgänge der Umwelt; diese werden durch Sprache verfügbar.

Durch Sprechen und Sprache äußert, erkennt und verarbeitet das Kind seine Gefühle, Wünsche und Bedürfnisse.

1.4.7 Die Bedeutung der sekundären Sozialisationsinstanz Kindertagesstätte für die Sprachentwicklung

Aufgaben und Ziele der Sprachförderung in der Kindertagesstätte

In der Sprache seiner Umwelt begegnen dem Kind verschiedene Sichtweisen, Urteile, Normen und Denkweisen. Diese übernimmt es oder setzt sich im Laufe der Zeit mit ihnen auseinander und bildet so anhand der Sprache auch sein Weltbild aus. Die persönliche Entfaltung, die Fähigkeit, soziale Beziehungen aufzubauen, Lernerfolg und die Mitgestaltung gesellschaftlichen Lebens hängen in hohem Maße von dem Grad der Sprachbeherrschung ab.

Aufgaben der Sprachförderung

Das Sprechen und die Sprache eines Kindes zu fördern, ist daher zentrales Anliegen der pädagogischen Arbeit in der Kindertagesstätte. Als übergreifendes Prinzip ist es die Bedingung für und Aufgabe des Lernens in anderen Bereichen. Sprache ist in vielen Alltagssituationen in der Kita wichtig für Kinder und Erzieherinnen. Die zum Zeitpunkt des Eintritts in die Kindertagesstätte bereits vorhandenen sprachlichen Fähigkeiten und Fertigkeiten eines Kindes berücksichtigt die Erzieherin bei der Sprachförderung. Altersgemischten Gruppen, die sich in Sprech- und Denkstrukturen nahestehen, sowie unterschiedliches sozio-kulturelles Sprachmilieu regen die Kinder gegenseitig an und verhelfen zu altersangemessenen Korrekturen. Am Ende der Kitazeit soll das Kind eine gewisse Sicherheit und Selbstständigkeit im Gebrauch der Sprache erworben haben.

In Kindertageseinrichtungen sind die Möglichkeiten der Sprachförderung sehr gut, da

- das sich Kind noch stark an seinem Sprachvorbild, der pädagogischen Fachkraft, orientiert und dieses nachahmt,
- sich die unterschiedlichen Komponenten der Sprache in der Entwicklung befinden und
- viele Möglichkeiten zu informellen Gesprächen und der freien Interaktion bestehen.

Mit jedem Fortschritt in der Sprachentwicklung entfernt sich das Kind ein kleines Stück vom Zustand totaler Abhängigkeit und bewegt sich in Richtung Mündigkeit. Sprache bietet Möglichkeit zur Selbsthilfe.

Neben dem sozialen Aspekt ist auch der kognitive Aspekt zu beachten. Sprache hängt mit dem Denken zusammen: Kompliziertere Denkvorgänge sind ohne Sprache nicht möglich. Mithilfe der Sprache werden Denkstrukturen geschaffen. Erfahrungen geordnet, reflektiert und generalisiert (vgl. S. 119).

Ziele der Sprachförderung

Ziele der Sprachförderung im Kindergarten sollte die Stärkung verschiedener Kompetenzen des Kindes sein.

Selbstkompetenz
heißt, das Kind hat einen Standpunkt und kann diesen formulieren, es kann seine Emotionen artikulieren und in der Folge auch kontrollieren, es kann gute von schlechten Geheimnissen unterscheiden und adäquat reagieren.

Sozialkompetenz
bedeutet, das Kind erkennt die verschiedenen Kommunikationswege wie verbal, nonverbal und paraverbal und vermag diese zu deuten. Es entwickelt Empathie und wagt es, mit anderen Menschen in Kontakt zu treten, indem es einen Dialog führt, sich erklärt, Gegenargumente berücksichtigt und auch Konflikte verbal löst.

Sachkompetenz
beinhaltet, dass das Kind die Dinge in seiner Umgebung erkennt und benennt, sie kategorisiert und den Umgang mit ihnen beschreiben und erklären kann. Es erfasst den Zusammenhang von Ursache und Wirkung, Verhältnissen und Beziehungen.

Aufgaben

1. *Beschreiben Sie für die aufgeführten Zielformulierungen tatsächlich beobachtbare Situationen.*
2. *Überlegen Sie, wie Sie als pädagogische Fachkraft diese Ziele erreichen können.*

Konsequenzen für die Elternarbeit

Die pädagogische Fachkraft ...

- nimmt Kontakt zum Elternhaus auf, um die Sprachwelt des Kindes kennenzulernen.
- informiert die Eltern über die Bedeutung von Sprechen und Sprache.
- legt ihre Schwerpunkte und Arbeitsweise dar.
- gibt Anregungen für die Sprachförderung zu Hause.
- macht sich mit diagnostischen Methoden vertraut.
- vermittelt ggfs. Kontakte zu therapeutischen Einrichtungen.

Aufgaben

1. *Planen Sie in Gruppenarbeit einen Elterninformationsabend mit den Schwerpunkten Information, Motivation, Anregung und/oder Erhaltung einer „Lesekultur".*
2. *Überlegen Sie, welche Bereiche der Kinder- und Jugendliteratur effektiv einsetzbar sind. Stellen Sie Anschauungsobjekte vor. Legen Sie pädagogische Intention und Vermittlungsformen dar (vgl. Bilderbuchanalyse, S. 131).*

1.4.8 Förderung der unterschiedlichen Sprachebenen anhand eines Fingerspiels

Das Sprachsystem wird theoretisch in sechs linguistische Ebenen eingeteilt, die alle Aspekte der Sprache und des Sprechens umfassen:

- Die lautliche Ebene – Phonologie
- Die Ebene der Bedeutung – Semantik
- Die Ebene des Wortschatzes – Lexikon
- Die Ebene des Satzbaus – Syntax
- Die Ebene der Wortbildung und der Wortformen – Morphologie
- Die Ebene der Sprachverwendung – Pragmatik

Lautliche Ebene – PHONOLOGIE

Mit der phonologischen Ebene ist die **Lautstruktur** einer Sprache gemeint. Jede Sprache ist zunächst einmal durch ein bestimmtes Lautsystem gekennzeichnet. Die kleinste sinnvolle Lauteinheit, die in der gesprochenen Sprache vorkommt, bezeichnet man als **Phonem**. Mit der Veränderung dieser Lauteinheiten erhält das Wort eine neue Bedeutung. Bei den folgenden Wörtern stellen jeweils die ersten Buchstaben Phoneme dar. Durch Austausch der Mitlaute (Konsonanten) lässt sich die Bedeutung ändern:

- Fang, Gang, Hang, lang, Rang, Tang etc.

Gleiches lässt sich durch Änderung von Selbstlauten (Vokalen: a,e,i,o,u...) erreichen:

- Gras, Grieß, groß, Gruß etc.

Ein Kind lernt zwischen verschiedenen Phonemen zu unterscheiden. So muss in der deutschen Sprache zum Beispiel herausgehört werden, ob ein stimmhaftes s (wie Seite) oder ein z (wie Zeile) gesprochen wird, wenn Missdeutungen vermieden werden sollen. Viele Kinder sprechen am Anfang nur wenige Wörter richtig aus: so wird zum Beispiel „Daffedanne“ statt „Kaffeekanne“ artikuliert, wenn das „k“ noch nicht gebildet wird.

Ebene der Bedeutung – SEMANTIK

Bevor ein Kind mit anderen reden und sie verstehen kann, muss es die Bedeutung – man spricht auch von der Semantik – der verwendeten deutschen Wörter gelernt haben. Wörter stehen allgemein in allen Sprachen für Gegenstände, Handlungen und Beziehungen.

Die symbolische Funktion von Sprache ist ihr wichtigstes Kennzeichen: Man kann über etwas sprechen, das nicht anwesend ist – ja man kann sich sogar etwas ausdenken. Sprache ist also eine abstraktere Form der Kommunikation, als es beispielsweise Zeichen und Gebärden sind.
Die ersten Wörter des Kindes bleiben noch ganz im Konkreten: Es benennt etwas, das es gerade sieht oder hört. Es kann zu Beginn der Sprachentwicklung noch nicht über etwas sprechen, das nicht da ist. Die ersten Wörter sind Hauptwörter (Nomen) wie z.B.: Katze, Ball, Auto. Das Kind verbindet mit dem Wort Katze, dass sie miaut, dass sie gestreichelt werden kann. Es ist für ein Kind eine eindrucksvolle Erkenntnis, wenn es merkt, dass man auch über etwas, das nicht da ist, sprechen kann. Es beginnt, den Symbolcharakter der Sprache zu begreifen: „Katze wo?“ Es stellt eine Verbindung zu etwas her, das abwesend ist – oder das noch geschehen soll. „Katze schläft“. Dass die Wirklichkeit eine wichtige Stütze beim Verstehen und Anwenden der Sprache bleibt, wird aus der Tatsache deutlich, dass es schwierig ist, Kleinkindern eine Geschichte zu erzählen, ohne ihnen die dazugehörigen Bilder zu zeigen. Im Kindergarten können gerade die jüngeren Kinder wenig erzählen, was sie am Vortag gemacht haben. Ein normal entwickeltes Kind kann seine ersten, nicht an die Situation gebundenen Sätze mit drei Jahren bilden.

„Die Semantik beschäftigt sich mit der Organisation von Wortbedeutungen, z.B. in den Kategorien von Gegensatz (*Hund – Katze*), Ähnlichkeiten (*bellen – kläffen*), Oberordnungen (*Hund – Dackel*), Gleichordnungen (*Dackel – Pudel*) oder Unterbegriffen (*Pudel – Hund – Tier*)“ (Iven 2011, S. 13).

Ebene des Wortschatzes – LEXIKON

Das Lexikon beschreibt die Sprachebene des Wortschatzes. Damit ist der Aufbau und Abruf des aktiven und passiven Wortschatzes, über den ein Mensch verfügt gemeint. Die im Gehirn im Sprachzentrum abgespeicherten Begriffe, nennt man auch mentales Lexikon. Hier sind individuelle Wortbedeutungen oder Worterfindungen, phonetische Lautbildungspläne der Wörter, grammatikalische Funktionen und semantische Merkmale (Bedeutung von Wörtern) gespeichert.

Ebene des Satzbaus – SYNTAX

Mit einem einzigen Wort ist das Mitteilen von Nachrichten nur in einem sehr eingeschränkten Umfang möglich. In allen Sprachen dieser Welt ist deshalb die Möglichkeit vorgesehen, Wörter zu kombinieren. Dabei sind allerdings bestimme Regeln zu beachten: Die Syntax einer Sprache benennt die Regeln, nach denen Wörter zu verändern und aneinanderzureihen sind, damit ein bestimmter Sinn zum Ausdruck gebracht wird (Satzbaulehre).
Wie sich an dem folgenden Beispiel ablesen lässt, erfüllt jedes Wort in einem Satz eine bestimmte Funktion: „Till fragt Sebastian." – „Sebastian fragt Till."

Beide Sätze enthalten die gleichen Wörter, durch die Reihenfolge wird zum Ausdruck gebracht, wer wen gefragt hat. Die Regeln der Syntax in der deutschen Sprache besagen z.B., dass die Abfolge „Till (den Sebastian) fragt" nicht möglich ist. In den Sätzen „Ich esse" und „Ich habe gegessen" wird mit einer kleinen Änderung auch die Bedeutung verändert. Die Sprachforscher beobachten, dass Kinder beim Sprechen die Atempausen so zwischen die Elemente eines Satzes legen, dass eine grammatische Einheit gebildet wird: Die Punkte geben hier die Atempause an. Dies kann man als intuitives Fühlen des Verhältnisses zwischen den Teilen eines Satzes betrachten. (Jaszus u. a. 2014, S. 298/299).

Ebene der Wortbildung und Wortformen – MORPHOLOGIE

Die Morphologie beschäftigt sich mit der inneren Struktur der Wörter und der bedeutungstragenden Funktion dieser Struktur (Iven 2011, S. 13). Es kann hier auch von der Wortgrammatik, in Anlehnung an die Satzgrammatik gesprochen werden.
Jede Sprache legt durch Regeln fest, wie Laute zu sinnvollen Einheiten, kombiniert werden dürfen. Das Wort „Kind" würde seine Bedeutung verlieren, wenn man es weiter zerlegte. „Kind" wird durch das Anhängen der Einheit „er" (Kinder) in die Mehrzahlform umgewandelt.
Ein Wort ändert seine Form nach dem Verhältnis, in dem es zu den anderen Wörtern eines Satzes steht, zum Beispiel bei der Mehrzahlbildung. Anfänglich wird die Mehrzahlform meist nach „zwei", „viele" oder alle verwendet. Ein Junge von 2;5 Jahren sagt z.B.: „alle viele Schuhe."
Bei den Tätigkeitswörtern (Verben) wird offenbar eher die Vergangenheitsform konjugiert als die Form der Zukunft. Wenn die Zukunft gebildet werden soll, geschieht das anfangs eher mit „wollen" als mit „werden."
Dank des Unterschieds zwischen schwachen und starken Tätigkeitswörtern kann man sehr gut beobachten, wie Kinder die Regeln der Sprache entdecken und anwenden. Nachdem sie zunächst (wahrscheinlich aufgrund von Imitation) richtig konjugiert haben, wenden sie die neuentdeckten Regeln überall an und machen dadurch ganz selbstverständlich auch Fehler.

Ebene der Sprachverwendung – PRAGMATIK

Bei der Pragmatik geht es um die Verständigungsfähigkeit, also um das Wissen darüber in welchem sozialen Zusammenhang und in welcher Weise ich wem etwas zu sagen oder zu verschweigen habe. Hier geht es um die Frage: Inwieweit ist meine sprachliche Aussage der Situation angemessen?

Ein Mensch, der die Regeln der Phonologie, der Semantik und der Syntax gelernt hat, kann zwar einwandfreie Sätze bilden. Dennoch besteht die Gefahr, dass er mit der Sprache nicht seine beabsichtigten Ziele erreicht. Ein Kind, das sich vielleicht an seine Mutter mit der Aufforderung wendet, es wolle sofort etwas zu essen haben, könnte eine schroffe Ablehnung erhalten, weil es gegen Regeln der Höflichkeit verstoßen hat.
Auch wenn eine Mutter vom Satzbau her folgende Frage formuliert: „Räumst du bitte dein Zimmer auf?", würde sie sich ärgern, wenn das Kind mit „Nein" antworten sollte, denn die vermeintliche Frage ist natürlich als eine Aufforderung zu verstehen. Vielfach lässt sich der Sinn einer Äußerung nämlich nur dann angemessen erschließen, wenn man die gesamte Situation, in die sie eingebettet ist, mit berücksichtigt. Während des dritten und vierten Lebensjahres beginnen die Kinder zu lernen, was man unter welchen Umständen wie sagt, das heißt, sie lernen die Regeln der Situationsangemessenheit einer sprachlichen Aussage.

Förderung der Sprachebenen durch das Fingerspiel: „Die Nadel sprach zum Luftballon"

Fingerspieltext und Bewegung

Die Nadel sprach zum Luftballon:	*(linke Hand streckt den Zeigefinger als „Nadel" hoch, rechte Hand stellt mit Daumen und Zeigefinger/Ringfinger einen „Luftballon"/Kreis dar)*
„Du bist rund und ich bin spitz!	*(„Nadel" zeigt zum „Luftballon")*
Komm wir machen einen Witz!	
Da gibt's ein lustiges Schnetterängpengpeng!	
Ich mach'picks	*(„Nadel" sticht in den „Luftballon")*
und Du machst Peng!"	*(Hände klatschen beide zusammen)*

Didaktische Auseinandersetzung mit dem Fingerspiel durch die Analyse des Textes bezogen auf die Sprachebenen

Auf der Sprachebene des **Wortschatzes (Lexikon)** werden im Fingerspiel die Substantive „Nadel", „Luftballon" und das eher abstrakte Substantiv "Witz" aufgegriffen, die Adjektive „rund" und „spitz" und die Verben „sprechen", „sein", „kommen" und „machen". Es handelt sich um einfache, nicht zusammengesetzte Verben mit ungenauer Bedeutung: Der Witz wird „gemacht" und nicht „erzählt", auch im zweiten Teil des Spruchs wird das Verb „machen" eingesetzt, um zu beschreiben, wie die Nadel den Luftballon sticht, damit dieser zerplatzt. Durch die Verwendung dieser einfachen Verben aus dem Alltag der Kinder wird der Spruch leicht verständlich, lässt aber auch Raum für eine fantasievolle Ausführung. Die Begriffe „Nadel" und „Luftballon" sind lebensnah und aus dem Erfahrungsbereich der Kindergartenkinder. Die Adjektive „rund" und „spitz" sind den Kindern eventuell noch nicht geläufig. Auch die Personalpronomen „Ich" und „Du" (1. und 2. Person Singular) sind im Fingerspiel festzustellen. Das Wort „Schnätterengpengpeng" ist ein Fantasiewort, das lautmalerisch eingesetzt wird.

Im Fingerspiel kommen auf der Sprachebene der **Wortbildung/Wortformen (Morphologie)** die Zeitformen Präteritum und Präsens vor: Das Präteritum (1. Vergangenheit)

von „sprechen“ wird gebildet in „sprach“, anschließend folgt im Text die wörtliche Rede im Präsens (Gegenwartsform). Weitere Verben werden entsprechend der Beugung (Konjugation) im Text gebildet:
„machen“ = „ich mach(e)“, „du machst“ oder „sein“ = „ich bin“, „du bist“.

Dass das Wort „Witz“ etwas mit Lachen zu tun hat, ist vielleicht auch noch nicht allen Kindergartenkindern (3 bis 6 Jahre) klar und bedeutet deshalb eine Einführung der Wortbedeutung und eine Wortschatzerweiterung. Auf der Ebene der **Sprachbedeutung (Semantik)** wird nur ein Teil des Begriffsverständnisses „Witz“ erfasst, nämlich, dass das etwas ist, worüber man lacht

In Bezug auf die Ebene des **Satzbaus (Syntax)** sind im Text kurze Hauptsätze und ein Imperativsatz (Aufforderungssatz) enthalten: „Komm, wir machen einen Witz!“ Zudem werden zwei Hauptsätze mit „und“ verbunden „Du bist rund und ich bin spitz“ und „ich mach picks und Du machst Peng!“

Auf der Sprachebene der **Phonologie (Laute, Wortbetonung und Satzrhythmus)** ist ein Reimschema zu bemerken. Nach dem Einführungssatz („Die Nadel sprach zum Luftballon“) reimt sich das jeweilige Wort am Satzende aufeinander (AABB-Reim/Paarreim). Für Kinder sicherlich sehr eindrücklich wird die Lautfolge „Schnetterängpengpeng“ sein. Hier wird mit den Lauten und der Sprache gespielt und das Zerplatzen des Luftballon sprachlich aufgegriffen. Die Anlautverbindung /spr/ bei „sprach“ und /sp/ bei „spitz“ sowie die vielen Zischlaute, die im Spruch vorkommen, stellen wahrscheinlich eine Herausforderung für die Kinder dar; der Spruch kann dazu dienen, hier die Aussprache zu üben und zu fördern.

In der **Pragmatik (Sprachverwendung)** wird die Umgangssprache des Fingerspiels sichtbar: Endungen werden weggelassen oder Wörter verkürzt verbunden: „mach´“ „gibt´s“. Da es sich um wörtliche Rede handelt, ist dies nachvollziehbar und nicht falsch.

Insgesamt lässt sich festhalten, dass in diesem kurzen Fingerspieltext alle Sprachebenen vertreten sind, die Kinder sowohl in der Grammatik, wie im Wortschatz und in der Artikulation gefordert und gefördert werden.

1.5 Deutsch als Zweitsprache – Förderung des Zweitspracherwerbs

Zu keinem Zeitpunkt lernen Kinder eine zweite Sprache so mühelos wie im Vorschulalter. Kinder, die zum eigenen Spracherwerb die Möglichkeit haben, Erfahrungen mit einer weiteren Sprache zu machen, können diese wie eine zweite Muttersprache lernen und beherrschen.

Grundsätzlich ist es wichtig, dass dabei die Erstsprache nicht vermieden wird. Eltern sollten darauf achten, dass mehr kommunikative Aktivitäten in der Erstsprache stattfinden. Das Erlernen der Zweitsprache gelingt oft reibungslos, wenn der Erstspracherwerb geglückt ist.

Für den Lernprozess der deutschen Sprache stellt die Muttersprache also kein Hindernis dar, sondern ist wichtige Voraussetzung. Eine Ablehnung seiner Erstsprache ist eine ganz umfassende Zurückweisung des Kindes: „denn die Sprache steht für all das, was das Migrantenkind ‚anders' macht: seine Familie, seine Herkunft, sein Name, seine alltäglichen Gewohnheiten und seine Wertvorstellungen" (Wagner, 1993, S. 170). Die Sprachheilpädagogin Claudia Iven bezeichnet die Erstsprache des Kindes als „Wurzelwerk", als „Grundgerüst" oder „Betriebssystem für den Zweitspracherwerb" (Iven, 2012, S. 102).

Dabei sind folgende Punkte zu beachten:

- Unvollständige Deutschkenntnisse dienen nicht dem Zweitspracherwerb, sondern verhindern den Regelaufbau der Erstsprache. Daher sollten die Eltern nur in der Erstsprache miteinander kommunizieren, falls die eigenen Deutschkenntnisse noch lückenhaft sind.
- Kinder, deren Mutterspracherwerb noch unvollständig oder nicht alters- und entwicklungsgerecht ausgebildet ist, sind mit dem Erwerb der Zweitsprache meist überfordert.
- Akzeptieren Sie jede kindliche Äußerung, auch dann, wenn sie in der Erstsprache erfolgt. Wichtig ist, dass das Kind versucht zu kommunizieren. Fordern Sie das Kind nicht auf, Deutsch zu sprechen.
- Machen Sie keine Unterscheidungen bei den verschiedenen Muttersprachen. Beispiel: Oft wird es akzeptiert, wenn das Kind Englisch spricht, wohingegen die türkische Sprache abgelehnt wird.
- Versuchen Sie einige muttersprachliche Begriffe zu erlernen, damit sich das Kind anerkannt fühlt.
- Schaffen Sie einen Bezug zur Lebenswelt der Kinder. Die Zweitsprache wird leichter erlernt, wenn die Kinder an ihrer Erfahrungswelt anknüpfen können.
- Finger-, Kreis-, Tanz- und Singspiele erleichtern die Wahrnehmung und Bedeutung der Sprache, da die Sprache ganzheitlich erlebt wird.
- Wiederkehrende Aktivitäten (gemeinsames Essen, Stuhlkreis, Abholsituation usw.) schaffen eine feste Verknüpfung zwischen Sprache und Handlung. Sie sollten daher besonders hervorgehoben werden.
- Fordern Sie nicht zum Vor- und Nachsprechen auf. Dies führt zwar zu den gewünschten Ergebnissen, bietet aber durch die isolierte Lernform keine Hilfestellung und kann daher nicht auf den kommunikativen Alltag übertragen werden.
- Achten Sie darauf, dass Sie beim Spielen immer die Artikel hervorheben.
- Entwickeln Sie z. B. eigene Memo-Spiele, bei denen sinnvolle Überordnungen entstehen wie Tier oder Spielzeug. Dabei wird immer der Artikel genannt: „Das ist der Hund" oder „Ich habe die Katze umgedreht".

Beispielhafter Verlauf des Zweitspracherwerbs

↓

Beobachten und Zuhören

↓

Erschließen der Zusammenhänge von Handlung und Sprache

↓

Bildung einzelner Worte
(oft nur Hauptwörter ohne Artikel)

↓

Ausdrücken von Sinnzusammenhängen, die von persönlicher Bedeutung sind
(meist nur die Grundform der Verben)

↓

Erwerb einfacher grammatischer Kombinationen
(Funktionswörter wie Präpositionen und Konjunktionen werden meist ausgelassen)

↓

Abgleichen der Sprachregeln der Muttersprache mit der Zweitsprache
(Oft fehlerhaft, da die Kinder sich die neuen Regeln erst noch aneignen müssen und/oder die Sprachregeln der Muttersprache von der der Zweitsprache abweichen)

↓

Neuschöpfung von Wortgebilden, um sich verständlich zu machen
(„Aufgeher" für Türöffner)

↓

gezieltes Nachfragen
(Beginn eines erfolgreichen Spracherwerbs)

Adäquate Sprachförderung erfordert ...

- ein Hintergrundwissen über den Spracherwerb.
- Informationen über die Sprachsituation in der Familie.
- einen natürlichen Kontext wie Spiel- und Handlungssituationen.
- ein anregungsreiches Umfeld, d. h., Handlungen werden immer sprachlich begleitet und positiv verstärkt. Neues sprachliches Material wird stetig angeboten.
- keine isolierte Förderung, denn Sprache muss eingebettet sein in eine Gesamtförderung.

- einen intensiven Sprachkontakt beider Sprachen.
- einen verständlichen, ausreichenden und interessanten Input.
- den Einsatz von Programmen und Arbeitsblättern zur Unterstützung und nicht als Ersatz einer lebendigen Kommunikation.
- die Nutzung muttersprachlicher Kompetenzen, z. B. Alltagsgegenstände von den Kindern in ihrer Erstsprache benennen zu lassen.
- die Begrüßung und Verabschiedung in der jeweiligen Muttersprache.
- die Möglichkeit zu eröffnen, Tierlaute in verschiedenen Sprachen auszudrücken.
- die Freiheit, dass Kinder Bilderbücher in ihrer Muttersprache und kulturspezifische Gegenstände aus der häuslichen Lebenswelt mitbringen und erklären dürfen.

1.6 Sprachstanderfassung

Sprachstandstest Delfin

In Deutschland gibt es kein einheitliches Verfahren zur Sprachstanderfassung. Die einzelnen Bundesländer haben unterschiedliche Verfahren zur Erfassung der vorschulischen Sprachkompetenzen. Die bildungspolitischen Hintergründe spielen bei der Auswahl der Verfahren eine entscheidende Rolle. Manche Kultusministerien haben ihren Schwerpunkt in „Sprachvoraussetzungen für Kinder mit Migrationshintergrund" und andere im rechtzeitigen Feststellen von sprachlichen Entwicklungsrückständen oder die Sprachlernbedingungen zum Zeitpunkt der Einschulung zu erfassen.

Verfahren zur Erfassung von Sprachkompetenz

SISMIK

SISMIK untersucht Sprachverhalten und Interesse an Sprache bei Kindern mit Migrationshintergrund in Kindertageseinrichtungen. Viele Fragen in diesem Bogen beziehen sich direkt auf sprachrelevante pädagogische Situationen.

SELDAK

SELDAK beobachtet Sprachentwicklung und Literacy bei deutschsprachig aufwachsenden Kindern. Die Beobachtungen im normalen Alltag in der Einrichtung ermöglichen einen guten Überblick über die phonologische Bewusstheit (Sprachrhythmus, lautlicher Aufbau von Sprache), den Wortschatz, das Sprachverständnis und die Grammatik der Kinder.

Deutsch Plus

Deutsch Plus wird ca. zehn Monate vor der Einschulung durchgeführt. Diese Methode ermittelt, ob die Voraussetzungen für eine erfolgreiche Teilnahme am Anfangsunterricht gegeben sind.

Fit in Deutsch

Dieses Verfahren wird ca. vierzehn Monate vor Einschulung mit allen Kindern durchgeführt. Es soll überprüfen, ob die Deutschkenntnisse ausreichen, um dem Unterricht in der ersten Klasse zu folgen.

Delfin

Delfin ist ein flächendeckender Test für alle vierjährigen Kinder. Das Verfahren soll aufdecken, ob die Sprachentwicklung dem Alter entspricht bzw. die deutsche Sprache ausreichend gut beherrscht wird.

HAVAS 5

Dies ist ein Hamburger Verfahren zur Analyse des Sprachstandes bei fünfjährigen Kindern, die bei der Einschulungsuntersuchung auffällig waren.

HASE

Die Abkürzung steht für Heidelberger Auditives Screening in der Einschulungsuntersuchung. Kinder, die bei dem Test einen auffälligen Befund aufweisen, werden anschließend mit dem SETK 3-5 (Sprachentwicklungstest für drei- bis fünfjährige Kinder) genauer untersucht.

SETK 3-5

Der SETK 3-5 lässt eine umfassende Untersuchung der sprachlichen Entwicklung zu und ist einzusetzen, wenn eine sehr genaue Diagnose erforderlich ist, um auf deren Grundlage therapeutische Interventionen durchzuführen. SETK 3-5 bildet zusammen mit dem SETK 2 (Sprachentwicklungstest für zweijährige Kinder) eine Testfamilie.

Kon-Lab-Programm „Sprache und frühkindliche Bildung" von Zvi Penner

Dieses Verfahren eignet sich für die Arbeit mit allen Kindern von drei bis sechs Jahren. Zvi Penner hat auch ein Programm zur Sprachförderung entwickelt, das sich speziell der Frühförderung fremdsprachiger Kinder widmet.

1.7 Das Würzburger Trainingsprogramm

Was spricht für das Würzburger Trainingsprogramm?

Das Würzburger Trainingsprogramm ist ein Trainingsprogramm für Vorschulkinder zur Verbesserung der phonologischen Bewusstheit, wodurch das Erlernen des Schreibens erleichtert werden soll. Das Programm kann von pädagogischen Fachkräften in den letzten sechs Monaten vor der Einschulung durchgeführt werden und dauert insgesamt 20 Wochen. Dabei werden an fünf Tagen in der Woche in Kleingruppen Übungen mit einer Gesamtübungszeit von jeweils zehn bis 15 Minuten durchgeführt. Pro Tag werden zwei Übungen durchgeführt. Die einzelnen Übungen können sechs Bereichen zugeordnet werden: Lauschspiele, Reime, Sätze und Wörter, Silben, Anlaute und Phone.

Das Würzburger Trainingsprogramm zur phonologischen Bewusstheit (und auch das Sprachprogramm zur Buchstaben-Laut-Verknüpfung) sind zur spielerischen Entwicklungsförderung für alle Vorschulkinder angepriesen. Insbesondere bei Kindern, die nicht reimen können, die Schwierigkeiten haben, Wörter in Silben zu zerlegen und die prinzipiell Schwierigkeiten haben, sich auf die klanglichen Einzelheiten der gesprochenen Sprache zu konzentrieren, ist eine Förderung mit den Trainingsprogrammen angeraten.

Und was spricht dagegen?

Das Trainingsprogramm „Hören, lauschen, lernen“ und vergleichbare Diagnoseverfahren sowie Förderprogramme setzen meist bei der Überprüfung und Förderung von schriftsprachlichen Fähigkeiten an. Der Blick auf Fähigkeiten, aber auch Schwierigkeiten der mündlichen Sprache fehlt bzw. ist unzureichend. Was die Erzieherin auf der Grundlage von Schrift, seien es Buchstaben oder Silben, vorspricht, steht nicht in Übereinstimmung mit den lautsprachlichen Erfahrungen der Kinder. Wie soll ein Kind ein [h] in „gehen“ hören, wenn dieses Segment hochsprachlich in diesem Wort überhaupt nicht auftaucht? Grundsätzlich widerspricht ein Trainingsprogramm allen natürlichen Prozessen des Lernens und macht den Kindern bewusst, dass sie Defizite haben. Sprache bildet sich durch Kommunikation, Lebendigkeit, Freude, Bewegung und Spaß aus. Dies kann ein Trainingsprogramm nicht leisten.

Mögliche Alternativen

Kinder brauchen eine individuelle, ganzheitliche und körperorientierte Förderung mit Literacy-Erziehung, Rätseln, lippen- und mundmotorischen Theaterspielen, Rhythmikübungen mit lyrischen Anteilen usw. Diese würde allen Bedürfnissen des Kindes nach lebendiger, erfahrbarer und „bewegter“ Sprache gerecht. Hier steht die Freude im Vordergrund und nicht die Absolvierung geforderter Maßnahmen.

1.8 Sprache macht stark! – Sprachförderkonzept

Sprache macht stark ist ein Sprachförderkonzept nach Rosemarie Tracy für zwei- bis vierjährige Kinder mit Migrationshintergrund und/oder aus sozial- und bildungsbenachteiligten Familien, die beim Erwerb der deutschen Sprache unterstützt werden sollen. Diese systematische Sprachförderung basiert auf drei Säulen: Sprachförderung durch qualifizierte pädagogische Fachkräfte in Kleingruppen, Eltern-Kind-Gruppen und Sprachförderung im Alltag der Kindertagesstätten.

Sprachförderung in Kleingruppen

Die Kleingruppenförderung findet regelmäßig in einem ruhigen separaten Raum mit maximal vier Kindern eine Stunde lang und dreimal pro Woche statt. Die Sprachförderthemen basieren auf den Beobachtungen der Interessen und emotionalen Bedürfnissen der teilnehmenden Kinder. Die pädagogische Fachkraft erarbeitet einen Grundwortschatz zu einem ausgewählten Themenfeld mit 15 bis 20 Wörtern (Nomen, Verben und Adjektive), die alltagsrelevant für die Kinder sind und die zu den geplanten Aktivitäten passen. Die Aktivitäten zur Sprachförderung sollten interaktiv, alltagsnah, abwechslungsreich und ganzheitlich gestaltet sein und sich gut versprachlichen lassen. Dabei sollten in der Planung Rituale, wie Begrüßungslieder oder Abschlussreime, berücksichtigt werden. Der thematische Aufbau der Kleingruppenförderung umfasst fünf Elemente:

- Die pädagogische Fachkraft führt den erarbeiteten Wortschatz/die Grammatik zu dem ausgewählten Themenfeld („Mapping“) ein.
- Sie wiederholt den Wortschatz in den aktivierenden Einheiten mit den Kindern.
- Die Kinder sollen den Wortschatz passiv erfassen und wiedererkennen können.
- Die Kinder verwenden aktiv den Wortschatz.
- Die pädagogische Fachkraft überprüft, ob alle Kinder den gesamten Wortschatz einsetzen können.

Die weiterqualifizierte Sprachförderkraft achtet bei den Themeneinheiten auf ein gutes Sprachvorbild, auf eine sprachfördernde Fragetechnik, auf „corrective feedback“ und die Versprachlichung in vollständigen Sätzen.

Sprachförderung in Eltern-Kind-Gruppen

Die Einbindung der Eltern soll den Kindern den Übergang in den Kindergarten erleichtern und die Basis für das Entstehen einer Elternpartnerschaft bilden. Einmal wöchentlich erleben die aus den Kleingruppen teilnehmenden Kinder gemeinsam mit ihren Eltern weitere Aktivitäten zu den Themenfeldern unter der Leitung von zwei Sprachförderkräften. Diese Treffen dauern 1,5 bis 2 Stunden und bieten den Eltern praktische Anregungen und Tipps zur Unterstützung des Spracherwerbs (Erst- oder Zweitsprache). Dabei gewinnen die Eltern ein stärkeres Verständnis, wie sie ihre Kinder insgesamt besser begleiten können und werden insbesondere durch den Erfahrungsaustausch mit anderen Eltern gestärkt.

Sprachförderung im pädagogischen Alltag

In den Kleingruppen werden die Kinder individualisierend und differenziert bei ihrem Spracherwerb unterstützt. Bei der Sprachförderung im pädagogischen Alltag des Kindergartens profitieren alle Kinder der Einrichtung vom bewussten Sprachverhalten der pädagogischen Fachkräfte. In Teamschulungen wird das eigene Sprachverhalten genau reflektiert und verbessert. Die gemeinsamen alltäglichen Handlungen wie z. B. Vorbereitung des Frühstücks, Tätigkeiten im Außenspielbereich, An- und Ausziehen u. a. werden hinsichtlich der Nutzung zur Sprachförderung genau analysiert. Offenheit, Vertrauen und Kollegiale Beratung – auch durch die Sprachförderkräfte – bereichern das Team. Der in den Kleingruppen ausgewählte Wortschatz der Sprachthemen wird auch im Kindergartenalltag regelmäßig gezielt aufgegriffen. Die konkrete Planung dieser Vertiefung und Wiederholung wird im gemeinsamen Team besprochen.

Wissenschaftliche Evaluation und Bewertung

„Die Ergebnisse zeigen, dass Sprachförderung nach Sprache macht stark auf unterschiedlichen Ebenen Wirkung zeigt. Dies gilt sowohl für die Kinder als auch für den Kompetenzerwerb auf Seiten der pädagogischen Fachkräfte und für die Erziehungspartnerschaft mit den Eltern. Deutlich wurde, dass die Umsetzung des Konzepts eine anspruchsvolle Herausforderung für alle Beteiligten (Kinder, Eltern, Fachkräfte und ihre Teams) darstellt. Eine Umsetzung, die auch die Einrichtungen als Erfolg werten, gelingt denjenigen Einrichtungen besonders gut, in denen die Förderung als gemeinsame Aufgabe erkannt wird, die sich möglichst auf viele Schultern verteilen sollte und bei der man sich kollegial unterstützen kann."

(Krempin, Mehler, Tracy, 2009)

1.9 Kommunikationssperren (von Thomas Gordon)

Nach dem Psychologen Thomas Gordon ist eine Kommunikationssperre eine Art der Kommunikation, die den Wunsch oder die Absicht ausdrückt, den Kommunikationspartner nicht zu akzeptieren, sondern ihn zu verändern.

Gordon benennt dabei zwölf Arten von Kommunikationssperren:

1. **Übertriebenes Loben, Zustimmen, „Mir-auch-Egotrips"**
   Diese Formulierungen bremsen einen Ratsuchenden ab, sich weiter mitzuteilen: der Ratsuchende fühlt sich nicht ernst genommen.

2. **Befehlen, Anweisen, Dirigieren**
   Der Herrschende befiehlt und seine Ansicht ist die einzig gültige.

3. **Moralisieren und Predigen**
   Man sagt der anderen Person, was das Beste für sie ist.

4. **Rat geben, Vorschläge machen, Ideen mitteilen, fertige Lösungen bieten**
   Diese Vorgehensweisen sagen der anderen Person, was sie tun oder lassen soll. Das ist selten das, was sie wirklich will. Entsprechend groß ist dann der Widerstand gegen dieses Angebot.
5. **Ablenken, nicht auf den anderen eingehen, im Gedankenablauf stören**
   Der Angesprochene wird mit seinem Problem nicht ernst genommen. Eine Kränkung oder Ärger wird geradezu provoziert.
6. **Beruhigen, Verharmlosen**
   Beruhigen und Verharmlosen ist keine positive Form der Ablenkung. Sie signalisiert dem Betroffenen, dass der Angesprochene sich nicht mit ihm auseinandersetzen will.
7. **Warnen, ermahnen, drohen**
   Dient zur Einschüchterung einer Person und führt zur Unselbstständigkeit oder gar zur Assimilation in vorgegebene Verhaltensmuster.
8. **Belehren, logische Argumente anführen, Vorträge halten**
   Macht den anderen sprachlos und dient dazu, dass einer Person unterstellt wird nicht richtig gehandelt zu haben.
9. **Urteilen, kritisieren, Vorwürfe machen, schmeicheln**
   Lässt die andere Person verstummen, verunsichert und kränkt diese.
10. **Beschämen, lächerlich machen, beschimpfen:**
    Mit einem solchen Vorgehen soll der Angesprochene degradiert und beleidigt werden. Das führt dazu, dass die Person nichts mehr preisgeben möchte und sich zukünftig reserviert oder aggressiv verhält.
11. **Fragen, forschen, verhören**
    Bringt den anderen in Erklärungsnot und baut bei ihm Druck auf. Dies führt zur Verunsicherung und stellt den anderen infrage.
12. **Interpretieren**
    Lässt dem anderen keine Möglichkeit zur Reflexion, er muss vorgefertigte Meinungen akzeptieren, ohne eigene Lösungen finden zu dürfen. Der andere fühlt sich nicht ernstgenommen und eine Selbstanalyse wird unterbunden.

Gordon zufolge schaffen diese zwölf Kommunikationssperren eine destruktive Gesprächssituation und können den Gesprächspartner in die Defensive treiben oder ihn sogar zum Schweigen veranlassen. Im Gegensatz dazu helfe aktives Zuhören dem Gesprächspartner, sein Problem selbst zu lösen. Ein Bestandteil des Trainings nach Gordon bildet daher die Erkennung und Vermeidung von Kommunikationssperren.
(vgl. Gordon, 2002, S. 68 ff.)

1.10 Sprachauffälligkeiten und Sprachstörungen in der Bildungsarbeit

Störungen der Sprachentwicklung

Unter Störungen der Sprachentwicklung versteht man den verzögerten Sprachentwicklungsbeginn bzw. Sprachentwicklungsverzögerung (SEV), den fehlenden oder verzögerten Spracherwerb, einen Sprachentwicklungsrückstand oder eine Sprachentwicklungsstörung (SES).

Aufgabe der Fachkraft:

- Abklären der Ursache (evtl. organische Ursachen ausschließen: Gehör, Reizweiterleitung und Verarbeitung usw.), Schaffung sprachlicher Anreize mit ansprechenden Requisiten und altersgerechten Ansprachen.
- Nähe und Schutz bieten, Kind beobachten und Zugangsbereiche ermitteln, Beobachtungen durchführen.
- Spiele mit geringer Sprechanforderung durchführen (z. B. Lautmalerei oder den Ablauf beim Tiermemory so ändern, dass statt des Tiernamens nur die Tiergeräusche geäußert werden).

Störungen der Aussprache

Unter Störungen der Aussprache fällt das Stammeln (auch Dyslalie, Lautstörung, Lauterwerbsstörung oder Artikulationsstörung genannt), wenn die Entwicklung der Aussprache und Artikulation deutlich hinter der Altersnorm zurückbleibt. Lispeln (Sigmatismus) bezeichnet die Störung, dass der S-Laut nicht normgerecht gebildet wird.

Aufgabe der Fachkraft:

- Gespräche mit Eltern führen, Ursachen klären, Fachdienste empfehlen.
- Lippen- und mundmotorische Theaterstücke spielen, Rollenspiele mit freien und vorgegebenen Texten durchführen.
- Singen (und beobachten, ob beim Singen eine Verbesserung eintritt).
- Zur Förderung der Mundmotorik können auch kleine Spiele wie z. B. Zielpusten oder das Kerzenflammenspiel hilfreich sein (Kerze wird durch Atemstrom zum Flackern gebracht, ohne sie auszublasen).

Störungen des Wortschatzes

Ein eingeschränkter Wortschatz oder eine Wortschatzstörung liegt dann vor, wenn die Entwicklung des Wortschatzes deutlich hinter der Altersnorm zurückbleibt. Wortschatzstörungen treten selten isoliert auf. In der Regel sind dann auch der Satzbau und die Aussprache betroffen.

Aufgaben der Fachkraft:

- Eltern darauf hinweisen, vermehrt mit ihrem Kind zu sprechen.
- Alltagssituationen für Gespräche mit den Kindern nutzen.
- Alle Bereiche der Literacy ausschöpfen.
- Materialien für Einzelaktivitäten während des Freispiels (Memory, Zuordnungsspiele, Bildbetrachtungen, Vorlesen und Erzählen von Geschichten usw.) bereitstellen. Bildungsaktivitäten zur Unterstützung der Begriffsbildung initiieren (Geräusche raten: von CD werden Alltagsgeräusche abgespielt, z. B. Wasserhahn, Türklingel, Mixer, Telefon usw.).

Störungen des Satzbaus und der Grammatik

Eine Satzbaustörung, auch Dysgrammatismus genannt, liegt dann vor, wenn die Entwicklung der Grammatik, der Satzbau und/oder die Wortbildung deutlich hinter der altersgerechten Entwicklung zurückbleibt.

Aufgaben der Fachkraft:

- Entwicklung von Worttafeln, die einen korrekten Satzbau ermöglichen (Spiele herstellen) und Bildergeschichten (Ablauf des Geschehens zusammen mit dem Kind rekonstruieren).
- Zugangsbereiche des Kindes ermitteln und Bildungsaktivitäten gestalten.
- Bewegungslieder singen, in denen der Ablauf motorisch nachempfunden werden kann und rhythmische Elemente einfügen (das „getanzte Wort").
- Sprachspiele durchführen, die dem Kind vorformulierte Sätze anbieten, denn sie geben ihm sprachliche Sicherheit und ein Vorbild für eine richtige Satzbildung. Dazu gehören Benennungsspiele wie: „Ich packe meinen Koffer" oder „Ich sehe was, was du nicht siehst".
- Fingerspiele anbieten, sie verknüpfen Gehörtes mit Bewegung und erleichtern das Erlernen der Grammatik.

1.11 Schaffung eines sprachanregenden Milieus

Die pädagogische Fachkraft muss die Interessen und Bedürfnisse der Kinder regelmäßig erfassen, dokumentieren und entsprechend ihrer Zugangsbereiche Anregungen und Angebote gestalten. Wichtig ist ein Klima der Sicherheit und Geborgenheit, in dem die Signale der Kinder wahrgenommen werden. Sicher gebundene Kinder spielen und sprechen gerne, wohingegen unsicher gebundene Kinder verstummen. Hierzu gehört auch ein gemeinsam erstelltes Regelwerk des Umgangs miteinander. Es sollten keine zu hohen Ansprüche an den Sprachgebrauch des Kindes gestellt werden. Das Zuhören und der Versuch zu verstehen, indem dem Kind Zeit gelassen wird, Inhalte der Aussagen nicht vorweggenommen oder bewertet werden und Fehler lediglich durch korrektives Feedback gespiegelt werden, spielen eine wichtige Rolle hierbei.

Das Hervorheben individueller Fähigkeiten und Befähigungen der Kinder hat immer Vorrang. Es gilt der Grundsatz: „Stärken stärken um Schwächen zu schwächen". Immer wieder sollen die Spielräume mit den Kindern neu gestaltet werden, sprachanregende Requisiten bereitgestellt, bekannte Geschichten und Theaterstücke entsprechend den sprachlichen Auffälligkeiten der Kinder umgeschrieben werden. So können Zischlaute, TZ- Verbindungen oder auch das R geübt werden. Geeignet ist hierzu zum Beispiel die Geschichte des Königs mit dem grimmigen Blick.

Die pädagogische Fachkraft muss sich auch immer bewusst sein, dass sie als sprachliches Vorbild agiert. Für den eigenen Sprachgebrauch gelten daher folgende Regeln:

- in vollständigen Sätze sprechen
- einfache W-Fragen vermeiden
- Suggestivfragen vermeiden
- Kausale Begründungen hinzufügen
- Beachten, dass Mimik und Gestik zum sprachlichen Inhalt passen
- auf eine deutliche Aussprache achten
- Fremdwörtern vermeiden

2 Lyrik – Die Faszination der Worte

Lyrik in der Kindheit und Jugend beinhaltet sicher nicht das sture Erlernen und Rezitieren von Gedichten, sondern meint im Wesentlichen die Freude am gesprochenen Wort, am Spiel mit den Worten und am Zusammensein mit anderen Menschen.

Dunkel wars, der Mond schien helle ...

Ene mene miste ...

Steigt ein Büblein auf den Baum ...

Geschenkt ist geschenkt ...

Hoppe, hoppe Reiter ...

Die Kuh flog übers Schwalbennest ...

Heile, heile Segen ...

Fischers Fritze fischt frische Fische ...

Aufgabe

Erinnern Sie sich an Sprüche aus Ihrer Kindheit?

Sammeln Sie die Verse, Lieder und Reime auf Karteikarten und tragen Sie den Mitschülern eine Auswahl Ihrer Lieblingsverse vor.

Beschreiben Sie Situationen, in denen Sie Kontakt mit diesen lyrischen Formen hatten.

Bewahren Sie die Karteikarten auf.

2.1 Was ist Lyrik?

Dichtung setzt sich aus Epik (erzählende Dichtkunst, wie z. B. Roman, Novelle, Kurzgeschichte), Dramatik (auf eine Inszenierung abgezielte Dichtung, wie z. B. Komödie, Tragödie) und Lyrik (gesangsmäßige Dichtung, wie z. B. Gedicht, Sonett) zusammen.

Der Begriff Lyrik bezeichnet eine Gattung der Dichtkunst, in der subjektives Erleben, Gefühle und Stimmungen mit den Formmitteln von Reim, Rhythmus und Metrik ausgedrückt werden.

Gedichte wecken die Lust am Sprechen. Rhythmus und Takt geben eine klare Struktur vor. Rhythmisches Sprechen löst ähnliche Reaktionen aus wie das Singen. Es verbindet Vergnüglichkeit mit Konzentration. Kinder interpretieren Sprache zunächst vom Klang her. Lange bevor der Sinn einzelner Worte verstanden wird, erschließt sich kleinen Kindern vom Klang her, ob sie getröstet, gerügt oder angeregt werden und in welcher Stimmung sich der Sprecher befindet. Kinder interessiert nicht nur Kinderlyrik. Ihre kindliche Neugier fördert und fordert auch die Auseinandersetzung mit der Lyrik der Erwachsenen. Neben dem Klang interessiert sich ein Kind auch für die Rätselhaftigkeit oder Vieldeutigkeit eines Verses oder auch eines Wortes. Wichtig ist, dass die Kinder äußern können, was sie schön finden, ohne ihre Wahl begründen zu müssen.

Kinder leben in der Mündlichkeit, sie lieben Wiederholungen und da Reime und Rhythmus die besten Speichermedien für Sprache sind, machen sie sich die Gedichte zu eigen, indem sie den Text erinnern und auswendig sprechen. Manche können Verse auf diese Weise ein Leben lang behalten.

Viele Lieder und Gedichte, aber auch Gebete, die heute noch unsere Kindheit begleiten, wurden von Sammlern wie z. B. den beiden romantischen Schriftstellern Clemens Brentano und Achim von Arnim im 19. Jahrhundert in *Des Knaben Wunderhorn* zusammengetragen. Ähnlich den Märchen unterlagen diese alten lyrischen Texte einem Wandlungsprozess und wurden im Laufe der Zeit angepasst und umgedichtet.

Das Beherrschen der verschiedenen lyrischen Elemente ermöglicht soziale Kompetenz, Integration und Anerkennung, vermittelt Zugehörigkeitsgefühle, aber auch Abgrenzung und gibt Sicherheit. Reime fördern die Sprachmelodie und den Sprechrhythmus. Kinder entwickeln mithilfe von Reimen eine ausdrucksstarke und schwungvolle Sprache. In der Pädagogik eingesetzt, stellen sie emotionale Nähe her und fördern die Integration stiller, aber auch auffälliger Kinder.

Web

2.2 Kinderkunst- und Kindervolkslyrik – vom Dichten und Umdichten

Innerhalb der Kinderlyrik unterscheidet man zwischen **Kinderkunstlyrik** und **Kindervolkslyrik**.

2.2.1 Die Kinderkunstlyrik – das erlebte Wort

Als Kinderkunstlyrik werden die von Erwachsenen für Kinder gedichteten Reime und Lieder bezeichnet. Insbesondere die alten Lieder und Reime enthalten moralische und pädagogische Appelle an die Kinder. In Reimform, eingängig und leicht zu merken, internalisierten Kinder auf diese Weise damals herrschende Wert- und Normvorstellungen sowie Rollenzuweisungen. Sie erfuhren Wissenswertes aus ihrer Umgebung und erlebten stellvertretend, was mit jenen Kindern geschah, die sich nicht an die (Verhaltens)-Regeln hielten.

„Wenn die Sonn mit hellem Schein
schaut so in dein Bett hinein,
Büblein, spring geschwind heraus
sticht dir sonst die Augen aus."
(Kredel, 1986, S. 4)

„Blas dich nicht auf: sonst bringt dich
zum Platzen schon ein kleiner Stich."
(Friedrich Wilhelm Nietzsche, 1844–1900)

„Der Besen, der Besen,
was macht man damit?
Man kehrt damit die Stuben.
Die Rute, die Rute,
Was macht man damit?
Man klopft damit die Buben.
Warum nicht die Mädchen?
Das wär eine Schand,
die folgen schon von selber
und spinnen Gewand."
(Kredel, 1986, S. 18)

„Ein Himmel ohne Sonn,
Ein Garten ohne Bronn,
Ein Baum ohne Frucht,
Ein Mädchen ohne Zucht,
Ein Süpplein ohne Brocken,
Ein Turm ohne Glocken,
Ein Soldat ohne Wehr:
Sind alle nicht weit her."
(überliefert)

„Ringel rangel Rosen
Schöne Aprikosen
Veilchenblau, Vergißmeinnicht
alle Kinder setzen sich!"
(Enzensberger, 1974, S. 238)

„Wer nicht kommt zur rechten Zeit,
der muss nehmen, was übrig bleibt."
(überliefert)

Kinderkunstlyrik zeichnet sich aus durch:

- Themenkonstanz
- Sinnhaftigkeit
- logischen Aufbau des Textes
- Belehrungscharakter
- pädagogische Intention des Autors

Moderne Kinderkunstlyrik zeichnet sich ebenfalls durch diese Merkmale aus, hat sich allerdings den veränderten Normen und Werten angepasst. Im Vordergrund steht nicht mehr der erhobene Zeigefinger, der Verhaltensregeln indoktriniert, sondern der Appell an das kindliche Gefühl.

Auslöser dieser Entwicklung ist unter anderem das veränderte Bild vom Kind, beeinflusst durch politische und gesellschaftliche Ereignisse in den 1960er- und 70er-Jahren. Technisierte und medialisierte Umwelt, steigende Mobilität und „Weltbürgertum" beeinflussen moderne Autoren und deren Sprache.

Neuere Dichtkunst bezieht sich stark auf soziale Aspekte, thematisiert das Miteinander und versucht durch Reime und Lieder Kinder in ihrem Selbstverständnis zu stärken und ihnen Mut zuzusprechen.

In den letzten Jahren entstanden viele Texte ...

- zur Integration von Migranten,
- zur Emanzipation von Kindern,
- zur Stärkung von Mädchen,
- zur Suchtprophylaxe und
- als meditativer Gegenpol zur immer hektischer werdenden Umwelt.

„Honig, Milch und Knäckebrot,
manche Kinder sind in Not.
Zucker, Ei und Früchtequark
macht nur manche Kinder stark.
Götterspeise, Leibgericht
kennen manche Kinder nicht.
Wurst und Käse, Vollkornbrot,
manche Kinder sind schon tot."
(Honig Milch und Knäckebrot
Text: Jürgen Spohn,
© Jürgen Spohn)

„Trau dich, trau dich!
Auch wenn es daneben geht.
Trau dich, Trau dich!
Es ist nie zu spät.
Wer's nicht selber ausprobiert,
der wird leichter angeschmiert.
Trau dich, trau dich!
Dann hast du was kapiert.

Trau dich, trau dich!
Auch wenn du erst fünfe bist.
Trau dich, trau dich!
Auch Große machen Mist.
Glaub nicht alles, was du hörst,
wenn du sie mit Fragen störst.
Trau dich, trau dich!
Bis du was erfährst.

Trau dich, trau dich!
Andern geht's genauso schlecht.
Trau dich, trau dich!
Kämpft um euer Recht!
Tretet füreinander ein,
dann könnt ihr bald viele sein.
Trau dich, trau dich!
Du bist nicht allein."
(Trau dich! Trau dich! Auch wenn es danebengeht
Text: Volker Ludwig
© Volker Ludwig)

Wir

„Ich bin ich und du bist du.
Wenn ich rede, hörst du zu.
Wenn du sprichst, dann bin ich still,
weil ich dich verstehen will.
Wenn du fällst, helf ich dir auf,
und du fängst mich, wenn ich lauf'.
Wenn du kickst, steh ich im Tor,
pfeif ich Angriff, schießt du vor.
Spielst du pong, dann spiel ich ping,
und du trommelst, wenn ich sing'.
Allein kann keiner diese Sachen,
zusammen können wir viel machen.
Ich mit dir und du mit mir – das sind wir."
(Brender, 1980, S. 125)

Fünf Freunde im KaDeWe

„Fünf Freunde wollten klauen ziehn
ins KaDeWe am Tauntzien.
Der Dummkopf hat sich's ausgedacht,
die Schussel dann nicht nachgedacht.
Der Funkturm sollte Schmiere stehen
und Ringo zum Verkäufer gehn.
Den Griff sollt Pico tun zuletzt,
schön hat er da die vier versetzt:
‚Ich klau nicht, bloß weil ihr es wollt,
und troll mich jetzt, auch wenn ihr grollt.'"
(Pousset, 1996, S. 31)

2.2.2 Kindervolkslyrik – vom Spiel mit den Worten

Kinder nehmen die für sie gedichteten Reime und Lieder nicht immer an. Die Gründe hierfür liegen zum Teil in fehlendem Verständnis für die verwendeten Motive, aber auch unbekannten Wörtern und Begriffen. So wird aus dem Samariter ein „zahmer Ritter", aus der Textzeile „in Bethlehems Stall" „im Bettle im Stall" und aus dem „Zug nach Osnabrück" wird der „Zug nach Oskarbrück". Die Kinder dichten Reime so um, dass sie in ihre Vorstellungs- und Erfahrungswelt passen.

Ein weiterer Grund für die Abwandlung und Umdichtung bestehender Reime ist in der Lust des Kindes an der Sprache zu finden. Kinder experimentieren mit Sprache, untersuchen spielerisch deren Funktion und sind immer voller Hoffnung, ihr einen neuen Aspekt abzugewinnen. Ihr zunehmender Sinn für Humor, aber auch die Freude an einfachen Lautmalereien führen zu völlig neuen Texten und schönem Unsinn und entsprechend ihrer geistigen und emotionalen Entwicklung entstehen immer neue Themenbereiche. Zeitgleich mit dem Interesse am eigenen Körper und an dem der anderen entdecken Kinder die Freude an erotischen, aber auch obszönen Versen. Auch viele Reime der Kindervolkslyrik werden von Generation zu Generation weitergegeben.

„Da oben auf dem Berge
da steht ein Gerüst
da werden die Mädchen
automatisch geküsst."
(überliefert)

„Eine kleine Micky Maus
zieht sich mal die Hose aus,
zieht sie wieder an
und du bist dran!"
(überliefert)

„Oh pretty Belinda,
die XX kriegt Kinder,
oh, was ein Theater,
der XY wird Vater!"
(überliefert)

„Catherina Valente
hat 'n Arsch wie ne Ente
hat 'n Arsch wie ne Kuh
und raus bist du!"
(überliefert)

Auch politische oder gesellschaftliche Veränderungen nehmen Kinder in ihr Repertoire auf und versuchen auf diese Weise Eindrücke zu verarbeiten. Im Gegensatz zur Kinderkunstlyrik liegt hier jedoch keine sozialkritische Absicht zugrunde.

„John F. Kennedy
kaut Kaugummi.
Spuckt ihn wieder aus
und du bist raus!"
(überliefert)

Typische Merkmale der **Kindervolkslyrik** sind:

- der häufig fehlende Textzusammenhang
- die Sprunghaftigkeit in den Themen
- der leiernde Singsang

Die Sprache der Kindervolkslyrik besteht oft nur aus klanglichen und rhythmischen Elementen.

„Itzen, Ditzen, Silberschnitzen
itzen ditzen daus und du bist raus."
(Enzensberger, 1974, S. 221)

Diese kindertypischen Merkmale wurden von Autoren wie Janosch, aber auch Josef Guggenmoos und James Krüss aufgenommen. Es entstand also ein Bereich der Kinderkunstlyrik, der sämtliche spezifischen Merkmale der Kindervolkslyrik aufweist.

„Hokuspokus, Kokosnuss,
Hexenzwirn und Löwenfuß,
Eulenschwanz und Nudelmann,
der XY ist dran! "
(Janosch, 1972, S. 58)

Aufgabe

Untersuchen Sie die von Ihnen gesammelten Verse hinsichtlich ihrer Zugehörigkeit zur Kinderkunstlyrik oder zur Kindervolkslyrik. Überprüfen Sie weiterhin, welche Verse wahrscheinlich von Erwachsenen für Kinder gedichtet wurden, dann aber dem kindlichen Wandlungsprozess unterlagen.

2.3 Der Einsatz von Kinderlyrik – mit Goethe, Guggenmos und Krüss auf Du und Du

Zur Kinderlyrik zählen neben den Liedern auch Trost- und Schmuseverse, Reime, Segenssprüche, Kniereiter, Fingerspiele, Rätsel, Zungenbrecher, schöner Unsinn und Malverse. Kinderlyrik bietet einen ständigen Anreiz zum gemeinsamen Spielen, Singen und Sprechen.

Das zunehmende Beherrschen von Sprache ist für Kinder ein Weg in die Selbstständigkeit und Unabhängigkeit. Es besteht eine direkte Verbindung zwischen Sprachkompetenz und kognitiver Entwicklung. Sprachstrukturen bedingen Denkstrukturen. Erfahrungen werden innerhalb dieser Strukturen geordnet, reflektiert und generalisiert. Das Beherrschen von Sprache ermöglicht den Aufbau sozialer Beziehungen.

Im Vordergrund der Sprachförderung steht das Wecken der Sprechfreude. Das Spielen mit der Sprache und die dazugehörende Freude daran ist die Grundlage für alle sprachfördernden Konzepte.

Zur Sprache zählt der Aufbau eines **Wortschatzes – Lexikon, Semantik** –, das Üben der **Artikulation – Phonetik, Phonologie** –, der Umgang mit **Grammatik – Syntax, Morphologie** – und die Entwicklung der **Kommunikation – Prosodie, pragmatische Kompetenz**. Durch Sprachspiele im Kindesalter werden wesentliche Bereiche der Sprache gefördert.

- **Wortschatz**
  Der Umfang des kindlichen Wortschatzes ist abhängig von der Häufigkeit und Eindrücklichkeit der Umweltbegegnungen und Anregungen. Daraus folgt, dass gerade in der pädagogischen Arbeit einer Kindertageseinrichtung viele Sachbegegnungen ermöglicht werden müssen, die das Kind ganzheitlich erfahren und „besprechen" kann. Folgende Sprachspiele sind hierzu geeignet:

  Gegensatzpaare:

  „Was nicht fremd ist, ist vertraut.
  Was nicht leise ist, ist laut.
  Was nicht rau ist, das ist glatt.
  Wer nicht hungrig ist, ist satt."
  (Merkel, 2010, S. 236)

  Umschreibungen:

  „Was jede Stunde läuft, läuft stündlich.
  Wer es genau macht, der ist gründlich.
  Was keine Ecken hat, ist rund.
  Was viele Farben hat, ist bunt."
  (Merkel, 2010, S. 236)

- **Artikulation**

  Ein gesundes Kind erwirbt in der Regel innerhalb der ersten drei Lebensjahre die grundlegende Fähigkeit, Einzellaute und Lautkombinationen der Muttersprache richtig zu artikulieren und sie als bedeutungstragende Elemente zu erkennen und zu gebrauchen. Auslöser ist die Notwendigkeit, sich verständlich zu machen, aber auch das Bedürfnis, sich mit der Bezugsperson zu identifizieren. Der Erwerb der Artikulationsfähigkeit kann durch „schlechte Vorbilder", aber auch durch Bequemlichkeit des Kindes bis ins siebte Lebensjahr verzögert sein. Langsames rhythmisches Sprechen und Singen von Gedichten und Liedern in Verbindung mit Gestikulation oder Körperbewegung, sowie die Gelegenheit von Zungen- und Lippengymnastik bei Lautmalereien und Liederspielen unterstützen ein Kind in seiner Artikulationsfähigkeit. Unterstützend können hier Verse eingesetzt werden, die die Artikulation von Zischlauten und anderer schwieriger Laute üben:

  „Ich hatte schon ein Weilchen
  den Duft in meiner Nase,
  da pflückte ich ein Veilchen
  und gab es in eine Vase.
  Süß duftete und lieblich
  der Duft von diesem Veilchen,
  bis es nach einem Weilchen
  Verwelkte und verblich."
  (Merkel, 2010, S. 232)

- **Grammatik**

  Kinder erlernen nicht nur Wörter, sondern auch die Regeln, nach denen Wörter aneinander gereiht werden müssen, um ihr Verhältnis zu anderen Objekten, Zeit und Raum auszudrücken. Da sprachliche Regeln ein Abbild der Logik unseres Denkens sind, lässt Dysgrammatismus die Schlussfolgerung zu, dass Denk- und Abstraktionsvermögen vermindert oder noch nicht ausreichend entwickelt sind. Dem Kind muss also zunächst einmal ein ausreichendes Repertoire an Satzmustern zur Verfügung gestellt werden, die es nach einigen Wiederholungen abwandeln und neu zusammensetzen kann. Spielerisch geschieht dies durch Fingerspiele, Lieder und Gedichte. Johannes Merkel führt in seinem Buch „Weißt du was, Sprache macht Spaß“ etliche Sprachspiele zur Unterstützung der Grammatik u.a. Mehrzahlbildung, Präpositionen, Konjugationen sowie zur Satzstellung auf:

  „Geht es mir gut, dann sing ich gern
  Und habe ich lang genug gesungen,
  dann gelingt mir alles, was ich tu,
  Dann ist der ganze Tag gelungen."
  (Merkel, 2010, S. 245)

- **Kommunikation**

  Sprache allein zu beherrschen reicht für unser soziales Leben nicht aus, vielmehr muss Sprache als erfolgreiches Kommunikationsmittel eingesetzt werden. Hierzu gehört die Fähigkeit, den Ansprechpartner, aber auch die Situation, in der man sich befindet, einschätzen zu können und den richtigen Ton zu treffen. Etwa ein Drittel der Botschaften werden nonverbal oder paraverbal, d.h. über Stimmlage, Lautstärke, Betonung, Sprechtempo und Sprachmelodie übermittelt. Auch hier bietet die Kinderlyrik geeignete Übungsfelder, in denen Kinder nicht zuletzt auch die Erfahrung machen können, wie lustvoll verbale Auseinandersetzung sein kann.

Im Gegensatz zur Satzbildungsfähigkeit und Artikulation sind Kommunikationsfähigkeit, ebenso wie Wortschatz, Bereiche, deren Entwicklung noch weit in das Erwachsenenalter reichen. Hier bestimmen frühkindliche Lernerfahrungen Qualität und Quantität des später Erreichbaren.

Die Themen der Kinderlyrik können äußerst vielfältig sein und alle Elemente menschlichen Lebens und Erlebens einbeziehen. Zum gezielten Einsatz in der Pädagogik eignen sich Themenbereiche, die der unmittelbaren und erlebbaren Umwelt der Kinder entstammen. Dazu wird von der Erzieherin sensibles und sorgfältiges Umgehen mit den Inhalten erwartet. Die Texte müssen daher im Vorhinein auf Übertragbarkeit und Verständlichkeit überprüft werden.

Der Einsatz von Kindervolkslyrik erfolgt häufig spontan und findet seine Anwendung in der gegebenen Situation. Kinderkunstlyrik erfordert aufgrund ihrer pädagogischen Intention häufig eine Einstimmung auf das Thema.

2.3.1 Erste Zuwendungsspiele

Neben der Befriedigung der physiologischen Grundbedürfnisse eines Säuglings, d.h. der ausreichenden Versorgung mit Sauerstoff, Ernährung, Flüssigkeit, Wärme und einem ausgeglichenen Schlaf-Wach-Rhythmus (vgl. Götte/Nicolai, 2009, S. 16), hat eine Bezugsperson auch die Aufgabe, die psychischen Bedürfnisse eines Säuglings nach Wärme, Geborgenheit und Zuwendung zu befriedigen. Es geht zunächst nicht darum, seine kognitiven Fähigkeiten zu fördern; die Beschäftigung mit ihm vermittelt diesem außer Sicherheit und Vertrauen auch Wertschätzung und Liebe. Verbale und taktile Zuwendung helfen beim Spannungsabbau und dabei, sich selbst und seine Stärken wahrzunehmen und damit Selbstbewusstsein, aber auch Selbstvertrauen zu entwickeln. Das erste Spielzeug des Kindes ist der eigene Körper und die eigene Stimme. Über die taktile Wahrnehmung erfährt es seine Umwelt.

„Eine Schnecke,
eine Schnecke krabbelt rauf,
krabbelt rauf, krabbelt wieder runter,
krabbelt wieder runter, kitzelt auf dem Bauch,
kitzelt auf dem Bauch."
(Austermann/Wohlleben, 1989, S. 16; Melodie nach „Bruder Jakob")

„Kommt eine Maus,
die baut ein Haus,
kommt ein Mückchen,
baut ein Brückchen,
kommt ein Floh
und der macht sieh! sah! so!"
(Enzensberger, 1974, S. 17)

„Klitzekleines Zwerglein
ging mal auf ein Berglein
rutschte aus
ging nach Haus –
und die Geschichte ist aus."
(überliefert)

„Kommt ein Bärchen – streichelt dein Härchen
kommt ein kleiner Hase – stupst dir auf die Nase
kommt ein kleines Mäuschen – krabbelt in dein Häuschen
kommt ein kleiner Floh – und der macht so."
(Austermann/Wohlleben, 1989, S. 23)

Erste Kitzel- und Schmuseverse sind spontan einsetzbar und benötigen keine Vorbereitung. Gelegenheiten ergeben sich im Tagesablauf von ganz allein.

Beim Wickeln

Strampelbrüder, Strampelschwestern

„Guten Morgen ihr Beine	*mit beiden Beinen des Kindes spielen*
Wie heißt ihr denn?	*ein Bein schütteln*
Ich heiße Hampel	*verstellt antworten*
und ich heiße Strampel	*ebenso*
Und hier ist das Hampelfüßchen	*einen nackten Fuß streicheln*
und dort das Strampelfüßchen	*ebenso*
Hampel und Strampel	
gehen auf eine große Reise	*Beine abwechselnd beugen*
Hampel läuft wacklig	
und Strampel läuft zackig."	

(Pousset, 1996, S. 19)

Herr Links und Frau Rechts

„Herr Links und Frau Rechts
die taten nichts Schlechts.
Auf zum Tanze Herr Links
mit Frau Rechts gestern gings
Erst tanzten sie so
dann kreuzten sie, oh
und warfen dann froh
beide Beine zum Po."
(Pousset, 1996, S. 20)

erst das linke, dann das rechte Bein schütteln

das linke Bein anwinkeln und strecken
mit dem rechten ebenso
Beine kreuzen, linkes Bein oben
nun rechtes Bein oben
mit beiden Beinen
Rad fahren

Zum Trost[1]

„Heile, heile Kätzchen,
's Kätzchen hat vier Tätzchen
's Kätzchen hat nen langen Schwanz
bald ist alles wieder ganz.

Heile, heile Segen,
morgen gibt es Regen.
Heile, heile, Leukoplast,
in hundert Jahr'n du nix mehr hast."
(überliefert)

„Heile, heile Segen
morgen gibt es Regen
übermorgen Schnee
tut's schon nicht mehr weh."

2.3.2 Kniereiter

Mit der fortschreitenden motorischen Entwicklung finden auch Kniereiterspiele Anwendung. Diese Spiele entsprechen dem kindlichen Bedürfnis nach Bewegung und der Freude am Wiedererkennen von Handlungsabläufen. Viele Kniereiter sind in ihrem Ablauf innerhalb kürzester Zeit so ritualisiert, dass das Kind eine Abweichung nur unwillig hinnimmt. Vor Erwartung strahlend, wartet das Kind darauf, dass der Reiter nun endlich „plumps" macht, das Tempo sich beschleunigt und das Ganze von vorne beginnt.

Einem kleinen Kind stehen zunächst seine fünf Sinne als Erkenntnisinstrumente zur Verfügung. Es nimmt seine Umwelt wahr, indem es sich in ihr bewegt und handelt. Den Teddy nimmt es nicht nur wahr, indem es ihn sieht und den dazugehörenden Begriff hört, sondern indem es ihn sieht, fühlt, riecht und durch das Zimmer wirft. Diese ganzheitliche Erfassung der Umwelt ist für ein Kind existenziell.

Kniereiter und erste Bewegungsspiele fördern die kognitiven, kreativen und motorischen Fähigkeiten sowie die kinästhetische Wahrnehmung.

[1] *Häufig ist die Herkunft dieser Kinderverse nicht mehr feststellbar, manche gehen vermutlich bereits auf heidnische Beschwörungsformeln zurück, andere auf alte Feen- und Hexenglauben.*

„Komm, du kleiner Racker
komm auf meinen Schoß,
recke deine Arme hoch
dann bist du riesengroß.
Recke deine Arme hoch
dann bist du riesengroß.

Still, du kleiner Racker
kuschele dich ein,
drücke dich ganz fest an mich,
dann bist du nicht allein.
Drücke dich ganz fest an mich,
dann bist du nicht allein.

Rutsch, du kleiner Racker,
rutsch von meinem Knie,
lauf mir nicht so schnell davon,
sonst fange ich dich nie.
Lauf mir nicht so schnell davon,
sonst fange ich dich nie."
(Text: Sonny Kunst, © Menschenkinder Verlag und Vertrieb GmbH, Münster c/o Melodie der Welt GmbH & Co. KG, Frankfurt/Main)

Der folgende Kniereiter lässt sich neben dem einfachen Vortragen sehr gut instrumentalisieren. Es eignen sich dazu einfachste Instrumente. Die Kleinkinder erleben erste Rhythmisierung.

„Bim bam bommel,
die Katze schlägt die Trommel
viele kleine Mäuslein tanzen in der Reihe,
viele kleine Mäuslein tanzen in der Reihe
und die große Erde donnerte dabei,
und die große Erde donnerte dabei.

Didel dadel didel,
der Esel streicht die Fidel
viele kleine Mäuslein tanzen in der Reihe,
viele kleine Mäuslein tanzen in der Reihe
und die große Erde donnerte dabei,
und die große Erde donnerte dabei."
(überliefert)

Hierbei sitzt das Kind dem Erzähler gegenüber, gemeinsam werden die Bewegungen ausgeführt und bei „und die große Erde ..." deutet das Kind mit dem Oberkörper und den Armen einen Kreis.

2.3.3 Fingerspiele

Fingerfische

„Lauter Fingerfische,
viele kleine frische,
tümpeln hier ringsrum
in dem Teich herum."
(Nitsch, 2003, S. 112)

Baut ein Mauserl

„Baut ein Mauserl
sich ein Hauserl.
Wo wird's rasten?
In dem Kasten – da, da, da!"
(Nitsch, 2003, S. 17)

Das Häslein

„Da läuft ein Weglein,
da springt ein Häslein!
Der hat's geschossen,
der hat's gewaschen,
der hat's gebraten,
der hat den Tisch gedeckt –
und der kleine Biribinker
hat den Teller
ausgeschleckt!"
(Preetorius, 1980, S. 114)

Kinder begreifen wortwörtlich ihre Umwelt: Alles wird befühlt, betastet, mit den Händen bewegt. Der Zusammenhang zwischen **Hand** und **Verstand** scheint offensichtlich. Maria Montessori betrachtete die Hand als wichtigstes Instrument zur Erfassung der Umwelt (siehe Maria Montessori: Die Entdeckung des Kindes, Herder Verlag, Freiburg, 2007). Rudolf Steiner wies bereits am Anfang des 20. Jahrhunderts darauf hin, dass die Bewegungen der Hände an der Bildung des Sprachzentrums mitwirken. „Gehen, Sprechen und Denken gehen eines aus dem anderen hervor. Geste und Motorik übertragen sich auf die Ausbildung des Sprachzentrums im Gehirn und auf die ganze Kopforganisation. Dieser Zusammenhang kann ersichtlich werden, wenn Linkshänder umgewöhnt werden. [...] beginnt zu stottern. Das Leben ist zuerst Geste." (Carlgren, 1996, S. 36) Und bereits im 19. Jahrhundert entwickelte Friedrich Fröbel sogenannte Gaben, die das Kind zum Begreifen und Erfassen auffordern, um dem Ziel eines „denkenden, fühlenden und **hand**elnden Menschen" nahezukommen.

„Alle Dinge mit den Zehen zu verstehen
mit den Fingern zu begreifen
ist das erste hier auf Erden.
Worte werden bald erblühen
und Gedanken werden reifen." *(Baur, 1992, Vorwort)*

Fingerspiele werden zu den sogenannten psychomotorischen Spielen gezählt und zielen auf den Zusammenhang zwischen der Entwicklung der Motorik und des psychischen Apparates, also den Gefühlen, dem Denken und dem Sozialverhalten ab.

Zusammenfassend kann gesagt werden, dass allgemeine Ziele und Bedeutungen des Fingerspieles zunächst einmal im Bereich der **Sprachförderung** liegen. Die Kinder erweitern ihren Wortschatz, üben Artikulation und Satzbau, erkennen die Sprache als Kommunikationsmittel und beginnen Gefühle und Bedürfnisse zu verbalisieren. Die Schulung der **Fein- und Grobmotorik** geht mit der Koordination von Sprache und Bewegung einher. Beim Erfinden und Ausführen zugehöriger Bewegungsformen übt das Kind sein **Assoziationsvermögen** und wird zu **kreativem Tun und Denken** angeregt. Das Erlernen von Texten fördert die **Konzentrations- und Merkfähigkeit**. Die Wiedergabe innerhalb der Gruppe stärkt das **Ansehen**. Je nach Inhalt eines Fingerspiels erfolgt eine **Wissenserweiterung**.

Der Einsatz von Fingerspielen hat auch eine **soziale Komponente**. Das Spielen eines Fingerspieles erfordert Rücksichtnahme und Einordnung in die Gruppe. Das einzelne Kind erlebt die Position des Führenden, lässt sich aber auch selbst führen. Die Kinder erleben die Freude am gemeinsamen Tun, stehen in Kontakt zu anderen Kindern und freuen sich am Ergebnis.

Auswahlkriterien für Fingerspiele

- Alter und Entwicklungsstand der Kinder
- pädagogische Vertretbarkeit des Inhaltes: Gedichte, die Rollen fixieren oder diskriminieren, sollten keinen Einsatz finden.
- Verständlichkeit: Das Einführen eines Fingerspieles über Tiere auf dem Bauernhof wird sinnentleert, wenn die Kinder keinen Zusammenhang zu ihrer Lebensrealität herstellen können. Insbesondere für Stadtkinder und deren Erzieherinnen bedeutet dies, dass ein solches Fingerspiel einer intensiven und anschaulichen Vor- und Nachbereitung bedarf.
- aktuelles Thema in der Gruppe
- Bezug zur Jahreszeit, allgemeine Natur- und Umweltvorgänge

Ein Fingerspiel sollte beim ersten Vorstellen geschlossen vorgetragen werden, d.h., eine Unterbrechung des Textes bzw. innerhalb von Strophen ist zu vermeiden, um eine Irritation der Kinder auszuschließen. Für die vortragende Person ist dabei eine wichtige Voraussetzung, dass sie das Fingerspiel auswendig gelernt hat. Empfohlene Vorgehensweise: Die Erzieherin trägt das Fingerspiel zunächst als Ganzes und ohne begleitende Bewegungen vor. Anschließend wird der Inhalt gemeinsam mit den Kindern rekonstruiert. Als geschickt erweist sich die Übernahme einzelner Textpassagen in einer sinnvollen Reihenfolge. Die Aufgabe der pädagogischen Fachkraft ist dabei strukturierend zu lenken. Gemeinsam können nun, Zeile für Zeile wiederholend, mögliche Bewegungen vorgeschlagen, ausprobiert und festgelegt werden. Eine Orientierung an den Vorschlägen der Kinder ist für den sozialen Zielbereich sehr wichtig. Anschließend kann ein erstes gemeinsames Sprechen des Fingerspiels erfolgen. Methodisch kann die pädagogische Fachkraft das letzte Wort einer Zeile oder bestimmte Schlüsselbegriffe von den Kindern allein sprechen lassen.

Web

Alternativ ist auch möglich, dass die pädagogische Fachkraft den Kindern Text und Bewegung vorstellt. Zur weiteren Motivation und Anschauung eignen sich verschiedene Requisiten, z.B. ein zusammengeknülltes Chiffontuch in den Kinderhänden, das sich beim Öffnen der Hand wie eine Blüte entfaltet, Fingerpüppchen oder Farbe zum Bemalen der Hände. Manche Fingerspiele eignen sich auch zum Tischtheater oder lassen bereits in der Einführung ein kleines Theaterstück zu. Im Herbst könnte man aus halbierten Pappelblättern Mäuse basteln und an einem Tonpapierstreifen befestigen. Diese Mäuse kann man hinter einem grünen oder braunen Tuch trippeln lassen und dann mit Büroklammern feststecken: „Das ist Papa Maus, sieht wie alle Mäuse aus ..."

2.3.4 Malspiele

Das Begleiten des Zeichnens durch ein Gedicht fasziniert jedes Kind. *Punkt, Punkt, Komma, Strich* ... aber auch *Das Haus vom Nikolaus* sind vielen Kindergenerationen bekannt. Neben der Freude am Gestalteten findet eine Förderung der kognitiven Fähigkeiten statt.

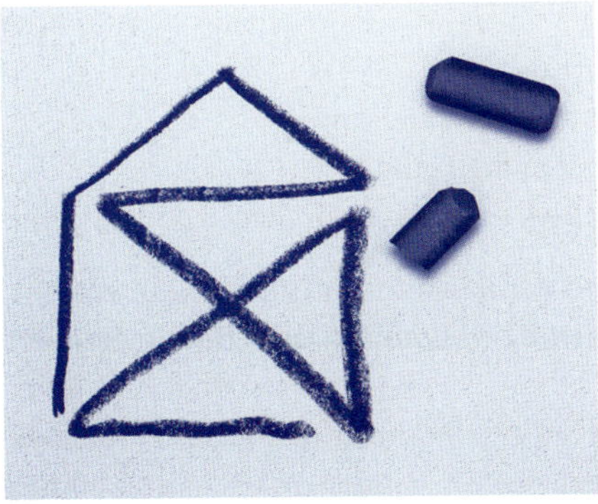

2.3.5 Rätsel

Um sich vor bösen Mächten zu schützen, haben Menschen zu allen Zeiten ihre Gedanken, Meinungen, Wünsche und Vorsätze in Rätsel gekleidet. In Kriegszeiten hatten Rätsel die Funktion, Geheimnisse zu verstecken. Das schlaue Stellen von Rätseln, aber auch das Erraten, zeugte von Weisheit, Schlagfertigkeit und Bildung, aber auch von der guten Gesinnung eines Menschen. Der Stoff für Rätsel entstammte meist der unmittelbaren Umgebung des Menschen. Pflanzen und Tiere wurden häufig vermenschlicht. Rätsel können in die verschiedensten literarischen Formen gekleidet sein: in Märchen, Spiel- liedern, in Versen und in Streitgedichten. Erste Rätselsammlungen gab es bereits im frühen Mittelalter. Beliebte Rätsel, die mündlich weitergegeben wurden, sind als Zeugnisse volkstümlicher Poesie erhalten.

Für Kinder wurden die bekannten Rätsel verändert, aber auch neue erfunden. Kinderrätsel sind meist geradlinig aufgebaut und geben eindeutige Merkmale des zu Erratenden an.

„Es ist weiß
und rund
und frisch,
man sieht es oft auf dem Frühstückstisch."
(überliefert)

„Ihr setzt mich im Winter
zusammen nur aus Schnee,
wenn dann die liebe Sonne kommt,
tut mir das Herze weh."
(überliefert)

Viele Rätsel verraten ihre Lösung bereits im Text oder liegen im letzten Reimwort eines Verses. Sie sind gerade für jüngere Kinder gut geeignet.

„Sie steht am Himmel hell und schön,
die Menschen wie geblendet stehn.
Sie wärmen sich, welch eine Wonne
durchs Fenster dringt die warme ..."
(überliefert)

„Es hat keine Füße
und kann doch gehen, wenn man's nicht aufzieht,
bleibt es stehen.
Was macht tick tack in einer Tour
Sag es geschwind, es ist die ..."
(Arndt/Singer, 2004, S. 167)

„Ich bin kleiner als ein Mäuschen,
doch trag ich mein eignes Häuschen.
Es ist schön rund, hat keine Ecke,
du kennst mich wohl, ich bin die ..."
(überliefert)

„Was ist das?
Hängt an der Wand und
gibt jedem die Hand?"
(überliefert)

Ältere Kinder mögen Rätsel, die höhere kognitive und assoziative Anforderungen stellen. Zum Lösen solcher Rätsel ist ein großer Erfahrungsschatz notwendig. Hierzu zählen nicht zuletzt auch die Scherzfragen.

- Wer hat einen Kamm und kämmt sich nicht?
- Wer geht jeden Tag aus und bleibt doch zu Haus?
- Wer hat Federn und fliegt nicht, Beine und geht nicht?
- Welche Meisen können nicht singen?

In der Arbeit mit Kindern ist das situationsgerechte Anbieten der Rätsel von Vorteil. Bei einem Waldspaziergang kann man nach einem *Wald ohne Laub* fragen, beim Spielen im Hof das Spiel *Ich sehe was, was du nicht siehst* initiieren.

Zur Einführung von Rätseln in einer Kindergruppe bieten sich zunächst einfache Rätselfragen an.

„Hat eine Schnauze, keinen Mund,
ihr habt Recht, es ist ein ..."
(überliefert)

Wiederholungen sind sehr wichtig. Halten Sie die Kinder beim Rätselraten dazu an, die Gegenstände, die sie erraten haben, genau zu beschreiben. Dies steigert den Wiedererkennungseffekt und motiviert die Kinder zu schwierigeren Rätseln, da sie sich bereits als kompetent erwiesen haben.

Um das bildhafte Erraten zu fördern empfiehlt es sich, einige schwerere Rätsel mit Vorschul- oder Schulkindern zu erarbeiten.

„Ich hab ein Loch und mach ein Loch
und geh durch das, was ich mach noch
kaum bin ich durch, schlepp ich im Nu
noch meine lange Schleppe hinzu"
(überliefert) *(Lösung: Eine Nadel)*

Rätsel, die im Stuhlkreis innerhalb einer heterogenen Gruppe eingesetzt werden, müssen allen Entwicklungsstufen gerecht werden, es sollte also schwere und leichte Rätsel geben. Günstig ist es, die Rätsel in einem Rätselsack oder einem Rätselbuch anzubieten. Markieren Sie die Rätsel entsprechend ihrem Schwierigkeitsgrad und zwar so, dass diese Kennzeichnung auch von den Kindern nachzuvollziehen ist. So können z. B. die Kärtchen für die jüngeren Kinder gelb, für die mittleren blau und rot für die ältesten in der Gruppe gekennzeichnet sein. Die Kinder, die aufgrund ihres Alters gerade nicht angesprochen sind, verhalten sich still, rufen die Lösung nicht laut heraus und überlassen der Zielgruppe den Vortritt.

2.3.6 Gedichte

Kindergedichte aus den vorhergehenden Jahrhunderten sind heutzutage häufig massiver Kritik ausgesetzt. Ihnen werden Sehnsucht nach einer heilen Welt und verfälschte Erinnerungen an eine glückliche Kindheit sowie die Mär von der reinen Kinderseele unterstellt. In gestelzten Sätzen und gezwungener Reimform halten sie Unanständiges und Konfliktbeladenes von der Kinderseele fern und ergehen sich in der Hoffnung auf Erneuerung. Trotzdem erfreuen sich gerade Gedichte von Goethe, *Das Hexen-Einmal-Eins,* die Sammlungen von Brentano und von Arnim *Loblied* und *Das buckliche Männlein* ebenso wie die Geschichte der *Wurzelkinder* von Sybille von Olfers wieder großer Beliebtheit.

Kindergedichte der Gegenwart orientieren sich weit mehr als ihre Vorgänger am Kind und dessen Erlebnishorizont. Autoren wie Janosch, Josef Guggenmoos und James Krüss haben sich von belehrenden und erzieherischen Zwängen befreit und schildern in ihren Gedichten die Welt aus der Sicht des Kindes, verbunden mit den Charakteristika moderner Lyrik. Viele Gedichte unterstützen das Kind dabei, sich eigene Eindrücke bewusst zu machen und Erlebnisse zu vertiefen. Das Spektrum moderner Kindergedichte reicht von einfachen gereimten Versen bis hin zu kurzen fantasievollen Geschichten in Reimform oder freiem Rhythmus.

Kinder können Gedichte zu verschiedenen Anlässen auswendig lernen: z. B. zur Einstimmung auf Feste wie Ostern oder Weihnachten, als Rituale beim Zubettgehen oder als Spiel- und Sozialregeln.

„Rabulan der Riese,
isst so gern Gemüse
Er sagt: ‚Gemüse ist gesund!'
und verzehrt aus diesem Grund
täglich einen Haselstrauch
und ein Fuder Rüben auch
einen Kürbis obendrein;
denn er will bei Kräften sein.
Bei Ferdinand und Lieschen
tun's Äpfel, Salat und Radieschen!"
(Guggenmos, 1986, S. 30)

Loblied

„Kein Tierlein ist auf Erden
Dir, lieber Gott zu klein,
Du ließt sie alle werden
und alle sind sie Dein."
(Clemens von Brentano, 1778–1842)

„Geschenkt ist geschenkt,
wiederholen ist gestohlen."
(überliefert)

Kinder können Gedichte als Begleitung bei den verschiedensten Tätigkeiten umsetzen: z. B. durch Sachgedichte oder als Lautmalereien.

Was die Waschmaschine sagt

„Wischiwaschi
Wäsche waschen
wischiwaschi wumm
Oben waschen
unten waschen
rundherum
Hemden waschen, Hosen waschen
Tischtuch mit den Rosen waschen
wischiwaschi
Wäsche waschen
wischiwaschiwumm
und die vielen Hosentaschen
drehn wir um ..."
(Hofbauer, 1999)

„Wir machen ein Späßchen
und seifen das Näschen:
Stirn, Wangen und Mund
Kalt Wasser ist gesund!"
(Singer/Schirmer, 1996)

Das Feuer

„Hörst du wie die Flammen flüstern,
knicken, knacken, krachen, knistern,
Wie das Feuer rauscht und saust,
brodelt, brutzelt, brennt und braust.
Siehst du wie die Flammen lecken,
züngeln und die Zungen blecken.
Wie das Feuer tanzt und zuckt,
trockne Hölzer schlingt und schluckt?
Riechst du, wie die Flammen rauchen,
brenzlig, brutzlig, brandig schmauchen.
Wie das Feuer, rot und schwarz,
duftet, schmeckt nach Pech und Harz?
Fühlst du, wie die Flammen schwärmen.
Glut aushauchen, wohlig wärmen.
Wie das Feuer, flackrig-wild
dich in warme Wellen hüllt?
Hörst du, wie es leiser knackt?
Siehst du, wie es matter flackt?
Riechst du, wie der Rauch verzieht?
Fühlst du, wie die Wärme flieht?
Kleiner wird der Feuersbraus:
ein letztes Knistern, ein feines Flüstern,
ein schwaches Züngeln, ein dünnes Ringeln –
AUS."

(Krüss, 1990, S. 11)

Kinder können Gedichte erzählen oder mitspielen:

Der Fernsehwurm

„Kennst du den Fernsehwurm?
Der sitzt im Bildschirmhaus.
Er schläft zumeist den ganzen Tag
und schlüpft am Abend aus.

Du hast ihn sicher schon gesehen –
er flirrt und flitzt und blitzt,
wenn du (sollst du nicht schlafen gehen?)
noch vor dem Bildschirm sitzt.

Er flimmert und kracht,
er blinzelt und lacht –
er räkelt sich, er schlängelt sich,
er stengelt sich und zwängelt sich –
gib Acht! –
in deinen Kopf hinein.
Dort sitzt er und blitzt er
und spuckt in jeden Zwischenraum
Zischelsilberschaum.

Er sitzt nicht nur, er blitzt nicht nur,
keine Spur,
er zuckt, er ruckt, er guckt, er spuckt –
dann rumort er und bohrt er
sich einen dunklen Gang
in deinen schönsten Traum."

(Hofbauer, 1999)

Was denkt die Maus am Donnerstag?

„Was denkt die Maus am Donnerstag,
am Donnerstag,
am Donnerstag?

Dasselbe wie an jedem Tag,
an jedem Tag,
an jedem Tag.

Was denkt die Maus an jedem Tag,
am Dienstag, Mittwoch, Donnerstag
und jeden Tag,
und jeden Tag?

O hätte ich ein Wurstebrot
mit ganz viel Wurst'
und wenig Brot!
O fände ich, zu meinem Glück,
ein riesengroßes Schinkenstück!
Das gäbe Saft,
das gäbe Kraft!

Da wäre ich bald nicht mehr
Mäuschenklein,
da würd' ich bald groß wie ein Ochse sein.
Doch wäre ich erst so groß wie ein Stier,
dann würde ein tapferer Held aus mir.
Das wäre herrlich,
das wäre recht –
und der Katze,
der Katze
ginge es schlecht!"
(Guggenmos, 1986, S. 106)

2.3.7 Zungenbrecher

Das Beherrschen von Zungenbrechern verschafft einem Kind soziales Ansehen innerhalb der Gruppe. Umgekehrt werden Kinder ausgelacht, wenn sie die Zungenbrecher nicht richtig und in der gewünschten Schnelligkeit vortragen. Die Aufgabe der Erzieherin liegt darin, altersentsprechende Zungenbrecher auszusuchen. Bis dahin ist es ein weiter Weg, bei dem vor allem die Geschicklichkeit der Zungen- und Lippenmuskulatur geübt wird. Inhaltlich faszinieren die Zungenbrecher hauptsächlich durch das Aneinanderreihen von phonetisch ähnlichen Worten.

„Hinter Hermann Hannes Haus,
hängen hundert Hemden raus.
Hundert Hemden hängen raus,
hinter Herrmann Hannes Haus."
(überliefert)

„Nachbars Hund heisst Kunterbunt,
Kunterbunt heisst Nachbars Hund."
(überliefert)

„Blaukraut bleibt Blaukraut
und Brautkleid bleibt Brautkleid."
(überliefert)

„Kleine Kinder können keinen
Kirschkern knacken."
(überliefert)

„Es klapperten die Klapperschlangen,
bis ihre Klappern schlapper klangen."
(überliefert)

„Es lagen zwei zischende Schlangen
zwischen zwei spitzigen Steinen
und zischten dazwischen."
(überliefert)

2.3.8 Hosentaschenabzählreime

Abzählreime werden dann für Kinder interessant, wenn sie ein starkes Gerechtigkeitsempfinden ausbilden und zur gleichen Zeit die Fähigkeit entwickeln, Bedürfnisse aufschieben zu können. Soziale Integration entsteht durch Rücksichtnahme, aber auch durch Durchsetzung der eigenen Interessen. Hosentaschenabzählreime lassen Kinder das Gefühl erleben, zufällig ausgewählt zu sein und Freude darüber zu empfinden. Im Umkehrschluss aber auch zufällig nicht gewählt worden zu sein und dadurch nicht unter der Zurücksetzung zu leiden.

„Opa ist blau,
Oma ist schlau,
Schit am Bein
und du musst sein!“
(überliefert)

„Eins Zwei Drei, Herr Poliziste,
eine alte Seifenkiste
hundert Sachen Affenzahn
Affenkiste, Seifenzahn.“
(überliefert)

„Ene mene Schnickschnack,
Opa geht im Zickzack,
Schnaps gesoffen,
Hund getroffen,
WEG! “
(überliefert)

2.3.9 Schöner Unsinn

Reime von „schönem Unsinn“ entsprechen in erster Linie der Freude des Kindes am Sprechen, Fabulieren und Fantasieren. Mit Hingabe rezitieren Kinder das Gedicht von der Kuh, die übers Schwalbennest flog, oder dem Auto, das blitzeschnell langsam um die runde Ecke fuhr.

„Es war einmal ein Mann;
der hatte einen Schwamm.
Der Schwamm war ihm zu nass,
da ging er auf die Gass.
Die Gass war ihm zu kalt,
da ging er in den Wald.
Der Wald war ihm zu grün,
da ging er nach Berlin.
Berlin war ihm zu voll,
da ging er nach Tirol.
Tirol war ihm zu klein,
da ging er wieder heim.
Daheim wars ihm zu nett,
da legt er sich ins Bett.
Im Bett war eine Maus,
und die Geschicht' ist aus.“
(überliefert)

Aufgabe

Sammeln Sie verschiedene Kindergedichte und ordnen Sie diese zusammen mit Ihren eigenen Karteikarten vom Anfang des Kapitels, siehe S. 59, den verschiedenen Formen der Kinderlyrik zu.

Möglichkeiten

- Illustrierte Sammelbände anschaffen: So haben die Kinder anhand der Darstellung die Möglichkeit, sich für ein Gedicht zu interessieren und es aufgrund der Illustrationen auch wiederzufinden.
- Einen Gedichtbaum basteln: Eltern, Erzieherinnen und Hortkinder, also die Schüler zwischen sechs und zwölf Jahren, die außerhalb der Schulzeit betreut werden, aber auch Vorschulkinder können dort Gedichte anheften und auch selbst wieder vom Baum nehmen, wie beim Ernten. So sind die Gedichte auch ein Beitrag dazu, Schrift und Zeichen für Kinder sichtbar und erlebbar zu machen.
- Lyrische Bilderbücher anschaffen: z. B. *Herr Ribbeck von Ribbeck im Havelland*, *Das kleine Ich bin ich*, *Loblied* von Clemens Brentano.
- Eine Ausstellung organisieren: z. B. Kinder malen etwas zu ihrem Lieblingsgedicht, Texte werden von Kindern gesprochen und aufgenommen.

2.4 Praktische Umsetzung von Fingerspielen

Vögel im Futterhaus

„Schaue ich zum Fenster raus
sehe ich ein Futterhaus.
Fünf Vöglein fliegen herbei.

Das erste ist ein Meislein,
das zweite ein Zeislein,
das dritte ist ein Amselkind,
das vierte ist ein Fink,
das fünfte ist ein Spatz,
da machen alle Vöglein Platz."
(überliefert)

Bewegungsvorschlag:

Hand an die Stirn legen und schauen;
mit beiden Händen ein Haus zeigen;
Finger flattern lassen, oder mit
beiden Händen Flügelschlag andeuten;
Daumen zeigen;
Zeigefinger zeigen;
Mittelfinger hochhalten;
Ringfinger hochhalten;
kleinen Finger hochhalten;
mit den Händen eine ausladende Bewegung
machen.

Thematische Vorüberlegungen

Im Herbst, wenn es kälter wird, ziehen viele Vögel nach Süden. Dort bleiben sie, bis es Frühling wird. Neben den Zugvögeln aus nördlicheren Ländern sind im Winter bei uns nur wenige einheimische Vögel zu beobachten. Bei leichtem Frost (ohne Schnee) finden die Vögel noch ausreichend Nahrung. Samen, Früchte oder Insekteneier sind vorhanden und machen eine zusätzliche Fütterung unnötig. Das Zufüttern ist nicht ungefährlich. Vögel vertragen die von uns angebotene Nahrung oft nicht, auch eine zu lange Fütterung ins Frühjahr hinein kann für viele Vögel verheerend enden, da Altvögel ihre Jungen dann mit Sonnenblumenkernen statt mit Raupen füttern. Eine verantwortungsvolle Sorge für die einheimischen Singvögel beinhaltet eine genaue Information über die Zusammensetzung der Vogelnahrung.

Einbindung in den Jahresablauf und vorbereitende Tätigkeiten

Bereits im Sommer sollten die Erzieherinnen mit den Kindern die Vögel in der näheren Umgebung beobachten und die Vogelarten bestimmen. Zur Vertiefung eignen sich Texte, aber auch Fotos dieser Vögel und Kopien, die die Kinder selbst, ihren Beobachtungen entsprechend, bemalen können. Besonderes Augenmerk sollte auf der Futtersuche der Vögel liegen. Bereits jetzt kann man mit den Kindern einen Futtervorrat für die Vögel anlegen. Hierzu sammelt man Beeren und Früchte aus der Umgebung und trocknet diese. Interessant sind sicherlich Ketten aus Hagebutten. Im Herbst können mit den Kindern Futterhäuschen gebaut werden und anschließend im Garten der Kita aufgestellt werden. Ein gemeinsamer Besuch in einem Zoogeschäft und der Einkauf verschiedener Futterarten runden die Vorbereitungen ab. Die Kinder dürfen Walnuss-Schalen mit dem Inhalt der Meisenbeutel füllen und diese bei Minusgraden dann an die Häuschen hängen. Wichtig ist hierbei die Übernahme von Verantwortung für eine sinnvolle Fütterung der Vögel.

Beispiel für ganzheitliche Umsetzung

Im Frühjahr können Angebote aus den verschiedensten Bereichen der Kindergartenarbeit zur Vermittlung von Naturvorgängen gemacht werden, z. B. bereiten die Kinder ein Beet vor, säen Samen ein (alternativ haben sie im vorhergehenden Herbst Blumenzwiebeln eingesetzt). Ein währendessen aufgesagter oder gesungener Säerspruch vertieft die Arbeit mit den Händen.

„Wir säen, wir säen das Körnlein fein
und legen es sacht in die Erde hinein,
nun wollen wirs gießen, dann wird es bald sprießen ..."
(überliefert)

In der Rhythmik können die Kinder Wachstum durch eigene körperliche Bewegung und musikalische Begleitung erleben.

Blumenlied

„Drunten in der Erde sitzen wir und warten still ..."

„... und dann wachsen wir ..."

Drunten in der dunklen Erde Melodie: Gerda Bächli, © MusicVision GmbH, CH-Küsnacht Text: Gerda Bächli, © Gerda Bächli

„... und strecken uns ...“

„... gehen alle Knospen auf ...“

Ein Fingerspiel rundet diesen Themenbereich ab.

Die Knospe

„Schaut ein Knöspchen aus der Erde,

ob es nicht bald Frühling werde.
Wächst und wächst ein ganzes Stück,
Sonne warm vom Himmel scheint,

Regen überm Knöspchen weint,
Knöspchen wird bald grün und dick.

Seine Blätter öffnets dann,
fröhlich fängts zu blühen an.
Frühling ist es,
welch ein Glück!“ *(überliefert)*

Bewegungsvorschlag:

Linke Hand als Erde waagrecht halten, den Zeigefinger der rechten Hand zwischen Zeigefinger und Mittelfinger von unten nach oben schieben.

Linke Hand mit gespreizten Fingern über Knospe halten, Finger zappeln lassen.
Rechte Hand einschließlich des Daumens an den Kuppen zusammenlegen und Hand langsam öffnen.

Innerhalb dieses Themenbereiches finden auch viele Bilderbücher Einsatz. *Die Wurzelkinder* von Sybille von Olfers bieten Magisches für die Kinderseele und Praktisches für gemeinsames Werken und Spielen.

3 Märchen – Einblick in magische Welten

Märchen haben sicher auch Ihre Kindheit und Jugend begleitet. Welche Märchen haben sich Ihnen besonders gut eingeprägt?

Überlegen Sie, wie lange es her ist, dass Sie ein Märchen gelesen haben. Können Märchen Sie heute noch in ihren Bann ziehen?

Aufgaben

1. *Finden Sie zu den verschiedenen Bildern das entsprechende Märchen heraus. Benennen Sie Titel und soweit bekannt den Verfasser oder Sammler.*
2. *Geben Sie eine kurze Inhaltsangabe des Märchens, das Sie in Ihrer Kindheit am meisten fasziniert hat.*

3.1 Was ist ein Märchen?

Der Begriff „Märchen“ ist eine Verkleinerung des alten Wortes „Mär“. Diesen Ausdruck findet man bestenfalls noch in alten Kirchenliedern, die von der „guten Mär“ künden. Mär ist also gleichbedeutend mit „Kunde“ oder „Nachricht“. Später verlor das Wort den Sinn und bezeichnete zunächst französische Feengeschichten. Heute verstehen wir unter Märchen kurze fantasievolle Geschichten voll wunderbarer Begebenheiten. Märchen spielen in einer Zeit, „in der das Wünschen noch etwas geholfen hat“, und an einem Ort, „irgendwo hinter den sieben Bergen“.

3.1.1 Abgrenzung zu anderen Erzählgattungen

Web

Sagen wurden ursprünglich von Mund zu Mund weitergegeben, im Sinne von jemandem etwas weitersagen. Auch sie wissen von wunderbaren und unheimlichen Dingen zu berichten, nennen aber Namen der Personen, deren Beruf oder Herkunft und kennen Ort und Stelle, an denen sich das Erzählte abgespielt haben soll. Der Sage liegt meist eine tatsächliche Begebenheit zugrunde, die aber im Lauf der Zeit durch die Fantasie der Erzähler zu einer märchenartigen Geschichte geworden ist.

Legenden erzählen uns vom Leben eines Heiligen oder berichten in märchenartiger Form über religiöse Erlebnisse anderer Menschen.

Den Begriff **Mythos** verwenden wir heute für Erzählungen, die uns aus alter Zeit überliefert wurden und von Göttern und deren Taten berichten. Durch diese Erzählungen versuchten sich z. B. die Menschen im Altertum, philosophische Fragen nach dem Woher und Warum der Menschheit und den Zusammenhängen von Naturereignissen zu erschließen.

Fabeln sind Erzählungen mit belehrendem Charakter, in denen Tiere wie Menschen sprechen, denken und handeln.

3.1.2 Märchen, die Seele der Völker – Entstehung von Märchen

Märchen sind überall auf der Welt zu Hause. Jede Kultur entwickelte eine Vielzahl von Volksmärchen. Trotz etlichen Unterscheidungsmerkmalen zwischen europäischen und außereuropäischen Märchen lässt sich eine Übereinstimmung bei den Motiven finden.

Der Sprach- und Literaturwissenschaftler sowie Märchensammler Wilhelm Grimm erklärte im dritten Band der Kinder- und Hausmärchen (1850) motivisch ähnliche Märchen vieler Kulturen folgendermaßen: „Es gibt Zustände, die so einfach und natürlich sind, dass sie überall wiederkehren, so wie es Gedanken gibt, die sich von selbst einfinden. Es konnten sich daher in den verschiedenen Ländern dieselben oder sehr ähnliche Märchen unabhängig voneinander erzeugen.“ (Maier, 1980, S. 76)

Der Schweizer Psychiater und Begründer der analytischen Psychologie, Carl Gustav Jung, beschrieb die Lehre vom kollektiven Unterbewusstsein und den Archetypen. Er verweist in seiner Arbeit auf den unbewussten, vor jeder persönlichen Erfahrung liegenden Besitz der Menschen, durch den ihrem Erleben und Tun Richtpunkte gesetzt wurden. Gemeint sind damit Bilder, die sich im Lauf der Menschheitsentwicklung als Fazit unzähliger Erlebnisse herausgebildet haben. (Siehe hierzu Carl Gustav Jung: *Die Archetypen und das kollektive Unbewusste* und *Das symbolische Leben* in: Gesammelte Werke, Walter Verlag, Düsseldorf, 1995.) Märchen werden daher häufig als eine auf einfache Strukturen reduzierte Wirklichkeit bezeichnet (vgl. Günther, 2007, S. 17).

Viele Historiker deuten die Entstehung der Märchenkultur als Signal der Hoffnung. Angehörige der sogenannten Unterschicht hofften auf wundersame, verdiente Befreiung aus der Unterdrückung. Andere sahen darin Reste alter Götter- und Heldensagen.

Die Vorliebe für das Erzählen und Hören von Märchen scheint allen Menschen auf der Welt gemein zu sein. Stetige Wiederholungen der Motive vermitteln ein Gefühl von Sicherheit, ebenso, wie die sich nicht veränderten Werte im alten Volksmärchen persönliche Erfahrungen bestätigen und bekräftigen. Das Erzählen in der Gemeinschaft schafft Solidarität, sorgt für Entspannung, befriedigt aber auch die Neugierde des Einzelnen.

3.2 Volks- und Kunstmärchen – vom Überliefern und Erfinden

Web

3.2.1 Volksmärchen

Anders als heute, wo viele Familien in ihrer Freizeit z. B. einen gemeinsamen Fernsehabend zu Hause verbringen, wurden Volksmärchen noch vor 200 Jahren beim gemeinsamen Spinnen von Wolle in sogenannten Spinnstuben, am Kaminfeuer und bei anderen verschiedenen gesellschaftlichen Ereignissen von Generation zu Generation weitergegeben.

Typische Wesensmerkmale europäischer Volksmärchen sind:

- **Eindimensionalität:** Im Volksmärchen berühren sich die diesseitige und die jenseitige Welt, ohne dass hierzu, wie bei den Sagen, Raum- oder Zeitgrenzen überwunden werden müssen. Sie treten nicht als voneinander getrennte Bereiche auf, sondern gehen ganz selbstverständlich ineinander über und ergeben zusammen eine Welt.
- **Flächenhaftigkeit:** Im Volksmärchen sind Zeit und Raum nicht benannt. Die Zeit ist bedeutungslos. Die Märchen besitzen keine Vergangenheit und keine Zukunft, ihr einziger Bezug ist die Gegenwart. Der Märcheninhalt hat keine Umwelt, Orte werden nicht benannt. Personen werden nicht detailliert beschrieben, ihre Innenwelt nicht beleuchtet.
- **Polarisation:** Die Figuren treten als Extreme auf, über diese Kontraste werden die Helden markiert.

- **Isolation:** Die Figuren eines Märchens gehen von ihrer sozialen Bezugsgruppe isoliert durch die Welt und werden am Ende hierfür belohnt.
- **Allverbundenheit:** Dieser Begriff deutet an, dass die Figur zwar allein die gestellte Aufgabe bewältigen muss, jedoch nicht ohne Hilfe ist. Die Isolation der Helden ist Grundlage ihrer Entwicklung, Reifung und Kontaktfähigkeit.

(vgl. Lüthi, 1974, S. 12)

Da Märchen zunächst mündlich weitergegeben wurden, kann man viele Merkmale und Besonderheiten unter dem Gesichtspunkt der **Einprägsamkeit** betrachten. Der Erzähler setzt ohne Umschweife ein, unterbreitet Entscheidendes bereits in den ersten Sätzen und schreitet von Begebenheit zu Begebenheit. Die Dreiteilung ist gestalterisches Mittel, die Verwendung rhythmischer Sätze, magischer Formeln und die Symbolisierung von Handlungsabläufen durch Zahlenwerte hatten neben der inhaltlichen Aussage die Funktion einer Gedächtnisstütze.

Volksmärchen verbindet man in unserem Kulturkreis fast immer mit den grimmschen Kinder- und Hausmärchen. Tatsächlich waren die Brüder Wilhelm (1786–1859) und Jacob (1785–1863) Grimm die ersten deutschsprachigen Märchensammler. Ihrer Sammelleidenschaft lag zunächst ein wissenschaftliches Interesse an germanischen Mythen zugrunde. Eine weitere Motivation waren gesellschaftliche Veränderungen zu Beginn des 19. Jahrhunderts: Die zunehmende Auflösung familiärer Strukturen in diesem Jahrhundert führte dazu, dass der Brauch des Märchenerzählens allmählich an Bedeutung verlor und Märchenwissen nur noch in den Köpfen weniger Erzähler verankert war. Das fixierte Märchengut sollte nach den Vorstellungen der Brüder Grimm dem Volk zurückgegeben werden. Die ursprüngliche Absicht, das Erzählgut lediglich in seiner Urform zu sammeln und zu fixieren, konnte nicht umgesetzt werden, da häufig nur noch Märchenfragmente existierten. Wilhelm und Jacob Grimm schrieben im Laufe der Jahre viele Märchen um, verfeinerten und schmückten die Inhalte aus, wobei sie aber den volkstümlichen Motiven und Typen treu blieben. Tatsache ist also, dass die grimmschen Märchen nicht die Originalaufzeichnungen eines volkstümlichen Erzählgutes sind, sondern eindeutig die Handschrift der Brüder Grimm aufzeigen.

Die Handschrift der Brüder Grimm

Volksmärchen, insbesondere die der Brüder Grimm, sind an vielen stilistischen Merkmalen zu erkennen.

Erzählstil:

- Märchen beginnen und enden in der Regel mit einer **undifferenzierten Zeitangabe.** Ausgedrückt wird dies häufig durch den Passus: *Es war einmal und ... und wenn sie nicht gestorben sind ...* Diese mangelnde Festlegung auf die Zeit lässt beim Leser eine individuelle Aktualisierung zu. Der Ausgang eines Volksmärchen hinterlässt beim Zuhörer häufig das Gefühl, eine befriedigende und beglückende Lösung gefunden zu haben.

- Auch die Verwendung **kurzer Hauptsätze** und der **wörtlichen Rede** sind prägnante Kennzeichen der Brüder Grimm. Diese Stilmittel vermitteln Lebendigkeit, beschleunigen die Märchenhandlung, verzögern nicht durch langatmige Beschreibungen und sorgen für eine größere Einprägsamkeit.
- Charakteristisch ist die häufige Verwendung von **Doppelausdrücken**, wie Gold und Silber, Hab und Gut, Speis und Trank. Aschenputtel erbat Hilfe vom Baum durch die Worte: *Bäumchen, Bäumchen, ich rüttle dich und schüttle dich, wirf Gold und Silber über mich.*
- **Verkleinerungen** sorgen für eine positive Zeichnung der Märchenfiguren und schmälern bedrohliche Mächte im Märchen. Hänsel und Gretel kamen an ein *Hexenhäuschen*, das tapfere *Schneiderlein* erschlug sieben auf einen Streich und Schneewittchen schlief im *Bettchen* der sieben Zwerge.
- Um den Spannungsbogen zu erhalten, sind in den meisten Märchen **Steigerungen** enthalten. Die Märchenhelden müssen noch einmal eine Aufgabe erfüllen, noch einmal einer Versuchung widerstehen, noch einmal leiden.

Stilistische und inhaltliche Merkmale von Volksmärchen am Beispiel Rumpelstilzchen von den Brüdern Grimm

Rumpelstilzchen

„‚Es war einmal ein Müller, der war arm, aber er hatte eine schöne Tochter. Eines Tages begegnete er dem König und prahlte: ‚Ich habe eine Tochter, die kann Stroh zu Gold spinnen.' Der König meinte: ‚Das ist eine Kunst, die mir wohl gefällt. Wenn deine Tochter wirklich so geschickt ist, wie du sagst, bring sie morgen auf mein Schloss. Da will ich sie auf die Probe stellen.'

Als nun das Mädchen zum König gebracht wurde, führte er es gleich in eine Kammer, in der lauter Stroh lag. Der König gab dem Mädchen Spinnrad und Haspel und sprach: ‚Wenn du dieses Stroh bis morgen nicht zu Gold gesponnen hast, so musst du sterben.' Dann verließ er die Müllerstochter und sperrte die Tür ab. Da saß nun die arme Müllerstochter und wusste sich keinen Rat. Noch nie in ihrem Leben hatte sie Stroh zu Gold gesponnen. Da öffnete sich plötzlich die Tür und ein kleines Männlein trat in die Kammer.

‚Guten Abend, junge Müllerin', grüßte es freundlich. ‚Warum weinst du so?' ‚Ach', jammerte die Müllerstochter, ‚ich soll Stroh zu Gold spinnen und kann es nicht.' Da spricht das Männlein: ‚Was gibst du mir, wenn ich dir's spinne?' ‚Meine Halskette', antwortete das Mädchen. Das Männlein nahm die Halskette, setzte sich an das Spinnrad und – schnurr, schnurr, schnurr! – dreimal gezogen, war die Spule voll. [...]

Bei Sonnenaufgang kam schon der König zu der Müllerstochter. Wie staunte und freute er sich über das viele Gold! Doch gleich wollte er noch mehr davon haben. Darum sperrte er das Mädchen in der nächsten Nacht in eine noch größere Kammer mit noch mehr Stroh. [...]

Doch der König war so goldgierig, dass er die Müllerstochter in der folgenden Nacht in eine dritte, noch größere Kammer voll Stroh sperrte. ‚Wenn du auch dieses Stroh zu Gold spinnst, sollst du meine Frau werden', sagte er. Aber das Mädchen hatte nichts mehr, was es dem

Männlein für seine Dienste hätte geben können. ‚So versprich mir dein erstes Kind, das du zur Welt bringst, wenn du Königin bist.‘ In ihrer Not willigte die Müllerstochter ein. […]

‚Heute back ich, morgen breu ich, übermorgen hol ich der Königin ihr Kind. Ach, wie gut, dass niemand weiß, dass ich Rumpelstilzchen heiß!‘“
(Brüder Grimm, 1979, S. 508)

Aufgaben

Lesen Sie sich die einzelnen Textabschnitte durch und bestimmen Sie die folgend aufgeführten stilistischen Merkmale anhand der Erläuterung in Ihrem Buch auf Seite 86 f. Notieren Sie sich die entsprechenden Stellen in Ihr Arbeitsheft.

Merkmale:

- *undifferenzierte Zeitangabe*
- *wörtliche Rede*
- *Lösen übernatürlicher Aufgaben*
- *kurze Hauptsätze*
- *Verkleinerung*
- *Steigerung zur Erhaltung des Spannungsbogens*
- *flächenhafte Beschreibung von Gefühlen und Gedanken*
- *rhythmisch gesprochene Sätze bzw. Beschwörungsformeln*

Figuren im Märchen

- Die Personen im Märchen sind **flächenhaft** beschrieben. Gefühle und Gedanken werden nur angedeutet, sie sind an den Handlungen der Figuren erkennbar. Der Held eines Märchens wird durch eine besondere Eigenschaft oder Stellung hervorgehoben. Häufig handelt es sich um das jüngste, schönste oder vermeintlich dümmste Kind einer Familie.
- Die kontrastreiche Darstellung der verschiedenen Charaktere im Märchen, arm und reich, gut und böse, hässlich und schön sowie die auf einfache Strukturen reduzierte Wirklichkeit machen das Geschehen transparent und nachvollziehbar.

Motive von Märchen

- Es müssen **übernatürliche Aufgaben** gelöst werden, wie z. B. bei *Rumpelstilzchen* das Spinnen von Stroh zu Gold.
- **Erkennen und Befreien verzauberter und verwunschener Lebenspartner oder Geschwister** in *Jorinde und Joringel* oder den *Sieben Raben*.

- Die **Erlösung** einer Prinzessin wie z. B. in dem Märchen *Die Kristallkugel* ist ein markantes Motiv eines Verwandlungsmärchens.
- Nach diesem oft unfreiwilligen passiven Verharren oder der aktiven Wandlung **erfährt der Held bzw. die Heldin eine neue Gestalt, Daseinsform und Position,** z. B. in *Die sieben Raben, Rumpelstilzchen* oder *Aschenputtel*.

Weitere Märchensammler

Während im ausgehenden 18. Jahrhundert eine allgemeine Abneigung gegen Märchen vorherrschte und diese „Arme-Leute-Geschichten" nur noch als sogenannte „Ammenmärchen" akzeptiert wurden, belebte das 19. Jahrhundert mit seinem Hang zur Romantik dieses Genre neu. Der Schriftsteller Ludwig Bechstein (1801–1860) schrieb in dieser Zeit der Romantik die Märchen des Volkes um und schmückte sie mit Wunderbarem in Hülle und Fülle aus. Da für Bechstein jedes Märchen ein Kindermärchen war, schenkte er der pädagogisch-ethischen und moralischen Tendenz besondere Beachtung. Vor allem in seiner Version des Märchens von *Hänsel und Gretel* erhebt er den pädagogischen Zeigefinger: „[...] sie wurden sehr wohlhabende Leute, aber sie spendeten von ihrem Segen viel den Armen und taten viel Gutes, weil sie immer daran dachten, wie bitter es gewesen war, da sie selber noch arm waren und betteln mussten." (Maier, 1980, S. 69) Trotz der Wunder und geheimnisvollen Gestalten können die Märchen von Bechstein aufgrund ihrer Übermarkierung des Bösen und Grausamen auf eine beinahe reale Ebene gestellt werden. In fast allen Gebieten Deutschlands und den angrenzenden Ländern begannen zu dieser Zeit Märchensammler mit dem Niederschreiben von mündlichem Erzählgut des Volkes.

3.2.2 Kunstmärchen

Kunstmärchen sind die Erfindungen einzelner Autoren und von ihrem Stoff her an Volksmärchen angelehnt. Eine Unterscheidung von Volks- und Kunstmärchen ist nicht einfach durch die Vorstellung zu begründen, dass Volksmärchen unmittelbar vom Volke stammen und Kunstmärchen die Werke von Dichtern sind, da hinter jedem Volksmärchen auch ein persönlicher Verfasser steht, der nicht mehr benannt werden kann.

Merkmale des Kunstmärchens

Kunstmärchen unterscheiden sich von Volksmärchen zumeist dadurch, dass ...

- im Kunstmärchen die Weltanschauung des Künstlers deutlich wird.
- Kunstmärchen den momentanen Werten und dem Zeitgeschmack unterliegen.
- im Kunstmärchen subjektive Kunst- und Gestaltungsmittel zu finden sind.
- Kunstmärchen häufig mit viel Ironie und Satire ausgestattet sind.
- im Kunstmärchen Botschaften an den Leser herangetragen werden, die jüngeren Kindern nicht zugänglich sind.

Die Handschrift von Novalis, Brentano, Hauff und Andersen

In der Zeit der Romantik, also vom Ende des 18. Jahrhunderts bis weit in das 19. Jahrhundert hinein, und im Biedermeier (d.h. vom Wiener Kongress 1815 bis zum Beginn der bürgerlichen Revolution 1848) wurden viele Märchen verfasst, die nicht für Kinder gedacht waren. Die bekanntesten Autoren dieser beiden Epochen sind Theodor Storm, Johann Wolfgang v. Goethe und natürlich Wilhelm Hauff. Zu den Romantikern zählten auch die beiden Schriftsteller Novalis und Ludwig Tieck. Ihre Intention war es, philosophische Gedanken märchenhaft zu verpacken und dadurch zu verklären. Diese waren nicht für das gemeine Volk geschrieben, sondern für einen intellektuellen Kreis, der die Satire und Poesie interpretieren konnte.

Es gibt allerdings auch aus dieser Zeit Erzählungen, die sich an Volksmärchen anlehnen und das kindliche Publikum sehr wohl zu fesseln vermögen.

Dazu gehören u. a.:

- Charles Perrault (1628–1703)
  Er ist der Begründer der sogenannten „Feenmärchen", denn in fast allen seinen Märchen gibt es böse und gute Feen. In *Der gestiefelte Kater* übernimmt die Titelfigur die Funktion der guten Fee.

- Clemens Brentano (1778–1842)
  Er überzeugte durch seine einfache Märchensprache. Natürlichkeit, Fantasie und Witz wurden ihm auch durch die Brüder Grimm bestätigt.

- Ernst Kreidolf (1863–1956)
  Er könnte als Nachfahre der Romantik erwähnt werden. Seine *Wiesenzwerge* sind auch für Kindergartenkinder geeignet und zeichnen sich durch Humor und die Zuneigung zu allem Lebendigen aus.

Die Autoren von Kunstmärchen sind beim Volk nicht immer namentlich bekannt, wohl aber ihre Werke. Wer kennt nicht *Die Prinzessin auf der Erbse* oder *Des Kaisers neue Kleider* von Hans-Christian Andersen?

- Hans Christian Andersen (1805–1875) verfasste zunächst Märchen, deren Erzählstil und Naivität an das Volksmärchen anknüpften. Er benutzte ein „unbestimmtes Irgendwo" und die Eingangsformel „Es war einmal ...". Zu diesen Märchen zählt *Die Prinzessin auf der Erbse* und *Das Feuerzeug*. Seine Märchenfiguren sind jedoch beseelt und eingebettet in die Natur.

  Später entstanden Märchen mit sehr viel mehr Tiefgang, deren Aussage sich nur älteren Kindern und Jugendlichen erschließt. Durch Ironie und Spott werden menschliche Eigenschaften herausgestellt. Traurige Lebensumstände und Ereignisse spart Andersen in seinen Märchen *Das hässliche Entlein* und *Des Kaisers neue Kleider* nicht aus.

- Wilhelm Hauff (1802–1827) erschuf einen Märchentypus, bei dem abenteuerliche und realistische Elemente nebeneinander existieren. Seine Erzählungen spielen sowohl im Abendland als auch im Orient und fesseln durch das Wunderbare. Beliebte Märchen aus seiner Feder sind die *Geschichte von Kalif Storch* und *Der kleine Muck*, die in der bekannten Trilogie *Die Karawane, Der Scheich von Alexandria* und *Das Wirtshaus im Spessart* enthalten sind. Diese Märchen sind für Kinder geeignet, die das Grundschulalter bereits abgeschlossen haben.

3.3 Moderne Märchen

... und übers Jahr gebar die Königin eine Tochter. Der König lud nicht nur seine Verwandten, Freunde und Bekannten zu dem Fest, sondern auch die weisen Frauen des Landes dazu ein, damit sie dem Kind hold und gewogen wären ...

Die erste weise Frau wünschte dem Kinde ...

Aufgabe

Stellen Sie sich vor, Sie wären eine der geladenen weisen Frauen zu diesem Geburtstagsfest. Welche Gaben würden Sie heute dem Kind mit auf den Lebensweg geben wollen?

Märchen spiegeln Lebensweisheit, aber auch die Geschichte ihrer Zeit wider. Sie haben sich im Laufe ihrer mündlichen Weitergabe den jeweiligen Begebenheiten angepasst. Durch die schriftliche Fixierung wurde eine Weiterentwicklung der alten Märchen unmöglich und so verbindet man den Begriff der Märchen mit Geschichten von früher.

Um Märchen wieder „gesellschaftsfähig“ zu machen, haben zeitgenössische Autoren den Versuch gewagt, alte Märchenmotive aufzuarbeiten und auf unsere heutige Zeit zuzuschneiden. Sehr häufig werden Märcheninhalte witzig, humorvoll, aber auch leicht spöttisch aufgegriffen. Zu den modernen Märchenautoren zählen Janosch, Barbara Bartos-Höppner u. a.

- Barbara Bartos-Höppners Märchen ermöglichen einen lebendigen Austausch zwischen Zuhörer und Erzähler. Bekannte Werke sind *Zaubermärchen, Tiermärchen* und *Feenmärchen*.
- Janosch ist einer der bekanntesten, aber wohl auch einer der umstrittensten deutschsprachigen Märchenautoren. Er erzählt spontan und unvermittelt, seinen Märchen geht jeglicher feierliche Ernst ab. Zeitkritische Anspielungen und interessante Pointensetzung erheitern den erwachsenen Leser, können aber in ihrer Ironie von Kindern selten nachvollzogen werden. Als Beispiel hierfür ist das „elektrische Rotkäppchen“ bestens geeignet. Janosch ersetzt sämtliche Adjektive des grimmschen Originals durch den Begriff „elektrisch“.

Aufgabe

Vervollständigen Sie das nachfolgende Schaubild durch die Inhalte der vorangegangenen Kapitel auf einem gesonderten Blatt.

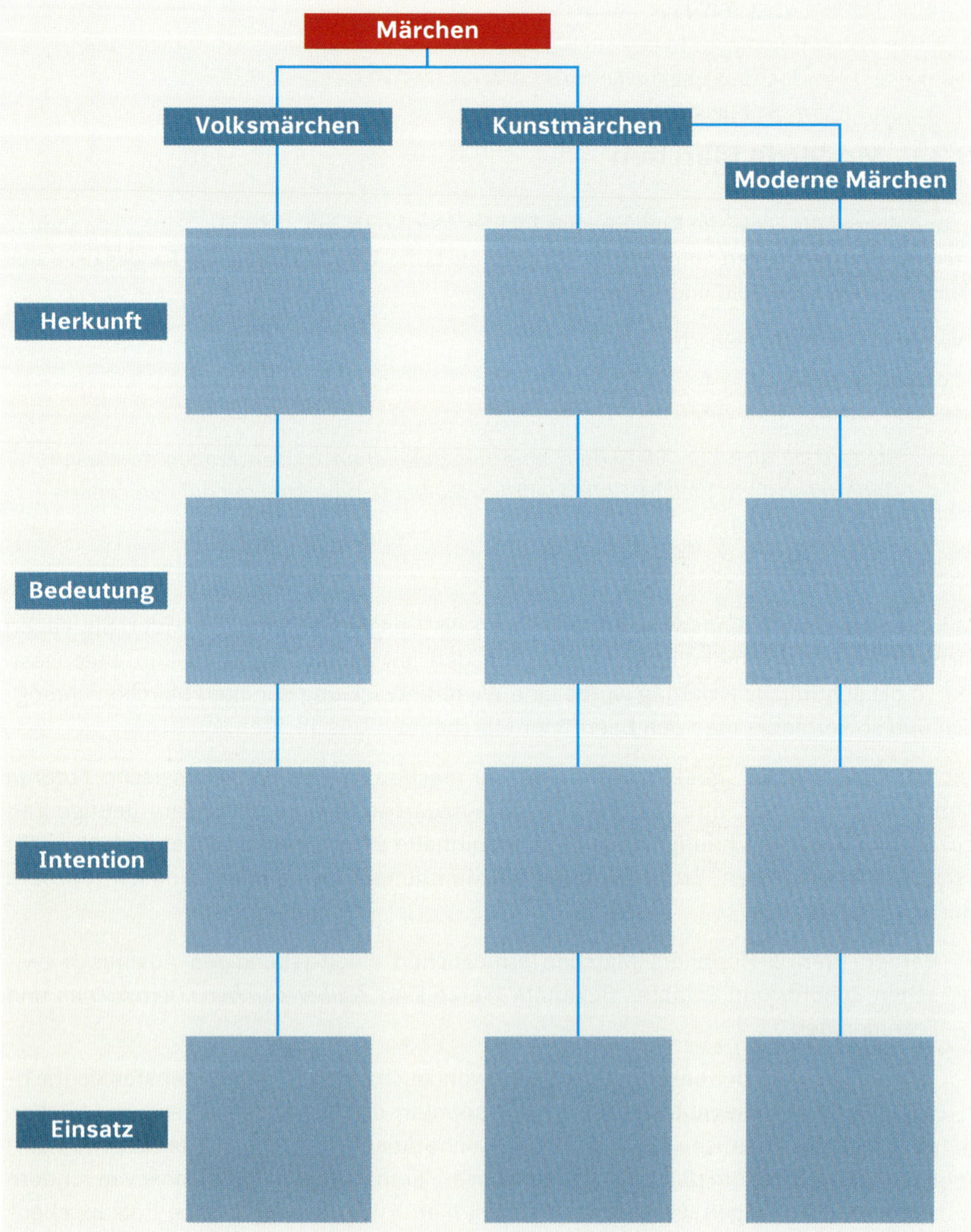

Auch einige Autoren von Erzählungen, Geschichten und Novellen haben auch einen literarischen Ausflug in die Märchenwelt unternommen.

Modernes Märchen von Erich Kästner

„Sie waren so sehr ineinander verliebt,
wie es das nur noch in Büchern gibt.
Sie hatte kein Geld. Und er hatte keins.
Da machten sie Hochzeit und lachten sich eins.
Er war ohne Amt. So blieben sie arm.
Und speisten zweimal in der Woche warm.
Er nannte sie trotzdem: ‚Mein Schmetterling'.
Sie schenkte ihm Kinder so oft es nur ging.
Sie wohnten möbliert und waren nie krank.
Die Kinder schliefen im Kleiderschrank.
Zu Weihnachten malten sie kurzerhand
Geschenke mit Buntstiften an die Wand.
Und aßen Brot, als wär's Konfekt,
und spielten: Wie Gänsebraten schmeckt.
Dergleichen stärkt wohl die Fantasie.
Drum wurde der Mann, blitzblatz! ein Genie.
Schrieb schöne Romane. Verdiente viel Geld
und wurde der reichste Mann der Welt.
Erst waren sie stolz. Doch dann tat's ihnen leid,
denn der Reichtum schadet der Heiterkeit.
Sie schenkten das Geld einem Waisenkind.
Und wenn sie nicht gestorben sind ..."
(Kästner, 1999)

Aufgabe

Erarbeiten Sie, wie Kästner „Armut" und „Reichtum" beschreibt und überlegen Sie, in welcher Form alte Volksmärchen mit diesen Gegensätzen umgehen.

3.4 Märchensprache: Worte, die Bilder zaubern

Sprache ist aus dem Bedürfnis der Menschen heraus entstanden, untereinander Gedanken und Erlebnisse auszutauschen und Erfahrungen an die nächste Generation weiterzugeben. Im alltäglichen Leben bedienen wir uns der Begriffssprache, die logisch aufgebaut und eindeutig definierbar ist. Die Sprache des Märchens bezeichnet man als Symbolsprache. Sie leitet uns vom Kognitiven weg und hin zum Einfühlsamen. Die Begriffsprache ist die Sprache unseres Verstandes, Bild- und Symbolsprache der Märchen ist dagegen die Sprache unserer Seele.

Die Welt des Märchens ist die einer anderen Wirklichkeit. In dieser Welt herrschen Symbole und kennzeichnende Bilder. Ein Symbol wird oft definiert als „etwas, das stellvertretend für etwas anderes steht".

Symbole in Märchen und ihre Bedeutung

Web

Symbol	Bedeutung
Zepter und Krone	Macht
Wald, Wolf und Hexe	bedrohliche Mächte
Apfel, Gürtel	Liebessymbole
Wasser	spendet Leben, reinigend
Gold	höchster Wert, Weisheit
Silber	Fortpflanzung

Das Nebeneinander der diesseitigen und der jenseitigen Welt lassen uns den dünnen Grat fühlen, der beide voneinander trennt. Tiere, magische Zahlen und Elementarwesen haben durch ihre starke Bildhaftigkeit eine eindringliche Wirkung auf Gefühl und Fantasie und überzeugen durch Anschaulichkeit. Die Symbolsprache im Märchen entspricht dem Denken unserer Vorfahren sowie kindlichen Denkstrukturen. Für Erwachsene stellt sie einen Ausgleich zum rationalen Denken dar. Die Bilder des Märchens erzählen innere Vorgänge über äußere Handlungen. Diese Übertragung ermöglicht dem einzelnen Zuhörer eine individuelle Interpretation der Geschehnisse, abhängig von seinen Erfahrungen, seiner Empfindsamkeit und seiner Belastungsfähigkeit. Eine emotionale Überforderung wird vermieden. So werden z. B. Lebensphasen oder Ereignisse wie Pubertät, Partnersuche, Ablösung vom Elternhaus, aber auch Schwangerschaft durch Türme, Dornen, einsame Wanderschaft oder vorübergehende Blindheit verschlüsselt.

Die Symbolsprache des Märchens setzt schöpferische Kräfte frei. Stellvertretend erlebt der Mensch Neues, auf lustige oder traurige Weise, ist erschüttert oder befremdet. In jedem Fall setzt er sich mit den Inhalten auseinander und schult somit auch sein empathisches Vermögen.

3.5 Märchen ein Leben lang

3.5.1 Märchen – eine Frage des Alters?

Märchen faszinieren nicht nur Kinder, sondern können bis ins hohe Alter ein vertrauter Begleiter sein. Natürlich sind Kinder im Alter von vier bis acht Jahren in der Regel besonders empfänglich für Märchen. Sie befinden sich in dieser Zeit in der sogenannten magischen Phase, in der das Fantasieren und Fabulieren besonders ausgeprägt ist. Bei dem Versuch, sich ein realistisches Weltbild zu schaffen, sind ihnen aufgrund mangelnder Erfahrungen und abstrakten Denkvermögens noch Grenzen gesetzt. Die Märchen bieten mit ihren mystischen Elementen eine Erklärung des Lebens, der Liebe und der Naturgewalten an. Heute wird der Begriff „Märchenalter“ kritisch betrachtet und sollte deshalb nicht als Festlegung gesehen werden, sondern als Erklärungsmuster für die Empfänglichkeit des Kindes in einem bestimmten Alter gegenüber Märchen. Individuelle Entwicklungen dürfen dabei nicht außer Acht gelassen werden.

Kinder im Vorschulalter haben einen direkten Zugang zum Märchen. Sie sind unbefangen und können noch an übernatürliche Kräfte, Feen und Schutzengel glauben. Kinder brauchen den Glauben an das Übernatürliche, bis sie in der Lage sind, ihre Umgebung zu begreifen und sich in ihr zu orientieren. Die einfachen Verhaltensmuster im Märchen und ihre Überschaubarkeit helfen dem Kind, sich in der Welt zurechtzufinden. Die Märchen befriedigen seinen naiv-moralischen Gerechtigkeitssinn und verschaffen Genugtuung.

„Märchenkinder haben ihren um die Märchenwelt betrogenen Altersgenossen das Entscheidende voraus: Sie können sich reicher äußern. Sie sind aufgeschlossen, können besser zuhören und entfalten leichter schaffensfrohe Initiative.“ (Doderer, 1982, S. 153) Beim Kindergartenkind sollte man grundsätzlich darauf achten, dass das Märchen nicht zu lang ist und einprägsame Wiederholungen enthalten sind.

- Für **jüngere Kinder** (unter fünf Jahren) bieten sich Märchen mit geradliniger Handlung und Themen aus der Erlebniswelt des Kindes an. So eignen sich u. a. *Der süße Brei, Sterntaler* und *Das Märchen vom dicken fetten Pfannkuchen*.
- Für **Kinder im Alter von fünf bis sieben Jahren** sind Märchen geeignet, die von heldenhaften Geschichten berichten, in denen Gefahren gemeistert werden. Ein eindeutiger Handlungsablauf ist eine wichtige Voraussetzung zum Verständnis. Besonderen Anklang finden hier *Der gestiefelte Kater* und *Das tapfere Schneiderlein*.
- Ein **Schulkind** besitzt bereits eine hohe Auffassungsgabe und kann sich mit komplizierteren Märchen auseinandersetzen. Hier darf das Märchen bereits mehrere unterschiedliche Motive vereinen und an verschiedenen Schauplätzen spielen. Es muss eine große Aufmerksamkeit und Denkleistung erbracht werden, um Motive und Schauplätze wie beim *Treuen Johannes* in Verbindung zu bringen. Diese Märchen verlaufen meist in mehreren Strängen und zeitlich nicht mehr parallel.

Im Märchen *Tischlein, deck dich* ist dies besonders gut nachvollziehbar: Zunächst verläuft das Märchen als Kettenhandlung. Die drei Söhne gehen nacheinander mit der Ziege auf die Weide und werden vom Vater aus dem Haus geworfen. Nun werden die einzelnen

Episoden nacheinander in das Gasthaus und dann zum gemeinsamen Ende geführt. Märchen für diese Altersgruppe sollten auch die Abenteuerlust des Kindes befriedigen.

- Auch im Übergang vom **Jugend- ins Erwachsenenalter** kann das magische Element eine wichtige Rolle als Polarisation zur rationalen Welt einnehmen. Mit seiner Hilfe können Ängste und Konflikte erkannt und bearbeitet werden. Beim Hören des gleichen Märchens kann sich für jeden von uns eine unterschiedliche Botschaft zeigen. Je nach Entwicklungsstand, Interesse oder Problemsituation erlangen bestimmte Märchen einen besonderen Stellenwert. Beispielhaft kann hier *Allerleirauh* aufgeführt werden.

3.5.2 Märchen – eine Lebenshilfe

Das bloße Erzählen eines Märchens reicht allerdings noch nicht aus, um Lebensprobleme zu bewältigen. Inhalte müssen immer aktiv aufgearbeitet werden. Märchen sind kein Ersatz für Gespräche über Sorgen und Ängste, sondern eher als hilfreiches Medium zu betrachten.

Kinder wachsen nicht angstfrei auf. Märchen können ihnen eine Hilfestellung bei der Bewältigung von Angstsituationen bieten. Im Märchen werden Sehnsüchte und Ängste angesprochen, die das Kind noch nicht benennen kann. Es macht dabei die Erfahrung, dass es unerschrocken hindurchgehen soll, um eine Wendung zum Guten zu erreichen. Selbst wenn Kinder sehr behütet aufwachsen, lässt es sich nicht ganz vermeiden, dass sie mit „Grausamkeiten" konfrontiert werden. Durch die Identifizierung mit bestimmten Märchenfiguren wird es ihnen ermöglicht, sich Problemen zu stellen. Das Kind erlebt die Natürlichkeit von Vergeltungsgedanken, wird von Schuldgefühlen befreit, indem es erkennt, dass die kindgemäße Maßlosigkeit in der Liebe und dem Zorn, aber auch die Gier nach Zuneigung und die grenzenlose Abneigung gegen Versagen, nicht individuelle, sondern allgemeine Gefühlslagen sind.

Ich-Erkenntnis

Im sogenannten Autonomiealter gewinnen die Kinder an Selbstständigkeit, die mit Trennungsängsten und dem Gefühl der Verlassenheit einhergeht. Das Kind ist unausgeglichen und verwirrt, seine Fantasie ist gewalttätig. Allein gelassene Märchenhelden zeigen diese Problematik und bestätigen das Kind in seinen Gefühlen. Es wird ermutigt, seinen Fähigkeiten zu vertrauen und durchzuhalten, damit sich alles zum Guten wenden kann. Ludwig Bechstein (1801–1860) erzählt dies anschaulich in der Geschichte vom *Kleinen Däumling*, der gerade wegen seiner Winzigkeit alle Gefahren überwindet. Ohne Entbehrung, Gefahren und Widerstände ist keine Reifung möglich, dies wird in dem Märchen *Die drei Federn* von den Brüdern Grimm deutlich. Die Kinder im Märchen und damit stellvertretend für die Kinder, die das Märchen erzählt bekommen, müssen sich aus der Symbiose lösen, damit sie zum eigenständigen Individuum werden. Die vermeintliche Isolation des Helden ermöglicht Begegnungen und neue Erfahrungen.

Geschwisterkonstellation

Auch das subjektive Empfinden eines Kindes, gegenüber seinen Geschwistern benachteiligt zu werden, wird im Märchen aufgegriffen. Um das Thema Geschwisterrivalität aufzugreifen, bietet sich z. B. die Handlung in *Aschenputtel* an.

Gefühle

Die Erfahrung, die ein Kind beim Märchenerzählen nur emotional erfasst, kann im späteren Leben eine wirkliche Stütze darstellen. Es wird aufgezeigt, wie die Liebe einen Menschen verwandeln kann und den Hass überwindet. Die Verbundenheit von *Brüderchen und Schwesterchen* führt das Märchen zu einem glücklichen Ende. Die *Bremer Stadtmusikanten* implizieren die Notwendigkeit und Sinnhaftigkeit solidarischen Verhaltens. Gemeinsames Vorgehen potenziert die Fähigkeiten und Kräfte der Einzelnen.

Ablösungsprozesse

In verschiedenen Variationen wird in Märchen die Loslösung eines jungen Menschen vom Elternhaus beschrieben. Dieser Prozess kann friedlich und folgerichtig wie in *Däumlings Wanderschaft* oder dramatisch und schmerzhaft wie z. B. bei *Schneewittchen* oder *Hänsel und Gretel* verlaufen. Der Jugendliche erfährt dort die Notwendigkeit der Abnabelung, d. h. die Entwicklung zum Erwachsenendasein, in dem die Aufgaben in eigener Verantwortung gelöst werden müssen. Das Märchen vermittelt die Botschaft, dass alle geistigen und seelischen Fähigkeiten des Einzelnen voll eingesetzt werden müssen, um die Prüfungen zu bestehen. Die Ablösung selbst stellt keine endgültige Trennung dar, vielmehr wird die Möglichkeit der Versöhnung mit den *Alten* angedeutet, wenn das Kind reich an *Schätzen* wieder nach Hause kommt. Die Schätze dienen als Symbol für Erfahrungen, Wissen, Geld oder berufliche Fähigkeiten und allgemeine Lebenskompetenz.

Gewalt

Im Märchen *Allerleirauh* werden viele Probleme aufgezeigt, mit denen ein missbrauchtes Kind konfrontiert ist. Der Märchenheldin ist die Hilfestellung durch die Mutter versagt, der Vater stellt eine ständige Bedrohung dar. Die Ambivalenz der kindlichen Gefühle in einer solchen Situation wird offen dargestellt. Das Kind sehnt sich nach der Liebe und Nähe des Vaters, gleichzeitig besteht eine große Angst vor den Übergriffen. Die kindliche Ohnmacht wird ebenso im Märchen vom *Mädchen ohne Hände* eindrücklich vermittelt. Diese Märchen können als therapeutische Mittel betrachtet werden, sollten jedoch nur von Fachkräften und mit äußerster Sensibilität eingesetzt werden. Vom einfachen Erzählen ist in jedem Falle abzusehen, da Gefühle und Gedanken unkontrolliert ausgelöst werden können.

Tod

Im Märchen werden auch Grenzsituationen aufgezeigt, die eine Bedrohung durch den Tod signalisieren. Das Sterben selbst erscheint aber nur als der Übergang in eine andere Welt, die wesentlich beglückender ist als das Leben zuvor (z. B. in *Schneewittchen*). Der Tod ist manchmal nur als Übergangssituation zu verstehen, die einen Entwicklungsprozess beschreibt oder die Wandlungsfähigkeit des Menschen darstellt.

Empathie

Märchen vermitteln Werte und Normen, die in einer Gemeinschaft, also im Zusammenleben von Bedeutung sind. Sie werden in einer Form vermittelt, in der sie ein Kind leicht internalisieren kann. Hilfsbereitschaft und Mitgefühl werden belohnt, Treue und Freundschaft sind Verlässlichkeiten des Lebens. So tragen im Märchen *Die Bienenkönigin* Achtung vor dem Leben und Schutz der Tiere zum Lösen der Aufgabe bei. Die Treue im Märchen vom *Treuen Johannes* wird oft infrage gestellt, bevor er dafür belohnt wird. Ein extremes Beispiel für Wertevermittlung findet man im Märchen vom *Witzenspitzel* von Clemens Brentano: „[...] denn wurde seine Klugheit belohnt mit Gelde, so wurde ihre Dummheit bestraft mit Schelte".

Das ehrgeizige Streben nach materiellen Gütern und Macht wandelt sich meist ins Gegenteil, wohingegen positive Charaktereigenschaften belohnt werden. In dem grimmschen Märchen von *Frau Holle* erfährt die fleißige, unbedarfte Goldmarie eine große Belohnung, wohingegen die faule, berechnende Pechmarie am Ende ebenfalls ihren gerechten Lohn empfängt.

Selbstwirksamkeit

Albert Bandura formulierte in den 1970er-Jahren die Theorie der Selbstwirksamkeit. Er definierte die Selbstwirksamkeit als die Fähigkeit und Überzeugung, selbstgesteckte Ziele erreichen zu können. Selbstwirksamkeit bezieht sich also auf die Überzeugung, dass man fähig ist, etwas zu lernen oder eine selbstbestimmte Aufgabe zu erfüllen.
Eine gute Identifizierung mit dem Protagonisten eines Volksmärchens kann zu einer stellvertretenden Erfahrung führen, die das Kind ermutigt sich eigene Ziele zu stecken und diese zu verfolgen. Menschen mit einem großen Glauben und Vorstellung an ihre eigene Kompetenz verfolgen ihre Ziele mit hohem Engagement und Ausdauer.

Web

3.5.3 Rollenverteilung im Märchen

Im Europa des frühen Mittelalters sind die Märchenfiguren durch extreme Lebensumstände beeinflusst. Längst untergegangene matriarchalische Zeiten mit ihren Muttergottheiten, die über Leben und Tod entschieden, finden sich auch in dem Märchen von *Frau Holle* wieder. Die Mädchen waren angehalten, sich als Dienerinnen der Schöpfung zu betrachten. Spätere Märchen dokumentierten die sich veränderte Gesellschaftsform. Die Unterordnung und Hingabe der Frau an den Mann forderte nun Opfer, um den Gefährten aus einer ausweglosen Situation zu befreien. Dem Mann blieb die Wahl zwischen großen Eroberungen, Auseinandersetzungen mit den Feinden, List und dem Aufbrechen in die Fremde.

Mut müssen beide Geschlechter zur Bewältigung einer Aufgabe aufbringen. In einer Zeit, die von Naturkatastrophen und Hungersnöten heimgesucht wurde, hatten Kinder die schlechteste Position in der Familie. Die Stiefmütter waren berechtigt, die Kinder aus dem Haus zu verbannen. Dieser Hintergrund ist wichtig, um zu verstehen, welcher Bedrohung Kinder zu dieser Zeit ausgesetzt waren. Kinder, die im wahren Leben um ihr Dasein fürchten mussten, wurden im Märchen aktiv, mutig und siegreich dargestellt und erfuhren dadurch eine märchenhafte Gerechtigkeit. Die Stiefmütter in vielen Märchen enden unter grauenhaften Bedingungen.

Aufgabe

Betrachten Sie verschiedene Märchenfiguren hinsichtlich der Rollenzuschreibung. Achten Sie auf die Stellung im Familienverband und dem Umfeld sowie ihrer Möglichkeit, Macht auszuüben. Erstellen Sie ein Rollenbild der Frau im Märchen.

3.5.4 Märchen – ein Für und ein Wider

Web

Nach langjährigen Auseinandersetzungen um den Nutzen oder Schaden, den der Einsatz von Märchen in der Kinderseele hervorrufen kann, entwickelt sich seit einigen Jahren wieder ein regelrechtes Märchenfieber. Professionelle Märchenerzähler bieten ihre Dienste in Kindergärten, Schulen und anderen öffentlichen Einrichtungen an, um Kinder am Zauber des Märchens teilhaben zu lassen.

Negative Aspekte des Märchens liegen sicher mehr darin, dass sie sich nicht mit unserer Zeit weiterentwickelt haben und nicht am direkten Umfeld des Kindes ansetzen. Allerdings kann man die Diskussion, um die angstauslösende und hemmende Folge von Märchen auch darauf reduzieren, dass ein verantwortlicher und sensibler Umgang des Erzählers mit dem Märchen und dem Kind evtl. nicht stattgefunden hat. Märchen sind nicht gleich Kindermärchen. Inhalte können je nach momentaner Verfassung oder Lebensgeschichte beängstigend wirken, nicht zuletzt hat die Situation, in der ein Märchen erzählt wird, großen Einfluss auf die Verarbeitung. Märchen sind keine Gute-Nacht-Geschichten und sollten niemals am Fließband oder in unpersönlicher Beziehung erzählt werden.

3.6 Märchen erleben

Web

Als elementarer Bestandteil der Arbeit mit Kindern und Jugendlichen sollte sich eine richtige Märchenkultur entwickeln. Märchen können nicht isoliert angeboten werden, sondern bedürfen eines **Vor, Während** und **Nach**.

Vor

Nicht jedes Märchen eignet sich für jedes Kind. Der pädagogischen Fachkraft obliegt es, eine geeignete Auswahl zu treffen. Deshalb lohnt es sich zunächst einmal, Ziele und Bedeutung des ausgewählten Märchens zu überdenken.

Märchen sollten nicht punktuell oder zeitlich begrenzt in einer Gruppe eingesetzt werden, sondern das Gruppenleben begleiten. Natürlich eignen sich gerade der Herbst und der Winter sehr gut, um Märchen zu erzählen. In diesen beiden eher düsteren Jahreszeiten ziehen Menschen sich zurück, sehnen sich nach Wärme und Geborgenheit. Das Leben in den Familien verlagert sich in geschlossene Räume, die Adventszeit mit früher Dunkelheit und Kerzenlicht schafft von alleine bereits angenehme Märchenstimmung. Jeder von uns erinnert sich sicher gerne an diese besinnlichen Stunden, in denen man verträumt den Märchen lauschte. Eben diese Stimmung sollte immer beim Märchenerzählen hergestellt werden. In vielen Kindergärten wird im Rahmen eines Märchenprojektes ein Märchenzimmer eingerichtet, eine Märchenecke gestaltet oder ein Märchenzelt aufgebaut. Darin kann es z. B. wundervoll duften, diffuses Licht sollte die harten Grenzen der Realität weichzeichnen und kleine Lichtquellen die Gedanken fokussieren.

Während

Die Kinder sollten sich ohne akustische und visuelle Ablenkung und Zeitdruck dem Märchen widmen können. Da Märchen in jedem Menschen Emotionen wecken, sollte die Erzieherin dem Aspekt der Geborgenheit und körperlichen Nähe viel Aufmerksamkeit zollen. Hierzu gehört auch die Aufnahme von Blickkontakt zu jedem Kind, das langsame und bedächtige Erzählen und jede Vermeidung von Leistungsdruck. Es geht nicht um kognitive Verarbeitung des Inhaltes, sondern um emotionales Erahnen. Die Kinder müssen zu jedem Zeitpunkt die Gelegenheit haben, sich ins Märchengeschehen einzubringen. Vom Märchenerzähler wird ausreichende Flexibilität erwartet, Fragen der Kinder, aber auch den Wunsch nach einem anderen Ausgang des Märchens, in die Situation miteinzubeziehen.

Nach

Das Märchenerzählen endet nicht durch Abfragen des Inhaltes, vielmehr benötigen die Kinder nun ausreichend Zeit, um das Erfahrene zu verarbeiten. Hilfestellung kann durch das Aufbereiten in Form von kreativ-handwerklichem Tun oder Rollenspielen, Rhythmik usw. gegeben werden.

3.6.1 Anforderung an die pädagogische Fachkraft

Aufgabe

Ordnen Sie nachfolgende Begriffe den unten in der Tabelle aufgeführten Rubriken zu. Erstellen Sie dazu eine solche Tabelle auf einem separaten Blatt.

Entsprechend dem kindlichen Gerechtigkeitsempfinden/altersangemessene Auswahl treffen/Erzähler kann sich auf Kind einstellen/zeigen, dass es auch in schwierigen Situationen Lösungen gibt/fördert die Vielfalt menschlicher Gefühle/

das Kind kann Leid und Mitleid, Bedrohung und Befreiung erleben/erzeugt Spannung und Entspannung/ruhige, gemütliche Atmosphäre/Körpernähe/fördert die sozialen Beziehungen/fördert die Konzentration/Kind beim Erzählen im Blick behalten/das Märchen für sich selbst sprechen lassen und nicht überzeichnen/durch die vertraute Person erfährt das Kind Schutz/ermuntert zum Durchhalten/Erweiterung des Wortschatzes/Kind hat die Möglichkeit sich einzubringen/Fantasie kann sich entwickeln/fördert Hilfsbereitschaft/Nichtverstandenes kann sofort geklärt werden, ohne jedoch das Märchen zu zerpflücken/keine Märchen auswählen, die den Erzähler selbst zu stark ansprechen/keine Märchen auswählen, die kein gutes Ende aufweisen/die Symbolsprache ist für Kinder gut zu erfassen/eigene Affinitäten können ohne Schuldgefühle betrachtet werden/Hass und Liebe sind selbstverständlich Gegenspieler und können als solche angenommen werden/das Märchen vorher genau analysieren, Aussage erfassen/Zeit für Nachbereitung lassen/Märchen nicht erklären/Kind erfasst nur das vom Märchen, was in seiner Lebenssituation wichtig ist/was Kindern erzählt wird, ob Dichtung oder Wahrheit, Scherzhaftes oder Trauriges, prägt sich ihnen im Inneren tief ein und wird unvergänglich/wer erzählen will, muss aufmerksam sein/er muss gut zuhören können und in sich selbst hören können.

Erwachsener und Märchen	Erwachsener und Kind	Kind und Märchen
z. B. keine Märchen auswählen, die den Erzähler selbst zu stark ansprechen	z. B. Körpernähe	z. B. entsprechen dem kindlichen Gerechtigkeitsempfinden

Wer kennt nicht das Drängen der Kinder mit dem Wunsch: „Erzähl' mir was" oder „lies mir etwas vor"? Neben dem Bilderbuch-Anschauen wird heute immer öfter auch nach Märchen verlangt. Von Erzieherinnen und Lehrerinnen wird ein hohes Maß an methodischer und didaktischer Vorbereitung erwartet, die im nachfolgenden Text erläutert wird.

3.6.2 Auswahlkriterien

Das Märchen darf nicht nur nach **didaktischen Vorüberlegungen** ausgewählt werden. Eigene Affinitäten und Problembewältigungen sollten die Entscheidung nicht überlagern. Märchen bieten sich nicht dazu an, in einzelnen Abschnitten erzählt zu werden. Bei der Auswahl sollte deshalb darauf geachtet werden, dass sie von Kindern in einem Stück aufgenommen werden können. Der Zweck sollte das gemeinsame Erlebnis der Freude am Märchen sein. Das Kind freut sich am Fantastischen, der Erwachsene zieht sein Vergnügen aus der Freude des Kindes. Das Märchen soll nicht das Bewusstsein des Kindes ansprechen, sondern sein „Unbewusstes". Vor diesem Hintergrund ist es angebracht, dass Kinder sich ein Märchen selbst aussuchen oder ihnen viele Märchen vorgestellt werden. Dadurch können sich die Kinder einem Thema nähern, das sie im Moment am meisten beschäftigt oder interessiert.

Der Erwachsene sollte kein Märchen auswählen, das

- ihn selbst stark beeindruckt oder belastet hat. Hier könnte sonst die Gefahr der Überlagerung eigener Ängste auf die Kinder bestehen.
- von ihm selbst als grausam empfunden wird. Dies verleitet dazu, das Märchen abzuschwächen und es somit evtl. seiner Bedeutung zu berauben.
- für Kinder der ausgewählten Alterstufe zu kompliziert aufgebaut ist. (Siehe auch Kapitel 3.5.1 „Märchen – eine Frage des Alters?")
- kein gutes Ende aufweist: das wäre für die Kinder angstauslösend und wenig hilfreich.
- er hinsichtlich der Bedeutung und Aussage nicht analysiert und erfasst hat, denn damit können evtl. Auswirkungen auch nicht aufgefangen werden.

3.6.3 Unterschiedliche Vermittlungsmethoden

Das Erzählen

Die authentischste, intensivste Form der Darbietung ist das Erzählen. Keine andere Form kann so viel Lebendigkeit, Flexibilität, Nähe, Spannung und Erlebnisreichtum vermitteln. Das Kind fühlt sich dabei als gleichrangiger Partner und in seiner Persönlichkeit bestärkt. Aber dies kann nur gelingen, wenn der Erzähler sprachlich in der Lage ist, einen geeigneten, spannenden Sprechrhythmus beizubehalten.

Für jeden, der Märchen erzählt, sollte eine einfache und natürliche Erzählart selbstverständlich sein:

- Wertungen vermeiden
- ohne Pathos erzählen
- nüchtern und sachlich vortragen, da das Märchen für sich selbst spricht
- sich selbst zurücknehmen, sodass das Märchen im Vordergrund steht
- wichtige Stellen leiser sprechen
- zum Ende hin langsamer werden, damit auch der Zuhörer zum Schluss kommen kann

Das Märchenerzählen ist eine wichtige Form der Zuwendung. Nähe und Geborgenheit können nicht künstlich erzeugt oder hergestellt werden, es ist eine Grundvoraussetzung, um Kindern überhaupt Märchen zu erzählen. Beim Erzählen sollten alle Störfaktoren von außen ausgeschlossen werden, damit die Kinder sich ganz dieser Atmosphäre und dem Wunderbaren hingeben können. Märchenerzählen will gelernt sein, erfahrungsgemäß kann man das nicht auf Anhieb.

Das Vorlesen

Viele der Anforderungen, die eine Voraussetzung für das Erzählen darstellen, müssen auch vom Vorleser beachtet werden. An das Vorlesen sind noch weitere Bedingungen geknüpft. Der Märchentext muss komplett entschlüsselt werden, sodass z. B. etwas Trauriges nicht lustig vorgelesen wird. Ganze Textgruppen sollten mit einem Blick erfasst werden, um immer wieder einen (Blick-)Kontakt zu den Kindern zu ermöglichen. Wörtliche Rede sollte betont, magische Formeln mit einer entsprechend feierlichen Stimme gesprochen werden. Die eigene emotionale Anteilnahme an der Geschichte und dem Erleben des Kindes sind zwei weitere wichtige Voraussetzungen.

Das Vorlesen schmälert den Wert des Märchens und das Kind fühlt sich nicht als gleichwertiger Partner. Es muss allerdings auch erwähnt werden, dass manche Kinder auf eine exakte Wiedergabe des Textes großen Wert legen und beim Vorlesen eine Sicherheit im Bekannten erleben.

Das Märchenbilderbuch

Einere weitere Darbietungsform, die eine sehr starke Bedeutung in der Familie erlangt hat, ist das Märchenbilderbuch. Es gibt einige hochwertige Märchenbilderbücher mit künstlerischem Anspruch. Trotzdem eignen sie sich nicht als Medium zur Ersterfahrung, denn sie fixieren das Kind auf das Gesehene und lassen eigene Fantasie und Assoziationen nicht zu. Diese Türen werden damit für immer geschlossen.

Aufgabe

Erinnern Sie sich an Beispiele, als Sie Ihre eigene Vorstellung von Personen und Gegebenheiten beim Lesen oder Zuhören entwickelt haben? Wie erlebten Sie die Verfilmung Ihres Lesestoffes? Schildern Sie die Probleme, die das Märchenbilderbuch in diesem Zusammenhang aufwirft.

Bild- und Tonträger

Menschlicher Kontakt, Nähe und Geborgenheit wurden bereits als wichtige Voraussetzungen bei der Durchführung von Märchenangeboten dargestellt. Kein technisches Medium kann nur annähernd als geeignete Darbietungsform angesehen werden. Beim Einsatz von Filmen, z. B. auf DVD, wird dem Kind, ähnlich wie im Märchenbilderbuch und im Märchencomic, einiges an Wirkung genommen. Die Bild- und Symbolsprache wird ersetzt durch tatsächliche Bilder, die dem unbewussten Erleben und ganzheitlichen Erfassen entgegenstehen. Das Hören von Märchen auf Tonträgern wie CDs und MP3 (oder wo diese noch verwendet werden: auch auf Kassette und Schallplatte) wird nur über einen Sinn wahrgenommen. Im Vergleich zum „Konsum“ von Filmen auf DVD und im Fernsehen ist dies ein Vorteil, da das Kind in seiner Aufnahmefähigkeit nicht überfordert wird. Das Kind kann seiner Fantasie freien Lauf lassen und in seiner Vorstellung entstehen dabei innere Bilder je nach seinen Bedürfnissen und Erfahrungen. Doch auch diese Darbietungsform kann Gefahren bergen. Anders als beim direkten Erzählen, sprechen dort in der Regel verschiedene Stimmen die unterschiedlichen Charaktere, evtl. werden sogar Hintergrundgeräusche und Musik eingespielt. Das Märchen spricht nicht für sich selbst, sondern tritt in den Hintergrund. Das kann vom Kind als verwirrend erlebt werden. Durch den Wegfall der Flächenhaftigkeit werden Schmerz und Leid manchmal zu deutlich ausgespielt und können dann großen Schaden anrichten. Dem Kind fehlt dann ein direktes Gegenüber, das auf seine Person eingeht und Modulation von Wort und Tonfall individuell abstimmt. Falls dieses Medium eingesetzt wird, ist darauf zu achten, dass immer ein Erwachsener dabei ist und dieser Anteil am Kind und Märchen nimmt. Das Märchen selbst sollte von **einer** Person gesprochen, also kein Hörspiel sein, und nicht dramatisiert dargeboten werden.

3.7 Praktische Umsetzung von Kindermärchen

3.7.1 Legemärchen: Dornröschen zum Anschauen

Benötigt werden:

- vier rote Rhythmiktücher (ca. 50 x 50 cm)
- ein grünes Rhythmiktuch (ca. 70 x 70 cm)
- Bausteine
- zwölf mit Folie oder Stoff umwickelte Tennisbälle oder große Spielfiguren
- Zweige und Grünzeug
- rote Rosen aus Servietten, Krepppapier o. Ä.

Durchführung: Die Kinder sitzen im Kreis. Die Fachkraft fordert vier Kinder auf, die roten Rhythmiktücher an den Ecken leicht versetzt übereinander zu legen.

Zwei weitere Kinder können das grüne Tuch darüber legen, sodass kein rotes Tuch mehr zu sehen ist. Die Fachkraft hält mit der einen Hand den „Tücherturm“ in der Mitte fest, fährt mit der anderen Hand darunter, greift am Mittelpunkt und wendet das ganze schwungvoll. Mit etwas Glück und Übung ist gleich eine Rose auf grünem Blatt zu erkennen, ansonsten muss noch ein wenig „dekoriert“ werden. Ein Gespräch mit den Kindern folgt.

Die Fachkraft erklärt, dass sie das Märchen von Dornröschen erzählen möchte. Sie fragt die Kinder, ob sie wissen, wo Dornröschen wohnt. Nachdem die Kinder die Frage beantwortet haben, wird die Schlossmauer erbaut. Hierzu erhalten die Kinder Bausteine und stellen diese rings um die Rose auf. Die Fachkraft beginnt anschließend damit, das Märchen zu erzählen.

„... beschenkten die weisen Frauen das Kind mit ihren Wundergaben ...“

Die Erzieherin teilt elf verzierte Tennisbälle an die Kinder aus und fordert diese auf, dem Kind im Märchen eine Wundergabe zu schenken. Die Kinder sprechen ihren Wunsch aus und legen die Bälle auf die Bausteine.

„... Dreizehnte sprach: ‚Die Königstochter soll sich in ihrem fünfzehnten Lebensjahr an einer Spindel stechen und tot umfallen‘. ... da trat die Zwölfte hervor und sprach ...“

Die Fachkraft nimmt den zwölften Ball, setzt ihn auf einen Baustein und wandelt den Fluch in einen hundertjährigen Schlaf. Sie erzählt dann weiter.

„... rings um das Schloss begann eine Dornenhecke zu wachsen.“

Nun gibt die Erzieherin einen mit Zweigen gefüllten Korb weiter und die Kinder legen sie um das Schloss herum.

„... als der Königssohn sich der Dornenhecke näherte, waren es lauter große schöne Blumen.“

Jetzt reicht die pädagogische Fachkraft einen Korb mit Blüten herum und die Kinder verteilen sie zwischen den Ranken.
Als Abschluss eignen sich das Singen und Spielen des Märchenliedes „Dornröschen“ um die von den Kindern arrangierte Dekoration herum.

3.7.2 Baumärchen: Das Märchen vom begabten Baumeister

Benötigt werden die sechste Fröbelgabe oder 33 Bausteine.

Achtung: Bemühen Sie sich, beidhändig zu bauen und dies auch den Kindern zu vermitteln (Gehirntraining!). Eine Abbildung zur Bauanleitung finden Sie auf S. 107.

„Es war einmal ein König, der wies seinen Baumeister an, ihm ein Denkmal/Turm zu erbauen.“

1. Ausgangsstellung: zwei Tore, ein Quader liegt dazwischen.

„Der Baumeister war recht fleißig und hatte viele Gesellen, sodass es mit dem Turmbau zügig voranging.“

2. Je rechts und links außen einen Quader anstellen.

„Der Baumeister war ein recht begabter Architekt und so verschnörkelte und verzierte er den Turm, dass es sowohl für den König als auch seine wunderschöne Tochter eine wahre Freude war.“

3. Auf einer Seite einen Quader legen, zum Beschweren einen weiteren senkrecht daraufstellen; dasselbe auf der anderen Seite wiederholen.

4. Noch einmal wie 3., allerdings berühren sich jetzt die liegenden Quader, evtl. muss durch Zusammenschieben korrigiert werden.

5. Nun den letzten Quader auf den Spalt in der Mitte stellen.

„Nun kam der Herbst heran, die Ernte fiel in diesem Jahr sehr gering aus und der König hatte nicht genug Gold, um dem Baumeister weitere Steine zu kaufen; er ließ den Baumeister kommen und sagte: ‚Ich befürchte, dass der kommende Winter den Turm zerstören wird, da er ja nun kein Dach hat und es bestimmt hineinregnen und -schneien wird.‘ ‚Nun, lasst dies meine Sorge sein‘, sagte der Baumeister und schlau wie er war, baute er Steine vom bestehenden Turm ab und baute diese gerade obenauf.“

6. Von dem Bauwerk je einen Quader rechts und links außen „abbauen“ und zum Abdecken nehmen.

„So verging der Winter, der Turm war geschützt und der König sehr in der Schuld des Baumeisters. Im Frühling konnte der König wieder Steine kaufen und wollte noch ein weiteres Stockwerk auf dem Turm haben, damit auch jeder seinen Reichtum bewundern konnte.“

7. Drei halbe oder ganze Quader rechts, links und in die Mitte stellen.

„Nun hatte der König schlechte Berater und wieder mangelte es an Steinen, sodass er erneut den Baumeister zu sich rufen ließ und ihm mitteilte: Ich befürchte, dass der Sommer den Turm zerstören wird, die Sonne wird den Mörtel zu schnell trocknen, es werden Risse entstehen und mein wunderschöner Turm wird einstürzen. ‚Nun, lasst dies meine Sorge sein‘, sagte der Baumeister und schlau wie er war, baute er Steine vom bestehenden Turm ab und deckte damit das Dach.“

8. Wie oben bereits bei 6. beschrieben, die Steine an den Seiten abbauen und damit das Dach decken.

„Der Herbst brachte goldene Ernte und der König kaufte wieder Steine, sodass der Baumeister wieder weiter bauen konnte.“

9. Drei halbe/ganze Quader rechts und links stellen.

„Bevor nun weitere Steine aus dem Steinbruch geholt werden konnten, kündigte sich ein fürchterliches Unwetter an und der König ließ seinen Baumeister rufen und sagte zu ihm: ‚Das Unwetter wird uns erreichen, bevor die Steinmetze noch weitere Steine bringen können. Ich glaube, nun war die ganze Mühe umsonst. Solltest du es aber schaffen, meinen Turm noch dieses eine Mal zu retten, so gebe ich dir meine Tochter zur Frau und dazu das halbe Königreich.‘ ‚Nun, lasst dies meine Sorge sein‘, sprach der Baumeister und flugs baute er Steine vom bestehenden Turm ab, deckte damit das Dach ab, just bevor Blitz und Donner über das Land fegten.“

10. Quader zwischen den Toren in die Mitte stellen, vorsichtig die beiden äußeren Quader der Anfangstore herausziehen und das Dach decken.

„Der König war außer sich vor Freude und vermählte seine Tochter mit dem Baumeister, sie feierten ein rauschendes Fest, lebten viele Jahre sehr glücklich und schenkten dem König viele Enkelkinder.“

11. Geschickte Bauer können ihr Werk nun mit Belebungsmaterial, also kleinem Spielzeug oder einfachen Spielfiguren, ausschmücken.

„Eines Tages kamen die Söhne und Töchter des Prinzenpaares und beklagten sich bitterlich: ‚Nirgendwo im Schloss ist ein schöner Platz für uns und unsere Freunde zum Spielen.' Da dachten die Eltern ein wenig nach und sagten: ‚Nun, lasst das unsere Sorge sein'. Sie bauten vorsichtig die Steine vom Turm ab und nutzten die Steine, um einen wunderschönen Spielplatz für die Kinder zu bauen. Dort gab es Bänke und Tische, ein Karussell und viele andere Spielgeräte."

12. Vorsichtig von oben herab abbauen und einen Spielplatz gestalten, bis nur noch der kleine Turm als Eingang zum Spielplatz steht.

„Da kamen alle Kinder aus dem ganzen Land und feierten ein Spielplatzfest."

(Idee zum Märchen zum Bau eines Fröbelturms: Iris Fürst)

Anleitung zum Bau eines Fröbelturms

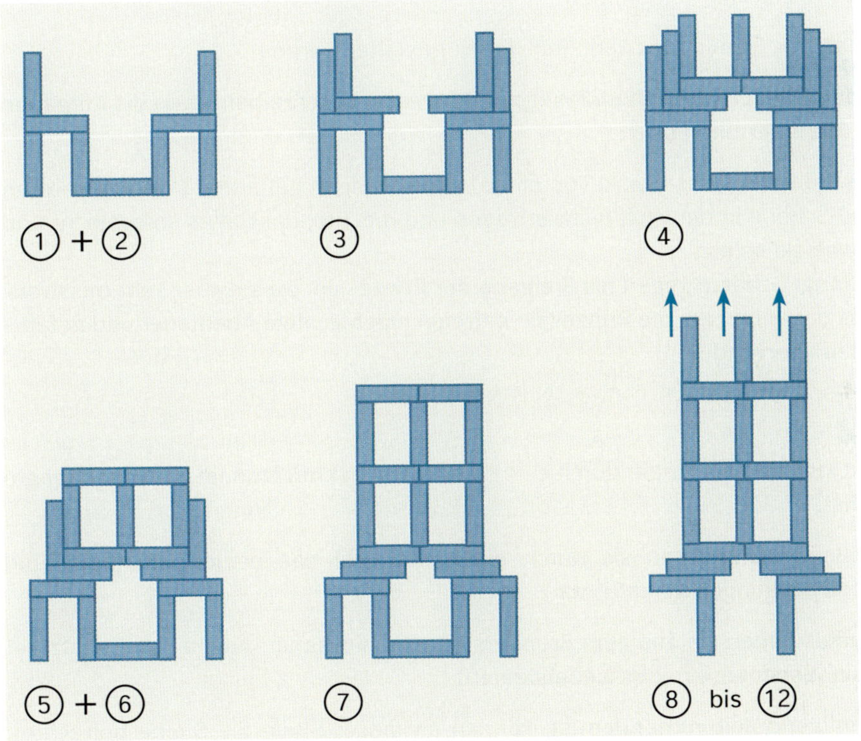

3.7.3 Bewegungsmärchen: Die Befreiung der Prinzessin

Benötigt werden:

- Fee: Seidentuch mit abgebundenem Kopf
- Zauber: Glitter
- Höhle: Kriechtunnel (evtl. Stühle, die mit einem Tuch bedeckt werden)
- See: großes blaues Tuch
- Brunnen: Bodenvase mit Steinen (Kies oder Halbedelsteine)
- Kletterwand: Tücher daran befestigen
- Gefährlicher Pfad: Umgedrehte Turnbank
- Schatz: Rhythmik oder Seidentücher und Steine (siehe Brunnen!)
- Schmuckkästchen: Schuhkarton
- Tarnung: Schminke
- Zauberstab: Glasstab, selbstgebastelter Feenstab
- Hexe und Prinzessin: Handpuppen

Die Landschaft des Feenlandes kann individuell gestaltet werden.

Ablauf: Hindernisse, Landschaft und Weg zur Prinzessin beschreiben sowie die Aufgaben besprechen, die zu erfüllen sind.

Inhalt: Die schöne Prinzessin wird von einer Hexe gefangen gehalten. Diese Hexe kann das Gute und Schöne in der Welt nicht ertragen und möchte, dass alles so schlecht und hässlich ist, wie sie selbst.
Die Hexe verlangt Schätze gegen die Freigabe der Prinzessin. Da sie aber sehr misstrauisch ist, muss derjenige, der die Prinzessin befreien möchte, viele Abenteuer und gefährliche Aufgaben überwinden.

Der Parcours:

1. Zunächst kriechen die Kinder durch eine dunkle Höhle (Kriechtunnel oder abgehängte Stuhlreihe).

2. Anschließend schwimmen sie durch einen See (auf das blaue Tuch legen und Schwimmbewegungen durchführen).

3. Als nächstes heben sie aus dem Brunnen mit geschlossenen Augen den Schatz der Prinzessin (Bodenvase mit Halbedelsteinen).

   (Falls genügend Zeit vorhanden ist, können an dieser Stelle die Steine betrachtet, verglichen und bewundert werden. Dies kann aber auch später im Gruppenraum geschehen.)

4. Und sie holen kostbare Stoffe aus ihrem Versteck (nacheinander die Kletterwand hochklettern und jeweils ein Tuch abhängen und mitnehmen).

5. Die Kinder laufen nun auf einem gefährlichen Pfad (umgedrehte Bank).

6. Sie nähern sich dem Feenland und finden in einer Ecke ein Schmuckkästchen. Dort legen sie die Tücher und Steine hinein.

7. Die Hexe entdeckt die Kinder und verwandelt sie in Frösche, Störche, Affen usw. Dabei setzen die verzauberten Kinder die jeweiligen Bewegungsarten je nach Tier um.

8. „Da die Hexe so misstrauisch ist, können wir nicht nahe genug heran, um zu sagen, dass wir die Prinzessin freikaufen möchten. Also müssen wir uns tarnen, verkleiden oder schminken."

   Die Kinder schminken sich gegenseitig, evtl. kann die Erzieherin jedem Kind einen „Tarnstrich" malen.

9. Kinder kommen im Feenland an, legen die Schätze sofort vor die Hexe, damit diese die gute Absicht erkennt und vor lauter Gier nicht darauf achtet, dass eines der Kinder ihr schnell den Zauberstab entreißt, um weiteres Unheil zu vermeiden und dadurch der Hexe ihre Macht zu nehmen.

10. Nun können Prinzessin und Schatz befreit werden und in den Gruppenraum zum Ausstellen, Betrachten und Erzählen gebracht werden.

Jetzt, wo der Weg bekannt ist, schließen die Kinder wieder die Augen, damit die Fee zu ihnen kommen kann. Sie dürfen ihre Augen erst dann wieder öffnen, wenn die Fee verschwunden ist. Keiner sollte diese sehen, da der Zauber sonst nicht so stark wirken kann. „Die Fee berührt die Kinder sanft, auf dass sie mutig und furchtlos sind."
Berühren Sie dabei mit der Seidenpuppe jedes einzelne Kind und stellen Sie den Glitter in die Mitte des Kreises. Sprechen Sie anschließend mit den Kindern über die Berührung der Fee: „Konntet ihr die Berührung spüren?"

Betrachten Sie dann den Zauberstaub und teilen Sie den Kindern mit, dass er mitgenommen wird, um unterwegs den Mut wieder zu stärken.
(Text und Idee: Vera Schmitt)

3.7.4 Assoziationsmärchen: Hannah und das Geheimnis des kleinen Schächtelchens

„Als Hannah noch klein war, viel kleiner als sie es heute ist, wünschte sie sich oft, wenn sie traurig oder allein war, sich sehr einsam und mutlos fühlte oder Schmerzen hatte, dass eine Fee oder ein Zauberer zu ihr käme und ihr mit einem Zauberspruch all ihre schlechten Gefühle wegzaubern würde. Aber sie dachte wohl, dass es dies nur im Märchen gäbe und auch wenn es wahr wäre, niemals eine Fee zu ihr kommen würde, um ihr zu helfen.

Nein, noch nie war eine Fee zu ihr gekommen.

Ja, so war das. Bis Hannah das Geheimnis des kleinen Schächtelchens erfuhr. Und weil es kein gewöhnliches Geheimnis ist, sondern eines, das keines mehr ist, wenn man es einem anderen erzählt, beschloss Hannah eines Tages, es ihrer besten Freundin Fanny zu erzählen.

Mit ihrem bunt verzierten Schächtelchen ging sie zum Mausekäfig und rief ihre Freundin, eine kleine Maus.

Fanny war gleich sehr begeistert, ein Geheimnis zu erfahren und interessierte sich sehr für das verzierte Schächtelchen. ‚Eigentlich ist es egal, was für ein Schächtelchen es ist', sagte Hannah, ‚man sollte nur recht viel Mühe und Liebe auf die Gestaltung verwendet haben, richtig wichtig ist aber, dass sich vier oder zumindest drei besondere Dinge darin befinden.'

Fanny war so neugierig, dass sie erst einmal ein paar Runden im Käfig drehte.

Hannah öffnete derweil das Schächtelchen und holte ein Blatt heraus. Nein, kein Blatt, auf dem etwas geschrieben stand oder das man gar zum Schreiben oder Malen verwenden konnte, es war das Blatt eines Baumes. ‚Als Erstes muss man ein Blatt suchen', erklärte sie ihrer Freundin, ‚eines, das vom Baum abgefallen ist, allein abgefallen, denn dann braucht der Baum es nicht mehr und du kannst es getrost nehmen. Im Herbst und im Winter verlieren die Bäume fast alle Blätter und das ist gut so, denn nun sind auch viele Menschen krank und gerade die brauchen so ein Blatt. Wenn ein solches Blatt dann im Schächtelchen gut getrocknet ist, kann man es zwischen den Fingern verreiben und sowie du das Blatt verreibst, nimmt es dir etwas von deinen Schmerzen.' ‚Herrlich', wisperte Fanny, ‚was ist noch in deinem Schächtelchen?' Da zeigte Hannah ihrer Freundin einen Knopf. ‚Als nächstes solltest du einen Knopf finden, einen, den niemanden mehr braucht und der auch keine Hose mehr zuhalten muss, wichtig ist, dass er mindestens ein Knopfloch hat. Durch dieses Loch kannst du nämlich deine Angst ganz kräftig durchblasen, und weil die Angst sich nicht gerne durch enge Löcher zwängen lässt, kannst du sicher sein, dass sie so schnell nicht wiederkommt.'

Fanny war ganz außer sich vor Freude und höchst neugierig zu erfahren, welche Geheimnisse in dem Schächtelchen noch warteten. Sie wagte einen Sprung aus dem Käfig in der Hoffnung, einen Blick ins Schächtelchen werfen zu können. Hannah verstand ihre kleine Freundin und holte eine Feder und einen Stein aus dem Schächtelchen. Fanny drehte noch schnell eine Runde vor dem Käfig, eilte dann schnell wieder zu Hannah, um zu erfahren, welches Geheimnis sich hinter diesen beiden Dingen versteckte.

‚Dann brauchst du eine Feder, eine, die manchmal aus dem Kopfkissen herauslinst, oder auch eine, die ein Vogel im schnellen Flug verloren hat, denn nur, wenn er diese Feder nicht mehr braucht, können sich Mut und Stärke in die Feder hineinkuscheln. Mangelt es dir gerade einmal an Mut oder Stärke, dann streichle sie ganz sacht – damit der Mut nicht zerdrückt wird oder die Stärke ganz verloren geht – und sie wird dir Mut und Stärke geben. Bei ganz flauschigen Federn wird es wohl genügen, einfach hineinzublasen und Mut und Stärke werden dir zufliegen.'

‚Und der Stein', fragte Fanny, schon ganz atemlos vor Spannung, ‚was ist mit dem Stein, Hannah?' Sie wollte ganz schnell wissen, was es mit diesem Geheimnis auf sich hat. Hannah holte tief Luft und fing feierlich an zu sprechen.

‚Alle Steine auf der Erde sehen die Sonne, den Mond und die Sterne. Die Sonne ist warm, der Mond leuchtet und die Sterne blinzeln und so gibt die Sonne dem Stein ihre Wärme, der Mond dem Stein sein Leuchten und die Sterne blinzeln dem Stein in jeder Nacht zu. Wenn du dich einmal traurig, allein und einsam fühlst, dann nimm einen solchen Stein in die Hand und er wird dir von seiner Wärme, seinem Leuchten und dem Blinzeln abgeben. Du wirst es fühlen, hältst du ihn nur kurze Zeit in deiner Hand, so spürst du, wie er die Wärme in deinen Körper schickt, und es ist ein so wunderbares Gefühl, als würde dich jemand ganz lieb in die Arme nehmen.'

Hannah strahlte ihre Freundin an. Sie hatte ihr Geheimnis geteilt und so wurden zwei Geheimnisse daraus, ja und nun weißt es auch du.

In der nächsten Nacht schaue einmal nach den Sternen. Gelegentlich wirst du einen der Sterne blinzeln sehen. Die Sterne blinzeln dir zu, weil auch du nun das Geheimnis des kleinen Schächtelchens kennst."
(nacherzählt von Iris Fürst)

3.7.5 Außereuropäisches Märchen

Die Geschichte vom Korb mit den wunderbaren Sachen – ein afrikanisches Märchen

„Es war einmal ein Mann, der hatte eine wunderbare Rinderherde. Alle Tiere trugen ein schwarzweißes Fell; das war geheimnisvoll wie die Nacht. Der Mann liebte seine Kühe und führte sie immer auf die besten Weiden. Wenn er abends die Kühe beobachtete, wie sie zufrieden waren und wiederkäuten, dachte er: ‚Morgen früh werden sie viel Milch geben!'

Eines Morgens jedoch, als er seine Kühe melken wollte, waren die Euter schlaff und leer. Er glaubte, es habe an Futter gefehlt und führte die Herde am nächsten Tag auf saftigen Weidegrund. Er sah, wie sie sich sattfraßen und zufrieden waren, aber am nächsten Morgen hingen die Euter wieder schlaff und leer. Da trieb er die Kühe zum drittenmal auf eine neue Weide, doch auch diesmal gaben die Kühe keine Milch.

Jetzt legte er sich auf die Lauer und beobachtete das Vieh. Als um Mitternacht der Mond weiß am Himmel stand, sah er, wie sich eine Strickleiter von den Sternen heruntersenkte. Auf ihr schwebten sanft und weich junge Frauen aus dem Himmelsvolk herab. Sie waren schön und fröhlich, lachten einander leise zu und gingen zu den Kühen, um sie leerzumelken. Da sprang er auf und wollte sie fangen, aber sie stoben auseinander und flohen zum Himmel hinauf. Es gelang ihm aber, eine von ihnen festzuhalten, die allerschönste. Er behielt sie bei sich und machte sie zu seiner Frau.

Täglich ging nun seine Frau auf die Felder und arbeitete für ihn, während er sein Vieh hütete. Sie waren glücklich und die gemeinsame Arbeit machte sie reich. Eines aber quälte ihn: Als er seine Frau eingefangen hatte, trug sie einen Korb bei sich. ‚Niemals darfst du da hineinschauen!', hatte sie gesagt. ‚Wenn du es dennoch tust, wird uns beide großes Unglück treffen.'

Nach einiger Zeit vergaß der Mann sein Verspechen. Als er einmal alleine im Hause war, sah er den Korb im Dunklen stehen, zog das Tuch davon ab und brach in lautes Lachen aus.

Als seine Frau heimkehrte, wusste sie sofort, was geschehen war. Sie schaute ihn an und sagte weinend: ‚Du hast in den Korb geschaut!' Der Mann aber lachte nur und sagte: ‚Du dummes Weib, was soll das Geheimnis um diesen Korb? Da ist ja gar nichts drin!'

Aber noch während er dies sagte, wendete sie sich von ihm ab, ging in den Sonnenuntergang und wurde auf Erden nie wieder gesehen.

Und wisst ihr, warum sie wegging? Nicht, weil er sein Versprechen gebrochen hatte. Sie ging, weil er die schönen Sachen, die sie vom Himmel für beide mitgebracht hatte, nicht sehen konnte und darüber sogar noch lachte."

(Stöcklin-Meier/Scharff-Kniemeyer, 1996, S. 28)

4 Bilderbuch – Das Fenster zur Welt

Aufgabe

Betrachten Sie das folgende Bild von Ali Mitgutsch. Benennen Sie die Dinge, die Sie erkennen, erzählen Sie einzelne Szenen, erfinden Sie eine Geschichte zu einer Szene, verbalisieren Sie Gefühle, die Sie bei den abgebildeten Personen vermuten.

(aus: Ali Mitgutsch, Bei uns im Dorf, © 1994 by Ravensburger Buchverlag Otto Maier GmbH, Ravensburg)

4.1 Was ist ein Bilderbuch?

Im modernen Sprachgebrauch definiert man Bilderbuch als ein Buch, das für Kinder im Alter von zwei bis acht Jahren entworfen wurde und in seiner Gestaltung und Struktur darauf abzielt, Handlungsabläufe vorwiegend visuell zu vermitteln.

Bereits seit Beginn der Menschheitsgeschichte ist sich der Mensch darüber im Klaren, dass Bilder sprechen können. Frühe Höhlenmalereien geben Auskunft über Geschehnisse, Lebensgewohnheiten, Ängste und Denkweisen der damaligen Kulturen. Das Bild wirkt unmittelbar und steht dem Betrachter als Ganzes gegenüber. Das Betrachten eines Bildes vermittelt ganzheitliche Eindrücke, Einzelheiten können in ihrem Kontext gleichzeitig dargestellt werden.

Bebilderte Bücher gibt es bereits seit Jahrhunderten. Allerdings wurden sie zunächst für eine kleine Zahl Erwachsener gezeichnet und geschrieben, um den leseunkundigen Betrachtern entgegenzukommen.

Die Erfindung der Buchdruckkunst im 15. Jahrhundert machte es möglich, Bücher in größeren Auflagen herzustellen. Schon kurz darauf wurde jedes mit Bildern versehene Buch als Bilderbuch bezeichnet. Das Angebot umfasste Bücher religiösen Inhaltes, aber auch sogenannte ABC-Bücher und die Fliegenden Blätter. Mitte des 17. Jahrhunderts wurde das Angebot um illustrierte Sachbücher ergänzt. Ausschlaggebend für die Entwicklung zum Kinder- und Jugendbuch war das Werk *Orbis Sensualium Pictus* („die sichtbare Welt") von Johann Amos Comenius. Dieses Buch umfasste 150 Holzschnitte und 4 000 Wörter und wurde schon bald in verschiedene Sprachen übersetzt. Es diente Schülern als Anschauungsbuch und zum Erlernen der lateinischen Sprache, aber auch jüngeren Kindern zum Betrachten. Schon bald zogen andere Autoren mit reichhaltig illustrierten Bilderbüchern nach. Erwähnenswert ist in diesem Zusammenhang auch *Das Bilderbuch für Kinder*, das von Friedrich Justin Bertuch (1747–1822) im Jahre 1792 begonnen wurde. Dieses Buch umfasste insgesamt zwölf Bände mit etwa 6 000 Kupferstichen. Auszüge der Bücher wurden in Einzelheften mit weniger anspruchsvollen Kupferstichen gedruckt und somit erstmals Kindern aus bildungsschwachen oder gar bildungsfernen Familien zugänglich.

Bertuch beschreibt die Bedeutung eines Bilderbuches in seinem Buch folgendermaßen: „Ein Bilderbuch ist für eine Kinderstub ein ebenso wesentliches Meuble, als die Wiege, die Puppe, oder das Steckenpferd. Diese Wahrheit kennt jeder Vater, jede Mutter, jeder, der Kinder erzogen hat, und von Locke bis Basedow, Campe und Salzmann empfiehlt jeder vernünftige Pädagog, den frühesten

Unterricht des Kindes durchs Aug anzufangen und ihm so viel gute und richtige Bilder und Figuren als man kann, vor das Gesicht zu bringen." (Bertuch, 1792)

In den nachfolgenden Jahren entstanden Märchenbilderbücher, aber auch Volkslieder und Kinderreime wurden in Bilderbüchern festgehalten. Dieser Wandel in der Zielgruppe führte dazu, dass der Begriff des Bilderbuches sich zunehmend verengte. In der Mitte des 19. Jahrhunderts stand der Ausdruck „Bilderbuch" für ein speziell für das Kleinkind geschaffenes Buch, in dem die Illustration über den Text dominierte.

4.1.1 Das Bilderbuch als Kinderbuch

Wie sich bereits aus der Definition ergibt, wendet sich ein Bilderbuch in erster Linie an einen noch nicht lesekundigen Betrachter bzw. einen Grundschüler, der gerade das Lesen erlernt.

Daraus folgt, dass eine Begegnung mit dem Bilderbuch ohne den Erwachsenen nicht möglich ist. Der Erwachsene wählt das Bilderbuch aus und hat bei der Vermittlung und Verarbeitung des Bilderbuchinhaltes eine wichtige Rolle. Er sollte ein geduldiger Zuhörer sein, wenn das Kind seine Gedanken zum Bilderbuch formuliert. Nachfragend und unterstützend sollte der Erwachsene die geistige Regsamkeit des Kindes fördern. Der Erwachsene ist unersetzlich bei der Vermittlung der Textpassagen in einem Bilderbuch. Entsprechend dem Entwicklungsstand und den Interessen kann er ein Bilderbuch auch auf die derzeitigen Bedürfnisse des Kindes zuschneiden, neue Schwerpunkte setzen oder auch kritisch einwirken.

Die zweite Folgerung bezieht sich auf die inhaltliche und ästhetische Gestaltung eines Bilderbuches. Sowohl die Struktur als auch der Inhalt eines Bilderbuches müssen mit den Fähigkeiten und Interessen des Kindes übereinstimmen. Entwicklungspsychologische Erkenntnisse über Leistungsfähigkeit und Interessen eines Kindes in einem bestimmten Alter geben lediglich eine erste Auswahl, da ein genauer Einblick in die Lebenswelt des Kindes nur individuell erfolgen kann.

Für Kinder sind Bilderbuchinhalte aus der direkten, sinnlich erfahrbaren Umwelt wichtig und interessant. Es ist aber nicht von der Hand zu weisen, dass viele bekannte Inhalte keineswegs seine Aufmerksamkeit erregen, sondern weiter entfernte Dinge eher interessant sind.

Die kindliche Eigenwelt ist nicht statisch, sondern einem andauernden und stetigen Erweiterungsprozess unterworfen. Daraus ergibt sich der Anspruch an das Bilderbuch, die weitere Entwicklung des Kindes zu inspirieren und zu fördern.

Ein reichlicher und ausgewählter Umgang mit dem Bilderbuch als Spielzeug kann durchaus als wegbereitend für die weitere literarische Entwicklung des Kindes gesehen werden. Ästhetisch und inhaltlich gut gestaltete Bücher laden Kinder häufig auch über das eigentliche Bilderbuchalter hinaus zum Betrachten oder Lesen ein und beeinflussen sowohl die Lesefreude als auch spätere Vorlieben.

4.1.2 Bilderbuch ist nicht gleich Bilderbuch

Um die Vielfalt der angebotenen Bilderbücher zu strukturieren, bietet sich eine zunächst rein formale Einteilung an. Diese formalen Kriterien sind nicht an ein bestimmtes Lesealter, Themengruppen oder Formen des Bilderbuches gebunden.

Textfreie Bilderbücher:
Sie sind die reine Form des Bilderbuches. Sie beschränken sich ausschließlich auf das Bild. Durch den Verzicht auf das geschriebene Wort wird die Aussagekraft eines Bildes verstärkt, in vielen Fällen die Kreativität und Fantasie sowie die kognitive Leistungsfähigkeit des Kindes angeregt. Typische Vertreter dieser Form sind Elementarbilderbücher für die kleinsten „Betrachter“ sowie Szenenbilderbücher.

Bilderbücher mit kleinen Textbeigaben:
Hier behält das Bild seine Vorrangstellung. Die Funktion des geschriebenen Wortes besteht darin, das Dargestellte näher zu benennen, zu beschreiben oder zu ergänzen. So werden Stimmungen unterstrichen und Zusammenhänge verbalisiert, die dem Bild oder der Bildfolge nicht zu entnehmen sind. Der Text „illustriert“ das Bild.
Eben diese Verbalisierung des Bildes hilft dem Kind, die Bildsprache in gesprochene Sprache umzusetzen, es wird angeregt, selbst zu erzählen und frei zu sprechen.

Bilderbücher mit gleichrangigem Text:
Sie bilden in ihrer Verbindung eine Einheit, die zum Verstehen des Bilderbuches notwendig ist. Ein Bilderbuch erklärt sich nicht aus dem bloßen Anschauen, sondern auch der Text ist notwendig, um es zu verstehen. Eine gleichmäßige quantitative Aufteilung in Wort und Bild ist dabei nicht wichtig. Erst durch das richtige Zusammenspiel von Bild- und Textinformation kommt die Geschichte zustande. In Bilderbüchern mit gleichrangigen Texten schreiten Bild und Text gemeinsam im Handlungsablauf voran, verweilen bei den gleichen Situationen und Gegenständen oder wechseln sich ab, um Inhalte aufzuzeigen. Diese Bilderbücher sprechen in erster Linie ältere Rezipienten an.

4.2 Die Bedeutung des Bilderbuches für das Kind – die sichtbare Welt

Reize, die auf den Menschen einwirken, werden von verschiedenen Sinnessystemen aufgenommen. Nahsinne nehmen die Reize wahr, die direkt auf den Körper einwirken. Fernsinne dagegen nehmen vom Körper entfernte Reize wahr. Unsere Sinnesorgane, die die Reize aufnehmen, sind bereits vor der Geburt voll funktionstüchtig oder entwickeln sich innerhalb kürzester Zeit. Allerdings führt erst die Verknüpfung verschiedener Reize mit bereits vorhandenen Informationen und Erfahrungen zum Prozess der Wahrnehmung.

Die Wichtigkeit der Wahrnehmung spiegelt sich auch in unserer Sprache wider, z. B. in Redewendungen wie „uns drückt der Schuh", „wir haben den richtigen Riecher", „wir werden hellhörig" oder „haben von Tuten und Blasen keine Ahnung ".

Über das Sehen nimmt der Mensch die meisten Eindrücke auf. Wenn wir uns Inhalte verdeutlichen, machen wir uns ein Bild von etwas und versuchen den Durchblick zu gewinnen. Wir erleben, dass z. B. „Dinge ins Bild passen" oder „es fällt uns wie Schuppen von den Augen".

Aufgabe

Sammeln Sie Redewendungen, Gleichnisse, Metaphern und Prädikate, die auf die Wichtigkeit der visuellen Wahrnehmung hinweisen.

Bilderbücher können einen enormen Einfluss auf die Entwicklung eines Kindes haben, der von vielen Erwachsenen unterschätzt oder aber fehlgeleitet wird. Dies zeigt sich vor allem an den Mengen von Billigstliteratur, die jährlich verkauft werden und daran, wie wenig für eine gute Beziehung zwischen Kind und Buch getan wird. Häufig werden Bilderbücher gekauft, die die Erwachsenen „goldig" finden und keinerlei Bezug zur kindlichen Lebenswelt haben. Auch auf eine beständige Aktualisierung des Bilderbuchbestandes wird häufig verzichtet.

4.2.1 Das Bilderbuch als Spielzeug

Bilderbücher sind nicht nur als pädagogisches Bildungsmittel zu betrachten, vielmehr steht oft das Hantieren und Spielen im Vordergrund.

Als aktiv wahrnehmendes Wesen untersucht das Kleinkind ein Bilderbuch in der gleichen Weise wie all die anderen Dinge seiner Umwelt: Es riecht und schmeckt die Seiten, untersucht die Beschaffenheit, indem es die Seiten zerreißt, den Rücken abtrennt, das Bilderbuch fallen lässt oder auf den Boden wirft. Das kleine Kind bemüht sich, das Bilderbuch in den „Griff" zu bekommen; das größere Kind hingegen versucht, den Inhalt motorisch zu „erfassen" und zu „begreifen".

Der folgende Überblick soll Auskunft darüber geben, wie Kinder Bilderbücher in ihre gegenwärtigen Handlungs- und Denkvorgänge einbinden: als Bauhilfe, als Spielzeug oder Spielanlass, als Mittel zum Knüpfen von Beziehungen sowie zur Formulierung von Wünschen und Bedürfnissen. Bilderbücher dienen als Informationsquelle oder als Gesprächsanlass und zur Übung der Beobachtungsfähigkeit. Nicht zuletzt eignen sie sich zweckentfremdet auch hervorragend zum Pressen von Blumen und Gräsern.

4.2.2 Das Bilderbuch als Mittel zur Bildung – Schauen macht schlau?

In der Pädagogik werden eine Vielzahl von didaktischen Mitteln eingesetzt, die eine festgelegte Absicht oder ein Ziel verfolgen. Hat man das bestimmte Ziel erreicht, wendet man sich neuen didaktischen Mitteln zu.

Ein Bilderbuch als didaktisches Mittel mit einer spezifischen didaktischen Absicht zu bezeichnen, ist folglich nicht schlüssig. Als Bildungsmittel übt das Bilderbuch in vielfältiger Weise Einfluss auf das seelische und geistige Wachstum eines Kindes aus. Ein Bilderbuch dient der Unterhaltung, beeinflusst das ästhetische, aber auch ethische Empfinden und führt in einem Lebensalter, das sich durch motorische Aktivität auszeichnet, zu Ruhe und Besinnung.

Ein und dasselbe Bilderbuch begleitet ein Kind über viele Jahre hinweg, der Aspekt des Neuen weicht dem Gefühl der Vertrautheit und dennoch werden dem Buch immer neue Details und Sichtweisen entnommen.

Über das Bilderbuch erfährt ein Kind eine neue Dimension der Wirklichkeit. Das Bild als Abbild der Realität setzt kreative Denkstrategien beim Kind frei. Da sich das abgebildete Ding dem Zugriff entzieht, bindet es die äußere Aktivität des Kindes und wendet seine Regsamkeit nach innen.

Voraussetzung ist jedoch, dass zuvor eine äußere Aktivität des Kindes stattgefunden hat und das Kind sich mit den Dingen seiner Umwelt auseinandersetzt und primäre Erfahrungen durch eigenes Tun bereits gesammelt hat. Die Beschäftigung mit Bilderbuchinhalten ermöglicht den Erwerb stellvertretender Erfahrungen. Das Kind nimmt teil an den Erfahrungen anderer, hat aber zugleich den nötigen Abstand, um durch aktives Zuhören, emotionale Beteiligung und reflektierendes Verhalten einen eigenen Erlebnisbereich zu entwickeln.

Die Kombination beider Prozesse der handelnden und der gedanklichen Auseinandersetzung mit der Lebensumwelt führt letztendlich zu einem realistischen Weltbild. Bilderbücher können dabei ein erfolgreicher Vermittler sein.

Das Bilderbuch als umwelterklärende und umweltverstehende Hilfe – warum ist die Banane krumm?

Ein Kind eignet sich Wissen durch allmähliches **Erfassen, Begreifen, Verstehen, Anschauen** und **Erlauschen** an. Beim Betrachten eines Bilderbuches kann es die heute immer schneller und geballter auftretenden Umwelteindrücke selektieren, nach eigenem Ermessen damit umgehen und beliebig lang bei ihnen verweilen.

Inhalte des umwelterklärenden Bilderbuches reichen von ersten Spielobjekten – „Erste Bilder“ – bis hin zu komplexen sozioökonomischen Handlungen (z. B. in *Alle Jahre wieder saust der Presslufthammer nieder*). Häufig beziehen sich die Umweltgeschichten auf die tatsächlich erlebbare Umgebung des Kindes (z. B. in *Der Maulwurf Grabowski*) und werden in realistischen Bildreihen dargestellt. Fantastische, verfremdende oder auch karikierende Bilderbücher (z. B. in *Die Raupe Nimmersatt*) haben ihre Funktion darin, die Wirklichkeit schärfer oder vollkommen neu erkennen zu lassen. Ein interessantes Sachbuch ist die Geschichte *Vom Maulwurf, der wissen wollte, wer ihm auf den Kopf gemacht hat.* Kinder entdecken häufig bei Spaziergängen in Wald und Feld die Losung von Tieren. Dieses Buch beschreibt amüsant die verschiedenen Losungen von Tieren und bearbeitet somit auch ein Thema, mit dem sich jeder von uns einmal beschäftigt hat.

Das Bilderbuch als Hilfe zur Bewältigung der Realität – das Buch als Tor zur Welt?

In vielen Bilderbüchern lassen sich die didaktischen Intentionen des Autors klar erkennen (z. B. in *Die dumme Augustine*), während in anderen keine direkten Absichten erkennbar sind. Eine genauere Betrachtung durch die Erzieherin offenbart meist recht schnell den Gehalt eines Bilderbuches, der dann auch individuell auf die Gruppe zuschneidbar ist.

Interessant ist in diesem Zusammenhang eine Diskussion über den wert- und moralbildenden Inhalt des Bilderbuches *Regenbogenfisch* von Marcus Pfisterer, dessen Aussage zunächst darin zu liegen scheint, dass die Möglichkeit des „Sich-Freunde-Kaufens" durchaus legitim ist. Erst eine intensive, auch philosophische Auseinandersetzung mit dem Buch lässt erkennen, dass eine tiefere Bedeutung tatsächlich vorhanden ist.

Michael Ende und Annegert Fuchshuber beschreiben im Buch *Das Traumfresserchen,* wie eine kleine Prinzessin endlich schlafen kann. Für alle zukünftigen Schulanfänger bietet sich zur Bewältigung dieses großen Schrittes *Der Ernst des Lebens* von Sabine Jörg und Ingrid Keller an. Anke Wagner und Eva Erikson beschreiben in ihrem Buch *Timo und Pico* Ängste und Lösungen bei einem anstehenden Umzug.

Bilderbücher regen Kinder häufig zum Nachspielen in Form von Rollen- oder Puppenspielen an. Diese Form der Nachbereitung eines Bilderbuches, angeleitet oder frei, gibt dem Kind die Gelegenheit, die stellvertretenden Erfahrungen aus einem Bilderbuch in einer Rolle zu erleben, zu projezieren und auch zu verarbeiten.

Auch andere Formen der Nachbereitung, Weiterführung oder auch Einbettung einer Bilderbuchgeschichte in eine Projektplanung ermöglichen es dem Kind, sich intensiv direkt oder auch in der Rolle des zuschauenden Dritten auf Probleme einzulassen. So kann es Umweltvorgänge nachvollziehen oder auch Einblick in menschliche Bedürfnisse, Sorgen und Wünsche erhalten.

Das Bilderbuch als Hilfe bei der Übernahme von Normen und Werten – Trude Trau Dich?

Erste Erfahrungen der Werteeinteilung in „lieb" und „böse" erfährt ein Kind durch seine nächsten Bezugspersonen. Weitere Differenzierungen erwirbt es im Laufe des Heranwachsens durch verschiedenste Erfahrungen und Erlebnisse. In Versen, Märchen und Bilderbüchern werden ihm Werte, Weltanschauungen und Ideale geboten. Diese reichen vom Recht auf Individualität und Freiheit über die Achtung vor anderen Lebewesen bis hin zur Willkürlichkeit von Machtausübung oder der Übernahme von Vorurteilen. Die Akzeptanz der gebotenen Wertvorstellungen hängt von der personellen Umgebung des Kindes ab.

Das Bilderbuch soll nicht nur der bloßen Anpassung an vorhandene Normen und Verhaltensmuster dienen, sondern dem Kind helfen, autonomes Handeln, Kritikfähigkeit, Mut und Selbstbewusstsein zu entwickeln.

Der Erwachsene sollte deshalb Bilderbücher auswählen, die dem Kind helfen, seine Probleme und Konflikte weitgehend angstfrei zu verstehen und zu verarbeiten, und die dem Kind statt einer Heile-Welt-Erfahrung Handlungsalternativen und -kompetenzen vermitteln.

Die Engländerin Babette Cole beschäftigt sich in vielen ihrer Bilderbücher (z. B. *Prinzessin Pfiffigunde, Prinz Pfifferling* oder *Tarzanna*) mit den Rollenerwartungen an die Geschlechter und findet interessante und ungewöhnliche Lösungsmöglichkeiten. Der Text ist so humorvoll gehalten, dass auch Schulkinder eine Tiefsinnigkeit darin erkennen. In ihrem Buch *Mama hat ein Ei gelegt* liegt der Genderaspekt in der emanzipierten Rolle der Kinder.

Der Kinderbuchautor Leon Garfield erzählt in dem Bilderbuch *Eine Hälfte für dich, eine für mich* eine Geschichte über Armut und Besitz, Angst und Mut und vor allem über Gerechtigkeit sehr eindringlich und doch mit einem wunderbaren leisen Humor. Leider ist dieses Buch nicht mehr über den Buchhandel zu beziehen, aber vielleicht haben Sie Glück und finden den Titel noch im Antiquariat oder auf einer Buchbörse.

David McKee beschreibt in *Du hast angefangen! Nein Du!* eine ungewöhnliche Streitlösung. Im Buch *Ente! Hase!* von Amy Krouse Rosenthal und Tom Lichterfeld streiten sich zwei Freunde, denn beide wollen recht haben. Das Buch endet damit, dass sie sich eingestehen, dass der andere vielleicht Recht hat.

Lorenz Pauli ermutigt in seinem Buch *mutig mutig* zum Nein-Sagen und zwar vor dem Hintergrund, es anderen nicht immer recht zu machen. Zugleich enthält das Bilderbuch eine Botschaft an den Erwachsenen, dem Kind zu vermitteln, Vertrauen in die eigenen Gefühle zu haben.

Ein besonders gelungenes Buch ist *Die Tütenprinzessin* von Robert Munsch. Die zunächst als typische Prinzessin mit Schmuck, Spiegel und Robe dargestellte weibliche Rolle wandelt sich in eine emanzipierte Geschlechterrolle, die mit männlichen Attributen wie „herausfordern, strategisch sein" und einer freien Entscheidung diese Geschichte für sich glücklich zu einem Ende führt. Aber auch dieses Buch ist leider nicht mehr über den Buchhandel zu beziehen. Versuchen Sie, es über Ihre Bücherei am Ort oder in Ihrer Schule zu entleihen.

Das Bilderbuch zur Förderung der Denkfähigkeit und Sprachleistung – Lesen macht schlau?

Durch die aktive Auseinandersetzung mit dem Buch erbringt das Kind spielerisch geistige Leistungen. Bereits das Erkennen eines realen Gegenstandes in der eindimensionalen Abbildung ist ein komplizierter Akt. Im Laufe der fortschreitenden Entwicklung differenziert das Kind die Fähigkeiten des Erkennens, Deutens, Interpretierens immer mehr. Ein Kleinkind betrachtet das erste Szenenbilderbuch vom *Kater Mock* und sieht verschiedene Katzen beim Schlafen, Essen und Sich-Putzen. Später schafft es die Übertragung, dass es sich hierbei um ein und dieselbe Katze in verschiedenen Situationen handelt und als sechsjähriges Kind kann es eine Geschichte daraus entwickeln.

Eine Trennung der kognitiven Leistungen von der sprachlichen Entwicklung ist nicht möglich, vielmehr spiegeln und fördern sich diese beiden Faktoren gegenseitig. Das Kind lernt, genau hinzusehen und zu beobachten, nach Unbekanntem zu fragen, Vergleiche anzustellen, Geschichten zu erzählen und weiter zu fabulieren. Kreativer Umgang mit Sprache durch Wortspiele oder auch Worterfindungen wird möglich. Seine Kombinations- und Assoziationsfähigkeit werden angeregt, indem ein Kind sich die „Vorher-“ und „Nachhersituationen“ einer Handlung überlegt. Gerade textlose Szenenbilderbücher (wie z. B. von Ali Mitgutsch: *Bei uns im Dorf*) sind ein unverzichtbarer Teil der Sprachförderung. Bilderbücher mit Textbeigaben bieten ein Sprachspektrum von einfachen Sätzen, Reimen und Gedichten bis hin zu Textgestaltungen, die hinsichtlich ihres Inhaltes, ihrer Länge, aber auch des Satzbaus und der Ausdrucksweise komplex sind. Eine solche Verwendung ist in unserer Alltagssprache nicht gebräuchlich, somit dem Kind im Alltag nicht zugänglich.

Um über Blickwinkel und Perspektiven zu sinnen, ist das Buch *Ente! Hase!* von Amy Krouse Rosenthal und Tom Lichterfeld geeignet. Aus dem Russischen übersetzt ist das Buch *Bin ich anders?* von Andrej Usatschow, das sich mit Mobbing und Selbstwert auseinandersetzt. Ein Schnabeltier, in Europa unbeliebt und ausgestoßen, kommt nach Australien und sieh an, dort ist sogar für Menschen Platz.

Das Bilderbuch fördert die Ansprechbarkeit der Gefühle – vom Mitfiebern?

Bilderbücher wirken sowohl durch ihre Inhalte als auch durch Farb- und Formgestaltung auf die Gefühle des Betrachtenden. Sie rufen Stimmungen hervor und bereiten die Basis zum empathischen Verständnis. Der Bilderbuchautor Leo Lionni (1910–1999) sagte hierzu: „Das Kind muss fähig sein, sich mit den Gestalten in meinen Büchern zu identifizieren, sonst wird es nicht von meinen Geschichten ergriffen und muss sie bestenfalls als etwas Überflüssiges ansehen. Die Fähigkeit des Sich-Identifizierens, die Fähigkeit, Schmerz und Freude anderer zu empfinden, ist unsere höchste Gabe. Wenn sie verloren geht, werden wir grausam und gefährlich für andere und für uns. Es ist wichtig, dass Kinder darin bestätigt werden, sich einzufühlen und sich in anderen wieder zu finden.“ (Lionni, 1991, S. 9). Allerdings sollte keine kritik- und gedankenlose Identifikation stattfinden, vielmehr muss das Kind die ihm gemachten Angebote mit seiner eigenen Lebenssituation vergleichen können, um sich in den Dingen der Umwelt wiederzufinden und die Dinge in eigenen Begriffen und in Beziehung zu sich selbst zu verstehen.

Die farbliche Gestaltung eines Buches wirkt sich bemerkbar auf die Beziehung zwischen Kind und Bild aus. Hell und kräftig gestaltete Illustrationen ziehen Kinder an, wogegen sie dunkle und düstere Farben als bedrohlich und furchteinflößend erleben. Eine harmonische Farbgestaltung veranlasst das Kind zu der Einteilung in die Kategorien „Schön“ und „Nicht-Schön“. Gleiches gilt auch für gut gestaltete Schwarz-Weiß-Illustrationen.

Das Bilderbuch als Hilfe bei der Entwicklung von Formgefühl und Formverstehen – ist Barbie schön?

Die unüberschaubare Flut von visuellen Sinneseindrücken durch das Internet, das Fernsehen, durch Comics, Versandhauskataloge und Illustrierte lässt die Wahrnehmung der Kinder oberflächlich werden und vermittelt zudem falsche Wertvorstellungen. Ein Angebot ästhetisch wertvoller Bilderbücher ist weichenstellend für spätere differenzierte Maßstäbe zur Beurteilung von Bildern. Der „Hang zum Kitsch" ist keineswegs angeboren, sondern das Ergebnis früh einsetzender Gewöhnung.

Aufgabe

Die erzieherische Wirkung von Bilderbüchern ist abhängig vom begleitenden Erwachsenen. Überlegen Sie, unter welchen Bedingungen Sie Bilderbücher im Kindergarten pädagogisch einsetzen können.

4.3 Formen und Themenbereiche von Bilderbüchern

4.3.1 Elementarbilderbuch

Elementarbilderbücher sind textfreie Bilderbücher, die auf einzelnen Bildern Gegenstände zeigen, mit denen das Kleinkind alltäglichen Umgang und bereits ausreichend sinnliche Erfahrung hat. Dieses erste Bilderbuch sollte das Charakteristische eines Gegenstandes aufzeigen, der dem Kind vertraut ist. Es muss kein tatsächliches Abbild der Realität sein. Die Zeichnung kann vereinfacht und auf das Wesentliche beschränkt sein. Z. B. ein Auto hat Räder und Fenster oder eine Blume ist bunt und hat grüne Blätter.

Gerade mit diesem ersten Bilderbuch hantiert und experimentiert ein Kind. Es betrachtet das Buch als ein zu erforschendes Objekt, weniger als ein Medium zum Anschauen. Mit allen Sinnen wird es dieses Bilderbuch erfahren wollen: schmeckend, riechend, fühlend, hörend und bewegend.

Elementarbilderbücher sind i. d. R. äußerst stabil und haltbar, außerdem sollten sie abwaschbar sein. Häufig werden sie in Form von Leporellos (Zick-Zack-Büchlein) angeboten.

4.3.2 Szenenbilderbuch

Im weiteren Verlauf seiner Entwicklung erwirbt das Kind Verständnis für kleine Szenen. Gegenstände können nun in einer Umgebung abgebildet sein, also z. B. Autos auf einer Straße, Tiere im Wald, Spielsachen im Kinderzimmer. Das Tun von Mensch und Tier,

Veränderungen und das Geschehen stehen im Mittelpunkt seines Interesses. Die Funktion des Szenenbilderbuches liegt neben dem hantierenden Umgang hauptsächlich darin, Handlungsabläufe zu erkennen, diese zu verbalisieren und zu fabulieren.

Da das Denken der Drei- und Vierjährigen an konkrete Erfahrungen gebunden ist, sollten die Inhalte innerhalb des persönlichen Erfahrungsbereiches des Kindes liegen, Bilder und Text darauf aufbauen und nicht aus der Sicht des Erwachsenen gestaltet sein.

Kinder sind fasziniert von sogenannten Wimmelbüchern, in denen zum Teil großformatig Baustellenszenen oder Dörfer in den verschiedensten Jahreszeiten mit vielen kleinen, auch witzigen Szenen dargestellt sind. Die auf S. 114 abgebildete Winterszene von Ali Mitgutsch wird in jeder Altersstufe anders interpretiert. Ein zwei- bis dreijähriges Kind benennt vor allem Gegenstände, die es kennt und interessant findet, ein vierjähriges Kind hingegen leitet Fakten ab: „Ein Kind wird von einem Mann zum Krankenwagen getragen." Ein fünfjähriges Kind kann bereits die Verbindung zum eingebrochenen Eis herstellen, also ein „Zuvor" entwickeln und ein noch älteres Kind entwickelt eine Geschichte, die im Winter beginnt und eine Schlittschuhfahrt zum Inhalt hat, bei der das Eis einbricht.

4.3.3 Wirklichkeitsnahe Bilderbuchgeschichten

Diese Art von Bilderbuch schließt sich unmittelbar an die Szenenbilderbücher an. Thema ist das Kind in der tatsächlichen und sinnlich be-„greifbaren" Welt. Bildeinheiten werden zu Umweltepisoden erweitert. Ebenso wie das Kind selbst die Grenze zwischen Wirklichem und Unwirklichem nicht erkennt, ist es schwierig eine exakte Abgrenzung zum fantastischen Bilderbuch zu definieren. Bilderbücher, die eine Mischung von realer Handlung und fantastischen Elementen wie z. B. vermenschlichte Tiere und kindliche Wunschvorstellungen aufweisen, werden zu den wirklichkeitsnahen Bilderbuchgeschichten gezählt.

Themenüberblick

Umwelt und Natur

Viele wirklichkeitsnahe Bilderbücher vermitteln dem Kind erste Einblicke in Natur und Umweltvorgänge. Ein Beispiel hierfür ist sein Buch *Mutter sag, wer macht die Kinder?*. Irmgard Lucht erzählt *In dieser Nacht* mit wunderbaren Bildern die erste Frühlingsnacht eines Jahres. Im Bilderbuch *Nur ein kleines Samenkorn* von Eric Carle wird das Entstehen und Vergehen einer Pflanze beschrieben. Erhältlich ist diese Geschichte in dem Sammelband *Bilderbuchschatz*. Ästhetisch schön ist das Bilderbuch vom *Gesang der Wale,* das leider nicht mehr aufgelegt wird. Erkundigen Sie sich, ob das Buch in Ihrer Bücherei vor Ort ausleihbar ist.

Farben, Zahlen und Buchstaben

Bilderbücher dieses Themenbereichs haben Gemeinsamkeiten mit Sachbüchern. Wolf Erlbruch gestaltete das Buch vom *Hexeneinmaleins* mit dem Text von Goethes Faust. Faszinierend ist auch *Die wahre Geschichte von den Farben* von Eva Heller, da die Farben mit Charakteren ausgestattet sind und sich dementsprechend verhalten.

Zusammenleben

In einer Kindertageseinrichtung erleben sich Kinder erstmals als Mitglied einer größeren Gruppe. Sie müssen sich einordnen und einen Mittelweg zwischen „Führen" und „Geführtwerden" finden. Wirklichkeitsnahe Bilderbuchgeschichten helfen dem Kind, Probleme zu erkennen und Handlungsalternativen zu finden. *Die dumme Augustine* von Otfried Preussler vermittelt emanzipatorische Gedanken, Florence Seyvos erzählt im Buch *Freunde fürs Leben* von der Kraft der Freundschaft und *Ich kann alles* von Heinz Janisch handelt vom Übermut, ungewöhnlichen Perspektiven und einer glücklichen Wendung in der Beziehung zweier Freunde. Katja Gehrmann beleuchtet in ihrem Buch *Gans, der Bär* die Prägung und Mutterbindung der Gänse, die Konrad Lorenz erforscht hat. Wichtige Themen wie Gemeinsamkeiten und Unterschiede, Verantwortung aber auch Genervtheit werden in der Geschichte vom Bären, der ein Gänseei findet und plötzlich dessen Mutter sein soll, dargestellt. Ole Könneke beschreibt unterhaltsam das Miteinander von Jungen und Mädchen, die Kunst des zufälligen Zauberns und die Jagd nach einem Blatt, also alles, was Kinder bei der Entdeckung der Welt erleben in dem Buch *Anton und seine Freunde*. Vom ersten Eindruck und seiner Revidierung erzählt Hildegard Müller in *Der Cowboy*. Ein Bilderbuch wie Peter Härtlings *Sofie macht Geschichten* stärkt die Mädchen einer Gruppe. Zum Erlernen des Umgangs mit Gefühlen ist das Buch *Anna und die Wut* von Christine Nöstlinger eine gute Anregung.

4.3.4 Fantastische Bilderbuchgeschichten

Diese Form der Bilderbuchgeschichten kommen der kindlichen Fantasie sehr entgegen. Häufig werden in diesen Büchern z. B. Tieren menschliche Eigenschaften zugesprochen, Naturgesetze aufgehoben und kindliche Wunschvorstellungen oder Träume, ungehemmt von Autoritäten, durchgesetzt. Tiere als Menschenfreunde und Kiesel, die Wörter bilden, aber auch sich solidarisierende Fische oder Mäuse, die eine neue Werthaltung propagieren, greifen die kleinen und großen menschlichen Probleme auf und bieten Möglichkeiten zu einer distanzierten Betrachtung. Gerade die Verkleidung in fantastische Geschichten weckt in den Kindern ein Problembewusstsein, dessen Lösung die pädagogische Fachkraft nicht unmittelbar nachreichen muss.

Cornelius von Leo Lionni beschreibt die Geschichte eines besonderen Krokodils, das unaufdringlich aber bestimmt seinen Weg geht, wohl ahnend, dass nach seiner Intervention das Leben am Flussufer nie wieder so sein würde, wie es einmal gewesen war. *Gackitas Ei* ist ein Buch für Krokodileltern. Ein Huhn brütet ein Krokodilei aus und adoptiert das junge Krokodil. Wegen dessen Andersartigkeit müssen Gackita und ihr Kind vom Hühnerhof wegziehen. Am Ende erfährt das Krokodilkind auch vonseiten der anderen Hühner Anerkennung und Wertschätzung. Da dieses Bilderbuch von Antonella Bolliger-Savelli und Elisabeth Stiemert nicht mehr im Handel erhältlich ist, versuchen Sie bitte, es in Ihrer Bücherei auszuleihen. Thematisch befassen sich viele fantastische Bilderbücher mit den bereits im obigen Abschnitt benannten Themenbereichen, aufgegriffen wird aber auch das Bedürfnis nach „Mächtigsein". Der Klassiker *Wo die wilden Kerle wohnen* von Maurice

Sendak lädt zum Philosophieren mit Kindern ein. Neu hingegen ist die Fabel von Chris Wormell *Zwei Frösche, ein Stock und ein Hund*, in der über die unwahrscheinlichen und realen Gefährdungen des Lebens zweier Frösche sinniert wird. *Die Tütenprinzessin*[1] von Robert Munsch, *Zilly, die Zauberin* von Korky Paul und *Die neugierige kleine Hexe* von Lieve Baeten ermöglichen kreative Denkanstöße.

Der Käsespion führt in erste kriminaltechnische Besonderheiten ein.

4.3.5 Sachbilderbuch

Ein Sachbilderbuch eignet sich für das Kind, das sich in einer Phase befindet, in der die Frage nach den Zusammenhängen, Gründen und Ursachen eines Ereignisses im Vordergrund steht. Die Frage nach dem „Warum" quält Kind und Umgebung. Viele Erwachsene stehen dem Wissensdurst der Kinder hilflos und überfordert gegenüber. Theoretische Ausführungen sind selten erwünscht und auch schwer in eine kindgemäße Erklärungsform zu übertragen. Hier können Sachbilderbücher wie „Vom kleinen Maulwurf, der wissen wollte, wer ihm auf den Kopf gemacht hat" (Holzwart/Wolf, 1989) unterstützend eingreifen. Voraussetzung ist, dass es sich dabei um gut gestaltete Bilderbücher handelt, die, an den tatsächlichen Erfahrungen der Kinder anknüpfend, Inhalte richtig und kindgemäß vermitteln. Auswahl und Aufbereitung der Inhalte können nicht allein von der Wichtigkeit der Sache bestimmt sein, sondern müssen auch der kindlichen Eigenart der Erkenntnisgewinnung Rechnung tragen. Hier gelten auch die klassischen Prinzipien zur Arbeit mit Kindern:

---

[1] *Leider ist das Buch* Die Tütenprinzessin *nicht mehr über den Buchhandel zu beziehen. Versuchen Sie, es über Ihre Bücherei am Ort oder in Ihrer Schule zu entleihen.*

- vom Leichten zum Schweren,
- vom Nahen zum Fernen und
- vom Bekannten zum Unbekannten.

Originelle und humorvolle Ausführungen finden bei Kindern mehr Anklang als Sachbilderbücher im Stil eines „Ersten Kinderlexikons". Dabei spielt es keine Rolle, ob die Abbildungen in diesen Büchern gezeichnet oder fotografiert sind.

4.3.6 Märchenbilderbuch

Inhalte von Bilderbüchern, die sich an Volksmärchen und Sagen orientieren, sind den Kindern häufig bereits bekannt und werden durch die Bilder erneut lebendig. Die Illustrationen in Märchenbilderbüchern sollten dem Kind genügend Spielraum für eigene Vorstellungen lassen. Es gehört zum Wesen des Volksmärchens, Details von Charakteren und deren Umfeld nur anzudeuten, über manche Einzelheit und Handlung mit wenigen Worten hinwegzugehen, Gefühlslagen und Stimmungen der Interpretation des Hörenden zu überlassen. Diese Merkmale sollten sich auch in der Bildgestaltung eines Märchenbilderbuches wiederfinden (siehe auch Kapitel 3 Märchen).

Eduard Mörike: Der alte Silvester und das Jahrkind

Bilderbücher nach Kunstmärchen sprechen dagegen eine ältere Klientel an und haben einen differenzierteren Handlungsablauf. Hier kann die Gestaltung der Abbildungen detaillierter und freier ausfallen.

Eine weitere Variante des Bilderbuches soll nicht unerwähnt bleiben. Jakob Streit erzählt im Bilderbuch *Die Zauberflöte* Mozarts gleichnamige Oper. Kombiniert mit einer kindgerechten Zusammenstellung der musikalischen Vorlage oder dem gleichnamigen Puppenspiel der Augsburger Puppenkiste ermöglicht dieses Buch ebenso wie *Peter und der Wolf* einen Zugang zu klassischen Werken.

4.3.7 Religiöse Bilderbuchgeschichten

Einer der Hauptauslöser für die Entstehung von Bilderbüchern war das Anliegen, biblische Erzählungen der Allgemeinheit nahezubringen, also vor allem denjenigen, die i.d.R. weder lesen noch schreiben konnten. Für Kinder beschränken sich biblische Geschichten hauptsächlich auf das Neue Testament, da die Erlebnisse von Jesus und seinem Leben den Kindern eher zugänglich sind als Geschichten aus dem Alten Testament. Christliche Werte und Glaubensregeln werden den Kindern in religiösen Bilderbuchgeschichten durch die Bebilderung und eine einfache Sprache übermittelt. Symbolhafte Inhalte werden am besten in klaren Farben und einfachen Formen transportiert.

Neben vielen gut gestalteten Bilderbüchern zur Geburt von Jesus und seinen Taten gewähren auch Geschichten wie *Das kleine Ich bin ich* von Mira Lobe und *Der kleine Gärtner* von Gerda Marie Scheidl den Kindern Einblick in das Thema Menschwerden und Menschsein.

Aufgabe

Web

Fassen Sie in einer Tabelle (Vorlage siehe unten) Ihr Wissen über die Ihnen bekannten Bilderbuchtypen, deren formale Erscheinung und pädagogischen Wert bzw. Funktion zusammen. Gehen Sie in die örtliche Stadt- oder Ihre Schulbücherei, um Ihre Angaben durch Beispiele zu belegen. Tipp: Halten Sie insbesondere nach den hier im Buch aufgeführten Titeln Ausschau.

Beispiel Elementarbilderbuch

Typ	Formale Erscheinung	Funktion/Pädagogischer Wert	Beispiel
Elementarbilderbuch	robuste Ausstattung, abwaschbar, klare Formen und Farben, eine Darstellung pro Seite aus der sinnlich begreifbaren Umwelt des Kindes, häufig als Leporello	hantierender und experimentierender Umgang mit dem Bilderbuch, Anschauen, Erkennen und Benennen von Dingen aus der Alltagswelt	z. B. Bücher aus den Verlagen ars-edition oder Ravensburger – *Erste Sachen* – *Alle meine Tiere* – *Meine allerersten Sachen*

4.4 Allgemeine Anforderungen an ein Bilderbuch

4.4.1 Äußere Gestaltung

Bilderbücher erlebten in den letzten vierzig Jahren einen regelrechten Boom. Genauso wie sich Themen und Inhalte entwickelten, erweiterte sich das gestalterische Repertoire der Autoren und Illustratoren. Inzwischen sind neben den klassisch gemalten Bilderbüchern alle künstlerischen Stilarten und -richtungen vertreten. Spielarten des Expressionismus, aber auch des Naturalismus und des Surrealismus ergeben eine große Bandbreite. Abstrahierende und stilisierende Aquarell- und Tuschebilder sind ebenso vertreten wie Druck-, Holzschnitt- und Montagetechniken. Auch Anleihen aus der „Comic-Literatur" erobern zunehmend den Markt.

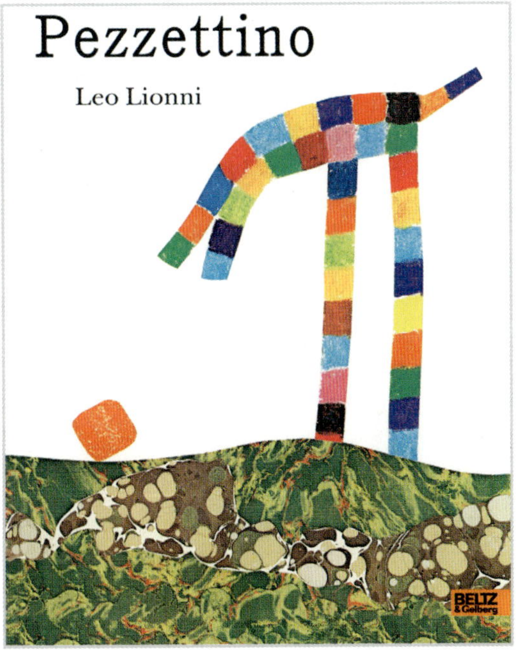

Die angebotenen künstlerischen Ausdrucksformen entsprechen nicht immer den Bedürfnissen, Interessen und Neigungen der Kinder und bedürfen oft der Vermittlung durch den Erwachsenen.

Äußere Gestaltungsmerkmale

Gliederung der Seiten

Ein möglicher Anhaltspunkt ergibt sich durch die von Kindern selbst gestalteten Zeichnungen, die Einblick in das kindliche Wirklichkeitsbild geben können. Ein Kind zeichnet schematisch und vereinfacht Personen, Tiere oder Gegenstände auf das, was von ihm als wesentlich empfunden wird. Echt wirken auf das Kind erkennbare Grundmerkmale und die Typisierung von Einzelheiten. Die Zeichnungen geben den ganzheitlichen Charakter seines Weltbildes wieder. Fehlende perspektivische Gestaltung und eine falsche Darstellung von Raum- und Größenverhältnissen beeinträchtigen das Bildverständnis des Kindes nicht. Inhaltlich gute Bilderbücher legen auch Wert auf eine künstlerisch differenzierte Gestaltung, um einer einseitigen und retardierten ästhetischen Wahrnehmung vorzubeugen.

Farbgebung

Neben dem emotionalen Aufforderungscharakter (siehe S. 122 Einfluss des Bilderbuches auf die Gefühle) der verwendeten Farben ergaben Untersuchungen, dass die Farbgestaltung dem Kind zunächst nicht so wichtig ist wie eine klare Umr-iss- und Formgebung der Abbildungen. Kräftige, auch realitätsfremde Farben verdeutlichen Inhalte, heben Details hervor und schaffen eine freundliche oder aber bedrohliche Atmosphäre.

Johann Wolfgang Goethe, Hexeneinmaleins
Mit Illustrationen von Wolf Erlbruch
© 2016 Carl Hanser Verlag GmbH & Co. KG, München

Größe

Bilderbücher sind für Kinderhände gedacht, deshalb sollte sich auch ihre Größe daran orientieren. Für Bilderbuchbetrachtungen in einer Kindergruppe müssen die Darstellungen groß genug sein, um allen Kindern eine Betrachtung der Bilder zu ermöglichen, ohne dem Erwachsenen ständig näherkommen zu müssen und somit auch den anderen Kindern die Sicht zu nehmen.

Stabilität

Bilderbücher werden „begriffen“ und begleiten ein Kind oft über mehrere Jahre hinweg. Die Verarbeitung sollte aus diesem Grund sehr solide sein.

4.4.2 Inhaltliche Aspekte

Damit Bilderbücher eine pädagogische Funktion erfüllen können, sollten sie einige grundlegende Bedingungen erfüllen:

- Inhaltlich an der Erlebnis- und Gedankenwelt des Kindes anknüpfen, um eine kognitive Auseinandersetzung zu ermöglichen.
- Eine demokratische und emanzipatorische Intention beinhalten, um Rollenfixierungen und die Bildung von Vorurteilen zu verhindern.
- Aufgrund der Thematik zum Mitdenken anregen und dem Kind das Einbringen eigener Lebenserfahrungen ermöglichen.
- Angstfreie Aufarbeitung von Konflikten und Problemen.

- Die angebotene Lösung nicht als verbindlich betrachten, vielmehr soll das Kind befähigt werden, autonom zu handeln und Kritikfähigkeit zu üben.
- Die Abbildungen sollten reich an Handlung sein und Sprachanreize schaffen.
- Übereinstimmung oder Ergänzung von Bild und Text, der dem kindlichen Sprachvermögen entsprechen sollte.
- Einen hohen Unterhaltungswert mitbringen.

4.4.3 Möglichkeiten zur Bilderbuchanalyse

- **Bibliografische Angaben:**
  Titel, Autor, Illustrator, Verlag, Erscheinungsjahr
- **Äußere Erscheinungsform:**
  Format/Art des Einbandes, der Heftung
- **Bilduntersuchung:**
  Farben, Umrisse, Stimmungswerte/Übereinstimmung des Aussehens und der Bewegung der Objekte mit der inhaltlichen Aussage/„lesbar", auch ohne Textvermittlung
- **Inhalt:**
  kurze Inhaltsangabe/Beschreibung der Buchaussage
- **Innere Darstellung:**
  Aufbau (Text-Bild-Verhältnis)/Stil und Technik der bildlichen Darstellung/Zuordnung des Textes zu einer literarischen Gattung (Lyrik, Märchen, Geschichte ...)
- **Textuntersuchung:**
  Übereinstimmung von Text und Bild/Verständlichkeit in Satzstruktur und Wortwahl
- **Bewertung des Inhaltes:**
  Thema:
  Nähe zu den Interessen und Bedürfnissen des Kindes/Übertragbarkeit der Thematik und Art der Darstellung auf die Lebenssituation des Kindes/Bearbeitung des Themas in der Realität oder der Fantasie?

  Rollendarstellung:
  Charakterisierung der Handlungsträger/Rollenfixierung/Verhaltensmuster

  Konfliktdarstellung:
  Hilfe bei der Bewältigung eigener Konflikte/vorschnelle Harmonisierung oder Lösung des Konfliktes auf Kosten des Kindes/Nachvollziehbarkeit des Konfliktes und dessen Lösung für das Kind
- **Förderungsmöglichkeiten durch das Bilderbuch:**
  Kognitiver Bereich:
  Konzentration/Erinnerungsvermögen/Abstraktionsvermögen/Gedächtnistraining/Imagination

Emotionaler Bereich:
Ansprache der kindlichen Gefühle/Sensibilisierung für Gefühlserlebnisse/Möglichkeit zur Identifikation oder Distanz/Erfahrung der Geborgenheit und sozialer Befriedigung/Förderung der Toleranz/Anregung zur Verhaltensänderung

- **Lernabsicht:**
  Belehrung durch das Bilderbuch unterschwellig oder offen?
- **Kriterien zum Lesealter**
- **Resümee und persönliche Stellungnahme**

Web

Aufgaben

Treffen Sie eine größere Auswahl von Bilderbüchern und veranstalten Sie damit eine Art Buchmesse.

Arbeiten Sie in Zweiergruppen (als Anbieter und Interessenten) äußerliche und inhaltliche Gestaltungskriterien heraus. Anschließend präsentiert jeweils eine Schülerin bzw. ein Schüler aus der Gruppe der restlichen Klasse die Ergebnisse. Die Anbieter versuchen alle positiven Eigenschaften der Bücher hervorzuheben, sind aber auch der möglichen Kritik der Interessenten ausgesetzt.

4.5 Vermittlung von Bilderbüchern

Das Bilderbuch zählt zu den bedeutsamsten Literaturgattungen im vorschulischen Bereich. Bilderlebnisse sind von nachhaltiger Wirkung, daher ist es wichtig, dass Bilderbücher sorgfältig ausgewählt werden.

4.5.1 Hinweise für den Einsatz des Bilderbuches

Durch den Einsatz von Bilderbüchern im Elementarbereich können eine Vielzahl pädagogischer Ziele erreicht werden. Neben der richtigen Zielsetzung und Auswahl ist der Erfolg allerdings immer abhängig von einer gewissenhaften Vorbereitung, der angemessenen Methodenwahl und der umfassenden Nach- und Aufbereitung.

Vorbereitung

Vor dem Einsatz eines Bilderbuches sollte eine umfassende Bilderbuchanalyse (vgl. S. 131) gemacht werden. Wichtig ist es hierbei, die pädagogische Intention des Autors zu erfassen und festzustellen, ob diese eher unterschwellig oder offen vermittelt wird bzw. Spielraum für eigene Interpretationen lässt. Unter Umständen muss das Bilderbuch entsprechend der Zielgruppe durch das Zusammenheften von Seiten oder das Abdecken einzelner Seiten mit einem Blatt verändert werden. Gegebenenfalls werden Texte auch nicht vollständig vorgelesen. Sowohl bei der Schwerpunktsetzung als auch beim

Anbieten von Identifikationsmöglichkeiten nimmt die pädagogische Fachkraft Einfluss. Anhaltspunkte bei der Auswahl bieten auch die didaktischen Prinzipien für Lern- und Spielangebote im Kindergarten, die Ihnen aus dem Unterricht bereits bekannt sein dürften.

Der Erwachsene ist Vermittler eines Bilderbuches, dies zeigt sich bereits beim Aussuchen und auch bei der gemeinsamen Betrachtung. Aus diesem Grund sollte die pädagogische Fachkraft vorher überprüfen, wie sie dem ausgewählten Buch gegenübersteht. Besonders wichtig ist dies z. B. bei Bilderbüchern über Sexualität, aber auch anderen Themen, die die erwachsene Person eventuell belasten oder überfordern (z. B. Tod von Angehörigen) könnten. Aber auch bestimmte persönliche Vorlieben, wie z. B. die eigene Lieblingsfarbe, können die Auswahl des Bilderbuches in eine bestimmte Richtung beeinflussen. Die Beantwortung folgender Fragestellungen können Ihnen bei Ihrer Selbstbeobachtung behilflich sein:

- Warum wähle ich dieses Buch?
- Welches Ziel verfolge ich?
- Welche Gefühle weckt der Inhalt, das Thema, die äußere Gestaltung bei mir?
- Wie bewerte ich diese Gefühle?
- Welche Position nehme ich ein?
- Stehe ich hinter der „Botschaft" des Buches?

Web

Besonders sorgfältig muss diese Selbstbeobachtung durchgeführt werden, wenn die Bilderbücher

- sozialkritischen Inhalt haben, wie z. B. *Wir nannten ihn Pimann* von Willi Fährmann und Lukas Ruegenberg (allerdings ist dieses Buch inzwischen leider nur noch in der Bücherei ausleihbar oder auf Bücherflohmärkten erhältlich), *Papas Freund* (Michael Willhoite) oder *Der Maulwurf Grabowski* von Luis Murschetz.

- zur Prävention vor sexuellem Missbrauch dienen, wie z. B. *Das große und das kleine Nein* von Gisela Braun und Dorotheé Wolters *Schön & Blöd* von Ursula Enders, der Doppelband *Kein Küsschen auf Kommando* und *Kein Anfassen auf Kommando* von Marion Mebes. *Schön & Blöd* ist leider nicht mehr im Buchhandel erhältlich, aber vielleicht finden Sie es auf einem Bücherbasar oder können es in Ihrer Bücherei ausleihen.

- bestehende Rollenfixierungen infrage stellen, wie z. B. *Die Tütenprinzessin von Robert Munsch, Prinzessin Pfiffigunde* von Babette Cole, *Prinz Pfifferling, Tarzanna.* Leider sind die Bücher *Die Tütenprinzessin*, *Prinz Pfifferling* und auch *Tarzanna* nicht mehr über den Buchhandel zu beziehen. Versuchen Sie diese über Ihre Bücherei am Ort oder in Ihrer Schule zu entleihen.

- die Position des Kindes betreffen, wie z. B. *Wo die wilden Kerle wohnen* von Maurice Sendak, *Die neugierige kleine Hexe* von Lieve Baeten, *Gackitas Ei.* Da das zuletzt genannte Bilderbuch von Antonella Bolliger-Savelli und Elisabeth Stiemert nicht mehr im Handel erhältlich ist, versuchen Sie bitte, es in Ihrer Bücherei auszuleihen.

- zur Aufklärung dienen, wie z. B. *Mutter, sag, wer macht die Kinder?* von Janosch, *Peter, Ida und Minimum: Familie Lindström bekommt ein Baby* von Grethe Fagerström, *Wo kommen die kleinen Kinder her?* von Thaddäus Troll.

Für die Praxis ist es sinnvoll, eine Kartei zu erstellen, in der die Bilderbuchanalysen gesammelt werden. Zudem empfiehlt sich eine Katalogisierung hinsichtlich der Zielformulierung und gerade hinsichtlich der Projektarbeit im Kindergarten sollten Verknüpfungsmöglichkeiten dokumentiert werden. Da Bilderbücher dem Kind häufig Impulse für das eigene bildnerische Gestalten geben, ist es für die pädagogische Fachkraft wichtig, die verschiedenen Techniken zu kennen.

Aufgabe

Suchen Sie nach Bilderbüchern verschiedenster Techniken und Stilrichtungen und stellen Sie sich diese gegenseitig in der Klasse vor. Zur Vorbereitung dieser Aufgabe bietet sich ein Besuch in einer Bücherei oder in einem Kunstmuseum an.

Die pädagogische Fachkraft sollte bereits während der Vorbereitung

- sprachfördernde Fragen erarbeiten und die Kinder zu Spekulationen auffordern, z. B. durch Fragen wie „Warum macht er ein fröhliches Gesicht? Woran habt ihr denn das erkannt? Wie geht es nun wohl weiter?".
- feststellen, welche Inhalte oder Details den Kindern auf den einzelnen Bildseiten vermittelt werden müssen, damit der Fortgang der Geschichte nachvollzogen oder gar selbst entwickelt werden kann.
- Möglichkeiten zur Identifikation ermitteln.

Methodenwahl

Neben den im weiteren Verlauf benannten Möglichkeiten ist die Methode abhängig vom Entwicklungsstand des Kindes, von der Art des Bilderbuches sowie von der Zielsetzung der pädagogischen Fachkraft.

Auch hier sind die aus dem Unterricht bereits bekannten didaktischen Prinzipien für Lern- und Spielangebote im Kindergarten heranzuziehen.

In den meisten Fällen ist ein gemeinsames Erarbeiten des Bilderbuchinhaltes sinnvoller als das Vorlesen. Dennoch gibt es Ausnahmen, bei denen ein Verzicht auf den Text, ob ganz oder teilweise, nicht möglich oder sinnvoll ist. Gerade die älteren Kindergartenkinder bestehen häufig auf das anschließende Vorlesen, da die Form der schriftlich gefassten Sprache inzwischen eine gewisse Faszination auf sie ausübt. Zum Beispiel bei dem Bilderbuch *Das kleine Ich bin ich* von Mira Lobe macht gerade der Text das Bilderbuch zum Vergnügen.

In jedem Fall bietet sich an, auch innerhalb einer Bilderbuchbetrachtung mit verschiedenen Methoden zu arbeiten. Mögliche Methoden sind dabei:

- Ein Bild zeigen und die Kinder erzählen lassen.
- Ein Bild zeigen und die pädagogische Fachkraft stellt offene Fragen.
- Ein Bild zeigen und durch offene Fragen Neugier wecken und Spannung erzeugen, gegebenenfalls die Aussagen der Kinder ergänzen, ohne jedoch zu verbessern.
- Ein Bild zeigen und gemeinsam mit den Kindern Bild und Text erarbeiten.
- Das Bild beim Erzählen der Geschichte zeigen.
- Die Geschichte erzählen oder erarbeiten, dann mit entsprechender Mimik und Gestik vorlesen, dabei die Stimmlage variieren und Sichtkontakt zu den Kindern herstellen.
- Gemischter Vortrag, einige Texte oder Sätze werden vorgelesen, andere werden wiederum erzählt.

Viele der Bilderbücher werden auch als Klappbilderbücher bzw. Kniebilderbücher angeboten. Der Vorteil dieser Bilderbücher liegt darin, dass die pädagogische Fachkraft auf der von den Kindern nicht einsehbaren Seite zumeist noch einmal das verkleinerte Bild, aber auch Text und/oder Erklärungen findet.

Nach- und Aufbereitung

Bei bekannten Bilderbüchern findet selten eine explizite Weiterführung statt. Ansonsten bieten sich folgende Möglichkeiten an:

- Umsetzung des Textes oder der Bilder durch z. B. Malen, Kneten, Basteln, Nähen (*Das kleine Ich bin ich* von Mira Lobe); Bauen, Legen, Erstellen einer Collage; Bildbetrachtung, Tierbetrachtung; Spiel, Sprachspiel, Singen; Kimspiel
- Weiterfabulieren
- Problemdiskussion
- Überprüfen des Bilderbuchinhaltes anhand der Realität
- Experiment

In jedem Fall kann ein Bilderbuch Teil eines Projektes sein, Anreiz oder Arbeitsgrundlage für ein Rollenspiel, Theater- oder Schattenspiel geben. Web

4.5.2 Individuelle Auswahl

Die Auswahl sollte nicht nur vom persönlichen Geschmack der pädagogischen Fachkraft bestimmt sein. Bilderbücher, die bei der Erzieherin keine positive Resonanz finden, sollten allerdings vermieden werden. Selten kann Begeisterung für etwas geweckt werden, wenn sie nicht selbst empfunden wird.

Bei der Auswahl **muss** ein Gespür für die Interessen, Bedürfnisse und Lernmotivationen des einzelnen Kindes und der Gruppe entwickelt werden.

Bedürfnisse des einzelnen Kindes

Das Betrachten von Bilderbüchern darf nicht nur auf die Schulung kognitiver Fähigkeiten ausgerichtet sein, sondern sollte auch die Bedürfnisse des Kindes nach Geborgenheit und Zuwendung berücksichtigen. Das Kind empfindet das gemeinsame Betrachten als eine konkrete Form liebevoller Fürsorge, die ihm signalisiert, dass man sich Zeit nimmt für seine Wünsche und Bedürfnisse. Es erlebt Geborgenheit, übt sich im Dialog und bildet darüber die eigene kindliche Liebesfähigkeit aus. Die Neugier, die Entdeckungslust und der Erlebnishunger der Kinder bilden die Grundlage, dem Bildgeschehen zu folgen.

Das Kind ist in seinem Alltag einer Vielzahl von Eindrücken ausgesetzt. Es erlebt viele freudige Ereignisse, aber auch beängstigende Situationen; darunter manchmal auch dramatische Geschehnisse. Situationen, die zu Gesprächen, aber auch zum Einsatz von Bilderbüchern einladen, könnten sein:

Lebenssituation, Interesse und Bedürfnis	Bilderbuchvorschläge
Trennung der Eltern	*Papa wohnt jetzt in der Heinrichstraße* von Nele Maar
Geburt eines Geschwisterkindes	*Mutter sag, wer macht die Kinder?* von Janosch *Klar, dass Mama Ole lieber hat* von Kirsten Boie
Interesse an der eigenen Sexualität	*Peter, Ida und Minimum: Familie Lindström bekommt ein Baby* von Grethe Fagerström *Wo kommen denn die kleinen Kinder her?* von Thaddäus Troll
Tod eines Elternteils oder der Großeltern Tod eines Haustieres	*Der kleine Bär und sein Opa* von Nigel Gray *Opa kommt nicht wieder* von Ann de Bode *Abschied von der kleinen Raupe* von Heike Saalfrank
Belastete Freundschaft	*Du hast angefangen! Nein, du!* von David McKee *Zilly die Zauberin* von Korky Paul
Angst vor dem Einschlafen	*Das Traumfresserchen* von Michael Ende

Aufgabe

Gehen Sie in die Bücherei und suchen Sie weitere Bilderbücher zu den oben genannten Themenbereichen. Erweitern Sie die Liste um die Bereiche Sozialverhalten, Sexualerziehung, Naturvorgänge, Arzt- und Krankenhausbesuche usw.

Greift die pädagogische Fachkraft zu speziellen Bilderbüchern, um eine bestimmte Situation aufzuarbeiten, ist es manchmal auch angezeigt, weitere Kinder hinzuzunehmen. Dies könnten Kinder mit ähnlichen Problemen, Affinitäten und Fähigkeiten sein, aber auch Kinder, bei denen man gezielt auf das empathische Vermögen einwirken will. Durch Einblicke in bestimmte Zusammenhänge sollen diese zu mehr Verständnis geführt werden.

Bedürfnisse der Gruppe

Der Einsatz von Bilderbüchern sollte auf das Gruppengeschehen, Jahreszeiten, Feste und Feiern, Naturereignisse usw. abgestimmt sein. Im Vordergrund müssen immer die Bedürfnisse und Notwendigkeiten der Gruppe stehen. Die pädagogische Fachkraft ist angehalten, ihre Gruppe zu beobachten und Problemsituationen, aber auch Wünsche und momentane Interessen zu berücksichtigen.

Ähnlich wie bei der Berücksichtigung von Bedürfnissen des einzelnen Kindes müssen die Erzieher auch der Situation in der Gruppe gerecht werden. Ist eine Situation erfasst, beginnt die Auswahl von geeigneten Bilderbüchern zu diesem Thema.

Auswahlkriterien

- **Intension**

  Ist das Bilderbuch geeignet für den Einsatz in dieser speziellen Situation?

  Entspricht es dem Entwicklungsstand der Kinder?

  Steigert es die kreativen Leistungen des Kindes?

- **Größe und Verarbeitung**

  Sind die Bildseiten groß genug, um sie gemeinsam mit der Kindergruppe zu betrachten?

- **Textgestaltung**

  Ist der Inhalt zu konstruiert oder entspricht er dem Verständnis und Entwicklungsstand der Kinder?

- **Aussagekraft**

  Bietet das Bilderbuch genug Identifikationsmöglichkeiten?

  Schafft es Sprachanreize?

  Zeigt es Lösungen auf, die innerhalb der Kindergruppe zur Umsetzung gelangen oder als Impuls dienen können?

Neben den allgemeingültigen Kriterien (siehe Kapitel 4.4) sollten diese Aspekte immer bei der Auswahl von Bilderbüchern beachtet werden. Oftmals kann ein Bilderbuch nicht alle Anforderungen erfüllen, dennoch kann es für die spezielle Situation geeignet sein.

Wenn Sie Ihre didaktischen Vorüberlegungen abgeschlossen haben, beginnt die Methodenauswahl.

4.5.3 Vermittlungstechniken

Im Umgang mit dem Bilderbuch vollzieht sich beim Kind ein erhebliches Maß an geistiger Leistung. Es erkennt, deutet, interpretiert Bild und Text. „Schon das bloße Erkennen der in der Abbildung gemeinten Wirklichkeit ist ein komplizierter geistiger Akt [...]" (Maier, 1993, S. 33). Die Vorschulpädagogik soll didaktische Möglichkeiten nutzen sowie Zielvorstellungen und Methoden entwickeln.

Entwicklung einer geeigneten Methode

Das Bilderbuch hat einen hohen inhärenten Motivationscharakter, trotzdem kann die Neugierde der Kinder noch gesteigert werden, wenn man sich Gedanken über eine interessante Hinführung macht.

- Herausarbeiten von Symbolen aus dem Bilderbuch und den Kindern in Form eines gebastelten, gemalten oder pantomimisch dargestellten Gegenstandes als Bezug anbieten.
- Gegenstände, die einen Bezug zum Thema haben, könnten in einem Korb ertastet, als Puzzle zusammengesetzt oder aus Geschenkpapier ausgewickelt werden. Die Kinder werden auf diese Weise neugierig gemacht: Sie können ihre Fantasie entwickeln und werden zum Fabulieren angeregt. Das Interesse ist geweckt!
- Als Einstieg könnte aber auch das Singen eines bekannten Liedes, Geräusche auf Kassette oder eine entsprechende Raumdekoration dienen.

Aufgabe

Entwickeln Sie weitere motivationssteigernde, allgemeine Hinführungsmethoden. Wählen Sie ein Bilderbuch aus und überlegen Sie, welche Hinführung sich dazu anbietet.

Um eine geeignete Technik zur Vermittlung eines Bilderbuches zu erarbeiten, muss der Entwicklungsstand des Kindes berücksichtigt werden.

Dreijährige Kinder

Das dreijährige Kind erfasst die Dinge ganzheitlich und erlernt die Fähigkeit, einfache Zusammenhänge zu erkennen. Fortlaufenden und somit längeren Handlungen kann es noch nicht folgen. Das Kind soll über das gemeinsame Betrachten Anregung erfahren, ein Bilderbuch auch alleine anzuschauen. Wichtig ist, dass man dem Kind **Zeit lässt, kleine Einzelszenen** zu betrachten sowie **Raum zur Nachahmung** von Geräuschen und Handlungen bietet. In diesem Alter kann man nicht davon ausgehen, dass die Kinder im Stuhlkreis über längere Zeit hinweg konzentriert dem Geschehen folgen können. Da sie sich sprachlich noch nicht differenziert ausdrücken können, muss ihnen Gelegenheit gegeben werden, einzelne Dinge auf dem Bild zu zeigen oder auf interessante Details hinzuweisen.

Vier- bis fünfjährige Kinder

Das vier- bis fünfjährige Kind ist zunehmend in der Lage, Einzelheiten und Zusammenhänge zu erfassen, ohne sie jedoch zeitlich ordnen zu können. Es empfindet Freude an Erlebnissen und Abenteuern und kann sich mit Personen und Handlungen identifizieren. Langsam entwickelt das Kind Sinn für Humor. Es sollte befähigt werden, sich auf die Bilder zu konzentrieren und Einzelheiten in den Gesamtkontext des Buches einzuordnen. Wichtig ist, dass den Kindern Zeit zum Betrachten des Bildes gegeben wird. Durch Denkanstöße können Einzelheiten und Zusammenhänge selbst erfasst werden. Die pädagogische Fachkraft gibt eine inhaltliche Zusammenfassung des Bildes und leitet durch gezielte Fragestellung nach dem Fortgang der Handlung zum nächsten Bild über. Hierbei weckt sie Spannung und motiviert das Kind, das Geschehen weiterzuverfolgen. Textpassagen in Reimform oder sprachlich schön formulierte Wendungen sollten wörtlich wiedergegeben und hervorgehoben werden.

Sechs- bis siebenjährige Kinder

Die sechs- bis siebenjährigen Kinder sind in der Regel fähig, Zusammenhänge selbstständig zu erfassen und eine zeitliche Zuordnung vorzunehmen. Schlussfolgerungen und Vergleiche können bereits gezogen werden. **Die direkte Umwelt ist im Wesentlichen erfasst und ermöglicht dem Kind, sich seiner weiteren Umwelt zuzuwenden und Neues aufzunehmen.** Das Kind ist zunehmend in der Lage, reale Begebenheiten und Fantasie zu trennen. Die Barriere zwischen Wirklichkeit und Abbildung kann überwunden werden. Das Kind kann sich auf das Bildgeschehen konzentrieren, Entwürfe anderer Kinder bei seinen Überlegungen berücksichtigen und Gedanken weiterführen. Zur Erlangung der Schulreife gehört auch, Bildgeschichten in einen kausalen und temporären Zusammenhang zu bringen und sprachlich wiederzugeben. Wichtig ist, dass durch die **Bilderbücher mittelbare Erlebnisse geschaffen** werden, an die man später anknüpfen kann, z. B. über Sitten und Gebräuche anderer Länder. Hier wird dem Kind die **Möglichkeit gegeben, Vergleiche zu ziehen,** um sie mit der eigenen Erfahrung zu verknüpfen. In dieser Alterstufe ist das Kind in der Lage, sich sprachlich zu Einzelheiten des Inhaltes zu äußern. Ein häufiges Aufstehen und Zeigenlassen durch einzelne Kinder sollte in dieser Altersgruppe vermieden werden.

Grundsätzlich gilt:

- Bilderbücher sollten hinsichtlich der Illustrationen so gestaltet sein, dass sie den unterschiedlichen Erlebnisweisen Raum bieten. Dies gilt für alle Altersgruppen.
- Die Rolle der pädagogischen Fachkraft bei einer Bilderbuchbetrachtung liegt im unterstützenden Bereich. Durch offene Fragen soll die Erarbeitung des Inhaltes durch die Kinder unterstützt, Einwürfe der Kinder in die Gruppe zurückgegeben und gegebenenfalls eine Zusammenfassung des für das Verständnis des Inhaltes Wesentlichen geboten werden. Dies erfordert von der Erzieherin eine intensive Bearbeitung des Bilderbuches im Vorfeld der Betrachtung.
- Eine einmalige Betrachtung des Bilderbuches reicht nicht aus und bedarf einer Weiterführung. Vermeiden Sie jedoch, Bilderbücher nur durch Malen und Zeichnen wiedergeben zu lassen. Eine rein flächenhafte Darstellung ist zur Nachbereitung ungeeignet. Beispiele für eine gute Nachbereitung finden Sie im praktischen Teil, im Kapitel 4.6.
- Bilderbücher gehören nach der gemeinsamen Betrachtung in die Hände der Kinder. Im Freispiel haben sie dann die Möglichkeit, sich einzelne Bilder noch einmal genauer anzuschauen und im Geschehen zu verweilen.

Hinweise für die Erzieher

Bitte beachten Sie, dass ...

- eine Bilderbuchbetrachtung im Vorschulalter ungezwungen und spielerisch durchgeführt werden sollte. Eine Wissensabfrage wie in der Schule ist abzulehnen.
- wiederkehrende Strukturen und gleiche Darstellungsweisen die Sensibilität abstumpfen.
- die Wirksamkeit eines Bilderbuches von der Einstellung der pädagogischen Fachkraft und ihrer methodischen Vorgehensweise abhängt.
- die Kinder mit dem Rücken zum Fenster sitzen.
- Sie Geduld mit sich selbst und den Kindern aufbringen. Die Kunst des Wartens sollte kultiviert werden, dazu muss man die eigene Person ganz zurücknehmen.
- verschiedene Bilderbücher zum gleichen Thema angeboten werden, um die Kritikfähigkeit der Kinder zu fördern.
- spontane Äußerungen der Kinder immer Platz finden. Lassen Sie die Bilder sprechen und blättern Sie nicht zu schnell um.

4.5.4 Die Bilderbuchecke

Eine Bilderbuchecke ist – in der Regel – in jedem Kindergarten zu finden. Deren Bedeutung darf nicht unterschätzt werden. Wie zu allen anderen Materialien sollte den Kindern auch dorthin ein freier Zugang ermöglicht werden. Das Bilderbuch hat u. a. eine wichtige literaturpädagogische Funktion und kann deren Aufgeschlossenheit für andere Literaturgattungen wecken. Das Kind nimmt durch das Bilderbuch ein Stück seiner Welt „in die Hände". Naturereignisse, Umwelt- und Sachzusammenhänge werden damit leichter nachvollziehbar.

Anforderungen an eine Bilderbuchecke

Der Raum

Der Raum für eine solche Ecke oder Nische sollte von anderen Aktionsräumen deutlich abgegrenzt und nur zu einer Seite offen sein, damit die Kinder sich ungestört dem Betrachten widmen können. Bilderbuchecken, die neben dem Bauteppich angesiedelt sind, eignen sich daher nicht als Rückzugsmöglichkeit. Die Kinder dürfen durch andere Spielvorhaben nicht abgelenkt werden. Bilderbuchecken, die außerhalb des gewohnten Gruppenraumes angesiedelt sind, werden von den Kindern weit weniger häufig frequentiert. Um den Wünschen der Kinder gerecht zu werden, sollten diese bei der Gestaltung und dem Aufbau beteiligt sein.

Abgrenzung

Raumteiler, Regale wie auch Flächen, in denen die Bilderbücher sachgerecht aufgestellt bzw. ausgestellt werden, geben den Blick auf das Angebot frei, wecken das Interesse und fördern den pfleglichen Umgang mit Büchern. Die Kinder können sich bewusst für einen „Aufenthalt" in der Welt der Bilder entscheiden.

Lichtquellen

Achten Sie darauf, dass die Lichtverhältnisse ausreichend sind. Falls es keine Fenster in unmittelbarer Nähe gibt, eignen sich Deckenlampen, die z. B. von den Kindern selbst heruntergezogen werden können. Wandleuchten und Leselampen, die sogar von den Kindern selbst hergestellt wurden, erhöhen das Gefühl von Geborgenheit.

Atmosphäre

Eine gute Atmosphäre kann durch die Gestaltung der Wände und Decken, durch das Aufhängen von Tüchern und andere dekorative Details hergestellt werden. Auch die Sitzgelegenheiten müssen gut ausgewählt sein.

Bequemlichkeit

Bequeme Sessel, Sofas oder überzogene Matratzen vermitteln Gemütlichkeit und laden zum Verweilen ein. Wenn dort ein Teppichboden verlegt ist, reichen auch einige Kissen als Sitzgelegenheit.

Grundsätzliches

Eine Bilderbuchecke ist nur dann attraktiv, wenn sie qualitativ und quantitativ gut ausgestattet ist und regelmäßig aktualisiert wird. Leider herrscht noch in vielen Kindergärten die Vorstellung vor, dass nur „alte“, abgenutzte Bücher ihren Platz in der Bilderbuchecke finden. Aus Angst, dass die neueren Bücher von den Kindern nicht pfleglich genug behandelt werden, schrecken manche Erzieherinnen davor zurück, dass die Kinder diese eigenständig betrachten dürfen. Häufig kann man beobachten, dass z. B. noch in der Adventszeit Bilderbücher von Ostern zur Betrachtung zur Verfügung stehen und aktuelles Buchmaterial fehlt. Regeln zum Umgang mit den Büchern müssen natürlich mit den Kindern besprochen, und notwendig gewordene Reparaturmaßnahmen können gemeinsam mit den Kindern durchgeführt werden.

4.6 Praktische Umsetzung am Beispiel *Das größte Haus der Welt* von Leo Lionni

Vorbereitung

Benötigt werden:
- 1 Kopfkissen
- schwarzes oder rotes Tuch zum Abdecken
- Gymnastikseile oder Schnur
- Tapetenkreise in Größe eines Bierdeckels
- etwas kleinere Folienkreise
- Muggelsteine, Pflaumenkerne o. Ä.

Die Geschichte von Leo Lionni wurde von den Autorinnen etwas abgewandelt, da sie es für bedenklich halten, dass hier, wenn auch nur stellvertretend, die Erfüllung eines Lebenstraumes mit dem Tod als Konsequenz einhergeht. Auch die rechthaberische Überlegenheit des Vaters sollte nicht allzu sehr betont werden.

Das größte Haus der Welt

„Auf einem saftigen Kohlkopf lebten ein paar Schnecken. Leise wanderten sie über den ganzen Kohl und trugen ihre Häuser von Blatt zu Blatt. Sie suchten ein zartes Häppchen zum Knabbern.
‚Wenn ich erwachsen bin‘, sagte eines Tages eine kleine Schnecke zu ihrem Vater, ‚dann möchte ich das größte Haus der Welt haben.‘
‚Manche Dinge sind besser, wenn sie klein sind‘, sagte der Vater und erzählte eine Geschichte.

Das große Kissen wird in der Mitte des Kreises dekoriert, sodass es im Groben einem Schneckenhaus gleicht. Dann wird es mit dem Tuch bedeckt und die Kinder werden aufgefordert, die Gymnastikseile so darauf zu drapieren, dass ein Schneckenhaus erkennbar ist.

‚Es war einmal eine kleine Schnecke, die war genauso groß wie du.' Sie sagte zu ihrem Vater: ‚Wenn ich erwachsen bin, möchte ich das größte Haus der Welt haben.'
‚Manche Dinge sind besser, wenn sie klein sind', antwortete der Vater. ‚Sieh zu, dass dein Haus klein bleibt und bequem zu tragen ist.' Aber die kleine Schnecke wollte nicht hören. Sie verkroch sich in den Schatten eines großen Kohlblattes. Sie drehte und verdrehte sich, sie zuckte, druckste und zerrte und wand sich, bis sie entdeckte, wie man sein Haus wachsen lassen kann.

Einen Korb mit den ausgeschnittenen Tapetenkreisen im Kreis herumgehen lassen, die Kinder dekorieren das Schneckenhaus.

Das Haus wuchs und wuchs, und die anderen Schnecken auf dem Kohlkopf staunten und sagten: ‚Du hast bestimmt das größte Haus der Welt.'
Die kleine Schnecke wand sich und drehte und druckste weiter und arbeitete, bis ihr Haus so groß war wie ein Kürbis. Dann spürte sie, wie sie große, spitze Türmchen und Türme, Bückelchen und Buckel wachsen lassen konnte.

Einen weiteren Korb mit ausgeschnittenen Silberfolienkreisen herumgehen lassen, die Kinder dekorieren das Schneckenhaus.

Sie brauchte nur ihren Schwanz in dem Haus eilig hin und her zu bewegen. Durch das emsige Drucksen und Drücken und Quetschen konnte sie auch noch leuchtende Farben auf die Buckel machen. Dabei war ihr Herz voller Wünsche, und jeder Wunsch wurde zu einem herrlichen Muster.

Korb mit Muggelsteinen herumgeben, die Kinder legen die Träume/Wünsche auf das Schneckenhaus.

Nun wusste sie, dass sie das größte und schönste Haus der Welt hatte. Sie war stolz und glücklich. Ein Schwarm von Schmetterlingen flog auf sie zu. ‚Seht da, eine Kirche!', rief einer. ‚Nein', sagte ein anderer, ‚ein Zirkus!'. Kein Schmetterling merkte, dass er über ein Schneckenhaus hinweggeflogen war.
Eine Familie Frösche war gerade auf dem Weg zu einem fernen Teich. Alle blieben stehen und waren verwundert und andächtig. ‚Wir haben nie etwas Tolleres gesehen', erzählten sie später einem Vetter. ‚So eine kleine Schnecke – und sie hatte ein Haus wie ein Geburtstagskuchen.'

Korb geht leer im Kreis herum, die Kinder bauen das gewaltige wunderschöne Schneckenhaus wieder ab.

Aber eines Tages hatten die Schnecken alle Blätter gegessen, und von dem saftigen Kohl waren nur noch ein paar holzige Stängel übrig. Sie wanderten zum nächsten Kohlkopf. Aber oje, oje, die kleine Schnecke konnte nicht mitkommen, ihr Haus war viel zu schwer. Sie musste allein zurückbleiben, und es gab nichts mehr zu essen für sie. Der Hunger wurde immer größer, und sie wurde immer weniger ...

... bis ihr Schneckenhaus unter viel Mühen wieder so klein war, dass sie den anderen Schnecken folgen konnte.
Das ist das Ende der Geschichte. Fast hätte die kleine Schnecke geweint. Aber dann fällt ihr das eigene Haus wieder ein. ‚Ich lasse es so klein wie es ist', denkt sie. ‚Und wenn ich groß bin, werde ich hingehen, wohin ich will.'

Auch die Schlussszene kann mit Farnen, Kastanien, Moos und anderen Materialien rund um das „nackte Schneckenhaus" dekoriert werden.

Und so geht sie eines Tages leicht und fröhlich los, um sich die Welt anzusehen. Dünne Blätter bewegen sich im Wind, andere hängen schwer auf den Boden herunter. Wo die dunkle Erde aufgebrochen ist, glitzern Kristalle in der Sonne. Da sind bunt gescheckte Pilze und hohe Stängel, von denen Blumen winken. Sie sieht einen Tannenzapfen liegen in einer Spitzendecke vom Schatten der Farne und glatte Kieselsteine in Nestern aus Sand, rund wie die Eier der Turteltauben. Flechten hängen von den Felsen, die borkige Rinde wärmt die Bäume. Süß schmecken die frischen Knospen und sind kühl vom Morgentau. Die kleine Schnecke ist sehr glücklich.

Frühling, Sommer, Herbst und Winter kommen und gehen, aber die kleine Schnecke vergisst nie die Geschichte, die der Vater erzählte. Und wenn sie jemand fragt: ‚Wie kommt es nur, dass du so ein kleines Haus hast?', dann erzählt sie die Geschichte vom größten Haus der Welt."
(vgl. Lionni, 1990, S. 138)

5 Das Erstlesebuch – Ich kann jetzt alleine lesen

Ich als Schulanfänger – wie der Ernst des Lebens begann

Aufgabe

Bringen Sie von sich – soweit vorhanden – ein Foto als Schulanfängerin bzw. Schulanfänger mit. Diejenigen, die keine Fotos besitzen, können sich mit ihren Erinnerungen am Gespräch beteiligen. Zeigen Sie das Foto in der Gruppe und tauschen Sie sich über Ihre Schulerfahrungen aus:

- *Beschreiben Sie, wie es Ihnen als Schulanfängerin bzw. Schulanfänger erging.*
- *Berichten Sie von Grundschulerlebnissen, die Ihnen gefallen haben bzw. nicht gefallen haben.*
- *Stellen Sie dar, was Schule für Sie bedeutet hat.*

Als eine fächer- und handlungsfeld verbindende Vertiefung des Themas Schulanfang bietet sich eine Erkundung der Lebenswelten der heutigen Schulkinder an: Familiensituation, Wohnumfeld, Freizeitgestaltung, Hobbys, Probleme, Wünsche der Schulkinder können erfragt, beobachtet oder erlebt werden. Als Ergebnis dieser Erkundung können Plakate, Wandzeitungen mit Fotos oder sogar Videos entstehen.

Aufgaben

Betrachten Sie das Bilderbuch „Der Ernst des Lebens" von Sabine Jörg und Ingrid Kellner. In diesem Bilderbuch geht es um die Einschulung der sechsjährigen Annette und der damit verbundenen angstauslösenden Aussage der Erwachsenen „Wenn du in die Schule kommst, dann beginnt der Ernst des Lebens!" Dieser Ernst des Lebens kommt zu Annette nun in einer ganz anderen Gestalt, als es sich die Erwachsenen oder Annette hätten vorstellen können.

Bearbeiten Sie in einer Kleingruppe die Erwartungen, die an ein zukünftiges Schulkind herangetragen werden, und überlegen Sie, wie ein Vorschulkind gut auf die Schule vorbereitet werden kann.

Web

Wann ist ein Kind schulfähig?

Als schulfähig gelten Kinder, welche die von der Schule erwarteten Eigenschaften und Fähigkeiten mitbringen. Eine Grundannahme ist dabei, dass die Entwicklung der Grob- und Feinmotorik, der Sprache, der Merkfähigkeit, des Spiel- und Sozialverhaltens, der Konzentration und Ausdauer, der Emotionalität und des Selbstvertrauens eng mit einer intakten Wahrnehmung und der Verarbeitung von Sinneseindrücken zusammenhängt. Die Basis für alle Lernprozesse beim Schulkind, vor allem beim Lesen, Schreiben und Rechnen, ist eine korrekte Aufnahme und Verarbeitung von Sinneseindrücken (sensorische Integration). Festgestellt wird die ‚Schulfähigkeit' in sogenannten Schuleingangsuntersuchungen, die das Gesundheitsamt durchführt – überspitzt formuliert müssen die Kinder nachweisen, dass sie für das System Schule geeignet sind.

Mit dem Rechtsanspruch auf ein gemeinsames Lernen aller Kinder, ob mit oder ohne sonderpädagogischen Förderbedarf, und der in Kraft getretenen UN-Konvention zu den Rechten von Menschen mit Behinderung ist Deutschland verpflichtet, ein inklusives Schulsystem zu schaffen. Mit dem Fokus auf die Umsetzung der Inklusion sollte sich die Frage nach der ‚Schulfähigheit' bezogen auf die Verhaltensmerkmale des einzelnen Kindes somit gar nicht mehr stellen.

5.1 Lesen wird nicht erst in der Schule gelernt – Voraussetzungen zum Lesenlernen

5.1.1 Allgemeine Voraussetzungen zum Lesenlernen

Die Fähigkeit des Lesenlernens wird nicht plötzlich in der ersten Klasse erworben. Schon vor Schulbeginn ist die ganzheitliche Förderung des Kindes notwendig, um wichtige Voraussetzungen für diesen Prozess zu schaffen.

Web

„Die Fähigkeit zu Lesen setzt sich wie ein Puzzle aus vielen Teilfähigkeiten zusammen. Ein Erwachsener hat alle Einzelteile dieses Puzzles erfolgreich miteinander verbunden. Beim Lesen greift er automatisch auf die nötigen Puzzleteile zurück. Lesen ist ein ganzheitlicher Prozess, der beide Gehirnhälften beschäftigt. Die linke übersetzt die Buchstabensymbole in Laute, die rechte findet die Bedeutung darin. Nur wenn beide Gehirnhälften zusammenarbeiten (Lateralität), macht das Lesen keine Schwierigkeiten. Es verlangt geistige, psychische und sogenannte sensomotorische Fähigkeiten und braucht das Zusammenspiel aller Puzzleteile." (Stiftung Lesen, 1995, S. 14)

Bewegung

Die Entwicklung der Bewegung ist notwendig, um die Umwelt – aber auch sich selbst überhaupt zu erforschen: Ohne Bewegung keine Fortentwicklung. Wenn ein Kind seinen angeborenen Bewegungstrieb immer weiter ausdifferenziert, kann es sich immer mehr Erfahrungen erschließen.

Beispiel: Durch das Krabbeln (d.h. die gleichzeitige Bewegung des rechten Arms und des linken Beins) lernen die beiden Gehirnhälften harmonisch zusammenzuarbeiten. Gleichzeitig erweitert das Kind sein Umfeld und es kann neue Dinge entdecken und erforschen.

Die Entwicklung der Motorik ist damit noch lange nicht abgeschlossen. Die Qualität der Ausdifferenzierung der einzelnen Bewegungsformen kann sich ein Leben lang weiterentwickeln. Ein Kind muss also eine Umwelt erleben, in der es sich bewegen darf und soll.

Sinne/Wahrnehmung

Das Kleinkind nimmt seine Umwelt durch alle Sinne wahr und ist somit ganz „Sinneswesen“: es schaut, riecht, schmeckt, hört, tastet, fühlt seine eigene Bewegungen (Gleichgewichtssinn). Erst durch intensive Sinneserfahrungen kann ein Kind seine Umwelt „begreifen“. Beim Lesenlernen ist das genaue Schauen und Hören sehr wichtig: Einzelne Buchstaben und Buchstabengruppen müssen visuell erfasst werden; Wörter müssen in Laute, Dialoge oder unterschiedliche Sprecheinheiten auditiv erfasst werden. Hier spielt das Vorlesen und Betrachten von Bilderbüchern eine bedeutsame Rolle (siehe Kapitel 4 Bilderbuch).

Sprachverwendung und Sprachverständnis

In verschiedenen wissenschaftlichen Untersuchungen, z.B. von den Psychologen Lew Wygotski und William Stern, wird auf den Zusammenhang zwischen Sprachentfaltung und kindlicher Entwicklung hingewiesen. Denken ist verinnerlichte Sprache und Sprache ist eine wesentliche Voraussetzung für den Kontakt mit den Mitmenschen. Wichtig ist die positive kommunikative Umgebung, in der ein Kind gerne redet und sich mitteilt (siehe Kapitel 1.4 Sprachförderung, S. 32).

Hier wird die Grundlage dafür geschaffen, dass der Leselernprozess und damit die Umwandlung von Schrift in Sprache leichter bewältigt wird. Zur Sprachverwendung kommt aber auch noch das Sprachverständnis hinzu: das Erfassen des Inhalts und damit die Bedeutung des gedruckten Wortes.

Bei weitergehendem Interesse können Sie dieses Thema nachlesen bei Gerhard Friedrich und Christine Streit: Was sich im Kopf abspielt. Erkenntnisse aus der Hirnforschung und ihre Bedeutung für die Elementarpädagogik, in: Kindergarten heute 2002, Jahrgang 32, Heft 9.

Gefühle

Eine entspannte und anregende Umgebung unterstützt die Entwicklung eines Kindes. Dabei muss dem Kind Vertrauen in seine individuelle Entwicklung der Fähigkeiten entgegengebracht werden. Die individuelle Situation (das individuelle Interesse, die individuelle Problemstellung) der Kinder muss ernst genommen und darauf entsprechend reagiert werden.

Kinder sollten Literatur und Bücher als etwas Positives und Schönes erleben. Sie sollten damit schöne Erlebnisse verbinden und bei der Auseinandersetzung damit Anteilnahme und Verständnis vonseiten der Erwachsenen erfahren. Nur wenn Kinder erleben, dass Bücher selbstverständlich zum Leben dazugehören, werden sie selbst den Wunsch verspüren, sich das Lesen anzueignen.

5.1.2 Vorläufer- und Basisfähigkeiten für das Lesenlernen

Aufgabe

Im weiteren Verlauf dieses Kapitels finden Sie zahlreiche Fachausdrücke der Linguistik, die oftmals schwer verständlich sind. Hinzu kommt, dass die Begriffe oftmals unpräzise in anderen Texten verwandt werden. Eine Hilfestellung ist eine Fachbegriff-Erklärungsliste. Das online verfügbare „Glossar Sprachliche Bildung & Förderung" von Anja Bereznai und Timm Albers erläutert allgemeinverständlich zahlreiche wichtige Fachbegriffe. Herausgeber ist das Niedersächsische Institut für frühkindliche Bildung und Entwicklung e. V., August 2016. Weitere Informationen finden Sie unter (https://www.nifbe.de/schwerpunktthema-sprachbildung-und-sprachfoederung). Legen Sie sich ein eigenes oder ein Klassen-Glossar zum Thema Sprache an, auf das Sie immer wieder zurückgreifen können.

Lange vor der Einschulung sammeln die Kinder vielfältige Erfahrungen im Umgang mit den Buchstaben und der Schrift. Diese Erfahrungen nennt man Vorläufer- oder Basisfähigkeiten des Lesenlernens, wobei die Gesamtheit an Erfahrungen in folgende Aspekte unterschieden wird: Literacy im Allgemeinen, proliterale Praxis, metasprachliche Bewusstheit und verschiedene Teilleistungen.

- Literacy im Allgemeinen

  Die Fähigkeit, sich durch Sprache und Schrift anderen mitzuteilen, ist eine Schlüsselqualifikation, die in unserem Leben unverzichtbar ist. Diese Fähigkeit wird durch den englischen Begriff „Literacy" ausgedrückt und meint im engeren Sinn die Kompetenz, lesen und schreiben zu können. Im weiteren Sinne bezieht er sich auf alle „Erfahrungen und Grundfertigkeiten rund um die Erzähl-, Sprach- und Schriftkultur" (Näger, 2006, S. 11).

- proliterale Praxis

  „Proliterale Praktiken sind Praktiken des Schriftgebrauchs vor Beginn des eigentlichen Schrifterwerbs, also bevor die Kinder selbst im Medium geschriebener Sprache zu lesen und zu schreiben beginnen." (Feilke, 2016, S. 253)

- metasprachliche Bewusstheit

  Mit metasprachlicher Bewusstheit ist die Sprache über die Sprache gemeint, d.h., dass man die Sprache nicht nur zur Kommunikation nutzen kann, sondern auch, um über die Sprache (etwa deren Form) selbst zu sprechen.

Vorläuferfähigkeit – elementare literale Praxis

Das Vorlesen, die gemeinsame dialogische Bilderbuchbetrachtung und die Begegnung mit Märchen und Gedichten führen die Kinder in die Welt der Literatur ein und wirken sich positiv auf die Sprachentwicklung, die Lesemotivation und das Interesse an schriftsprachlichen Leistungen aus (proliterarische Praktiken). Sven Nickels (2005) nennt folgende Aspekte der literalen Praktiken:

- Die Kinder entwickeln ein Schriftbewusstsein, d. h. sie erkennen Buchstaben und können diese von Bildern und Zahlen unterscheiden.
- Durch das Vorlesen von Büchern und das Sprechen über die Geschichten sammeln die Kinder Erfahrungen über literale und literarische Strukturen (z. B. Bilderbücher in Reimform, Märchenstil, Sprachspiel etc.).
- Die Kinder üben sich im frühen Schreiben und erhalten Anregungen für erste Schreibanlässe (etwa den eigenen Namen schreiben, Brief schreiben).
- Durch Reime, Fingerspiele und Lieder entwickeln die Kinder metasprachliche Fähigkeiten und ein Bewusstsein für Sprache.

Vorläuferfähigkeit – metasprachliche Bewusstheit

Die metasprachliche Bewusstheit umfasst sprachanalytische Aspekte, wobei die phonologische Bewusstheit am bekanntesten ist (siehe S. 51, 1.7 Das Würzburger Trainingsprogramm). Die phonologische Bewusstheit im engeren Sinn umfasst die Fähigkeit

- die Verschriftlichung der Sprache in ihrer Form zu erfassen (so z. B. die Wortform „MOND“ wahrzunehmen und zu erfassen);
- der Dekontextualisierung, d. h. die Loslösung von Sprache aus der konkreten Situation, also aus dem Hier und Jetzt. Dies ermöglicht es beispielsweise, über die Vergangenheit (vergangene Feste im Kindergarten) oder die Zukunft (z. B. ein geplanter Ausflug) zu sprechen;
- das Identifizieren von Einzellauten (Anfangslaut, Laute in der Mitte und Endlaute) und die Zuordnung der einzelnen Buchstaben (Phonem-Analyse);
- der Zerlegung einer Äußerung in einzelne Einheiten (Segmentierung), d. h. das kontinuierliche Hörerlebnis eines Satzes wird anhand der Betonung in einzelne Wörter zerlegt.

Die phonologische Bewusstheit im weiteren Sinn umfasst das differenzierte Hören der Sprache an sich: Auseinanderhalten und Lokalisieren von Geräuschen oder Klängen, Singen (Wahrnehmen der Melodiefolge), rhythmisches Klatschen, eigenes Reimen, Silbentrennung.

Teilleistungen für das Lesen und Schreiben nach Jean Ayres (2002, S. 20)

Jean Ayres hat in ihrem Grundlagenbuch „Bausteine der kindlichen Entwicklung“ die Bedeutung der Integration der Sinne für die Entwicklung der Kinder besonders hervorgehoben.

Für den ganzheitlich-komplexen Leselern- und Schreiblernprozess ist eben diese Integration, also das Zusammenarbeiten der verschiedenen Wahrnehmungsebenen mit den weiteren Entwicklungsbereichen des Kindes wichtig – aber auch störungsanfällig.

(vgl. Jeuk/Schäfer, 2019, S. 63)

Viele Kinder beherrschen zum Zeitpunkt der Einschulung die Vorläuferfähigkeiten bzw. Teilleistungen zum Lesenlernen noch nicht. Hier müssen in den Grundschulen durch entsprechende pädagogische und fachdidaktische Maßnahmen die noch fehlenden Fertigkeiten ausgebildet werden. Dazu ist es erforderlich, dass Instrumentarien zur Lernstandsbeobachtung bzw. diagnostische Verfahren für den Übergang zur Grundschule – bzw. für den Eingang in diese – angewendet werden. Einen Überblick zur Sprachstandserfassung finden Sie hier in diesem Band auf Seite 49.

Aufgabe

Bilden Sie vier Gruppen. Jede Gruppe wählt eine der Vorläuferfähigkeiten zum Lesenlernen: (1) Literacy im Allgemeinen, (2) proliterale Praxis, (3) metasprachliche Bewusstheit und (4) verschiedene Teilleistungen. Überlegen Sie in der Gruppe, durch welche Aktivitäten im Kindergarten (Projekte, sozialpädagogische Angebote, Impulse) Sie die Entwicklung der jeweiligen Vorläuferfähigkeit(en) zum Lesenlernen bei den Kindern fördern könnten. Beziehen Sie in Ihre Überlegungen den aktuellen Bildungsplan Ihres Bundeslandes mit ein.

5.1.3 Lesefrühförderung im Kindergarten – Literacy-Center

Lesenlernen ist ein sehr komplexer Prozess, der auf vielen Teilfähigkeiten aufbaut und sie miteinander verbindet bzw. neue Verbindungen herstellt. Der frühe Einfluss des Kindergartens auf diesen Prozess konnten Tietze, Rossbach und Grenner (2005) nachweisen: Am Ende der zweiten Klassen konnten signifikante Effekte der Kindergartenqualität auf den Entwicklungsstand der Kinder hinsichtlich des Sprachentwicklungsstandes, die Schulleistungen im Allgemeinen und die soziale Kompetenz festgestellt werden.

Susanne Roux machte schon 2005 darauf aufmerksam, dass das Literacy-Konzept – speziell das Literacy Center in Deutschland bisher kaum beachtet wurde. Das Literacy-Konzept „geht davon aus, dass sich Sprechen, Lesen und Schreiben in ständiger Wechselwirkung entwickeln, dass dies also sich gegenseitig bedingende Bereiche sind. Daraus ergibt sich die Notwendigkeit, die Entwicklung des Lesens und Schreibens im vorschulischen Bereich stärker zu berücksichtigen."
(Roux, 2005, S. 1)

„Beim Literacy Center handelt es sich im Vergleich zu den strukturierten Programmen der phonologischen Bewusstheit um eine stärker alltagsintegrierte und breiter angelegte Form der Sprachbildung, die 2002 in den USA entwickelt wurde."
(Trägerkonsortium BISS, 2016, S. 7)

Das Literacy-Center bietet einen besonderen räumlichen, materiellen und zeitlichen Rahmen, in dem die Wechselwirkung von Sprechen, Lesen und Schreiben besonders gefördert werden kann. Mit dem Literacy-Center ist ein spezieller Rollenspielbereich, ein spezielles Rollenspielthema gemeint, in dem auf alltägliche Weise Lese- und Schreibhandlungen im Freispiel des Kindergartens eingebaut werden. So werden z. B. in einem Restaurant-Rollenspiel die Speisekarte gelesen, Bestellungen aufgegeben, und Rechnungen geschrieben. Das freie Rollenspiel bietet den Kindern die Möglichkeit, sich selbst Vorstellungen über die Bedeutung, Funktion und Struktur der Sprache zu machen (etwa die Bestandteile der schriftlichen Sprache). Die Rollenspielform unterstützt die Entwicklung und Ausbildung der Grundlagen für das Lesenlernen, da die Kinder die Lese- und Schreibhandlungen im Rollenspiel als persönlich bedeutsam erleben. Auch das Kommunizieren über ihre Sprache – die Metasprache – wird im Rollenspiel möglich.

Roux verweist auf eine englischsprachige Studie von Lesley Morrow (2002), die sich mit der Frage beschäftigt, wie ein Literacy-Center gestaltet werden soll:

„Literacy-bezogene Materialien sollen in die Spielumgebung integriert werden, um die Neugier der Kinder auf Schrift zu wecken. Das können Materialien wie Papier in verschiedenen Größen, Karteikarten, Umschläge, Bücher mit leeren Seiten und Schreibwerkzeuge (Bleistifte, Kugelschreiber, Marker) sein. Diese Materialien fördern den Einfallsreichtum der Kinder, sich detailgetreue Geschichten auszudenken. Gut durchdachte Literacy-Center erhöhen die kindliche Nutzung dieser Umgebung, und diese wiederum führt dazu, dass die Kinder mehr lesen und schreiben und damit ihre Lese- und Schreifähigkeiten erweitern."
(Roux, 2005, S. 6)

Morrow beschreibt in seiner Studie als Beispiel für ein Literacy-Center ein Tierarztsetting: In einem Raumbereich des Kindergartens wird eine Tierarztpraxis eingerichtet. Es gibt ein Wartezimmer mit Stühlen, einen Tisch, Zeitschriften, Bücher und Prospekte z. B. über Tierfutter. An der Wand kleben Tierposter, ein Schild „Rauchen verboten" oder „Handy aus". In der Tierarztecke ist im „Eingangsbereich" eine Anmeldung mit Computer und

Telefon, Terminkalender, Anmeldeformulare, Rezeptformulare, Futterproben etc. gerichtet. Benötigt werden natürlich auch ein Untersuchungsbereich mit einem Tisch, einer Waage, Verbandsmaterial, Handschuhe und weitere Arztrequisiten.

„Bei der konkreten Durchführung eines Literacy Centers lassen sich drei Phasen unterscheiden: Die erste Phase dient der Vorbereitung. Hier wird ein Thema für die Kinder festgelegt, das für die Kinder spannend ist und aus ihrem Umfeld, den Medien, den eigenen Beobachtungen o. Ä. stammen kann. Dieses Thema wird mit den Kindern erkundet, es werden Informationen dazu eingeholt und beispielweise Exkursionen unternommen. In der zweiten Phase, der Durchführung, spielen die Kinder in Rollenspielen u. a. schriftsprachliche Aktivitäten nach, die sie in dem erkundeten Themenbereich beobachtet haben. Dazu wird eine Umgebung geschaffen, in der Schreibmaterialien zur Verfügung gestellt und die Kinder zu ihrer Nutzung angeregt werden [...]. Die dritte Phase dient der Reflexion und kann beispielsweise die Kinder dazu anregen, über das Erlebte nachzudenken und die gesammelten Schrifterzeugnisse gemeinsam zu sichten."
(Trägerkonsortium BISS, 2016, S. 7)

Aufgaben

1. *Überlegen Sie, welche Vorläuferfähigkeiten bezogen auf das Lesenlernen bei den Kindern durch die Literacy Center-Spielideen gefördert werden können. Beziehen Sie in Ihre Überlegung Punkt ‚5.1.2. Vorläufer'- und Basisfähigkeiten für das Lesenlernen' ein.*
2. *Stellen Sie eine Materialliste für ein Literacy-Center „Post" zusammen. Skizzieren Sie die Gestaltung dieser themenspezifischen Rollenspielecke auf einem Blatt.*
3. *Gestalten Sie eine Elterninformationsaushang über das Literacy-Center „Post" und stellen Sie den Eltern vor, in welchen Entwicklungsbereichen die Kinder dort im freien Rollenspiel gefördert werden. Beziehen Sie auch die Vorläufer- und Basisfähigkeiten für das Lesenlernen mit in die Vorstellung ein.*

5.1.4 Lesefrühförderung im Kindergarten – Die Bedeutung von Vorlesen für das Lesenlernen

Die Vorlesestudien, die seit 2007 jährlich von der Stiftung Lesen, der Deutsche Bahn Stiftung und der Zeitung DIE ZEIT durchgeführt werden, haben mehrfach belegt, dass regelmäßiges Vorlesen eine zentrale Voraussetzung für eine gelingende Lesesozialisation und einen guten Erfolg beim Lesenlernen ist. Kindern und Jugendlichen, denen in ihrer frühen Kindheit vorgelesen wurde, erzielen in vielen Schulfächern bessere Noten; das Lernen fällt ihnen leichter und sie gehen lieber zur Schule, als solche Kinder, denen selten oder nie vorgelesen wurde.

Zentrale Ergebnisse der Vorlesestudien von 2011 bis 2018 (Ehmig, Vorlesestudie 2018):

- Rund 78 % der Kinder, denen mehrmals in der Woche oder täglich vorgelesen wurde, fällt das Lesenlernen leicht. Bei den anderen Kindern ist das laut ihren Eltern deutliche seltener der Fall (50 %). Fragt man die Kinder selbst, ist sogar mehr als die Hälfte der Grundschülerinnen und -schüler mit wenig Vorleseerfahrung frustriert, weil ihnen das Lesenlernen zu lange dauert (52 %) – gegenüber nur 28 % derjenigen Kinder, denen regelmäßig vorgelesen wurde.
- Vorlesen hat darüber hinaus eine längerfristige soziale Bedeutung. Wurde Kindern regelmäßig vorgelesen, so sind diese häufiger darum bemüht, andere in die Gemeinschaft zu integrieren. Auch ist der allgemeine Gerechtigkeitssinn dieser Kinder besonders ausgeprägt.
- In 30 % der Familien mit Kindern im Vorlesealter von zwei bis acht Jahren wird selten oder gar nicht vorgelesen. Dies gilt besonders für Haushalte aus bildungsfernen Schichten.
- Kinder, denen regelmäßig vorgelesen wird, sind allgemein erfolgreicher in der Schule. Sie haben in Deutsch, Mathematik und Fremdsprachen bessere Noten als Kinder, denen nicht vorgelesen wird.

5.1.5 Das Wahrnehmen von Sprache und lautsprachliche Grundfertigkeiten

Schulisches Lernen ist zunächst sprachliches Lernen. Der Erfolg beim Lernen im Unterricht hängt maßgeblich von den sprachlichen Fähigkeiten des Grundschulkindes ab. Die differenzierten Sprachwahrnehmungen sind die Basis, die Grundfähigkeiten für das Schreiben- und Lesenlernen. Im Ergebnis langjähriger interdisziplinärer Untersuchungen, in die mehr als 10 000 Kinder und Jugendliche einbezogen waren, ließ sich die Bedeutung sprachbezogener Wahrnehmungsbereiche nachweisen. In ihrem Buch *Lernschwierigkeiten am Schulanfang* stellen Helmut Breuer und Maria Weuffen fünf Wahrnehmungsbereiche vor, die von großer Bedeutung für den Lese- und Schrifterwerb sind. (vgl. Breuer/Weuffen, 2004, S. 24 f.)

Die optische Differenzierungsfähigkeit

Das genaue optische Erfassen der Unterschiede in der Schreibweise der Buchstaben gilt als Voraussetzung für das Schreiben- und Lesenlernen. Manche Buchstaben unterscheiden sich in ihrer **optischen Struktur** nur minimal. Zum Beispiel weisen die Buchstaben „b“ und „d“ gleiche Strukturelemente auf, nämlich Strich und Halbkreis an der unteren Hälfte des Striches. Ähnlich ist es bei „p“ und „q“. Hier weist der Strich in eine andere Raumdimension.

Aufgaben

Vergleichen Sie

„m" und „n" • *„w" und „v"* • *„3" und „E"* • *„s" und „?"*

Wo sind hier Unterschiede bzw. Ähnlichkeiten?

Tauschen Sie sich in Kleingruppen aus, welche Buchstabenverwechslungen Ihnen oft passieren oder passiert sind.

Die wichtigste Teilleistung innerhalb der optischen Differenzierungsfähigkeit auf dem Weg zum Erkennen der Buchstaben ist die Erfassung und Umsetzung der räumlichen Beziehung. Das optische Strukturerfassen wird erleichtert, wenn es dem Kind gelingt, sein Schriftbild leserlich zu gestalten. Das Schreiben erfordert von den Kindern also eine räumliche Zuordnung der einzelnen Buchstabenteile. Um die gesprochene Sprache in die geschriebene umzusetzen und umgekehrt, muss eine **sichere Beziehung zwischen Lauten und Buchstaben** hergestellt sein.

Damit ist eine räumliche Dimension (= wie schreibe ich welchen Buchstaben) in eine zeitliche Dimension (= wann lese ich welchen Buchstaben) vorzunehmen.

Die akustische Differenzierungfähigkeit

Die Fähigkeit zur akustischen Differenzierung ist eine Voraussetzung für das Sprechen-, Schreiben- und Lesenlernen, um klangähnliche, aber bedeutungsunterscheidende Vokale und Konsonanten mit dem Gehör zu unterscheiden. Diese Fähigkeit ermöglicht erst den Zugang zum Sinngehalt des Gesprochenen.

Kinder mit einem reichen Wortschatz verfügen fast ausnahmslos über eine gute akustische Differenzierungsfähigkeit. Je präziser die **phonematische Struktur** durch die Aussprache erfasst wird, desto besser wird der Sinn dieses Wortes verstanden.

Aufgabe

Probleme in der Aufnahme und Unterscheidung der einzelnen Lautfolgen ziehen Probleme mit der Rechtschreibung nach sich.

Die Wörter „Nagel" und „Nadel" hören sich fast gleich an, bezeichnen aber völlig unterschiedliche Dinge. Ebenso „Topf" und „Kopf" oder „waschen" und „naschen".

Finden Sie noch weitere Beispiele für ähnlich lautende Wörter.

Am schwierigsten wird es aber für die Kinder, wenn der **Klang eines Wortes anders ist als der schriftliche Ausdruck**, z. B. „unt" statt „und" und „wier" statt „wir".

In dieses Fällen muss sich das Kind die Schreibweise optisch und mechanisch einprägen. Wenn ein Kind die Stimmlosigkeit und die Stimmhaftigkeit von sogenannten

Explosivlauten „d-t“; „b-p“; und den Zischlauten „s-z“ akustisch nicht richtig heraushört, schreibt es falsch: „galb“ statt „Kalb“, „glein“ statt „klein“ oder „leize“ statt „leise“.

Aufgabe

Finden Sie auch hier weitere Beispiele für eine Verwechslung der Explosivlaute.

Die artikulatorische Differenzierungsfähigkeit

Die artikulatorische Differenzierung ist für eine sichere Sprechmotorik, für eine sichere Lautbildung und für die richtige Reihenfolge und Vollständigkeit der Laute im Wort verantwortlich. **Sprechen und Schreiben erfordern eine komplexe und präzise feinmotorische Koordination**.

Um zum Beispiel das Wort „Strumpf“ auszusprechen, werden zunächst die Lippen vorgestülpt, der Luftstrom lässt ein „sch“ entstehen. Dann wird die Zunge hinter die oberen Schneidezähne gepresst, um eine Luftstauung herbeizuführen und explosionsartig freizusetzen (t), danach löst sich die Zunge. Das Gaumenzäpfchen löst eine Zitterbewegung aus (r), die Lippen öffnen sich zu einer kleinen Rundung (u), die Lippen schließen sich (m), danach werden die Lippen durch einen explosionsartigen Luftstrom gesprengt (p), die oberen Schneidezähne bewegen sich auf die untere Lippe, zwischen beiden wird der Luftstrom hindurchgeführt (f).

Im obigen Beispiel wurden nur die gröbsten Bewegungen beschrieben. Die vielen minimalen Bewegungen (etwa der Zunge) wurden nicht geschildert.

Die sprechmotorischen Leistungen eines Kindes sind eng mit der allgemeinen Motorik verbunden. Bei Kindern mit Lese-Schreib-Schwierigkeiten im Anfangsunterricht treten häufiger auch andere motorische Auffälligkeiten auf.

Kinder orientieren sich beim Schreiben zunächst am Wortklang des sprechenden Lehrers. Wenn sie schreiben lernen, sind eigene Artikulationsbewegungen aktiv an der Analyse der Lautstruktur beteiligt. Deshalb ist es sehr sinnvoll, die Kinder beim Schreiben laut oder flüsternd sprechen zu lassen.

Die melodische Differenzierungsfähigkeit

Beim Sprechen werden mit der Art und Weise, wie etwas betont oder melodisch intoniert wird, „unausgesprochen“ viele und manchmal ganz entscheidende Informationen mitgeteilt: über die eigene Befindlichkeit, über die Einstellung zum Gesagten und über den jeweiligen Stellenwert und die Bedeutung des Mitgeteilten. Um diese wichtigen melodischen Mitteilungen für Emotionales und Gedankliches verstehen und nutzen zu können, müssen sie in den oft nur subtilen Feinheiten ihrer Tonhöhenunterschiede, Dauer, Intensität und Abfolge hörend unterschieden werden.

Gleiche Wörter und Sätze drücken unterschiedliche Inhalte und Erwartungen in Abhängigkeit ihrer Intonation (Sprachmelodie) aus. Wenn z. B. die Mutter zum Kind sagt

„Schau mich an“, dann kann dies – abhängig von der jeweiligen Veranlassung und Situation – zärtlich, bittend, energisch oder drohend gemeint sein.

Aufgabe

Bilden Sie Zweiergruppen. Sammeln Sie, zunächst jede für sich, die unterschiedlichen Erwartungen an das Kind, wenn die Mutter sagt: „Schau mich an“. (Beispiele siehe oben)

Schlüpfen Sie nun in die Rolle der Mutter und sprechen Sie Ihre Partnerin in unterschiedlichen Sprachmelodien und Betonungen an, als ob diese Ihr Kind wäre. Ihre Partnerin versucht wiederum, die Intension und Erwartung der Mutter zu erraten. Halten Sie Übereinstimmungen und Abweichungen fest und reflektieren Sie die unterschiedlichen Intonationsmöglichkeiten.

Ein Zusammenhang zwischen Melodie und Sprache betrifft auch die geistige Aktivität eines Kindes in der Kommunikation. Wenn ein Lehrer einen Sachverhalt vermittelt und erläutert, dann drückt er durch melodische Akzentuierungen beim Sprechen aus, ob der von ihm entwickelte Gedanke besonders wichtig ist oder nicht, ob er abgeschlossen oder weitergeführt wird. Der Lehrer beeinflusst so mit melodischen Nuancen in starkem Maße das Mitdenken der Kinder, d.h. ihre geistige Aktivität.

Monotone Sprechweise erschwert bekanntlich auch dem Erwachsenen das Aufrechterhalten der Aufmerksamkeit. Mangelt es einem Kind an der Fähigkeit zur melodischen Differenzierung, dann werden Diskrepanzen zwischen seiner geistigen Aktivität und der vom Lehrer beabsichtigten begünstigt. Das Mitdenken klappt nicht mehr, das Kind verliert den Anschluss beim Lernen und schaltet ab.

Die rhythmische Differenzierungsfähigkeit

Rhythmus ist gleichzeitig Raum-, Zeit- und Maßstrukturierung. Einzelne optische, akustische, motorische und melodische Elemente werden zu einem gegliederten, einheitlichen, zusammenhängenden Ganzen geordnet bzw. in ihrer Ordnung durch **Betonung, Pausen und Dehnungen** strukturiert. Damit verbindet die rhythmische Differenzierungsfähigkeit die anderen Wahrnehmungsbereiche. Sie stellt höhere Anforderungen an Analyse und Syntheseprozesse, weil sie letztlich die entscheidende **Brücke zur semantischen Ebene** darstellt.

Die Fähigkeit zur Erfassung und zur Realisierung rhythmischer Gliederungen kann geradezu als ein Ausdruck für das Niveau der Sprachentwicklung eines Kindes angesehen werden. Die zentrale Funktion der rhythmischen Differenzierungsfähigkeit ist wichtig für die Speicherung von Wort- und Schriftinhalten sowie von Satzschemata. Idealerweise bieten sich rhythmische Kinderreime wie z.B. *Was die Waschmaschine sagt* auf S. 74 als Förderungsmaßnahme an. Kindern mit rhythmischen Störungen gelingt es bei Abzählversen z.B. nur schwer, entsprechende Koordinierungen zwischen Sprechsilbe und Geste zu vollführen.

Obwohl die Reihenfolge der Wörter im Satz gleich ist, entscheidet die jeweilige Betonung darüber, worin der tiefere Sinn, die spezifische Aussage des Satzes liegt. Das jeweils betonte Wort ist unterstrichen.

- Meine Mutter schläft: es schläft nicht eine andere Mutter, sondern meine.
- Meine Mutter schläft: es schläft nicht der Vater, nicht die Schwester, sondern die Mutter.
- Meine Mutter schläft: sie wäscht nicht, kocht nicht, liest nicht, sondern sie schläft.

Je nachdem, wie einzelne Wörter betont werden, werden semantische Schwerpunkte ausgedrückt. Wenn dem Kind die rhythmische Struktur eines Wortes nicht klar ist, kommt es zu Umstellungen von Lauten und Silben. Buchstaben werden ausgelassen, Wörter werden zusammengeschrieben und die Silbentrennung gelingt nicht.

Die rhythmische Differenzierungsfähigkeit besitzt auch eine **Grundfunktion** für die **Ausbildung mathematischer Fähigkeiten**. Der Standort von Einzelelementen innerhalb serialer Ordnungen ist beim Schreiben und auch beim Zählen wichtig. Damit hängen mathematische Begriffe wie „größer – kleiner" und „vorher – nachher" zusammen. Etwa 15 % der Schulanfänger gelingt es nicht, einfache akustische Rhythmen zu erfassen und motorisch nachzuvollziehen (vgl. Kürsten/Schöler, 1980).

5.2 Überlegungen zur psychosozialen Situation der Erstleser

Lesen – das bedeutet für ein Kind, sich den Zugang zu einer neuen Welt zu erschließen, die bisher nur den Erwachsenen vorbehalten war. Lesen zu können bedeutet gleichzeitig auch selbstständiger und unabhängiger zu werden (siehe Kapitel 7 Kinderbuch).

Mit welchen Themen und Ereignissen beschäftigt sich ein Leseanfänger aufgrund seiner psychosozialen Situation? Diese sollten beim Erstlesebuch aufgegriffen werden, um eine emotionale und soziale Bindung zum Erstleser herzustellen.

Als Leseanfänger werden meist die Kinder bezeichnet, die gerade das Lesen lernen bzw. gelernt haben: etwa gegen Ende des ersten Schuljahres und im zweiten Schuljahr. Um das siebte Lebensjahr ändert sich das körperliche Erscheinungsbild der Kinder sehr: das rundliche Aussehen des Körpers geht verloren, der Körper streckt sich, der Zahnwechsel beginnt. Dieser Gestaltwandel geht zurück auf eine veränderte Drüsentätigkeit. Neben diesen körperlichen Veränderungen kommen noch viele psychosoziale Veränderungen auf das Grundschulkind zu: Ein Leseanfänger muss sich mit der neuen Lebenssituation „Schule" auseinandersetzen. Sie gewinnt eine große Bedeutung im Leben des Kindes. Dieser Transitionsprozess fordert den Kindern viel ab.

Der Tagesablauf orientiert sich an der Schule: vormittags Schule, nachmittags Hausaufgaben. Die Kinder brauchen i. d. R. Zeit, sich an die Lehrer, die Klassenkameraden, die Räume und die neuen Anforderungen zu gewöhnen. Es ergeben sich damit für den Schulanfänger räumliche, personelle und strukturelle Änderungen in seinem bisherigen Leben.

Es wird fröhliche Zeiten in der Schule geben, aber auch mit negativen Erfahrungen gilt es umzugehen und fertig zu werden. Die Kinder vollziehen einen Rollenwechsel, denn sie wandeln sich von den „Großen“ im Kindergarten zu den „Kleinen“ in der Schule. Das bedeutet eine Neuorientierung in der eigenen Rolle und das Zurechtfinden in einer neuen Gruppenstruktur. Die Kinder lösen sich immer mehr vom Elternhaus und erobern sich neue Bezugsfelder: neue Spielgruppen außerhalb der Familie werden gefunden, individuelle Hobbys und Interessen entdeckt. Gerade die Anerkennung innerhalb der Gruppe von Gleichaltrigen wird immer wichtiger. Hier werden gemeinsame Interessen wie Tiere, Sport, sachkundliche Themen (Weltall, Dinosaurier, Pflanzen ...) entdeckt und Informationen darüber ausgetauscht.

Für die weitere Sozialentwicklung ist das Vergleichen und Messen von Kraft, Können und Fertigkeiten innerhalb dieser Gleichaltrigengruppe wichtig. Die Kindergruppe wird als Herausforderung erlebt, der Einzelne muss sich behaupten und durchsetzen. Im Gegensatz zum Lernen im Kindergarten verändert sich das Lernen in der Schule gravierend:

- Das Lerntempo gestaltet sich nach dem Stundenplan.
- Der Bewegungsdrang muss stark reguliert werden.
- Das ganzheitliche Lernen tritt in den Hintergrund und das sprachliche abstrakte Lernen in den Vordergrund.
- Es wird weniger experimentiert und mehr auf Fehler geachtet.
- Die Leistungserwartungen ändern sich.

Die meisten Leseanfänger sind von ihrer Grundhaltung her sehr neugierig und interessiert. Sie sammeln Eindrücke und Erfahrungen in den verschiedensten Bereichen. Dabei findet aber eine starke Versachlichung des Erlebten statt: Fantasie und Wirklichkeit werden immer klarer voneinander getrennt. Der Sinn für das Fantastische und Wunderbare geht aber nicht verloren, er wandelt sich nur hin zum Abenteuerlichen.

Heidi Birkenstock befragte Kinder ein Jahr vor dem Schulbesuch in einem Naturkindergarten in Michelstadt (Hessen): Was sollten Kinder können, wenn sie in die Schule kommen? Die Kinder gaben folgende Antworten:

- „Melden können und abwarten, bis man dran kommt.“,
- „Geduld haben“,
- „nicht die anderen ablenken“,
- „sich konzentrieren können“,
- „nicht irgendwo hinkrixeln [= süddeutsch: kritzeln, malen]“,
- „nicht die anderen schubsen, anrempeln, beißen, hauen, kratzen und boxen“,
- „auf die Lehrer hören“,
- „still sitzen können“.

(Birkenstock, 2014)

Aufgabe

Diskutieren Sie die Antworten der Kinder bezüglich der ‚Schulfähigkeit'. Beziehen Sie in Ihre Diskussion (1) die Zitate von Uli Hauser und Gerald Hüter: „Jedes Kind ist hochbegabt", 2012, S. 175 sowie (2) des Hessischen Sozialministeriums: „Qualifizierte Schulvorbereitung", 2014, S. 13, mit ein:

(1) „Vertrauen, Ermutigung und Wertschätzung sind zentrale Elemente einer Lernkultur, in der sich Talente entfalten können. Dazu brauchen Schüler Dialogpartner, ermutigende Unterstützer, herausfordernde Begleiter. Sie brauchen Schulen, in denen sie nicht mit Angst oder Gleichgültigkeit, sondern mit Lust und Freude lernen können."
(2) „Schulvorbereitung dient nicht alleine der Vorbereitung auf die Schule, sie ist eine umfassende, ganzheitliche Vorbereitung auf das Leben. Sie beginnt mit der Geburt."

Web

5.3 So lernen Kinder lesen

Aufgaben

Bearbeiten Sie folgende Fragen zu Ihrem eigenen Erwerb des Lesens:

1. *Überlegen Sie, wann Sie selbst das Lesen erlernten oder fragen Sie Ihre Eltern.*
2. *Beschreiben Sie, wie (bzw. durch wen) Sie das Lesen lernten.*
3. *Berichten Sie, welches Buch Sie zum ersten Mal alleine gelesen haben – vielleicht besitzen Sie es noch und können es zeigen?*
4. *Stellen Sie dar, ob Sie gerne gelesen haben und wie Ihre Umgebung (Familie/ Freunde) das Lesenlernen begleitet hat.*

Vorstufe des Lesens

Vor dem eigentlichen Buchstabenlesen ahmen die Kinder das Leseverhalten der Erwachsenen nach. Sie tun so, als ob sie lesen könnten. Sie blättern im Buch, murmeln vor sich hin, wiederholen ihnen bekannte Geschichten, erfinden teilweise neue Geschichten und „lesen" anderen Kindern laut vor.

1. Kennenlernen einfacher Wörter und einzelner Buchstaben

In der ersten Phase erkennen die Kinder, dass die Buchstaben Laute darstellen, und verbinden das optische Zeichen des Buchstabens mit dem hörbaren Zeichen des dazugehörenden

Lautes. Zwei verschiedene Methoden werden beim Erlernen des Buchstaben-Laut-Zusammenhangs unterschieden: das synthetische Verfahren und das ganzheitlich analytische Verfahren

Durch die **synthetische Methode** lernen die Kinder einzelne Buchstaben und Laute wie „a“, „o“ oder „m“ isoliert kennen. Dazu müssen z. B. alle Buchstaben, die auf „a“ lauten, in den Wortbildern gesucht und farbig umrandet werden.

Durch das **ganzheitlich analytische Verfahren** lernen die Kinder sofort einfache Wörter in ihrem Gesamtbild kennen wie z. B. Haus, Ulli, Baum, Auto. Hierbei wird das Wort immer als Gesamtbild wahrgenommen und abgespeichert. Das Wort wird also nicht mehr in einzelne Buchstaben zerlegt.

In den meisten Schulen werden beide Methoden miteinander kombiniert. In dem nachfolgend aufgeführten Beispiel wird der Satzanfang „Lilo malt ein“ immer wieder wiederholt. Auf diese Weise soll sich das Gesamtbild der Worte einprägen. Das jeweils letzte Wort des Satzes, also „Haus“, „Schiff“ und „Auto“, sollen die Schüler dann Buchstabe für Buchstabe lesen.

Lilo malt ein Haus.

Lilo malt ein Schiff.

Lilo malt ein Auto.

(Herrndobler/Michalitzky, 1990, S. 8)

2. Zusammenlesen von mehreren Buchstaben

Die Verbindung mehrerer Buchstaben zu einem Wort muss als Kernstück der Lesetechnik angesehen werden. Die Kinder kennen die meisten Buchstaben und deren Laute. Sie versuchen nun in der zweiten Phase, jedes Wort Buchstabe für Buchstabe laut zu lesen. Dabei gelingt es ihnen häufig nicht, die Bedeutung der Worte zu erfassen.

3. Wörter lesen und deren Bedeutung erkennen

In der dritten Phase lesen die Kinder nicht mehr die einzelnen Buchstaben, sondern bilden kleinere Buchstabeneinheiten (z. B. Silben wie ge- oder ver-) und erfassen die Bedeutung des gelesenen Wortes. Mit wachsender Erfahrung und Übung reduziert sich Zeit und Aufmerksamkeit, die für das Buchstabenlesen notwendig sind und die Phase der Automatisierung beginnt.

Lesen lernt man (auch) durch Schreiben

Nach der Methode „Lesen durch Schreiben" haben die Schüler im klassischen Altertum die Schriftsprache erworben. Viele Kinder haben von sich aus ein spontanes Schreibbedürfnis, welches sich schon im Kindergarten darin zeigt, dass die Kinder ihren Namen selbst auf ihr gemaltes Bild schreiben wollen. „Lesen durch Schreiben" zeigt dem Kind, wie ein Wort in eine Lautkette zerlegt und danach Buchstabe für Buchstabe und Laut für Laut wieder zusammengesetzt und aufgeschrieben wird.

Der Reformpädagoge Celestin Freinet unterrichtete in den 1920-er Jahren an einer französischen Schule und ermunterte seine Schüler, eigene Texte zu verfassen, ohne ein Thema vorzugeben. In der von ihm begründeten Freinet-Pädagogik arbeiten Kinder mit einer Druckerpresse. Bereits Schulanfänger können auf diese Weise ihren Texten eine Form geben und sie anschließend vervielfältigen.

Diskussion um die richtige Methode des Lesen- und Schreibenlernens

„Schreiben nach Gehör ist Unsinn – die Vermittlung korrekten Schreibens ist Basisaufgabe der Grundschulen" – so Professor Dr. Alexander Lorz (Kultusminister in Hessen) in einer Pressemitteilung vom 08.05.2017.

Es gibt eine recht hitzige Debatte über die richtige Methode des Lesen- und Schreibenlernens. Dabei rückt nicht das Lesen in den Vordergrund, sondern die korrekte Rechtschreibung. Im Fokus der Diskussion steht dabei das „Schreiben nach Gehör", das mit dem Konzept „Lesen durch Schreiben" gleichgesetzt wird.

Das Konzept „Lesen durch Schreiben" wurde von Jürgen Reichen (1988) als lesedidaktisches Prinzip entwickelt. Er stellte eine sogenannte Buchstabentabelle zusammen, mit deren Hilfe die Kinder die Worte so schreiben, dass sie den gehörten Lauten eines Wortes die entsprechende Buchstabenform zuordnen – also „Lesen durch Schreiben". Heute spricht man dabei von Anlauttabellen oder Lauttabellen.

„Im Mittelpunkt der Methode „Lesen durch Schreiben“ stehen die Freude am Schreiben, die Förderung der Kreativität und der Selbständigkeit der Kinder und in Folge das daraus resultierende Lesen“, so Sven Ludwig, 2020.

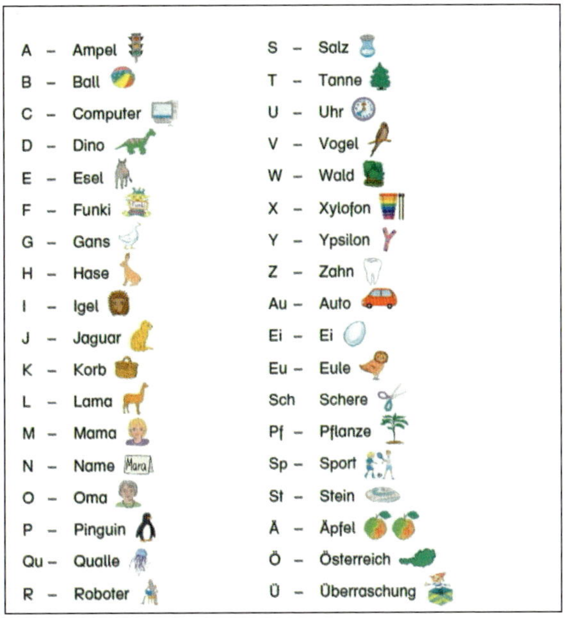

Nun ist aber gerade diese Methode in Verruf geraten – warum? Das Institut für Qualitätsentwicklung im Bildungswesen (IQB, gegründet im Jahr 2003 von der Kultusministerkonferenz) hat festgestellt, dass sich im Laufe der vergangenen Jahre die Kompetenzen der Schülerinnen und Schüler im Bereich Rechtschreibung in vielen Bundesländern verschlechtert hat. Über die Gründe gibt es unterschiedliche Auffassungen, doch viele Eltern, Lehrkräfte und Kultusministerien machen die Methode „Schreiben nach Gehör“ dafür verantwortlich. Die Bundesländer Baden-Württemberg und Hamburg haben diese Methode inzwischen verboten. Nun sind in der Diskussion die beiden unterschiedlichen Methoden „Schreiben nach Gehör“ und „Lesen durch Schreiben“ gleichgesetzt worden – wodurch die Lesedidaktik von Jürgen Reichen ebenso in Verruf kam.

Simone Jambor-Fahlen zitiert Michael Becker-Mrotzek, Direktor des Mercator-Instituts für Sprachförderung und Deutsch als Zweitsprache, erklärt (2018): „Die eine richtige Methode für das Lesen- und Schreibenlernen für alle Kinder und Lehrkräfte gibt es nicht.“ Aus vielen verschiedenen Studien (u. a. der Universität Bonn) geht hervor, dass leistungsstärkere Kinder das Lesen weitgehend unabhängig von der Methode erfolgreich lernen. Für leistungsschwächere Kinder ist ein strukturierter Unterricht hilfreich, in dem die Systematik der Schrift am besten nach der sogenannten ‚Fibelmethode‘ vermittelt wird. „Es macht keinen Sinn, die Frage, wie Grundschüler am besten Lesen und Schreiben lernen, auf eine Methode zu reduzieren und einzelne Konzepte zu verbieten“, so Becker-Mrotzek. Er erklärt, es sei viel wichtiger, dass Lehrkraft den Unterricht auf ihre Schüler abstimmen. Die Vermittlung von Rechtschreibung erfordere umfassende didaktische Konzepte. Dafür müssten Lehrkräfte aus- und fortgebildet werden.

(Jambor-Fahlen, 2018)

Rechtschreibung dient also nicht zum Selbstzweck, sondern ist ein eigenständiger Bildungsaspekt im Thema Lesen- und Schreibenlernen. Pädagogische Fachkräfte sollten darauf achten, dass Kinder

- ihre eigenen Texte selbst verfassen und lesen,
- sich die Neugier am Schreiben und Lesen erhalten,
- weder über- noch unterfordert werden, sondern dass alle auf ihrem jeweiligen Niveau lernen können,
- erleben, dass ihre selbst verfassten Worte und Gedanken wichtig und wertgeschätzt werden.

Die Entwicklung des Schreibens

Beim Schreiben steht die Herstellung eines eigenen Textes im Vordergrund und nicht die rein technische Fertigkeit des Schönschreibens. Die Schreibentwicklung vollzieht sich in mehreren Stufen und beginnt mit der sogenannten **Kritzelphase.** Die Kinder imitieren Erwachsene in ihrem Schreiben und versuchen absichtlich Spuren auf dem Papier zu hinterlassen. In erster Linie geht es um die Produktion von Sichtbarem und die Freude daran, weniger um die kommunikative Funktion des Schreibens.

An diese Phase schließt sich das Nachmalen von willkürlichen Buchstabenfolgen oder buchstabenähnlicher Zeichen an. Die Kinder verstehen hier noch nicht, dass die Buchstaben Laute darstellen, und kombinieren oft Buchstaben, Bildzeichen und Kritzeleien zu „Briefen". Von ganz besonderer Bedeutung sind die Buchstaben des eigenen Namens, da hierbei der Übergang in die **halbphonetische Phase** beginnt.

In dieser Phase erkennen die Kinder den Zusammenhang zwischen Laut und Buchstabe. Jetzt schreiben sie die Buchstaben nicht mehr willkürlich, sondern verschriftlichen die Laute, die für sie in diesem Wort am wichtigsten sind: Anlaute oder den deutlichst zu hörenden Laut. Hier treten später auch die sogenannten Skelettschreibungen oder Wortruinen auf, bei denen nur einzelne Laute eines Wortes wiedergegeben werden wie zum Beispiel „RTA" für „Ritter".

Wenn die Kinder alle zu hörenden Laute in Buchstaben übertragen, also Laut für Laut schreiben, haben sie die **phonetische Phase** erreicht. In dieser Phase orientieren sie sich sehr an der Umgangs- bzw. auch Dialektsprache und hören jedes Wort genau ab und schreiben jeden Laut auf. Dabei beachten sie jedoch noch keine orthografischen Regeln. Dies folgt erst dann, wenn die Kinder ihre Schrift mit denen der Erwachsenen zum Beispiel in Büchern vergleichen und feststellen, dass manche Wörter anders geschrieben, als sie gesprochen werden (z. B. „Garage"). Wenn die Kinder die allgemeinen Rechtschreibregeln in ihrem Schreiben berücksichtigen, sind sie in der **orthografischen Phase** des Schreibens angekommen.

Jetzt ist das Lesenlernen in seinen Grundprinzipien geschafft. Die Lesesituation der Kinder stellt sich in der Praxis dann oft folgendermaßen dar:

- Die Erstleser lesen langsam und laut, dabei leiernd und ohne Betonung.
- Sie versuchen laut, die einzelnen Wortbuchstaben zusammenzuziehen.
- Dabei erfassen sie oft nicht sofort die Bedeutung der Wörter, geschweige denn der Sätze.
- Erstleser führen beim Lesen den Finger unter den Wörtern.

- Sie wiederholen häufig und
- lesen ohne große Ausdauer und oft auch ohne Motivation.

In der Leseförderung ist es wichtig, auf diese Besonderheiten Rücksicht zu nehmen. Dazu ist es notwendig, die Fähigkeiten, Interessen und Fertigkeiten der Leseanfänger wahrzunehmen, um den Lesestoff zu bewältigen und daraufhin Leseangebote auszuwählen, die deren Interesse am Lesen wecken und steigern.

Lesekompetenz

„Lesen“ – klingt ganz einfach – ist aber ein höchst komplexer Vorgang. Der Begriff der Lesekompetenz hat durch PISA (**P**rogramme for **I**nternational **S**tudent **A**ssessment) oder IGLU (**I**nternationale **G**rundschul-**L**ese-**U**ntersuchung) an Bedeutung gewonnen. Unter Kompetenzen versteht man Fähigkeiten, über die eine Person verfügt und die sie in gegebenen Situationen angemessen einsetzt.

Die Lesekompetenz umfasst entsprechend verschiedene Bereiche:

- Zuerst musst der Buchstabe als Zeichen identifiziert werden.
- Erst wenn Buchstabenkombinationen als Wort mit Bedeutung erkannt werden, erschließt sich dem Kind der nächste Lesekompetenzbereich.
- Einzelne Wortbedeutungen müssen nun miteinander in Beziehung gestellt werden, nur so können semantische und syntaktische Zusammenhänge in Sätzen erfasst werden.
- Zur nächsten Lesekompetenzebene gehört das Erkennen der Zusammenhänge zwischen den einzelnen Sätzen und Satzgefügen wie z. B. Ursache-Wirkungszusammenhänge.
- Die nächste Erweiterung stellt das Textverständnis dar, bei dem das Kurzzeitgedächtnis gefragt ist. Gerade bei längeren Handlungen ist es notwendig, eine Gesamtvorstellung von einer Thematik zu entwickeln.
- Schließlich gehört zur Lesekompetenz die eigene Einschätzung und Bewertung des Gelesenen wie z. B. wie würde ich in dieser Situation handeln?

Web 5.4 Anforderungen an für Erstleser geeignete Kinderbücher

Es bieten inzwischen sämtliche Kinder- und Jugendbuchverlage spezielle Kinderbuchreihen für Erstleser an. Diese Fülle von Büchern macht die Entscheidung schwer, welche Bücher man auswählen und den Kindern anbieten sollte. Lesen lernt man aber nur durch Lesen und durch ein gutes Leseangebot soll der Spaß am Lesen geweckt werden. (vgl. Conrady, 1998, S. 10 f.)

Wie definieren Verlage die Zielgruppe „Erstleser“? Grundsätzlich geht es um eine Leselektüre mit einer einfachen Lesbarkeit für Leseanfänger, die damit ausgelastet sind, einzelne Wörter zu decodieren, Satzinhalte zu erfassen und langsam das Lesetempo zu steigern (siehe auch S. 157 Lesesituation).

Verlage von Erstlesebüchern orientieren ihre Programme entweder am
- Alter der Erstleser (z. B. Vorlesestarter ab ca. 5 Jahren beim Oetinger Verlag), oder an
- der Lesekompetenz, der Lesestufe.

So bringen z. B. Verlage wie der Verlag an der Ruhr mit der KidS-Reihe (u. a. „Wer ist Lolly_Blu?“ von Annette Weber) dieselbe Geschichte in drei unterschiedlichen Lesestufen heraus, die sich an die gleiche Altersgruppe richten. Dank der textlichen Differenzierung können sich so Kinder mit unterschiedlich ausgebildeten Lesekompetenzen über dieselbe Geschichte/dasselbe Buch austauschen. Das Ziel der Verlage, die für Erstleser publizieren, ist für alle gleich: Das Lesen soll Spaß machen und zum eigenständigen Lesen motivieren.

5.4.1 Äußere Gestaltung eines Erstlesebuches

Wenn Kinder ein Buch in die Hand nehmen, schauen sie zuerst auf das Titelbild. Auf die Gestaltung des Titelbildes sollte dementsprechend viel Wert gelegt werden. Deshalb bietet sich idealerweise eine farbige Illustration an, die eine Situation aus dem Inhalt des Buches darstellt und die Kinder ansprechen und motivieren kann, sich mit diesem Buch zu beschäftigen.

Ebenso wie das Titelbild fällt auch sofort der **Titel** ins Auge. Dieser sollte ansprechend sein, neugierig machen und einen Hinweis auf den Inhalt geben. Gleichzeitig sollte er zum Fantasieren und Spekulieren anregen. Gerade diese Überlegungen machen neugierig, motivieren und geben den nötigen Anstoß, sich gerade mit diesem Buch zu beschäftigen.

Auf der Buchtitelseite oder Buchrückseite befindet sich meistens auch ein Hinweis auf die entsprechende **Erstlesereihe**. Die entsprechenden Symbole helfen bei der Orientierung, bieten Sicherheit und machen neugierig darauf, was einen erwartet. Trotzdem sind die Symbole nicht selten ein Problem: Manche dieser Reihen haben überhaupt keine Gliederung oder Staffelung der Schwierigkeitsgrade und verwirren deshalb die Interessenten dieser Bücher. Hier sind zwei Beispiele für Erstlesereihen aufgeführt. Web

Für die Lesemotivation der Leseanfänger ist der **Umfang** eines Buches, also die „Dicke“, ganz entscheidend. Oder besser gesagt die „Dünne“, denn umfassende, dicke Bücher schrecken ab und wirken sogleich entmutigend. Als Richtwert sind am Anfang ca. 60 Seiten geeignet.

Auch der **Klappentext** auf der Rückseite des Buches sollte zur Lesemotivation genutzt werden. Hier kann eine kurze, anregend geschriebene Inhaltsangabe mit offenem Schluss den Leser neugierig machen. Er sollte aber die Inhaltsangabe auch selbst lesen können, deshalb ist ein Großdruck (siehe das nachfolgende Kapitel 5.4.2 Innere Gestaltung eines Erstlesebuchs) auch hier schon notwendig. Natürlich können hier auch Eltern oder Erzieherinnen einen ersten Eindruck über den Inhalt des Buches und über die angesprochene Thematik gewinnen.

5.4.2 Innere Gestaltung eines Erstlesebuches

Das Lesen und Verstehen des Buchinhaltes wird dadurch erleichtert, dass in jedem Buch immer eine inhaltlich zusammenhängende Geschichte bzw. Handlung enthalten ist, die in **abgeschlossene Kapitel mit Überschriften** gegliedert ist. Anders als bei den kurzen Geschichten im Schulbuch kann sich das Kind hier länger auf eine Figur oder Handlung einlassen und sich dadurch intensiver mit ihr auseinandersetzen, als es solche „Häppchenliteratur“ sonst zulassen würde. Abgeschlossene Kapitel bieten zudem den Vorteil, dass die Kinder ihre Lesezeit unterbrechen können. Ist ihre Leseausdauer erschöpft, bieten diese abgeschlossenen Kapitel eine willkommene Pause. Die Kinder sind stolz, ein ganzes (oder vielleicht auch zwei) Kapitel gelesen zu haben.

Das gesamte Erstlesebuch sollte mit ansprechend gestalteten **Illustrationen** versehen sein. Dabei sollte nicht nur die Textseite aufgelockert werden oder der Inhalt der Geschichte abgebildet sein, sondern diese Abbildungen sollten die Kinder zum Verweilen,

Interpretieren und Spekulieren einladen. Besonders gelungen ist die Gestaltung, wenn einige Bilder gar zum Weiterfragen und Weitermachen verlocken. Gerade dies kann das Lesevergnügen steigern und die Motivation zum Weiterlesen erhalten. Zudem sind einzelne Kapitel schneller zu Ende „gelesen“, wenn mehrere Illustrationsseiten in einem Kapitel enthalten sind.

Aufmachung der Textgliederung eines Erstlesebuches

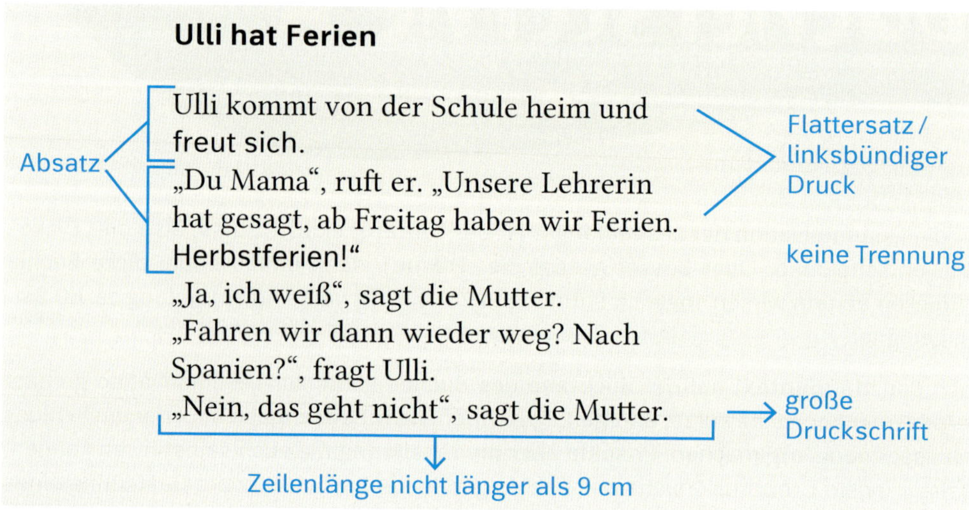
Ulli hat Ferien

Ulli kommt von der Schule heim und
freut sich.
„Du Mama“, ruft er. „Unsere Lehrerin
hat gesagt, ab Freitag haben wir Ferien.
Herbstferien!“
„Ja, ich weiß“, sagt die Mutter.
„Fahren wir dann wieder weg? Nach
Spanien?“, fragt Ulli.
„Nein, das geht nicht“, sagt die Mutter.

(Maar, 1999, S. 5)

Jede Buchseite sollte Zeile für **Zeile linksbündig gegliedert** sein und im Gegensatz zum Blocksatz im Flattersatz gedruckt werden. Durch diese Textgestaltung wird das Sinnverständnis erleichtert und die Kinder verrutschen nicht so leicht in der Zeile. Die einzelnen **Textzeilen** sollten **nie länger als etwa 9 cm lang** sein und inhaltlich in **Sinnabschnitte gegliedert** werden.

Einzelne **Absätze** sind wichtig als Lesehilfe und beenden eine inhaltliche Szene. **Trennungen** von Wörtern in zwei Zeilen **dürfen nicht vorkommen**, weil es sonst noch schwerer für die Kinder ist, die Bedeutung des Wortes zu erkennen.

In besonderer Weise ist die Größe der Schrift bei dem jeweiligen Lesealter zu berücksichtigen: Leseanfänger brauchen eine **Schriftgröße von 14 pt**, um die Zeile beim Lesen halten zu können – manchmal auch mit dem Finger. Diese Schriftgröße hilft den Kindern auch, die einzelnen Buchstaben besser wahrnehmen und differenzieren zu können. Je nach Lesefähigkeit kann die Größe verringert werden. Als Schriftart ist unbedingt eine **Druckschrift** zu wählen, weil Schreibschrift das Lesen und das Lesenlernen nachweislich behindert und verzögert.

Manche Erstlesebücher werden mit ganz besonderen Mitteln gestaltet: Im Text sind alle Substantive als Bildwörter dargestellt, die dann auf den letzen beiden Seiten in die betreffenden Wortbilder aufgelöst werden. Durch die zusätzlichen ganzseitigen Illustrationen erinnern diese Bücher sehr an ein Bilderbuch, sodass gerade diese Form der ersten Lesebücher ein gutes Verbindungsglied zwischen Bilder- und Kinderbuch darstellt.

Irgendwo in Afrika

Turbo hat frei. Er verreist mit seinem Neffen Juri nach . Dort mieten sie sich ein kleines . Sie fliegen über , , große und . Juri sitzt neben Turbo im . „Schau mal, !", ruft er und zeigt nach unten. „Und !"

Franziska Gehm, Bildermaus-Geschichten vom Piloten Turbo, Illustrationen von Betina Götzen-Beek © 2012 Loewe Verlag GmbH, Bindlach

5.4.3 Textqualität

Grundsätzlich sollte bezüglich der Textqualität eines Erstlesebuches auf eine einfache Syntax (Grammatik) und eine einfache Semantik (Wortwahl) geachtet werden. Folgende Kriterien erleichtern den Kindern das Erfassen der Bedeutung der Wörter und des Buchinhaltes:

- einfache Satzkonstruktionen (keine sogenannten Schachtelsätze)
- konkrete, bildhaft vorstellbare Wortwahl (Vermeidung von Substantivierungen oder abstrakten Wörtern)
- wenig bis überhaupt keine Fremdwörter oder schwierige Wortkonstruktionen
- einfache Zeitenwahl: Imperfekt oder Präsens (keine Passivformen)
- Vermeidung von Zeitsprüngen oder Perspektivenwechsel

Allerdings sollten gerade die Form der Reihung, also der Aneinanderreihung von Sätzen, bzw. der Wiederholung speziell bei Texten für Kinder im ersten und zweiten Lesejahr gewählt werden. Der Text muss natürlich der aktuellen deutschen Rechtschreibung und Zeichensetzung entsprechen.

5.4.4 Handlung

„Ein Kind, das lesen soll: Anna hat den Ball – Hans hat das Rad – Anna gab Hans den Ball – Hans gab Anna das Rad – und noch schlimmerer Unsinn, gewinnt nicht den Eindruck, dass man ihm damit das Lesen beibringen will, denn das, was es da lesen soll, ist ganz offensichtlich dummes Zeug." (Bettelheim, Zelan, 1980, S. 15)

In den Erstlesebüchern soll der Inhalt des Buches zum Lesen verlocken. Diesem Anspruch gerecht zu werden ist nicht einfach, denn die Sprach- und Denkentwicklung der Leseanfänger ist schon ausgeprägt, während die Lesefähigkeit noch sehr in den Anfängen steckt. Hier bergen dann viele Erstlesebücher den großen Lesefrust in sich: die Aufmachung, die Gestaltung, die Textqualität sind oft sehr gut, aber die Handlung und die Inhalte dagegen wenig spannend und eher langweilig.

Die **Themen** der Erstlesebücher sollten deshalb **entwicklungsspezifisch abgeleitet** sein (siehe Kapitel 5.2) und ein breites Spektrum für die verschiedenen Interessen bieten. Das kann also die Themen Freundschaft, Schule, Tiere, Sport, Abenteuer oder einzelne Sachgebiete umfassen. Der **Inhalt** sollte eindeutig sein und für den Leser **bekannt**, sodass der Erstleser eine emotionale und soziale Betroffenheit mit den Hauptfiguren verbinden kann. Das Erstlesebuch sollte inhaltlich dem Erfahrungsbereich, dem Leben des Erstlesers nahekommen.

Eine **Identifikationsfigur** im Alter des Erstlesers erleichtert das Lesen ungemein, da die Auseinandersetzung mit den Inhalten des Buches viel besser gelingen kann. Das ganze Buch sollte einen längeren **Gesamtspannungsbogen** enthalten, wobei die einzelnen Kapitel jeweils kleine Spannungsbögen enthalten sollten. (siehe auch: Comics zum Lesenlernen Kapitel 8)

Web

Aufgabe

Verschaffen Sie sich einen Überblick (Büchereien) über den aktuellen Erstlesebuchmarkt und beurteilen Sie diesen anhand der vorangegangenen Kriterien. Erstellen Sie anschließend eine Literaturliste.

5.4.5 Bücher für leseschwache Kinder und Jugendliche

Für einige Kinder und Jugendliche ist der Leselernprozess sehr mühsam und das Tempo des Lernens geht zu schnell. Oftmals sind diese Kinder aufgrund ihrer bisherigen Lesesozialisation wenig motiviert, zu einem Buch zu greifen – denn auch lesen lernt man nur durch lesen. Die Leseprobleme dieser Zielgruppe betreffen vor allem die Wort- und Sinnerfassung: Sie können durchaus flüssig lesen, verstehen jedoch nicht, was sie gelesen haben. Immer mehr Verlage haben nun diese Zielgruppe im Blick, obwohl diese nur einen geringen und wenig finanzstarken Anteil der Erstleser bilden. Der Lesestoff wird vor allem von pädagogischen Fachkräften und Eltern ausgesucht und sollte sich auf folgende Themen beziehen:

- Freundschaft
- Liebe
- Schule
- Social Media
- persönliche Konflikte
- Familie
- Probleme mit dem Erwachsenenwerden.

Aufgabe

Recherchieren Sie bei einzelnen Verlagen hinsichtlich einer Lesereihe für schwache Leser. Vergleichen Sie das Leseprogramm hinsichtlich der formalen Anforderungen und den Themen.

Eine kleine Auswahl von Verlagen:

Carlsen Verlag (Carlsen Clips), Verlag an der Ruhr (K. L. A. R.-Reihe), Ravensburger (Short & Easy), Cornelsen (Leseo), Arena (Real Life) u. a.

5.4.6 Lesen mit der App

Inzwischen gibt es einige Apps (Applikationen), die den Lesekompetenzerwerb unterstützen können. Fünf Gründe, die für digitale (Vor-)Lesemedien sprechen, nennt die Stiftung Lesen in ihrer Informationsschrift „Vorlesen mit Apps in der Grundschule“ (Miriam Holstein, Stiftung Lesen, Mainz 2019):

1. Über digitale Medien lassen sich auch Kinder motivieren, die zunächst wenig Interesse am Lesen haben.
2. Auch Kinder mit geringer Sprach- oder Lesekompetenz profitieren von digitalen Lesemedien, denn multimediale Elemente wie Ton und Bild fördern das Textverständnis.
3. Interaktionsmöglichkeiten, Illustration und Animation in der App regen zum Austausch über Medium und Text an – eine bedeutende Voraussetzung für erfolgreiche Sprach- und Leseförderung.
4. Die digitale Aufbereitung von Texten kann das Lesen in neuem Licht zeigen und ein positives Leseimage fördern.
5. Durch die Zuweisung von Lesetexten auf unterschiedlichen Niveaustufen können pädagogische Fachkräfte auf individuelle Lernvoraussetzungen eingehen und in heterogenen Gruppen passgenau differenzieren.

Der Spaß und der spielerische Charakter der App sollte bei der Auswahl im Vordergrund stehen; die Förderung der Lesekompetenz bzw. die Sprachförderung sollte unbewusst – wie nebenbei – geschehen. Das Vorlesen als wichtiges Mittel der Lesefrühförderung wird den Eltern für Kinder von 2 bis 7 Jahre durch die App der Stiftung Lesen „Einfach Vorlesen“ erleichtert. Mit dem Handy oder dem Tablet kann man durch die App ansonsten ungenutzte Zeit, z. B. beim Warten in der Arztpraxis, qualitativ gut mit immer neuen Bilderbuchgeschichten überbrücken. Bei der Auswahl der Lese-Apps ist mit Blick auf die konkrete Lerngruppe und Lernsituation in sozialpädagogischen Einrichtungen auf Folgendes zu achten:

- auf das Alter bzw. die entwicklungsentsprechende Aufbereitung der Inhalte,
- die thematischen Interessen und Bedürfnisse,
- bisherige Erfahrungen zum Thema,

- Sprachstand bzw. Stand der Lesekompetenz,
- Gruppengröße (max. vier Kinder),
- ob individuelle Einstellungen in der App möglich sind,
- welche technischen Möglichkeiten es in der sozialpädagogischen Einrichtung gibt (Beamer, mobile Endgeräte etc.) und ob die App im jeweiligen Betriebssystem verfügbar ist.

Zudem ist es wichtig, das Produkt hinsichtlich der Vorgaben des Kindermedienschutzes zu überprüfen. Oder enthält es Werbung, sodass schnell Kosten anfallen. In der Datenbank „Apps für Kinder“ des Deutschen Jugendinstitutes (DJI) finden sich dazu weiterführende Hinweise. (s. Urlen, Marc: Kinder-Apps, in: https://www.dji.de/themen/medien/kinderapps.html [07.09.2021])

Aufgabe

Wählen Sie in einer Kleingruppe eine kostenlose App zur Leseförderung aus (z. B. eKidz.eu oder Lesestart zum Lesenlernen, beides von der Stiftung Lesen). Machen Sie sich mit der App vertraut und wenden Sie die oben genannten Beurteilungskriterien an. Schauen Sie sich neben den Texten auch die grafische bzw. multimediale Gestaltung an. Beachten Sie dabei, dass Spielereien, die nicht unmittelbar mit dem Inhalt oder dem Text zu tun haben, Kinder oft ablenken. Überlegen Sie gemeinsam, wie Sie die App in einer Vorlesesituation einsetzen könnten.

Anregungen für die Durchführung von digitalen Vorleseangeboten:

- Gestaltung der Vorleseatmosphäre durch bequeme Sitzmöglichkeiten, zur Vorlesegeschichte passende ausgewählte Gegenstände oder Rätsel, Getränke oder eine Kerze;
- Rituale zu Beginn und zum Ende durch ein gemeinsam ausgewähltes Lied oder einen rhythmischen Reim; eventuell enthält die App auch Musik, sodass damit das Vorleseangebot begonnen oder beendet werden kann;
- Bezug zum Vorwissen und den Interessen der Kinder durch eine kleine themenführende Gesprächsrunde herstellen;
- dialogisches Vorlesen einplanen, d. h. methodische Planung des Wechsels zwischen dem Vorlesen durch die pädagogische Fachkraft und dem Erzählen und Einbeziehen der Kinder in den Verlauf der Vorlesegeschichte; offene Fragestellungen an die Kinder richten;
- Gespräch und Aktion nach dem Vorlesen durch gezielte Herstellung des eigenen Bezuges zu der Geschichte einplanen; neben dem Gespräch finden hier vor allem kreative Gestaltungsmöglichkeiten zur gehörten Geschichte statt;
- Ermöglichen eines freien Zugangs zur Lese-App zum eigenen Ausprobieren und Vertiefen.

5.5 Praktische Umsetzung am Beispiel *Die Eisenbahn-Oma* von Paul Maar

© Verlag Friedrich Oetinger, Hamburg.

Selbst die „besten“ Erstlesebücher können nicht alleine die Lesefreude wecken, sie brauchen Vermittler, die den Spaß am Lesen begleiten, vertiefen und die Lesemotivation weiterhin erhalten. In den meisten Grundschulen gibt es vielfältige lesepädagogische Aktivitäten. Sozialpädagogische Einrichtungen wie Schülerhorte, Kinder- und Jugendheime, aber auch Ferienaktionen, haben den Vorteil des ganzheitlich pädagogischen Arbeitens und können deshalb regelrechte Leseprojekte durchführen, die das „Leseerleben“ zum Thema machen.

5.5.1 Überlegungen zur Zielgruppe

Da die Identifikationsfigur des Buchs *Die Eisenbahn-Oma* Ulli in die erste oder zweite Klasse geht, bietet sich diese Altersstufe bei der Zielgruppe an. Die Kinder sollten das Lesen in den verschiedenen Phasen schon erlernt haben, d. h. also Erstleser sein, die die Technik des Lesens beherrschen.

Das Buch *Die Eisenbahn-Oma* berücksichtigt alle Kriterien zur äußeren und inneren Gestaltung. Ebenso sind die Textqualität und die Handlung als gut zu beurteilen, sodass hier ein Erstlesebuch vorliegt, das Kinder bewältigen können.

In einem sozialpädagogischen Angebot geht es aber nicht darum, den Kindern dieses Buch zu zeigen und zu sagen: „Du brauchst jetzt ja niemanden mehr, du kannst schon alleine lesen.“ Vielmehr geht es um eine Lesebegleitung und um eine Vertiefung der Leseerfahrungen. Dabei ist es wichtig, dass der Vermittler selbst die Lesevorbildfunktion einnimmt, selbst gerne liest und einen guten Bezug zu diesem Erstlesebuch aufgebaut hat.

Eine feste Kindergruppe, deren Mitglieder immer am Leseangebot teilnehmen können, ist sicher in der Praxis eines Schülerhortes oder in einem Jugend- und Kinderheim nicht möglich (evtl. in einer Feriengruppe). Es geht in dem Leseangebot eher um ein offenes Projekt, dessen Verlauf die Kinder durch ihre Interessen und Bedürfnisse mitbestimmen können. Die Durchführung des Angebots mit einer festen Gruppe von Kindern zusammen mit anderen, auch wechselnden Teilnehmern, wäre also gut möglich.

5.5.2 Inhaltsbeschreibung

Ulli, ein Schüler in der ersten oder zweiten Klasse, hat Herbstferien und möchte unbedingt wegfahren. Die Eltern müssen jedoch arbeiten. Ulli darf nun zum ersten Mal alleine verreisen – und zwar mit dem Zug von Stuttgart nach München – zu Tante Helga und Anne. Die Mutter bringt Ulli an den Bahnhof und setzt ihn in ein Abteil mit einer älteren Dame. Zunächst ist Ulli nicht begeistert, denn lieber wäre er in einem Abteil zusammen mit anderen Kindern. Dennoch kommen beide ins Gespräch. Die „Eisenbahn-Oma" fängt an, Geschichten aus ihrer Kindheit zu erzählen: Streiche, die sie erlebt hat und wie sie beinahe einmal ein Motorrad eines Polizisten geklaut hat. Sie weiß aber auch noch G-Sätze und A-Sätze, Rätsel und Gedichte. So vergeht natürlich die Eisenbahnfahrt nach München wie im Flug und Ulli will bei der Rückfahrt unbedingt wieder in ein Abteil mit einer „Eisenbahn-Oma".

Aufgabe

Übertragen Sie die vorher aufgeführten Beurteilungskriterien auf Die Eisenbahn-Oma *von Paul Maar. Erarbeiten Sie sich eine Buchbeurteilung.*

5.5.3 Didaktische Überlegungen

Die didaktischen Überlegungen beschäftigen sich mit der möglichen Wirkung des Erstlesebuches *Die Eisenbahn-Oma*, wobei diese im Sinne einer Lernzielkontrolle bei allen Kindern nicht so erreicht werden kann und auch nicht soll.

Dieses Kinderbuch weckt zuerst einmal die Freude und den **Spaß am Lesen**, denn es enthält sowohl spannende (abenteuerliche), als auch lustige Anteile. Gerade diese beiden Eigenschaften eines Buches, „spannend" und „lustig", sind für Kinder die wichtigsten. Diese identifizieren sich mit der Hauptfigur Ulli und können Vergleiche zur eigenen Lebenssituation ziehen (was würde ich machen, wenn ...). Zudem werden die Kinder mit dem Thema **„Alte Menschen"** konfrontiert und zwar in einer Form, die ohne den pädagogischen Zeigefinger auskommt. Ein positives Erlebnis mit einer älteren Dame kann die Kinder zum Nachdenken anregen, welche Erfahrungen sie schon gemacht haben.

Außerdem enthält dieses Buch einige **Anregungen zur Freizeitgestaltung:** Sprachspiele verschiedener Art (z. B. das Bilden von G-Sätzen), Rätsel usw. Auch dies lässt sich in weiterführenden Angeboten vermitteln.

5.5.4 Methodische Überlegungen

Man kann Kinder mit dem Angebot eines Erstlesebuches nicht alleine lassen. Es müssen methodische Überlegungen getroffen werden, wie die Kinder bei den ersten Leseerfahrungen begleitet werden. Zuerst ist einmal die **Lesemotivation** zu schaffen. Nicht immer haben Kinder von alleine Lust, ein Buch zu lesen. Auch dies bedarf der Berücksichtigung bezüglich des methodischen Vorgehens.

In einem gemütlichen literarischen Rahmen (z. B. „Lesecafé" mit Tee, Keksen, Ruhe ...) könnte das Buch *Die Eisenbahn-Oma* vorgestellt werden. *Die Eisenbahn-Oma* kann die Kinder sehr gut **neugierig machen**: Hier kann bei der Vorstellung z. B. auf den **Widerspruch zwischen Buchtitel und Titelbild** eingegangen werden: Was verbirgt sich dahinter? Was ist eine Eisenbahn-Oma? Und was tut das Mädchen auf einem alten Polizeimotorrad?

Diese Fragen können zum Spekulieren und Fantasieren über den Inhalt des Buches anregen und somit eine erste Auseinandersetzung mit dem Buch schaffen. Zum **Vorlesen** durch die pädagogische Fachkraft/Lesebegleitung bieten sich die ersten Kapitel an, wobei diese auch seitenmäßig sehr knapp gehalten sind. Man könnte natürlich an der spannendsten Stelle am Buchanfang (Suche nach der Fahrkarte) aufhören und mit den Kindern überlegen, was sie in solch einer Situation machen würden. Die Auflösung dieser Buchsituation sollte man allerdings fertig lesen, um den Kindern zu zeigen, dass das Buch spannende Elemente enthält.

Anschließend, bei weiterem Interesse der Kinder, bietet sich das **freie Lesen** an, d. h. jeder, der Lust hat, kann das Buch in der Einrichtung (oder ggfs. auch zu Hause) weiterlesen. Mehrere Büchereien bieten einzelne Bücher auch im sogenannten Klassensatz an, sodass eine Einrichtung auch mehrere Exemplare eines Buches zum freien Lesen anbieten könnte. Anschließend sind wieder **lose oder feste Treffen** dieser Lesegruppe möglich: zum **Austausch** über bereits Gelesenes (z. B. Thema Streiche), zum **Vertiefen der im Buch enthaltenen Spiele** (z. B. Vorbereiten einer Spielerunde für andere Kinder) oder **Rollenspiele** (z. B. Fahrkartensuche).

Nun geht es darum, die **individuellen Bedürfnisse und Interessen** der Kinder zu erkennen, diese **aufzugreifen** und weiterzuführen. Das Erstlesebuch *Die Eisenbahn-Oma* bietet viele Möglichkeiten: Einen Gruppenausflug mit der Eisenbahn unternehmen, ältere Menschen in die Einrichtung einladen, Geräusche eines Bahnhofs auf Kassette aufnehmen und ein Ratequiz daraus machen, *Die Eisenbahn-Oma* verfilmen, Informationen über den Autor Paul Maar sammeln (und z. B. andere Bücher von ihm kennenlernen).

Es kann sich aber durch ein Leseprojekt innerhalb der Einrichtung eine „Lesekultur", ein Umgang mit Büchern aufbauen, sodass Bücher innerhalb des Alltag einen festen Platz haben.

Einstiegsmöglichkeiten, um Lese- und Buchinteressen der Kinder kennenzulernen

- Büchereibesuch mit einzelnen Kindern und mit Ausleihe für die Gruppe
- Lesetisch einrichten: Kinder bringen ihre Lieblingsbücher mit
- Regelmäßige Bücherstunden mit Tee, Keksen und gemütlicher Atmosphäre (Lesecafé)

Wecken der Leselust durch Impulse und offene Angebote

- Vorlesestunden als Ritual im Tagesablauf einführen, z. B. zur Entspannung, zum Ausruhen und zum Träumen.
- Bildgeschichten ansehen und die Kinder weitererzählen lassen.
- Geschichten mit bekannten Hauptfiguren (z. B. Pippi Langstrumpf, Robin Hood usw.) neu erfinden (auf ein Speichermedium aufnehmen oder aufschreiben).

- Anfänge von Geschichten vorlesen und jeder darf erzählen, wie es weitergeht.
- Einen Bücherflohmarkt in der Einrichtung anbieten, auch für Comics oder Zeitschriften.
- Eine Nacht der Bücher organisieren: z. B. als Ferienaktion mit Übernachtung – Vorlesegeschichten bis tief in die Nacht ... natürlich auch mit Gespenstergeschichten!

5.6 Lesen und Schreiben praktisch miteinander verbinden

Lesen und Schreiben stehen in enger Verbindung zueinander und könnten lesedidaktisch viel besser miteinander verknüpft werden. Das Schreiben über eine Geschichte setzt erst einmal eine intensive Auseinandersetzung mit dem Text voraus.

Der gedruckte Text wiederum gibt Anregungen für den eigenen Schreibstil. Durch eine enge Verzahnung von Lesen und Schreiben wird die Lesekompetenz auf allen Ebenen angesprochen.

Allgemeine Umsetzungsmöglichkeiten

- Fortsetzung oder Schluss zu einer Geschichte schreiben
- Interviews mit Figuren aus dem Buch verfassen
- Tagebucheinträge der Figuren schreiben
- Brief an eine Figur oder den Autor formulieren
- Informationsplakat zu einem Sachthema aus dem Buch oder zum Autor selbst gestalten

Praktische Umsetzung am Beispiel des Bilderbuchs *Post für den Tiger* von Janosch

Inhaltsangabe

Der kleine Tiger ist immer so einsam, wenn sein Freund Bär zum Angeln geht. Deshalb bittet er ihn, ihm einen Brief zu schreiben. Bär nimmt zum Angeln Tinte und eine Kanarienvogelfeder, Papier und einen Umschlag mit und schreibt Tiger einen Brief. Doch als er am Abend nach dem erfolgreichen Angeln mit dem Brief nach Hause kommt, findet er einen traurigen Tiger vor. Jetzt wo der Freund wieder zurück ist, braucht er keinen Brief mehr. Er bittet den Bären, den nächsten Brief mit einem Boten zu schicken, damit er früher ankommt.

Am nächsten Tag schreibt Bär wieder einen Brief an Tiger und sucht einen Boten: die elegante Gans, der dicke Fisch, die flinke Maus, der Fuchs, der Elefant im Boot, der Esel mit dem Rucksack und der kleine Mann mit der langen Nase haben alle keine Zeit – oder Lust, den Brief zu transportieren. Erst der Hase mit den schnellen Schuhen erklärt sich bereit, den Brief dem Tiger zuzustellen. Der ist überglücklich, als er Post vom Bären bekommt und kocht ein Festmahl. Am nächsten Tag darf der Bär vom Tiger Post bekommen. So wechseln sich die Freunde eine Zeit lang ab – immer ist der Hase der Briefträger. Die Freunde schreiben aber noch anderen, z. B. der Tante Gans – und alle wollen nun Briefe schreiben. Der Hase mit den schnellen Schuhen muss nun andere Hasen als Briefträger einstellen und gelbe Briefkästen werden aufgehängt. Für weiter entfernte Länder wird noch die Luftpost erfunden.

Doch manchmal fühlt sich Tiger auch einsam, wenn der Bär nur im Zimmer nebenan ist. Deshalb erfinden die Freunde das Haustelefon: Es wird ein Gartenschlauch von einem Zimmer in das andere gelegt. Dann legen sie noch einen Schlauch zum Angelplatz vom Bären, sodass er nicht mehr schreiben muss. Auch Tante Gans bekommt ein unterirdisches Kabeltelefon. Nun können alle miteinander telefonieren und der kleine Tiger und der kleine Bär finden das Leben unheimlich schön so.

Kernaussage des Buches

Im Mittelpunkt der Geschichte steht die enge Freundschaft zwischen Bär und Tiger, die nicht gerne voneinander getrennt sind. Um für dieses Problem eine kreative Lösung zu finden, werden die Ideen, Briefe zu schreiben oder ein Telefon zu bauen, gleich umgesetzt.

Didaktische Überlegungen

Das Bilderbuch *Post für den Tiger* lässt sich hervorragend sowohl im Elementarbereich mit Vorschulkindern als auch mit Grundschulkindern sozialpädagogisch als Projekt umsetzen. Der Einsatz dieses Bilderbuches bietet die Chance, Literatur in einem umfassenderen Sinn zu nutzen, nämlich als sogenannte Literacy-Förderung durchzuführen.

Literacy bedeutet wörtlich „Lese- und Schreibkompetenz" und umfasst Kompetenzen wie

- Textverständnis und Sinnverstehen,
- sprachliche Abstraktionsfähigkeit,
- Vertrautheit mit Büchern,
- Lesefreude,
- die Fähigkeit, sich schriftlich auszudrücken,
- Vertrautheit mit Schriftsprache oder literarischer Sprache und
- Medienkompetenz.

Methodische Überlegungen

Das Bilderbuch zunächst in einer Kleingruppe betrachten. Vorschulkindern wird die Geschichte des Bilderbuches dialogisch vorgelesen, während Grundschulkinder, d. h. Erstleser, den Inhalt der Geschichte selbst lesen können. Als Einstieg und zur Anschauung eignet sich ein Brief, der an den Tiger adressiert ist. Hier kann man z. B. in der Gruppe Vermutungen anstellen, warum der Tiger einen Brief erhält. Dabei können die Hauptfiguren Bär und Tiger als Bilder betrachtet werden. In einer dialogischen Bilderbuchbetrachtung ist darauf zu achten, dass die Kinder angeregt werden zu benennen, zu erklären, zu zeigen und zu überlegen, wie die Geschichte weitergeht. Als Abschluss eignet sich ein Gespräch über die Tiere, die im Bilderbuch vorkommen, das Sie mit Fragen wie „Was magst du an dem Bären oder an dem Hasen mit den schnellen Schuhen? Und was nicht?“ einleiten können.

Vertiefung des Bilderbuches als Projekt

- Freies Erzählen der Geschichte unterstützt durch einen sogenannten Geschichtenkoffer. Dieser ist z. B. gefüllt mit Bildern der Hauptfiguren, einem Brief, einer Feder, einem Gartenschlauch, einer Angel oder einem Kochtopf.
- Die Bilderbuchgeschichte wird mit einfachen Requisiten nachgespielt. Oder die Geschichte wird anders nachgespielt z. B. „Ein Brief geht verloren“.
- Hörspielversion bzw. DVD-Version mit dem Bilderbuch vergleichen.
- Weitere Tiger-und-Bär-Geschichten von Janosch kennenlernen, z. B. *A letter for Tiger*, *Oh, wie schön ist Panama* oder *Ich mach dich gesund, sagte der Bär*.

Lesen und Schreiben in einem Briefprojekt verbinden

Innerhalb des Projektes könnten Briefe an Freunde, Eltern oder Großeltern geschrieben oder gedruckt werden. Mit in der Gruppe könnten alle Sachinformationen rund um das Briefeschreiben gemeinsam zusammentragen werden:

- Was braucht man, um einen Brief zu verschicken?
- Welche Stationen durchläuft ein Brief?

Weiteres Material und Informationen zu diesem Thema erhalten Sie unter der Rubrik Post und Schule auf der Internetseite www.deutschepost.de. Post und Schule ist ein gemeinsames Angebot von Deutscher Post und Stiftung Lesen, das sich an Lehrer aller Schulformen sowie Referendare, Erzieherinnen und Eltern richtet.

Möglicherweise bietet sich auch ein Ausflug zum Deutschen Postmuseum in Frankfurt am Main an. Es verfügt über Schausammlungen zur Post- und Fernmeldegeschichte und zur Postschifffahrt sowie über ein Briefmarkenkabinett.

Web

Fast vergessen ist das Brieffalten, eine besondere Form des Origami. Es ist möglich, den Brief selbst zu falten oder einen Briefumschlag. Durch diesen besonderen Aufwand gewinnt der ansonsten „einfache“ Brief eine besondere Bedeutung – für den Absender und den Empfänger gleichermaßen. Beim Falten wird das feinmotorische Lernen, das Erinnerungsvermögen (mehrere Faltschritte) und die Kreativität, durch das individuelle Ausgestalten des Briefes, besonders gefördert. Faltbriefe kombinieren auf eine eher nebensächliche Art und Weise das Schreiben und das Lesen. Verschiedene Brieffaltmöglichkeiten hat insbesondere Elsje van der Ploeg entwickelt.

6 Kinderbücher – das größte aller (Lese-)Abenteuer

6.1 Die Kindergeschichte – in der Kürze liegt die Würze

Ticktack

„‚Alles geht nach der Uhr', sagt Frau Ureburegurli. ‚Um ein Uhr haben die Kinder gegessen, bis zwei Uhr arbeiten sie an den Schulaufgaben, bis fünf Uhr dürfen sie spielen, um halb sechs essen sie Abendbrot, danach lernt die Großmutter noch mit den Kindern, und von abends sieben bis morgens sieben schlafen sie. Um acht Uhr gehen sie zur Schule, und um zwölf Uhr dreißig sind sie wieder zu Haus.' ‚Ich bin gespannt', sagt Frau Lustibustigiero, die Nachbarin, ‚wie lange es dauert, bis Ihre Kinder nur noch tik tak sagen.'"

(Wendt, 1971, S. 14)

Aufgaben

- *Erstellen Sie einen Zeitplan Ihres Tagesablaufes und vergleichen Sie diesen in der Kleingruppe. Wo gibt es Gemeinsamkeiten und wo liegen die Unterschiede? Was überrascht Sie?*
- *Markieren Sie Ihren Zeitplan zur besseren Übersicht farbig nach folgenden Kriterien:*
  - *Beruf/Ausbildung*
  - *Familie/Freunde*
  - *Hobbys/Vereine*
  - *Faulenzen*
  - *weitere Kriterien*
- *Werten Sie Ihren Zeitplan aus und überlegen Sie, ob Sie mit der Gewichtung der Anteile zufrieden sind oder wofür Sie mehr Zeit haben möchten.*
- *Erkundigen Sie sich nach den Tagesplänen der Kinder aus Ihren Praxiseinrichtungen. Als Gesprächsanregung und Anfang eignet sich die oben aufgeführte Kurzgeschichte.*
- *Erfragen Sie bei den Kindern deren Wünsche und Bedürfnisse bei der Tagesgestaltung.*

Die **Kindergeschichte** ist **keine eigenständige Literaturgattung**, sondern umfasst alle Erzählungen für Kinder bis ca. zwölf Jahre. Der geringe Umfang der Geschichten, ihre **Kürze**, ist **als besonderes Merkmal** festzuhalten. Die Aussage der Autoren ist auf meist eine Handlungsszene beschränkt, sodass ein Thema nur angerissen, nicht aber umfassend behandelt werden kann.

Die Geschichten stammen vorwiegend aus dem Erfahrungsbereich der Kinder und handeln von ihrer Lebenssituation, ihren Bedürfnissen, Wünschen und Problemen. Je nach inhaltlicher Ausrichtung der Kindergeschichten unterscheidet man:

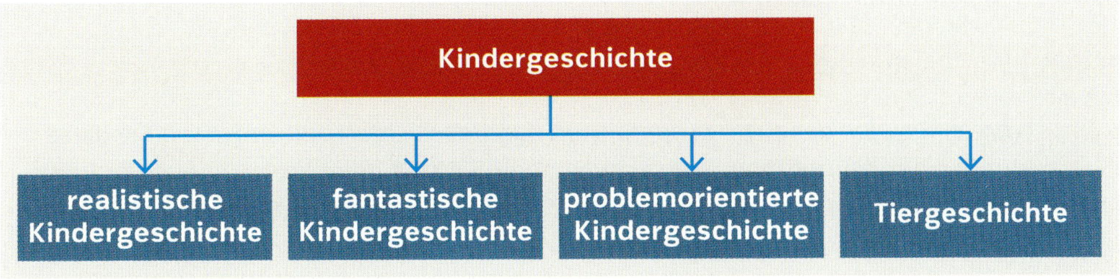

Wegen des zur Verfügung stehenden, meist engen zeitlichen Rahmens lassen sich in der sozialpädagogischen Praxis die kürzeren Kindergeschichten leichter einsetzen als ein komplettes Kinderbuch.

Die unterschiedlichen Alltagssituationen der Kinder können in der Kindergeschichte literarische Gestalt annehmen. Beispiele von Kindergeschichten:

- *Ich find dich einfach wunderbar. Vorlesegeschichten von Pechbären, Wutstieren und Krachdrachen* von Isabel Abedi.
  Die Autorin erzählt drei Vorlesegeschichten zu Themen aus dem Kinderalltag: Vom Pechbären, der am Schluss das große Glück findet, von dem kleinen Wutstier Torro, der manchmal ziemlich rot sieht und von Lisas Krachdrachen, der auch tolle Sachen ganz leise machen kann.
- *Schokolade am Meer. Vorlesegeschichten* von Antonia Michaelis.
  Nikla und ihr Papa beobachten in einem Café am Meer aufmerksam das Geschehen um sie herum. Aus den verschiedensten Situationen heraus fallen dem Vater immer wieder neue, spannende und unterhaltsame Geschichten ein, die Nikla in den Bann ziehen.
- *Erwin Mosers fantastische Gute-Nacht-Geschichten* von Erwin Moser.
  Erwin Mosers tierische Helden erleben tollkühne Abenteuer und echte Freundschaften, erfinden außergewöhnliche Fahrzeuge und seltsame Gerätschaften. Trotz aller Abenteuer schaffen die liebevoll erzählten Geschichten und detailreichen Illustrationen eine geborgene Stimmung – nicht nur zum Einschlafen!

Die kurzen Kindergeschichten bieten sich je nach Inhalt als **Vorlesegeschichten** in der sozialpädagogischen Praxis vom Kindergarten bis zum Schülerhort oder Heimbereich an. Gerade das Vorlesen wird häufig völlig unterschätzt, bedeutet es den Kindern doch viel mehr als das reine Hörbarmachen von Geschichten.

Vorlesen heißt vor allem körperliche Nähe, Entspannung, Ruhe und Teilhaben an einer gemeinsamen Geschichte. Das Vorlesen von Kurzgeschichten ermöglicht zudem, miteinander ins Gespräch zu kommen, wobei die Inhalte des Buches, wie die Situation des Vorlesens, zur Kommunikation beitragen.

Das Vorlesen an sich muss aber gut vorbereitet werden. Dabei sollte der Text inhaltlich erarbeitet und in Sinnabschnitte gegliedert werden. Um ein Üben des Vorlesens wird die Erzieherin in der Vorbereitung nicht herumkommen, wenn sie die Kindergeschichte zum Lese-Erlebnis werden lassen will.

Web

Aufgaben

Wählen Sie eine der zuvor aufgeführten Kurzgeschichten aus und lesen Sie diese laut in einer Kleingruppe. Alternativ können Sie sich beim Vorlesen auch auf ein Speichermedium aufnehmen. Hören Sie sich anschließend das Vorgelesene bezüglich der Lebendigkeit genau an. Folgende Fragen können eine Hilfestellung für die Beurteilung und das Üben des Vorlesens sein:

- *Welche Wörter wurden besonders betont?*
- *Wo waren Pausen zwischen Wörtern und Sätzen?*
- *Waren die Lautstärke und Deutlichkeit der Aussprache angemessen?*
- *Wo war eine Sprachmelodie erkennbar (Heben, Senken der Stimme)?*
- *Waren die „Atemeinheiten" sinnvoll gesetzt?*
- *Welche Mimik, welche Gestik wurde beim Vorlesen verwendet?*
- *Gab es sinnvolle Wiederholungen (Sätze, Wörter)?*
- *Wie hat die Geschichte auf mich insgesamt gewirkt? Habe ich gut zuhören können?*

Die goldenen Regeln des Vorlesens

1. Schaffen Sie regelmäßige (ritualisierte) Gelegenheiten zum Vorlesen.
2. Wählen Sie einen ruhigen, gemütlichen Ort zum Vorlesen aus. Gestalten Sie für sich und die Kinder einen angenehmen Rahmen, z. B. mit Getränken oder ein paar Keksen.
3. Gehen Sie bei der Auswahl der Bücher und Geschichten auf die Interessen, Bedürfnisse, Wünsche, Erfahrungen der Kinder ein. Lassen Sie ruhig die Kinder auswählen. Beachten Sie den jeweiligen individuellen Entwicklungsstand der Kinder.
4. Vermeiden Sie das „Runterleiern", denn Kinder spüren, wenn Sie mit den Gedanken nicht dabei sind. Entwickeln Sie selbst Freude am Vorlesen.
5. Gehen Sie auf das Gespräch der Kinder ein, sprechen Sie mit den Kindern über das Vorgelesene.
6. Seien Sie selbst Vorbild und beschäftigen Sie sich selbst mit Büchern, z. B. wenn Sachfragen auftauchen.

(vgl. Mähler/Kreibich, 1994, S. 53)

Hinweise auf neue bzw. beliebte Kindergeschichten sind auch für Eltern wichtige Informationen zur Leseförderung. Kindergeschichten vorzulesen bietet sich zu folgenden Gelegenheiten an: als Gute-Nacht-Geschichten oder als Urlaubslektüre, zur Überbrückung von Wartezeiten bei Ärzten, in der Advents- und Weihnachtszeit ...

Aufgabe einer sozialpädagogischen Einrichtung ist es u. a., Eltern über gute Vorlesebücher zu informieren. Büchereien oder Buchläden bieten z. B. mit Bücherausstellungen dabei ihre Hilfe an.

Um das Vorlesen von Kindergeschichten vermehrt in den sozialpädagogischen Einrichtungen anzubieten, können z. B. auch Großeltern oder Eltern zu bestimmten Tagen/Nachmittagen zum Vorlesen eingeladen werden. Hier kann den „Vorlesern" eine bestimmte Auswahl an Büchern zur Verfügung gestellt werden und mit ihnen gemeinsam den Kindern ein Leseerlebnis geboten werden.

6.2 Bedeutung des Lesens für die Entwicklung der Kinder

Web

Erinnerungen an Lieblingsbücher aus Kindertagen

Astrid Lindgren, (1907–2002), war Autorin zahlreicher bekannter Kinderbücher. Ihr erstes Lieblingsbuch war die Geschichte vom Riesen Bam Bam und der Fee Viribunda von Anna Maria Roos:

„Es begann in Kristins Küche, als ich ungefähr fünf Jahre alt war. Bis dahin war ich ein junges Tier gewesen, das mit Augen, Ohren und allen Sinnen nur das in sich eingesogen hat, was Natur war. Dass es auch Kultur gab, erfuhr ich erst, als ich auf Kindesbeinen in Kristins Küche stiefelte, wo mich überraschend ein Hauch davon streifte. Kristin war mit unserem Kuhknecht verheiratet, und was wichtiger war, sie war Ediths Mama. Diese Edith – gesegnet sei sie jetzt und allezeit – las mir das Märchen vom Riesen Bam Bam und der Fee Viribunda vor und versetzte meine Kinderseele dadurch in Schwingungen, die bis heute noch nicht ganz abgeklungen sind. Allmählich lernte ich selber lesen und ging auf die Jagd, um meinen wilden Lesehunger zu stillen. Anfangs war die Ausbeute nur mager. Aber die Lehrerin in der Vorschule hatte immerhin einen glänzenden Einfall – alljährlich brachte sie uns vor Weihnachten wunderbar bunte Prospekte über Weihnachtszeitungen und Märchenbücher mit, sodass man sich ein Buch als Weihnachtsgeschenk bestellen konnte.

Schneewittchen mit einer von Jenny Nyström gezeichneten drallen, schwarzlockigen Prinzessin auf dem Umschlag war mein erstes eigenes Buch. Ein Buch ganz für sich allein zu besitzen, – dass man vor Glück nicht ohnmächtig wurde! Noch heute weiß ich, wie diese Bücher rochen, wenn sie funkelnagelneu und frisch gedruckt ankamen, ja denn zunächst einmal schnupperte man daran, und von allen Düften dieser Welt gab es keinen lieblicheren. Er war voller Vorgeschmack und Erwartungen."

(Lindgren, 1977, S. 69 ff.)

Reflexion der eigenen Lesebiografie

Die Erinnerungen von Astrid Lindgren an ihre Lieblingsbücher aus Kindertagen bieten einen Einstieg in die Erforschung individueller Leseerinnerungen. Die Lesebiografie kann Aufschluss über die eigene Haltung Büchern gegenüber geben.

Aufgabe

Legen Sie den nachfolgenden Fragebogen zur Reflexion Ihrer eigenen Lesebiografie zugrunde. Beantworten Sie dazu alleine für sich die Fragen. Werten Sie den Fragebogen anschließend in Kleingruppen aus und präsentieren Sie Ihre Ergebnisse im Plenum.

Diskutieren Sie dann gemeinsam in der Klasse diese Fragestellungen:

1. *Welche Ähnlichkeiten, welche Unterschiede gibt es?*
2. *Wie hat sich die Haltung dem Buch gegenüber entwickelt?*
3. *Kann man bei jedem eine durchgängige Lesehaltung ersehen?*
4. *Gibt es ähnliche Lieblingsbücher?*
5. *Welche Folgerungen lassen sich für eine positive Leseförderung aus der eigenen Lesebiografie ziehen?*
6. *Welche Bedeutung hat das Lesen für die Entwicklung der Kinder?*

Fragebogen

1. An welches erstes Buch erinnern Sie sich noch? Haben Sie es gerne gelesen?
2. Haben Sie als Kind gerne gelesen? Warum ja oder nein?
3. An welche Leseerlebnisse erinnern Sie sich?
4. Wer oder was hat Sie zum Lesen motiviert?
5. Welches war für Sie das wichtigste Buch, das Sie gelesen haben?
6. Gab es Zeiten, in denen Sie mehr oder weniger gelesen haben? Warum?
7. Welche Buchkategorien (Sachbuch, Romane, Fantasy usw.) bevorzugen Sie?
8. Lesen Sie momentan gerade ein Buch? Welches?
9. Welche Bedeutung hat für Sie persönlich das Lesen?
10. Würden Sie sich als buchbegeistert oder eher als ‚Lesemuffel‘ bezeichnen?
11. Was ist Ihnen bezüglich der Leseförderung bei Kindern wichtig?

Rätsel rund ums Kinderbuch

Aufgaben

- *Überlegen Sie, welche bekannten Kinderbuchfiguren mit den nachfolgenden Beschreibungen gemeint sein könnten.*
- *Erfinden Sie selbst in der Kleingruppe neue Rätsel, die Sie dann vorstellen bzw. auch in einer Kindergruppe als Quiz einsetzen können.*

Wer bin ich?

a) Ich besitze zwei Haustiere: ein Pferd, das ich sogar hochstemmen kann und ein kleines Äffchen. Während andere Kinder in der Schule sitzen, gehe ich gerne mit einem Koffer voller Goldstücke einkaufen. Wer bin ich?

b) Entstanden bin ich aus einem gewöhnlichen Stück Holz. Meine Nase, die war ganz schön lang. Sie wurde sogar immer länger, wenn ich gelogen hatte. Ganz am Ende meiner Abenteuer wurde noch ein richtiger Junge aus mir. Wer bin ich?

c) Schwimmen kann ich richtig gut. Zuerst durfte ich in unserer Wohnstube, dann im ganzen Mühlenweiher umherschwimmen. Nur wenn ich müde wurde, brachte mich mein Freund, der Karpfen Cyprinus, nach Hause. Wer bin ich?

Gitterrätsel rund ums Kinderbuch

1. Wer kann mit einem Propeller auf dem Rücken durch die Luft fliegen?
2. Wer hat einen Raben als Haustier und bekommt Ärger mit einer Wetterhexe?
3. Wer hat Wünschpunkte am Kopf?
4. Wen legten Kasper und Seppel rein, indem sie statt Gold Sand in eine Kiste füllten?
5. Wer fuhr mit einer ganz besonderen Lokomotive über das Meer nach China?

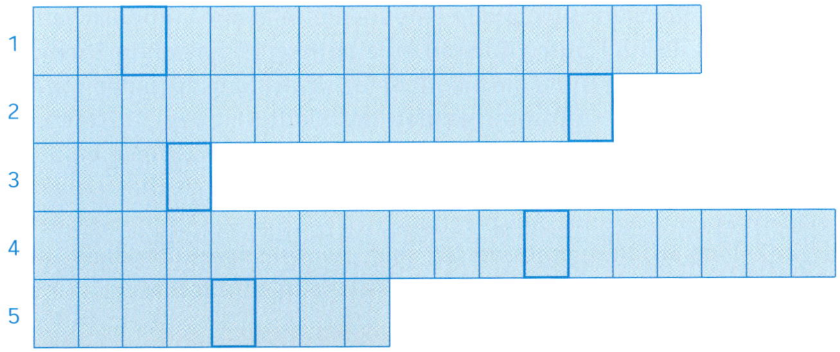

Aufgabe

Web

Erfinden Sie in der Kleingruppe neue Gitterrätsel oder denken Sie sich gemeinsam neue Rätsel rund um das Thema Kinderbuch aus.

Für Grundschulkinder ist Lesen mit viel Mühe und Anstrengung verbunden, also oft negativ besetzt. Sie müssen lesen und haben dadurch häufig wenig Freude oder Lust am Lesen. Es ist durchaus nachvollziehbar, dass die Kinder sich nach Schule und Hausaufgaben bewegen, sich entspannen und vor allem miteinander spielen wollen. Den Übergang vom Lesenlernen zum weiterführenden Lesen schaffen viele Kinder nicht ohne besondere Unterstützung. Verschiedene Untersuchungen über das Leseverhalten von Kindern und Jugendlichen zeigen, dass im Vergleich zum übrigen Mediengebrauch das Lesen eher rückläufig ist. Etwa ein Drittel bis ein Viertel aller Heranwachsenden liest gar nicht. Warum sollte das Lesen gefördert werden? Welchen Nutzen bringt das Lesen?

„Heutzutage wissen ja wohl alle Eltern, dass ihre Kinder Bücher brauchen. Ich weiß, dass das Kind für alle Wechselfälle des Lebens besser gerüstet ist, wenn es lesehungrig ist." (Lindgren, 1977, S. 80)

Das Buch bietet einen Zugang zur Welt

Bücher eröffnen neue Wege und Erfahrungsbereiche zu den verschiedensten Vorgängen und Geschehnissen der Welt (siehe auch Kapitel 4 Bilderbuch, S. 111). Die Kinder können über ihre bisherige Wirklichkeit hinauswachsen und sich sowohl spielerisch als auch erprobend auf die gewagtesten Situationen und kühnsten Vorstellungen einlassen. Somit trägt das Buch zur Erweiterung und Vertiefung von Kenntnissen, Erfahrungen und Einsichten über die Welt bei. Niemand kann alle Erfahrungen selbst machen. Die eigene Lebenswirklichkeit erweitert sich durch die vielen Lebenserfahrungsmöglichkeiten, die andere beschrieben haben. Die Kinder werden dazu angeregt, die unterschiedlichen Erfahrungsperspektiven nachzuvollziehen und über Gründe und Folgen verschiedener Sichtweisen nachzudenken.

Bücherlesen heißt Identifikationsprozesse in Gang setzen

Der Vorgang der Identifikation setzt eine große emotionale Teilnahme am Geschehen des Buches voraus. Literarische Figuren können eine ganz entscheidende Entwicklungshilfe für das soziale Verstehen und die emotionale Entwicklung der jungen Leser sein. Durch den Prozess der Identifikation können die Kinder zu den Geschichten ganz individuelle und oft unterschiedliche Vorstellungen entwickeln. Diese emotionale Anteilnahme benötigt Zeit und die ist bei der Erarbeitung eines Buches viel eher gegeben als beispielsweise bei einer entsprechenden Verfilmung. Durch das Lesen werden eigene Einstellungen, Verhaltensweisen und Beurteilungen überdacht und reflektiert. Dadurch kann man auch neue Seiten an sich selbst entdecken.

Bücherlesen regt die Sprache und das Denken an

Lesen hat eine große Bedeutung für die sprachliche Entwicklung der Kinder. Schriftsprache unterscheidet sich grundlegend von mündlicher Sprache durch ihre Informationsdichte, durch die ausgesuchte Wortwahl und die treffenden Beschreibungen. Diese Spracherfahrungen ermöglichen den Kindern einen größeren Wortschatz und damit bessere Ausdrucksmöglichkeiten. Das Lesen erfordert eine Art innere Übersetzung der Schrift. Das Verstehen von Sätzen und Inhalten ist niemals nur eine Verbindung von Informationen. Informationen werden erst dadurch sinnvoll aufgenommen und erweitert, wenn sie mit bereits Bekanntem verknüpft bzw. in Beziehung gesetzt werden. Dadurch werden Denkstrukturen verändert oder völlig neu aufgebaut.

Bücherlesen verbindet mit anderen

Durch das Lesen werden neue soziale Bezüge geknüpft. Zuerst einmal mit dem Autor – mit seinen Absichten, Kenntnissen, Erfahrungen, Überlegungen. Hier werden Kommunikationsprozesse in Gang gesetzt. Die Autorenpersönlichkeiten werden vertraut und der Leser sucht bewusst neue Bücher dieser Autoren aus. Aber Bücher verbinden die Kinder auch untereinander. Leseeindrücke der verschiedensten Art werden ausgetauscht, z. B. um Verständnisschwierigkeiten auszuräumen oder um die Einschätzung anderer über die literarischen Figuren und Handlungen zu hören.

Bücherlesen stärkt die Medienkompetenz

Lesen ist ein Schlüssel zur Medienkultur, denn Leser sind es gewohnt, sich zum abstrakten Schrifttext eigene Gedanken zu machen und nicht nur in die Bilderflut einzutauchen. So entwickeln sich kritische Medienkonsumenten, die die Angebote in diesem Bereich nicht nur passiv konsumieren.

Bücherlesen erschließt Kultur

Lesen an sich ist schon Lesekultur, die darin zu sehen ist, dass Bücher zum Leben dazugehören, ihren nicht mehr wegzunehmenden Platz darin haben. Lesen ist aber auch der Zugang zur Kultur anderer Völker und zu geschichtlichen Ereignissen.

Aufgabe

Überlegen Sie, warum es z. B. von Nutzen für ein diktatorisches Land wäre, das Lesen zu verbieten.

6.3 Kinderbücher in ihren verschiedenen Erscheinungsformen

Web

6.3.1 Kinder-Sachbuch

Kinder sind von sich aus neugierig und wissbegierig. Sie haben ganz individuelle Interessensgebiete und stellen viele Fragen dazu. Der Erwachsene hat nicht in alle

Interessensgebiete der Kinder Einblick und kann die Fragen der Kinder oft nicht befriedigend beantworten. In diesem Zusammenhang können Sachbücher sehr hilfreich sein.

Ein Kindersachbuch informiert seine Leser über Fakten, Erkenntnisse oder Zusammenhänge aus den verschiedensten Wissensgebieten durch kindgerechte Formen (Illustrationen, Text- und Buchgestaltung). Lehrbücher und Fachbücher zählen nicht mehr dazu, hierfür fehlt ihnen die kindgerechte Aufmachung. Grundsätzlich kann man zwei Formen des Sachbuches unterscheiden (vgl. Gärtner, 1997, S. 150 ff.). Zum einen das erlebnishaft gestaltete Sachbuch (evtl. mit einer Identifikationsfigur) und das sachlich informierende Sachbuch. Beide Formen haben ihre Berechtigung und ermöglichen unterschiedliche Zugänge zu den Wissensgebieten.

Die Themen können vielfältig sein und sich über alle Wissensgebiete erstrecken: z. B. Naturwissenschaft, Technik, Naturkunde, Kulturgeschichte, Geografie, Soziale Probleme oder Freizeitgestaltung. Kindersachbücher gibt es als Biografien, Ratgeber, Nachschlagewerke bzw. Lexika.

Kriterien zur Beurteilung von Sachbüchern für Kinder

Aus der großen Fülle heraus Sachbücher für Kinder auszuwählen, ist oft nicht leicht. Folgende Kriterien sollen helfen, passende Sachbücher für die entsprechende Zielgruppe auszuwählen.

Das Kindersachbuch muss sich in Sprache, Bildgestaltung und Themenauswahl auf einen bestimmten **Schwierigkeitsgrad** einstellen und diesen konsequent und einheitlich durch das ganze Buch durchhalten. Je jünger die angesprochene Zielgruppe, desto überschaubarer und eingegrenzter muss die Stoffauswahl und das Themengebiet sein. Sachbücher für jüngere Kinder sollten **Themen entsprechend den Erfahrungsbereichen** und der Lebensnähe dieser Zielgruppe beinhalten.

Die enthaltenden Informationen müssen **sachlich richtig** und objektiv zuverlässig sein. Aus der Fülle des Themas sollten **überschaubare Einheiten in Sinnzusammenhängen** ausgewählt werden, die für das Ganze typisch sind. Allerdings müssen Vereinfachungen auch verantwortbar sein. Die **Sprachgestaltung** eines Sachbuches für Kinder sollte lebendig und anschaulich, einfach und eingängig sein. Wissenschaftliche Fachbegriffe bedürfen einer Erläuterung und Umschreibung.

Ein Kindersachbuch muss sehr **übersichtlich aufgemacht** sein. Eine typografische Gestaltung der Überschriften oder der wichtigsten Stichwörter ist für eine leichtere Informationsaufnahme notwendig. Günstig ist es, z. B. eine thematische Einheit pro Doppelseite zusammenzustellen. Format, Umfang und Größe des Sachbuches müssen je nach Thema und Zielgruppe gewählt werden.

Ganz wichtig für die Auswahl eines Sachbuches ist die **Qualität des Bildmaterials**. Je jünger die Zielgruppe, desto stärker findet die Wissensvermittlung anhand der Abbildungen statt. Die Informationen sollten aus diesem Grund mithilfe von Gestaltungselementen wie Farbfotos, Schaubilder und Zeichnungen veranschaulicht werden. Gute Illustrationen motivieren die Kinder zum Weiterlesen, notwendigerweise müssen dann Bild und Text übereinstimmen.

Gute Sachbücher **beteiligen** ihre Leser **aktiv am Thema** und fordern sie zu eigenen Tätigkeiten auf ihrem Interessensgebiet auf. Dies kann durch weitergehende Fragen, durch Experimentieranweisungen oder durch Beobachtungsaufgaben geschehen. Eine **Identifikationsfigur** ist nicht unbedingt notwendig, da die natürliche Neugier des Kindes genügt, um sich Sachwissen bei entsprechender Aufmachung anzueignen. Die Identifikationsfigur kann eine zusätzliche emotionale Ebene einbringen, was je nach Thema und Aufbereitung weitere Motivation schafft.

Aufgabe

Web

Fassen Sie die wichtigsten Kriterien zur Beurteilung von Sachbüchern für Kinder stichpunktartig zusammen. Wählen Sie aus den im WEB-Material aufgeführten Sachbuchreihen eine aus, die Sie nach den Kriterien hinsichtlich der Eignung als Sachbücher für Kinder beurteilen. Tauschen Sie sich über Ihre Beurteilung aus.

Bedeutung der Sachbücher für Kinder

Ganz entscheidend für die Erhaltung der natürlichen Neugier und das Von-sich-selbst-aus-Lernenwollens sind die Reaktionen der Erwachsenen auf die Fragen der Kinder. Dem Wissensdurst der Kinder muss nachgegangen werden, denn sonst werden die im Alltag oft als lästig empfundenen Fragen irgendwann gar nicht mehr gestellt. Sachbücher können zur Beantwortung der Kinderfragen eine echte Hilfe sein. Das Kind erlebt den Erwachsenen nicht als „allwissend", sondern es sieht, wie sich auch pädagogische Fachkräfte **Informationen beschaffen**. Sachbücher sind **immer verfügbar**, sie können so oft gelesen werden, wie das Interesse an einem speziellen Gebiet vorhanden ist und bis das Kind alles erfasst und begriffen hat. Hierbei werden **Denkprozesse in Gang** gesetzt, das **Wissen der Kinder wird erweitert und vertieft** und dadurch wird auch die Welt für die Kinder durchschaubarer gemacht. Oftmals entdecken die Kinder neue Wissensgebiete, die ihre Interessen wecken und es kann ein Lernprozess in Gang gesetzt werden, bei dem sich die Kinder immer umfangreicheres und detaillierteres Wissen aneignen. Die **Umsetzung** und **Übertragung dieses Wissens** in eigene Tätigkeiten zeigen dann, dass Informationen auch verstanden wurden. So können konkrete Verhaltensanleitungen von diesem Wissen abgeleitet werden, z. B. zum Thema Umwelt- und Naturschutz.

„Neben der Berichts- und Erklärfunktion fördern Sachtexte fraglos die Sprachkompetenz. Kinder brauchen Sachtexte zum Aus- und Aufbau ihrer Sprache.

- Sachtexte haben darüber hinaus für die kognitive Entwicklung der Kinder eine fördernde und damit sehr wichtige, ja unerlässliche Funktion. Kinder brauchen nämlich Sachtexte zur Entwicklung ihrer kognitiven Fähigkeiten.

- Es gilt auch die Umkehrung, dass die kognitiven Fähigkeiten fundamental für das verstehende Lesen von Sachtexten sind.

  Das sind drei gewichtige Gründe, warum Kinder und junge Menschen Sachtexte brauchen."

  (Leisen, 2010)

Einsatzmöglichkeiten von Sachbüchern in der sozialpädagogischen Praxis

- Sachbücher eignen sich für einen Einstieg in ein Sachthema, zur Motivation, zur Sammlung bisheriger Erfahrungen und bisherigen Wissens, zum Aufzeigen neuer Fragestellungen.
- Sachbücher eignen sich als Hilfe zur Erarbeitung eines Sachthemas: sowohl als gesamtes Buch als auch ausschnittweise begleitet durch Fragestellungen oder Aktivitäten.
- Sachbücher eignen sich als Nachschlagewerke und Informationsquellen. Sie sind allen Kindern und natürlich auch Erwachsenen frei zugänglich in der Arbeitsbücherei, im Hausaufgabenbereich oder in der Leseecke.
- Sachbücher können kritisches Lesen durch Vergleiche verschiedener Sachbücher zu einem Thema fördern.
- Sachbücher können andere Medien ergänzen, z. B. zuvor gemeinsam angeschaute Fernsehsendungen (z. B. *Löwenzahn* oder *Die Sendung mit der Maus*), um sich in einem selbst bestimmten Tempo Wissen anzueignen.

6.3.2 Realistische Kinderbücher

Ein Grundschulkind ist von sich aus neugierig und möchte etwas lernen. Deshalb ist es der Erfassung der Umwelt voll und ganz zugewandt. Es handelt sich dabei aber um eine „eingeschränkte" Wirklichkeit. Die Zuwendung zu den realen Gegebenheiten des Lebens beschränkt sich auf das **konkrete Erlebnisfeld** des Kindes. Im Laufe des Grundschulalters wird diese anschauliche Denkstruktur abgelöst. Das Denken erweitert sich hin zu einer größeren Komplexität und zu einer größeren Distanz zum eigenen Erleben. Die individuellen Unterschiede im Entwicklungstempo können sehr groß sein, sodass genaue Altersangaben unzulässig sind.

Realistische Kinderbücher befassen sich mit solchen Themen, die die Erlebniswelt der Kinder direkt oder indirekt betreffen und realistisch darstellen. In diesen Kinderbüchern sind die Hauptfiguren ein oder mehrere handelnde Kinder. Alltagserlebnisse in Familie, Schule und Kindergruppe werden in vielen Variationen aufgegriffen. Viele dieser Erlebnisse hatten die Kinder selbst schon und sie erinnern sich an sie. Gerade diese Vertrautheit erleichtert auch das Lesen (siehe Kapitel 5 Erstlesebücher). In diesen realistischen Kinderbüchern werden bereits **vorhandene Erfahrungen und Erkenntnisse bestätigt**, evtl. durch etwas Neues ergänzt. Durch die Ähnlichkeit in ihrem eigenen Erleben werden die Kinder in ihrem

Selbstbewusstsein bestätigt und bestärkt. Die **eigenen Gefühle** und Handlungen werden durch die Identifikation mit der oder den Hauptfiguren im gleichen Alter viel bewusster und vielleicht auch schon reflektierter. In den „einfacheren“ realistischen Kinderbüchern, die weder vom Umfang noch von der Thematik her zu kompliziert sind, sollten die dargestellen Konflikte und Probleme aus dem Erfahrungsschatz des Kindes stammen, da sonst die Kinder Verständnisschwierigkeiten haben. Hier ist es sehr wichtig, die Situation des lesenden Kindes genau einschätzen zu können, damit die Kinder durch die Problemdarstellung im realistischen Kinderbuch nicht emotional überfordert sind.

Problemorientierte Inhalte werden im realistischen Kinderbuch von den Autoren sehr häufig gewählt. Es gibt kaum noch tabuisierte Themen. Hinsichtlich der Intensität der Problemdarstellung in den realistischen Kinderbüchern gibt es große Unterschiede. Das Themenspektrum innerhalb der problemorientierten realistischen Kinderbücher ist sehr weit gefasst:

- Körperliche Behinderungen, z. B. in *Die Vorstadtkrokodile* von Max von der Grün,
- Armut und Gewaltbereitschaft, z. B. in *Ich bin ganz cool* von Kirsten Boie,
- Familiengeheimnisse, z. B. in *Matti und Sami und die drei größten Fehler des Universums* von Salah Naoura, und
- Sexueller Missbrauch, z. B. in *Katrins Geheimnis. Eine Geschichte über sexuelle Übergriffe unter Geschwistern* von Marion Mebes und Esther Klees.

Bei der Auswahl muss stark auf die **Art und Weise der Problemdarstellung** geachtet werden, denn eine harte Konfrontation ohne Rücksicht auf die Bedürfnisse und die Verarbeitungsmöglichkeiten der Kinder kann die pädagogische Absicht des realistischen Kinderbuches ins Gegenteil verkehren. So aber kann das Kind erfahren, dass andere Kinder auch solche oder ähnliche Probleme haben und es nicht alleine damit ist. Diese Erkenntnis kann sehr entlastend für ein Kind sein. Zudem wird die Problematik überhaupt in Worte gefasst und die Sprachlosigkeit hat damit ein Ende. Das Kind kann sich nun mit seinen eigenen Verhaltensweisen auseinandersetzen, sie überdenken und beurteilen. Die realistischen problemorientierten Kinderbücher können aber auch Erwachsenen und pädagogischen Fachkräften einen **Einstieg in eine Thematik** bieten, die dann vertieft werden kann, um Kinder mit entsprechenden Problemstellungen zu begleiten.

Es ist also notwendig, eine Balance zu finden zwischen einer harmonischen Schilderung des Alltagslebens der Kinder und einer kritisch-problemorientierten Darstellung der Realität.

6.3.3 Fantastische Kinderbücher

„Es gibt Menschen, die können nie nach Fantasien kommen, und es gibt Menschen, die können es, aber sie bleiben für immer dort. Und dann gibt es noch einige, die gehen nach Fantasien und kommen wieder zurück. Und sie machen beide Welten gesund.“ (Ende, 1979, S. 426)

Aufgabe

Träumen Sie Ihr Land Fantasien. Wie sieht es dort aus? Was kann man dort tun? Wen trifft man dort? Wie fühlt man sich dort? Malen Sie Ihre Eindrücke von Ihrem Land Fantasien auf und tauschen Sie sich in einer Kleingruppe darüber aus.

Pädagogische Überlegungen zu den Fantasievorstellungen der Kinder

Mit Fantasie oder Vorstellungsvermögen wird der Prozess der Umwandlung von vorhandenen Wahrnehmungen, Erfahrungen und Vorstellungen zu neuen Gebilden (Fantasievorstellungen) bezeichnet. Jeder Mensch verfügt **grundsätzlich** über **Fantasie**, wobei es hinsichtlich der Intensität, des Umfangs und der Qualität der Fantasievorstellungen Unterschiede gibt. Die geistige Welt des Kindes unterscheidet sich von der des Erwachsenen völlig (siehe Kapitel 3 Märchen, S. 82). Eine Trennung von Fantasievorstellungen und Realitätserleben ist erst ab dem Schulkindalter möglich. Erst dann entwickelt sich das Weltbild des Kindes in die Richtung eines zunehmenden Realismus, wobei ein Eintauchen in die Fantasiewelten des Buches immer möglich ist. Hierbei wecken fantastisch-philosophische Kinderbücher eine besondere Faszination bei den Kindern.

Varianten fantastischer Kinderbücher

- Eine reale und eine fantastische Welt existieren nebeneinander. Durch bestimmte „Weltenübertrittsarten" ist es möglich, aus der realen in die fantastische Welt zu gelangen und auch wieder zurückzukehren. Beispiele: *Wir pfeifen auf den Gurkenkönig* von Christine Nöstlinger, *Die unendliche Geschichte* von Michael Ende und *Artemis Fowl* von Eoin Colfer.
- Die Geschichte spielt von Anfang bis Ende in der realen Welt. In der realistischen Umwelt tauchen fantastische Figuren oder Elemente auf. Beispiele: *Karlsson vom Dach* von Astrid Lindgren und *Hanno malt sich einen Drachen* von Irina Korschunow.
- Es gibt nur die fantastische Welt mit nur in dieser Geschichte existierenden, eigenen fantastischen Bewohnern und Gesetzmäßigkeiten. Beispiel: *Der kleine Hobbit* von J. R. R. Tolkien.

(vgl. Doderer, 1979, S. 37 ff.)

© Verlag Friedrich Oetinger, Hamburg.

Pädagogische Bedeutung

„Alles, was an Großem in der Welt geschah, vollzog sich zuerst in der Fantasie eines Menschen [...] Deshalb brauchen Kinder Bücher, an denen ihre Fantasie wachsen kann." (Lindgren, 1992, S. 81, gekürzt)

Aufgabe

1. *Nehmen Sie Stellung zum Zitat von Astrid Lindgren und begründen Sie die Wichtigkeit der fantastischen Literatur für Kinder aufgrund Ihrer bisherigen Erfahrungen.*
2. *Welche Gefahren sehen Sie, wenn Kinder ausschließlich fantastische Bücher lesen würden?*

Das fantastische Kinderbuch kann einen **Ausgleich zur Lebenssituation** des lesenden Kindes bieten: Die Kinder können ihre Bedürfnisse und Wünsche, die sie im realen Leben nicht ausleben können, in die literarischen Figuren hineinprojizieren. So können unausgesprochene und geheime Wünsche und Träume wahr werden und dadurch für das Kind befriedigend und befreiend wirken. Fantastische Kinderbücher können auch einen **wichtigen Beitrag zur Bewältigung von Problemen** oder gar psychischer Krisen leisten. Dem kindlichen Leser können durch die fantastische Lektüre neue, bisher nicht genutzte Möglichkeiten aufgezeigt werden, sich selbst, seine Umwelt und seine Mitmenschen zu betrachten. Durch den meist positiven Ausgang der fantastischen Geschichte kann der Leser Mut bekommen, von sich aus etwas an seiner Situation zu verändern. Kinder haben beim Lesen der fantastischen Kinderbücher viel Spaß, werden unterhalten oder verfolgen die spannende Handlung, sodass sie vom eigenen Alltag mit dessen Problemen abgelenkt werden. Gerade das fantastische Kinderbuch ist sehr vergnüglich zu lesen und bietet Unterhaltung mit vielen humorvollen Effekten. So kann eine **Distanz zu den eigenen Schwierigkeiten** geschaffen werden, die alleine dadurch besser verarbeitet werden, dass von den Problemen abgelenkt und so eine Möglichkeit des **Ausgleichs und der Entspannung** geboten wird. Fantastische Kinderbücher können auch die Aufgabe übernehmen, Wissen, Informationen oder pädagogische Absichten an die Leser zu transportieren, wobei die Kinder dabei grundsätzlich in ihrer **Fantasieentwicklung** gefördert werden.

Web

6.3.4 Das Tierbuch

Kinder zeigen Tieren gegenüber eine besondere Zuneigung und fühlen sich zu „ihrem" Tier besonders hingezogen. Gerade die Wahl eines Lieblingstieres kann einiges über das eigene Erleben des Kindes und über seine eigene Befindlichkeit ausdrücken.

Aufgabe

Jeder überlegt für sich, zu welchem Tier er einen ganz besonderen Bezug hat und warum. Das Tier kann skizziert, gemalt, als Foto oder Kuscheltier anschaulich (und evtl. mitgebracht) werden. Dann stellt sich das Tier im Plenum vor: „Ich bin die Katze Tiger von der Ellie und kenne sie seit vier Jahren." In der Vorstellung soll auf die besondere Beziehung zwischen Tier und Mensch eingegangen werden.

Folgende Fragen können dafür eine Hilfestellung geben:

1. *Wie heißt das Tier? Wie bekam es seinen Namen?*
2. *Wann und wie kam das Tier zu seinem Besitzer?*
3. *Welche Besonderheiten, besonderen Eigenheiten hat das Tier?*
4. *Was für Erlebnisse gab es mit dem Tier?*

Die besondere Affinität zwischen Tieren und Kindern, die sich im Tierbilderbuch zeigt, hält auch im Grundschulalter unvermindert an oder steigert sich noch. Es gibt zahlreiche Kinderbücher, die in realistischer oder fantastischer Form von Tieren handeln. Im Tierbuch stehen **ein oder mehrere Tiere im Mittelpunkt der Darstellung** und bestimmen die Handlung.

Formen des Tierbuchs

- Das Tier steht stellvertretend für den Menschen und dessen Handeln.
- Tier und Mensch bilden eine in der Regel positiv gesehene Gemeinschaft.
- Die Welt des Tieres wird ohne Bezug zum Menschen als eigener Bereich dargestellt.
- Sachlich-wissenschaftliche Texte berichten über das Tier (siehe auch Sachbuch).

Es gibt jedoch auch heftige Einwände gegen Tierbücher, insbesondere denjenigen, die Tiere besonders vermenschlicht darstellen, wird vorgeworfen, ein völlig falsches Bild vom Tier und dadurch eine falsche Einstellung zu diesem zu vermitteln. Das Tier wird nicht in seinem Wesen respektiert und dem Kind werden keine angemessenen Verhaltensweisen dem Tier gegenüber aufgezeigt. Tierliebhaber befürchten eine Erziehung zur Tierquälerei oder aber zu einer mitunter lebensgefährlich unrealistischen Sicht vom Tier.

Aufgabe

Nehmen Sie zu diesen Vorwürfen gegen das Tierbuch in einer Diskussionsrunde mit einer Gesprächsleiterin bzw. einem Gesprächsleiter aus Ihrer Gruppe Stellung.

Das Tierbuch wird aber auch positiv gesehen, denn es geht darin nicht haupsächlich um die Informationsvermittlung über Tiere, sondern um das Wiederfinden der eigenen Situation in dem Verhalten des Tieres. Das Tier kann dafür Modell sein, was auch der junge Mensch werden will und kann. Die Auseinandersetzung mit Tierbüchern fördert somit das soziale Lernen bei Kindern. Das Kind identifiziert sich mit den Tieren und lebt mit ihm Bedürfnisse nach Wärme, Geborgenheit und köperlicher Zuwendung aus. Bei den sachlicheren Formen des Tierbuches werden tatsächlich Informationen über den Lebensraum und das Verhalten der Tiere vermittelt. Bei einer erlebnishaften Darstellung wird das Interesse der Kinder durch die gefühlsmäßige Beziehung zum Tier noch verstärkt.

Fazit: Das Tierbuch ist nur eine Möglichkeit unter vielen anderen, die Situation der Kinder darzustellen. Nachteile können durch die Ergänzung anderer Kinderbuchkategorien wie z. B. des Sachbuches verringert werden.

6.3.5 Klassiker im Kinderbuch

Viele Verlage setzen inzwischen auf Bewährtes oder erweitern ihre sogenannten „Klassikerreihen". Es hat sich eine Wende zum Traditionellen, zum Bekannten vollzogen.

Der Begriff des **Klassikers** in der Kinder- und Jugendliteratur wird auf sehr unterschiedliche Titel angewandt. Es ist ein buntes Gemisch höchst unterschiedlicher Werke. Das macht eine Begriffsbestimmung sehr schwierig. Eine einzig mögliche Lösung scheint zu sein, die klassischen Kinderbücher von ihrer Wirkung her zu beschreiben, denn sie sind über die Jahre die Lieblingsbücher der Kinder geworden und die Wertschätzung ihnen gegenüber hält noch immer an. Insgesamt haben diese Kinderbücher also eine hohe kulturelle Bedeutung auf dem Literaturmarkt.

Web

Als mögliche Gründe für die Rückkehr zur klassischen Literatur lassen sich die erheblichen Orientierungsprobleme des Lesepublikums anführen. Eine Vielzahl an neuen Titeln pro Jahr auf dem Jugendbuchmarkt lassen leichter zu Bekanntem greifen, als sich in der unübersichtlichen Fülle zu orientieren. Zudem hat der Verdrängungskampf unter den Verlagen sich so verschärft, dass sich eine Absicherung der Verlagsrisiken durch die bewährten „Longseller" als notwendig erweist. Möglich wäre aber auch eine Reaktion des Lesepublikums, das die fast pausenlose Problemdarstellung in der Jugendliteratur satt hat und auf literarische

Fantasien und Abenteuer zurückgreift. Klassische Kinderbücher überschreiten auch Publikumsgrenzen, da sie oft gleichzeitig in den verschiedenen Medien (Film, CD/MP3, Zeitschrift) vertreten sind und so einen hohen Bekanntheitsgrad erhalten haben.

© Verlag Friedrich Oetinger, Hamburg.

Gerade die klassischen Kinderbücher bieten **vielfältige Möglichkeiten des lesepädagogischen Einsatzes** und Umgangs mit ihnen. So kann alleine die Suche nach der Herkunft der Klassiker den Medienverbund verdeutlichen. Filme, Hörspiele, Spielsachen und Werbung können in ihrer produktorientierten Aufmachung aufgeschlüsselt werden und dabei Abwandlungen und Aktualisierungen offenbaren. Hier können auch medienpädagogische Ansätze wie die vielfältige Nutzung und der Vergleich von Medien in der sozialpädagogischen Praxis angewendet werden.

Bei den klassischen Kinderbüchern bietet sich der **Vergleich und die kritische Auseinandersetzung von Leseerfahrungen mehrerer Generationen** an. Hier können Gespräche mit verschiedenen Altersstufen angeregt werden, z.B. durch das Interviewen der Eltern oder Großeltern. Als ein Beispiel lässt sich *Pippi Langstrumpf* von Astrid Lindgren anführen, die gerade im Medienverbund vielfältige Erfahrungserlebnisse ermöglicht,
Gerade bei dem Kinderbuch „Pippi Langstrumpf" kommt es inzwischen zu einer geänderten Wahrnehmung der Inhalte und der von Astrid Lindgren (1949) verwandten Sprache. Problematische Begriffe wie „N-König im Taka-Tuka-Land" lassen sich zwar vom Oetinger Verlag Hamburg in „Südseekönig" verändern, die Perspektive des Rassismus und der Diskriminierung lässt sich damit aber nicht ungeschehen machen. Pädagogische Fachkräfte haben die Aufgabe, sich mit den Kindern über das Thema ‚Rassismus' kritisch auseinanderzusetzen und die Klassiker in der Kinderliteratur kontrovers zu diskutieren. Dabei geht es nicht um eine Zensur oder Verdammung der Kinderbücher, sondern um Reflexion und Bewusstmachung.

Gesellschaftliche Rahmenbedingungen werden durch die Leseeindrücke erfahrbar gemacht. Als Buchbeispiel bietet sich *Das fliegende Klassenzimmer* oder *Das doppelte*

Lottchen von Erich Kästner an. Auch eine **Analyse des geschlechtsspezifischen Rollenverhaltens** ist durch den Vergleich der Hauptfiguren in den klassischen Kinderbüchern gut möglich. Gerade die Leseerfahrungen solcher Klassiker prägen das Bild, das sich die jungen Leser vom jeweils anderen Geschlecht machen. Möglich wäre hier folgende Aufgabenstellung: Mädchen sind wie ... ; Jungen sind wie ... . Dazu sollen eigene Aussagen gesammelt und die Jungen- und Mädchendarstellung in Kinderbüchern verglichen werden. Auch eine **interkulturelle Erziehung** mit Klassikern der Kinderbuchliteratur ist möglich. Es bietet sich der Vergleich internationaler Hauptfiguren wie z. B. *Pinocchio* oder *Michel aus Lönneberga* geradezu an. Durch diesen Vergleich können die Unterschiedlichkeit des Umfeldes oder der Darstellung bezogen auf die jeweilige Übersetzung deutlich gemacht werden.

6.3.6 Diversität in Kinderbüchern

Anders sein ist normal – auch in Kinderbüchern. Die ca. 8000 Neuerscheinungen von Kinder- und Jugendbüchern pro Jahr behaupten sich gegenüber ihrer digitalen Konkurrenz wie Social Media im Allgemeinen, YouTube oder Netflix etc. Die Branche hat keinen Einbruch erlitten und die Tendenz geht ganz klar hin zu mehr Vielfalt im Kinderbuch.

Diversity – was ist das?

„Diversity bedeutet Vielfalt von Menschen und Lebensformen. Diversity zielt auf die Anerkennung und Wertschätzung aller Menschen unabhängig von ihrer sozialen, ethnischen etc. Herkunft, ihrem Geschlecht, ihrer sexuellen Orientierung, ihrer Religionszugehörigkeit oder Weltanschauung, ihrem Lebensalter, ihrer physischen oder psychischen Fähigkeiten oder anderer Merkmale. Diversity heißt Gemeinsamkeiten entdecken. Dabei geht es nicht nur um die Unterschiedlichkeiten von Menschen und ihren Lebensentwürfen, sondern immer auch um die Entdeckung von Gemeinsamkeiten. Ziel ist die Gleichbehandlung aller Menschen."

Eine Welt der Vielfalt e. V.: Diversity – Was ist das?. In: https://www.ewdv-diversity.de. unter: https://www.ewdv-diversity.de/diversity/diversity-was-ist-das/ [02.09.2021]

Kinderliteratur kann zum Thema Diversität einen wichtigen Beitrag leisten.

Zum einen festigen sich unbewusst bei Leser und Leserinnen die schriftlich dargestellten Lebenswelten, Ansichten, Haltungen und Werte der Haupt- und Nebenfiguren, sowie deren Illustrationen. Zum anderen kann Kinderliteratur die gesellschaftliche Wahrnehmung verändern und dient als Ausgangspunkt von Gesprächen, Diskussionen und Einsichten. Die Vielfalt in Kinderbüchern bedeutet also vorurteilsfreie Kinderbücher voll Unterschiedlichkeit. Dabei sollten die folgenden Aspekte berücksichtigt werden:

- Vielfalt und Unterschiedlichkeit des Lebens muss sichtbar gemacht werden – ebenso wie die Gemeinsamkeiten.
- Randgruppen und deren Themen werden aufgegriffen.
- Vielfältige Identifikationsmustern werden angeboten und eine Auseinandersetzung mit dem Leser/der Leserin selbst ermöglicht.
- Perspektivenwechsel und Empathie werden eingeübt und der Dialog über das Thema des Buches angeregt.

- Andersartigkeit (Othering) wird aufgezeigt, Diskriminierung und Rassismus aufgedeckt und überwunden.
- Eine neue diverse Sprache wird gefunden, welche die Haltung und Einstellung zum Thema treffend ausdrückt.
- Insgesamt wird ein diverses Urteilsbewusstsein entwickelt und neue Sichtweisen gebildet.
- Neben der problemorientierten Thematisierung im Kinderbuch ist ein positiver emanzipatorischer Ansatz notwendig, damit den Kindern die Lust am Lesen und die Motivation zum Lesen erhalten bleibt.

Aufgabe

Erarbeiten Sie sich über die allgemeinen Beurteilungskriterien von Kinderbüchern hinaus eine Checkliste zur vorurteilsbewussten Einschätzung von Kinderbüchern. Recherchieren Sie dazu im Internet beim Institut für den Situationsansatz (www.situationsansatz.de/fachstelle-kinderwelten/), sowie unter www.bilderimkopf.eu/home/unsere-perspektive/ und www.meinekinderbücher.de/kriterien.

Sehen wir uns ein Beispiel für ein Kinderbuch zu den Themen „Diversität" und „Gender und Geschlechtsrollenfindung" an: „Der Katze ist es ganz egal" von Franz Orghandl (2020).

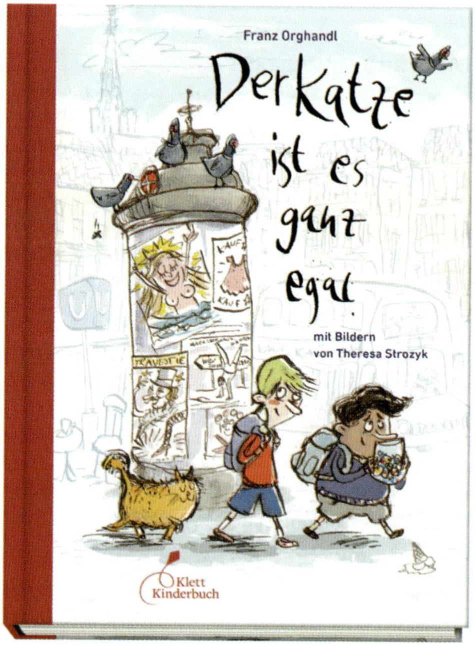

Franz Orghandl: „Der Katze ist es ganz egal", illustriert von Theresa Storzyk, Klett Verlag, 2020.

Ein Junge namens Leo erlebt etwas Merkwürdiges: Jennifer taucht plötzlich in Leo auf – aber sie traut sich noch nicht so richtig. Sie sucht und findet sich beim Kleiderprobieren, beim Experimentieren mit Frisuren und beim Schwänzen der Schule. Seine bzw. ihre Freunde stehen dem offen gegenüber. Nur die Erwachsenen kapieren nichts; sie glauben nämlich, dass Jennifer immer noch Leo ist – ein Bub, also ein Junge ...

Ein wunderbares Buch für Grundschulkinder, die mit dem Lesen vertraut sind und die Fragen zur Geschlechtsidentität, zu Transsexualität haben oder selbst betroffen sind. Das Thema „Transgender" wird in diesem Kinderbuch aus der Erzählperspektive eines Kindes dargestellt. Das Buch ist kein Problembuch, obwohl die Geschlechtsidentitätssuche kein einfaches Thema für Kinder darstellt. Die Grundstimmung des Buches ist heiter, was zum Einen an dem wienerischen Flair der Sprache und des Handlungsortes liegt, zum anderen an der originellen Illustration. Diese erklärt wienerische Begriffe wie z. B. „Schulwart – Hausmeister" und verstärkt die Emotionen der Handlung durch sparsame dreifarbige Bilder.

Zur Handlung Zitate aus dem Buch selbst:
„Na sicher ist nicht jeder mit Penis ein Bub! Auf die Seele kommt es an!“, sagt Leos bzw. Jennifers – Freundin Anna.

„‚Man kann sich nicht einfach aussuchen, ob man ein Mädchen oder ein Bub ist und wie man heißt‘, sagt Papa. Dann aber hebt er Jennifer hoch und drückt sie an sich. Ganz fest und ganz lange.“

„‚Ich bin nicht anders als früher, außer, dass ich einer Verwechslung auf die Spur gekommen bin‘, sagt Jennifer.“

Leo hat einen schönen neuen Namen: Jennifer. „‚Jennifer ist doch ein Mädchenname‘, poltert der Opa. ‚Das macht nichts‘, sagt Leo. ‚Ich bin jetzt ein Mädchen.‘“ Leo ist kein schlechter Name, aber er ist falsch, das spürt Jennifer genau. Die Erwachsenen – also Mama, Papa, Großeltern und die Lehrerin – haben Probleme mit dem Namens- und Identitätswechsel. Und doch lassen sie sich auf das Kind und seine Gefühle ein und folgen Leo, der immer mehr zu Jennifer wird. Es ist erstaunlich, dass Leos Freunde und Klassenkameraden die Verwandlung positiv aufnehmen. Sie machen sich nicht lustig über ihn/sie oder sehen es als Sensation an. Die „weltbesten“ Freunde unterstützen Jennifer sogar in ihrer Selbstfindung und machen ihr Mut. Das Besondere an der Sprache von Franz Orghandl sind die Weisheiten, was ein Kind (Junge oder Mädchen) ausmacht, die so ganz „einfach“ daher kommen: „Auf die Seele kommt es an“. Jennifer ist eines Tages mit ihrem echten Namen aufgewacht, „wie mit etwas, mit dem man besser atmen kann und es hat sich gut angefühlt“. Besser kann man Transgender nicht erklären. Es ist gut, dass es ein Kinderbuch zu diesem Thema gibt, da die Achtsamkeit für das Thema steigt und Kinder wie Erwachsene Hilfen brauchen – hier in Form eines Kinderbuches.

Folgende Beispiele zeigen die Themenvielfalt im ‚diversen‘ Kinderbuch auf:
- Menschen/Kinder mit Behinderungen
- Menschen/Kinder mit Fluchterfahrungen, Mehrsprachigkeit
- Children of Color (= d. h. Kinder, die von anderen als ‚anders‘ erlebt bzw. wahrgenommen werden, etwa aufgrund ihrer Hautfarbe, und die deshalb Diskriminierungen ausgesetzt sind)
- Armutserfahrungen
- interreligiöse Lebenssituationen
- diverse Familienkonstellationen
- vielfältige Gender-Identitäten
- Erfahrungen mit Trauma, Krankheiten, Krieg
- Vorurteile, Diskriminierung, Rassismus

etc.

6.4 Kriterien für die Auswahl von Kinderbüchern

Die Auswahl der Kinderbücher sollte mit der jeweiligen **Situation der Zielgruppe** begründet sein. Zielführend können Themen, Interessen, Bedürfnisse und Wünsche der Kinder sein, aber auch aktuelle Ereignisse in der Kindergruppe, die Sie beobachten konnten. Fragen Sie die Kinder nach ihren Lieblingsbüchern oder nach Büchern, die sie bereits zu Hause oder in der Schule gelesen haben.

Web

Ein aktueller Kinofilm oder eine für Kinder geeignete Fernsehsendung kann ebenso Anlass sein, das dazugehörige Kinderbuch auszuwählen. Greifen Sie **Aktionen von Verlagen, Büchereien oder des Buchhandels** auf und besprechen Sie diese mit den Kindern. **Rahmenthemen, Gruppenthemen oder Projektthemen** können durch Kinderbücher ergänzt und vertieft werden. Sie können aber auch als Motivationsanreiz zu einem Thema hinführen. Gehen Sie mit den Alterszuordnungen bei der Auswahl von Kinderbüchern sehr vorsichtig um, da die Kinder sich individuell sehr unterschiedlich entwickeln können. Dennoch sollten Sie den **entwicklungspsychologischen Faktor** nicht völlig vernachlässigen und bei der Auswahl von Kinderbüchern auf die bisherigen Fähigkeiten und Kenntnisse der Kinder aufbauen.

Beurteilen Sie die für den Einsatz in der Kindergruppe infrage kommenden **Kinderbücher** und wählen Sie diese nach bestimmten Kriterien aus. Lassen Sie vor einer Bewertungsanalyse das Buch ohne Kriterien **spontan auf sich wirken** und achten Sie ganz auf Ihr eigenes Empfinden. Dann kann eine **kritische Beschäftigung und eine Analyse** mit dem Kinderbuch folgen.

Vorschläge und Hilfestellungen bei der Auswahl

Für die Kinder ist eine **gute Aufmachung des gesamten Buches** und eine **gute Verständlichkeit** des Textes sehr wichtig. Das reicht von der äußeren Umschlaggestaltung, der Titel- und Klappentextgestaltung ebenso wie der Textgestaltung und -gliederung bis zur sprachlichen Ausarbeitung, zur Erzählhaltung, Handlungs- und Zeitstruktur und zur Hauptfiguren- und Personencharakteristik. Des Weiteren sollte das Kinderbuch lesemotivierend sein und **Leseanreize** bieten. Dazu gehören Spannungsmomente des Textes, Identifikations- und Projektionsmöglichkeiten oder auch Möglichkeiten des Miterlebens z. B. durch treffende Illustrationen. Inhaltlich muss das ausgewählte Kinderbuch einen **Bezug zum Leben der Kinder** haben. Hier geht es um die Möglichkeiten des Wiedererkennens eigener Erfahrungen, Konflikte, Ängste und Wünsche, die aber auch eine von der Realität abgetrennte Fantasietätigkeit in Gang setzen können. Kinderbücher sollten auch **pädagogische Kriterien** erfüllen, zu denen z. B. der Abbau von Vorurteilen, die emotionale und soziale Anteilnahme und die Möglichkeiten der Selbstreflexion gehört. Es sollte auch überprüft werden, welche Normen und Werte (z. B. Rollendarstellung) dem Kinderbuch zugrunde liegen.

Aufgaben

Wählen Sie in der Gruppe Kinderbücher aus, beurteilen und analysieren Sie diese. Benutzen Sie als Hilfestellung folgende Übersicht.

Kriterien für die Auswahl von Kinderbüchern

Zielgruppe
• *Situation* • *Entwicklungspsychologische Faktoren* • *Bezug zum Leben der Kinder*
• *Gruppenthemen* • *Rahmenthemen* • *Projektthemen*
• *Aktionen von Verlagen* • *Aktion in der Bücherei* • *Neue Sendung im Fernsehen*
Kinderbuchanalyse
• *Bibliographische Angaben (Titel, Autor, Verlag, Erscheinungsjahr, Literaturpreise)* • *Äußere Erscheinungsform (Format, gebundene oder Taschenbuchausgabe, Klappentext, Altersangabe)* • *Kurze Inhaltsangabe (Personen, Zeit, Ort, Handlung, Spannungsbogen)* • *Kernaussagen des Kinderbuches (Absichten, Problemdarstellung, „Sinn")* • *Sprach- und Textanalyse (Erzählperspektive, Sprachverständnis der Zielgruppe/Alter, lebendige Darstellung der Personen und Charaktere, Rollendarstellung, Sprachcharakter – z. B. humorvoll, spannend)* • *Einsatzmöglichkeiten in der sozialpädagogischen Praxis (Situationsanlass, Lesesituation, Vertiefungsmöglichkeiten)*

6.5 Praktische Umsetzung von Kinderbüchern

Folgende methodische Hinweise können Sie für jedes Kinderbuch erarbeiten. Sie sollen Ihnen Möglichkeiten eröffnen, sich innerhalb der Kindergruppe mit Kinderbüchern länger und intensiver zu beschäftigen.

Nach Auswahl eines Kinderbuches ist es notwendig, sich **dem Inhalt, den Hauptfiguren** und der **Handlung anzunähern**. Dies kann auf vielfältige Weise geschehen, wobei die Kinder ganzheitlich angesprochen werden sollten. Eine emotionale Einstimmung auf das Kinderbuch, z. B. *Pippi Langstrumpf* von Astrid Lindgren oder *Die Olchis aus Schmuddelfing* von Erhard Dietl kann gerade für jüngere Kinder durch eine Handpuppe, ein Stofftier oder eine andere Spielfigur geschehen. Ermöglichen Sie Sinneserfahrungen, die thematisch zum Kinderbuch passen oder eröffnen Sie den Kindern neue Spielerfahrungen.

Knüpfen Sie dabei an die Lebenssituation der Kinder an, indem Sie persönliche Bezüge zum Kinderbuch anbahnen und vorbereiten.

Beim Lesen selbst muss vor allem die **Lesefreude** und der **Lesegenuss** der Kinder im Vordergrund stehen. Dafür bedarf es gemütlicher Leseorte und vorbereiteter Plätze, an denen ungestört gelesen werden kann. Diese Orte können mithilfe der Kinder nach deren individuellen Bedürfnissen und Geschmack gestaltet werden. Das individuelle Lesen benötigt aber hin und wieder doch eine Begleitung bzw. eine Unterstützung. Hier können Gesprächsrunden für einzelne Kinder sehr hilfreich sein und motivationsfördernd wirken. Eine weitere Möglichkeit besteht in dem Notieren von Leseeindrücken oder Fragen auf Lesekarten oder in einem Lesetagebuch. Die Lesebegleitung durch die pädagogische Fachkraft bedarf großen Fingerspitzengefühls, denn sie sollte nicht als Kontrolle von den Kindern empfunden werden. Der Zeitrahmen, den jedes Kind zum Lesen seiner Lektüre benötigt, muss sich dem individuellen Tempo der Kinder anpassen.

Web

Die **Leseeindrücke** eines Buches können mit den Kindern **vertieft bzw. in Aktivitäten umgesetzt** werden. Der Zeitpunkt für die Vertiefung kann ganz der Kindergruppe entsprechend gesetzt werden, denn es müssen nicht alle Kinder das Buch ganz fertig gelesen haben. Gerade durch das gemeinsame Tun kann sich ein Motivationsschub ergeben, das Buch noch fertig zu lesenn. Online-Lesetagebücher (z. B. Eingangsphase/Lesetagebuch, Broschüren auf https://publikationen.iqsh.de/pdf-downloads-deutsch.html, 2009) oder Online-Programme wie etwa Antolin (siehe WEB) steigern oftmals die Lesemotivation und fördern die Lesefähigkeit.
Eine Vertiefung kann sich ganz am Buch orientieren, sodass einzelne Szenen, Handlungselemente und Figuren des Buches kreativ umgesetzt werden können. Dazu bieten sich Rollenspiele, Malaktionen, Theaterstücke mit selbsthergestellten Puppen, Schattentheater oder das Drehen eines Filmes an.

Eine besondere Form der Auseinandersetzung während des Leseprozesses ist die Gestaltung einer Buchkiste. Sie besteht aus einem Schuhkarton, der passend zum gelesenen Buch in Etappen kreativ gestaltet wird. Zeichnungen, Materialien, besondere Sätze oder Worte aus dem Buch, Fotos oder die Vorstellung der Autorin/des Autors werden in den Schuhkarton geklebt. Auch das Äußere des Kartons wird zum Buch gestaltet: Auf dem Deckel steht der Titel des Buches mit Autor/Autorin. Die Gestaltung kann in der sozialpädagogischen Einrichtung in Einzelarbeit oder in Kleingruppen durchgeführt werden, sowie zu Hause in der Familie. Dadurch wird der Austausch und die Kommunikation über das Buch mit allen Beteiligten angeregt und intensiviert.

6.5.1 Sachbücher zum Themenbereich „Mein Körper und ich – sexuelle Aufklärung“

Jede pädagogische Fachkraft sollte sich zunächst mit dem Thema sexuelle Entwicklung auseinandersetzen und sich ihrer **eigenen Einstellung** zum Thema Geschlechtlichkeit und kindliche Sexualität bewusst werden. Anschließend ist eine **Absprache im Kollegenteam** zu diesem Thema unerlässlich, wobei unterschiedliche Einstellungen toleriert und ein vorher vereinbarter Umgang mit diesem Thema in der Einrichtung von allen akzeptiert werden muss. Diese Einstellungs- und Haltungsebene muss abgesprochen sein, weil Kinder Unklarheiten oder ein Nicht-Tolerieren sofort spüren und dadurch selbst verunsichert werden. Diese thematische Positionierung sollte auch an die **Eltern** herangetragen werden bzw. dazu dienen, grundsätzlich das Thema Sexualerziehung anzusprechen. Das kann allgemeiner Art sein, z. B. in einer Konzeption niedergeschrieben sein (z. B. Finden der eigenen Identität), oder aber aus gegebenem Anlass ausführlicher thematisiert werden.

Aufgabe

Beantworten Sie für sich selbst die nachfolgenden Fragen.

- *Was verstehen Sie unter dem Begriff Sexualität?*
- *Wann beginnt für Sie Sexualität?*
- *Welche Berührungspunkte hatten Sie bisher in sozialpädagogischen Einrichtungen mit dem Thema Sexualität?*

Nach der Eigenreflexion schließt sich der Austausch in Kleingruppen bzw. mit der Gesamtgruppe an.

Diskutieren Sie: Inwiefern haben Sie sich bisher schon mit dem Thema sexuelle Entwicklung beschäftigt und wo sind Informationen oder weiterer Austausch notwendig?

Weiterführende Informationen zum Thema sexuelle Entwicklung bei Kindern

Körperlichkeit, Geschlechtlichkeit und kindliche Sexualität sind Themen, die Kinder von Geburt an betreffen. Je nach familiärer Situation (z. B. ist die Mutter erneut schwanger) wird ein Thema stärker ausgeprägt sein als andere. Demgegenüber ist kaum ein Bereich des Lebens mit so vielen **Unsicherheiten**, Tabus und Verfälschungen behaftet wie das Thema Geschlechtlichkeit, körperliche Liebe und die damit verbundenen Emotionen. Den **Erwachsenen fehlt häufig die nötige Unbefangenheit**, um mit den Fragen der Kinder offen umzugehen. Wenn Kinder versuchen, ihre unterschiedlichen sexuellen Eindrücke zu verstehen, einzuordnen und zu verarbeiten, brauchen sie eine ehrliche und offene Unterstützung von Eltern und Erzieherinnen.

Sachbücher zum Thema sexuelle Aufklärung bzw. Geschlechtlichkeit **können helfen**, die evtl. vorhandene Scheu zu überbrücken und Grundlagen zu bieten für vertrauensvolle Gespräche zwischen Kindern und Erwachsenen.

Aufgabe

Wählen Sie aus der nachfolgenden Literaturliste ein Sachbuch aus und beurteilen Sie es hinsichtlich der pädagogischen Einsetzbarkeit. Orientierung bietet der Abschnitt Kriterien zur Beurteilung von Sachbüchern für Kinder im Kapitel 6.3.1, S. 177.

Literaturliste zum Thema Geschlechtlichkeit und sexuelle Aufklärung:

- *Mami hat ein Ei gelegt* von Babette Cole
- *Mama, Papa und ich. Wo kommen die kleinen Babys her?* von Malcolm und Meryl Doney
- *Peter, Ida und Minimum: Familie Lindström bekommt ein Baby* von Grethe Fagerström
- *Mein Körper gehört mir! Schutz vor Missbrauch für Kinder ab 5 von Pro Familia/Dagmar Geisler*
- *Mutter, sag, wer macht die Kinder* von Janosch
- *Wie Vater und Mutter ein Kind bekommen* von Per Holm Knudsen
- *Mein erstes Aufklärungsbuch* für Kinder ab 5 von Pro Familia
- *Woher die kleinen Kinder kommen (Wieso? Weshalb? Warum?)* von Doris Rübel
- Vom Liebhaben und Kinderkriegen von Sanderijn Van der Doef und Marian Latour
- Wachsen und erwachsen werden: Das Aufklärungsbuch für Kinder von Sabine Thor-Wiedemann
- DVD *Wo komm' ich eigentlich her?* Ein Aufklärungsfilm für Kinder von Peter Mayle

6.5.2 Realistische Sachbücher zum Thema Familienformen

Kinder erleben heute die verschiedensten Familienformen und Lebenssituationen: Mal ist es der Freund, dessen Eltern sich getrennt haben, dann die Mitschülerin, deren Geschwister nicht bei ihr im Haus leben usw. Die Vielfalt an Formen des Zusammenlebens zeigt folgender Versuch einer Auflistung: Kernfamilien, Einelternfamilien, sogenannte Patchwork-Familien, Wohngemeinschaften, Einzelkind-, Zweikindfamilien usw. Adoptionsfamilien, Pflegefamilien, und sogenannte Regenbogenfamilien, in denen zwei gleichgeschlechtliche Partner als Elternteile miteinander leben usw.

Unterschiedliche Lebensmodelle sind für die Kinder zwar normal, trotzdem können sie Irritationen verursachen und Fragen aufwerfen: „Wieso hat der Kai noch einen Bruder und ich nicht?“ oder „Warum hat Katharina keinen Papa?“. Realistische Kinderbücher zum Thema Familie können den Kindern und auch Erwachsenen Hilfestellung bieten, sich mit den unterschiedlichen Lebensformen auseinanderzusetzen. Dabei ist darauf zu achten, dass

die verschiedenen Formen von Familie nicht bewertend, sondern als nebeneinander existierende Lebensgemeinschaften vorgestellt werden (vgl. Wieners, 2000, S. 46).
Nach einer Untersuchung von Tanja Wieners (siehe TPS, Heft 4, 2000) findet sich in der zeitgenössischen Kinder- und Jugendliteratur eine Vielzahl an Büchern, die bei der Darstellung familiärer Lebenssituationen die sozialwissenschaftliche Forschung und deren veränderte Bewertung der Familienformen sehr gut aufgreifen. Die heutigen Kinder- und Jugendbuchautoren sind sehr offen für die breite Darstellung der Lebensweisen in den einzelnen Familienformen. Die traditionellen Rollendarstellungen in Kernfamilien werden einer sehr kritischen Betrachtung unterzogen, wogegen die Thematik der Einelternfamilie sehr häufig aufgegriffen wird.

„Zeitgenössische Kinder- und Jugendbuchautoren studieren die Bedingungen von Einelternschaft sehr genau, sei es anhand von wissenschaftlichen Untersuchungen oder besonders differenzierter Beobachtung ihres Umfeldes. Hierbei zeigt sich in den letzten Jahren eine Tendenz, die Lebenszusammenhänge von Kindern und auch Eltern in Einelternfamilien durch psychologisch fundierte Darstellungen des Innenlebens der Protagonisten einfühlsam zu schildern (psychologischer Familienroman) oder aber mit den Mitteln der Komik die Potenziale von Einelternfamilien auf lesefreundliche Weise transparent zu machen (tragikomischer Familienroman). Neuartige familiäre Lebensweisen werden demnach nicht mehr vorrangig als defizitär und problematisch verstanden, sondern geben Anlass zu weiterführenden Überlegungen."
(Wieners, 2000, S. 46, verändert)

Das Thema familiale Lebensformen lässt sich sehr gut fächerübergreifend und lernfeldverbindend planen, da dort unterschiedliche pädagogische Dimensionen enthalten sind:

- Die soziologische Sichtweise der Familienstrukturen, z. B. Familiensoziologie, Bedeutung der Familie und Familiensysteme,
- Die psychologischen Aspekte der familialen Bindung, z. B. Bondingprozesse und Bindungsmuster,
- Sozialwissenschaftliche Untersuchungen und Forschungsergebnisse über die Bewertung von unterschiedlichen Familienformen,
- die Analyse der eigenen Beobachtungen in der sozialpädagogischen Praxis und deren pädagogischen Konsequenzen und
- die Analyse, Bewertung und Einsetzbarkeit von Kinderbüchern zum Thema Familie.

Die nachfolgende Literaturliste kann Hilfestellung und Anregung sein, sich anhand einzelner Kinderbücher mit dem Thema Familienformen intensiver auseinanderzusetzen:

- *Wir alle für immer zusammen* von Guus Kuijer
- *Sam besucht Oma und Omi in Großbritannien* von Toni Kohm
- *Das Zebra unterm Bett* von Markus Orths und Kerstin Meyer
- *So lebe ich ... und wie lebst du?* von Dirk Zehender
- *Familie von Stibitz* von Per Gustavson und Anders Sparrin

Der Autor **Peter Härtling**, geboren 1933, hat viele realistische Kinderbücher zum Thema Familie geschrieben, sodass sich auch eine Autorenbesprechung unter Berücksichtigung der unterschiedlichen Bücher anbieten würde, z. B. *Oma*, *Theo haut ab*, *Das war der Hirbel*, *Fränze*, *Ben liebt Anna*, *Alter John* und *Sofie macht Geschichten*.

6.5.3 Grusel- und Gespenstergeschichten für Kinder und Jugendliche

Gerade im Themenbereich Grusel- und Gespenstergeschichten nimmt die Zahl der Kinderbücher zu. Manche Verlage bieten hierzu ganze Reihen an, z. B. die Reihen *Gänsehaut* und *Fear Street* vom Autor R. L. Stine und Miss Wiss von Terence Blacker. Die **gegenwärtige Top-Position** von Grusel-, Schauer- und (moderateren) Horrorgeschichten und -serien im Kinderbuchangebot ist sicher eine Folge der Favorisierung dieses Genres durch Film und Fernsehen sowie deren andauernde Beliebtheit bei den Zuschauern. Mit diesen Kinderbüchern haben pädagogische Fachkräfte die Chance, jungen Lesern, die auf anderen Wegen nicht mehr zu erreichen sind, zu zeigen, wie gut, faszinierend und überhaupt nicht langweilig Literatur sein kann.

Bei Grusel- und Horrorgeschichten für Kinder bietet die **erlebbare und spannende Literatur** eine positive Lesemotivation. In **Rahmenveranstaltungen** wie z. B. Grusellesenächten oder Mitternachtspartys an Halloween können verschiedene Gruselbücher vorgestellt werden.

Tipps zur Durchführung

Spiele erleichtern den Beginn einer solchen Veranstaltung:

- **„Wovor gruselst Du Dich?“** (Ein Spiel in Anlehnung an: Ich packe meinen Koffer ...): Die erste Person beginnt mit den Worten: „Mein Name ist ..., ich grusele mich vor ...“. Die nächste wiederholt: „Das ist ..., er/sie gruselt sich vor ... Ich bin ..., ich grusele mich vor ...“. So geht es immer weiter bis die Aufzählung von Namen und gruseligen Sachen so lang wird, dass sie sich niemand merken kann. Dann beginnt man wieder von vorne, diesmal bei den Kindern, deren Namen noch nicht erwähnt wurden.
- **Knoblauch-Spiel:** Für die Kinder liegen Knoblauchzehen, z. B. aus Papier, bereit, eine weniger, als Kinder anwesend sind. Es wird eine Geschichte erzählt und sobald der Begriff „Knoblauch“ darin vorkommt, müssen alle versuchen, eine der Knollen zu ergattern. Dann beginnt das Spiel wieder von vorne: Derjenige, der sich keine schnappen kann, erzählt eine eigene Geschichte, in die er das Wort Knoblauch einbaut.
- Auch das **Ausdenken von Gespensternamen** kann eine spannende Aktion werden, bei der Originalität gefördert werden muss, damit sich die Namen voneinander unterscheiden.“

(Wien, 2000, S. 101 f., geändert)

6.5.4 Tiergeschichten für Kinder und Jugendliche am Beispiel *Rennschwein Rudi Rüssel* von Uwe Timm

Inhaltsangabe und Analyse des Buches

Eine fünfköpfige Familie gewinnt bei einer Feuerwehr-Tombola ein Ferkel, das sie Rudi Rüssel nennen. Die drei Kinder können ihre Eltern überreden, Rudi als Haustier in die Familie aufzunehmen. Es kommt zu außergewöhnlichen und urkomischen Situationen im familiären Alltag.

1990 erhielt Uwe Timm mit *Rennschwein Rudi Rüssel* in der Sparte Kinderbuch den Deutschen Jugendliteraturpreis. Der Ich-Erzähler beschreibt in 29 Kapiteln, rückblickend auf einen Zeitraum von zwei Jahren, Rudis Geschichte in der Familie. Im Mittelpunkt der Darstellung steht Rudi, er bestimmt die Handlung. Dieses Tierbuch kann der Kategorie „Tier und Mensch bieten eine in der Regel positiv gesehene Gemeinschaft" zugeordnet werden.

Uwe Timm, Rennschwein Rudi Rüssel. Umschlagillustration von Axel Scheffler. © 2001 Nagel & Kimche Verlag, Zürich

Die traditionelle Rollenverteilung ist in diesem Buch weitgehend aufgehoben: Der Vater ist als arbeitsloser Ägyptologe für den Haushalt zuständig, während die Mutter als Lehrerin für den Lebensunterhalt der Familie sorgt. Alle Familienmitglieder werden als gleichberechtigte Partner ernstgenommen und in alle Entscheidungen miteinbezogen. Die ideenreiche und amüsante Geschichte steckt voller Situationskomik. Durch das Ausmaß an Übertreibungen ist die Grenze zur Unwahrscheinlichkeit oft erreicht.

Trotz aller Komik beinhaltet dieses Buch für Kinder auch ernste Elemente. Die ständig erfolglose Arbeitssuche des Vaters gehört ebenso dazu wie die praktizierte Massentierhaltung von Schweinen. Des Weiteren werden Probleme, die mit der Haustierhaltung verbunden sind, differenziert dargestellt.

Didaktische Überlegungen

Dieses Kinder-Tierbuch kann in angemessener Weise drei Förderungsbereiche ansprechen: Förderung des positiven Bezugs zu Büchern, Informationsvermittlung und Förderung des sozial-emotionalen Bereiches durch Identifikation.

Förderung des positiven Bezugs zu Büchern

Damit ist die Förderung von Spaß und Vergnügen beim Lesen gemeint, denn die witzigen Episoden und die vielfältigen komischen Erlebnisse um das Schwein bieten allen Lesern eine vergnüglich-lustvolle Leseerfahrung.

Informationsvermittlung

Die Leser erfassen zum einen verschiedene Sachverhalte, zum anderen wird konkretes Wissen vermittelt:

- Man erhält Informationen zu Schweinen und deren Lebensweise.
- Das Problem der Massentierhaltung wird angesprochen.
- Der Beruf eines Ägyptologen wird dargestellt.
- Der Beruf des Bauern früher und heute wird verglichen.

Förderung des sozial-emotionalen Bereiches durch Identifikation

Der Leser nimmt teil an den Problemen und Freuden im Familienalltag. Das Halten von Haustieren und das damit verbundene Verantwortungsbewusstsein wird angesprochen.

Methodische Anregungen

Als Zielgruppe des Buches sind folgende Alterangaben als Orientierung angegeben: Zum Vorlesen ab Klasse 2 und zum Selbstlesen ab Klasse 4.

Als Einstiegsmöglichkeiten bieten sich Gespräche über die Erfahrungen der Kinder mit eigenen Haustieren an. Alternativ könnten Sie die Kinder auffordern, die nachfolgende *Verschiedene Schweine* auf die sachliche Richtigkeit hin überprüfen.

Verschiedene Schweine

„Es gibt Edelschweine und Landschweine, Wasserschweine, Warzenschweine, Stachelschweine, Meerschweine, Sparschweine, Glücksschweine und Wildschweine. Das Landschwein lebt auf dem Land, das Edelschwein auch, überhaupt die meisten Schweine. Das Sparschwein kommt auch in Städten vor. Es kann sehr schwer werden und es ist zerbrechlich.

Das Weibchen des Schweins heißt Sau, die Tochter Säulein, das Männchen heißt Eber, der Sohn nicht Eberhardt.

Zusammen heißen sie Schweine.

Das Wildschwein ist wild. Seine Jungen sind nicht wild, sondern gestreift und heißen Frischlinge, weil sie frisch geboren sind. Die frischen Jungen der anderen Schweine heißen nicht Frischlinge, sie heißen Ferkel: Edelferkel, Landferkel, Wasserferkel, Warzenferkel, Stachelferkel, Meerferkel, Sparferkel, Spanferkel, Glücksferkel.

Schweine schwitzen nicht. Wenn es heiß und trocken ist, suhlen sie sich im Dreck, auch die Edelschweine. Das sauberste Schwein ist das Sparschwein. Es heißt Sparschwein, weil es spart. Meerschwein heißt Meerschwein, weil es sich vermehrt. Schweine sind essbar. Ihre Hinterteile heißen Schinken: Edelschinken, Landschinken, Wasserschinken, Warzenschinken. Stachelschinken, Meerschinken, Glücksschinken, Wildschinken und Sparschinken.

Wenn das Schwein zufrieden ist, grunzt es. Das Sparschwein grunzt nicht, es scheppert. Meerschweinchen grunzen nur, wenn niemand es hört. Ein Junge, heißt es, habe sich einmal hinter dem Vorhang versteckt, um sein Meerschweinchen grunzen zu hören. Das Tier merkte aber sofort, dass es hereingelegt werden sollte, und piepste nur. Der Lärm, den Meerschweine machen, wenn sie wirklich allein sind, ist fürchterlich."

(Schubiger, 1998, S. 14 ff.)

Anregungen zum pädagogischen Einsatz

- Gemeinsames Lesen bis zu der Stelle, an der Zuppi das Ferkel gewinnt, dann Vermutungen über den weiteren Verlauf der Geschichte sammeln.
- Erstellen eines „Fotoalbums" mit unterschiedlichen gemalten Bildern und selbstverfassten Kommentaren zu den verschiedenen Szenen des Buches.
- Video aus dem Fotoalbum erstellen: Die selbstgemalten Bilder werden mit der Videokamera aufgenommen, dazu werden die Geschichten erzählt.
- Weitere Episoden oder Kapitel um Rudi erfinden, z. B. „Rudi darf mit zur Schule".

Über den Text hinausgehende Möglichkeiten der Vertiefung

- Erstellen eines Werbeplakates für das Buch oder den Film.
- Suchspiel: An welcher Stelle im Buch stimmt die Illustration nicht mit dem Inhalt überein? (z. B. auf S. 73: Rudi steigt verkehrt herum aus dem Auto)
- Erfinden von eigenen Haustiergeschichten unter dem Motto „Unsere ungewöhnlichen Haustiere". Möglicherweise lassen sich die Geschichten zu einem Heft oder Buch zusammenfassen.
- Projektthema „Schwein": Informationen zum Thema Schweine sammeln.
- Besuch eines Bauernhofes, um vor Ort Fragen über Schweine und den Beruf des Bauern beantwortet zu bekommen.

Das Buch mit anderen Medien wie z. B. Film oder Hörspiel in Verbindung setzen.

- Das Buch mit dem Film vergleichen, um Abweichungen bezogen auf Protagonistendarstellung und Handlungsverlauf zu entdecken. Bei Abweichungen Antworten auf Fragen nach medienspezifischen Gründen finden.
- Das Buch mit dem Hörspiel vergleichen, um Abweichungen zu entdecken.
- Ein eigenes Hörspiel gestalten.
- Beurteilen des Brettspieles und eigene Gestaltung eines Brettspieles.

6.5.5 Kinderbuchklassiker – Wiederbegegnung mit Büchern aus meiner Kindheit

Kinderbuch-Klassiker bieten jungen Erwachsenen eine gute Möglichkeit, **Bücher ihrer Kindheit zu verarbeiten:** Das Lesen von klassischen Kinderbüchern weckt die Erinnerung an vergangene Leseerfahrungen. Gleichzeitig wird die bewusste und selektive

Wahrnehmung bzw. Erinnerung aktiviert, denn wenn junge Erwachsene die Bücher aus ihrer Kindheit erneut lesen, entdecken sie Sichtweisen und Qualitäten, die damals der kindlichen Wahrnehmung verborgen geblieben sind.

Kinderbuch-Klassiker beinhalten Heldenfiguren, die ganz auf die Wünsche und Bedürfnisse der Kinder zu dieser Zeit bezogen waren. Die **Wiederbegegnung** mit diesen liebgewonnenen Helden kann die Entdeckung neuer Aspekte der Rollendarstellung ermöglichen.

Durchführung

Bei dieser stark lesebiografisch orientierten Analyse soll an die positiven Leseerlebnisse der Kindheit angeknüpft werden und andere neue Zugänge zum Lesen – auch über das Kinderbuch hinaus – geschaffen werden.

Zu **Beginn des Themas** müssen Regale oder Bücherkisten mit unterschiedlichen Kinderbuch-Klassikern zur Verfügung gestellt werden. Büchereien stehen dabei mithilfe und breiter Auswahl zur Seite. Durchforsten Sie Ihre eigenen Kinderbücher zu Hause und ergänzen Sie damit das Leseangebot.

Aufgabe

Versuchen Sie vor dem erneuten Lesen der Bücher Ihre Erinnerungen zu aktivieren und beantworten Sie schriftlich folgende Fragen:

- *Das Kinderbuch und seine Hauptfiguren (Helden): Wie habe ich sie damals gesehen und heute in Erinnerung?*
- *Haben mich das Buch und/oder die Figur weiter beschäftigt? Wo bin ich ihnen wieder begegnet? Wie lange waren sie mir wichtig? Wann habe ich mich daran erinnert?*
- *An welche Buchstellen erinnere ich mich noch gut? Welche möchte ich gerne wieder lesen?*

Tauschen Sie anschließend in Partnerarbeit Ihre Leseerinnerungen aus.

Oftmals haben sich innere Bilder zum Buch ganz individuell verselbstständigt. Durch den **Austausch** wird aber der Blick frei für neue Entdeckungen beim Wiederlesen.

Aufgabe

Ziehen Sie sich zurück und lesen Sie Ihr Buch. Bedenken Sie die folgenden Aspekte und machen Sie sich dazu Notizen.

- *Was fiel mir beim Wiederlesen auf?*
- *Was habe ich jetzt zum ersten Mal bemerkt?*
- *Gibt es Szenen, die ich heute ganz anders sehe als damals?*
- *Was fasziniert mich heute am Helden?*
- *Ist das Buch für Kinder heute immer noch attraktiv?*

Die **jeweils neu gewonnen Leseerfahrungen** mit dem Kinderbuch können **im Vergleich zu den Erinnerungen** betrachtet und anschaulich (Plakate, Folien) aufbereitet werden. Die ehemaligen und heutigen Lieblingsfiguren können szenisch „zum Leben erweckt" werden und sich begegnen, z. B. „Pippi Langstrumpf trifft Jim Knopf". Hier bieten sich auch Fächerverbindungen zu musischen bzw. spielpädagogisch orientierten Fächern an. (vgl. Bertschi-Kaufmann/Kunz, 1996, S. 62 ff.)

Wer darüberhinaus Weiteres zu diesem Thema nachlesen möchte, dem sei folgender Artikel empfohlen: Andrea Bertschi-Kaufmann/Marcel Kunz: „Wenn Pippi Langstrumpf Robin Hood begegnet", in: Praxis Deutsch, Heft 1, 1996, S. 62–65.

6.5.6 Kinderbücher zum Projekt „Begegnungen zwischen jungen und alten Menschen"

Didaktische Überlegungen

Obwohl die Anzahl älterer Menschen in unserer Gesellschaft sehr hoch ist, wachsen nur noch wenige Kinder mit ihren Großeltern auf. In der Regel leben die Klein- bzw. Restfamilien alleine für sich. Eine Annäherung und Begegnung zwischen jungen und alten Menschen gerade über Kinderbücher kann ein Anstoß für einen Austausch zwischen den Generationen sein.

Aus folgenden Gründen sollten Kinder Bücher angeboten bekommen, die die Begegnung zwischen jungen und alten Menschen thematisieren:

- Auseinandersetzung mit eigenen Vorstellungen zum Thema „Jungsein" und „Altsein".
- Kennenlernen von unterschiedlichen Lebenssituationen älterer Menschen.
- Eigene Erfahrungen mit älteren Menschen überdenken.
- Literarische Unterschiede in der Darstellungsweise von älteren Menschen erkennen.
- Bereitschaft wecken, auf ältere Menschen zuzugehen.
- Unterschiedliche Begegnungsmöglichkeiten zwischen jungen und alten Menschen kennenlernen.

Die Hinführung und Motivation zum Projektthema kann vielseitig und längerfristig durchgeführt werden. So kann z. B. eine Umfrage an die Kinder zum Thema „Jungsein" und „Altsein" den Einstieg bereiten.

- Wie sieht ein junger Mensch für dich aus? Beschreibe oder male ihn!
- Wie sieht ein alter Mensch für dich aus? Beschreibe oder male ihn!

- Welche alten Menschen kennst du? Was tun sie?
- Wie alt möchtest du gerne werden? Wie möchtest du leben?

Der Bezug des Themas zur eigenen Lebenssituation kann gut über die Großeltern hergestellt werden. Informationen, Fotos und Interviews könnten hier der Anfang sein. Hobbys, Lieblingsspeisen, Lieblingslieder oder Lieblingsspiele der Kinder können Themenanlässe sein, um mit den eigenen Großeltern in Kontakt zu treten. Zudem könnten die Kinder Geschichten über ihre Großeltern in einem Geschichtenbuch aufschreiben und sammeln: „Meine Oma ..., Mein Opa ..." Es kann auch ein Würfelspiel „Mensch red' mit mir – über meine Großeltern" hergestellt werden (siehe Kapitel 1 Hinweise für Lernende und Lehrende, S. 20). Lieblingsrezepte oder -spiele der Großeltern sollten ausprobiert werden, wenn möglich mit den Großeltern selbst, die in die Einrichtung eingeladen werden könnten.

Literaturhinweise

Zu dem Projektthema „Begegnungen zwischen jungen und alten Menschen" gibt es eine ganze Reihe von Kinderbüchern, die ganz unterschiedliche Zugangswege zum Thema ermöglichen bzw. sehr unterschiedlich die Begegnung zwischen jungen und alten Menschen darstellen.

- *PeterSilie von* Antje Damm,
- *Alter John* von Peter Härtling,
- *Oma* von Peter Härtling,
- *Oma, schreit der Frieder* von Gudrun Mebs,
- *Oma und Frieder* von Gudrun Mebs,
- *Jetzt schreien sie wieder* von Gudrun Mebs,
- *Mr. Bats Meisterstück* oder *Die total verjüngte Oma* von Christine Nöstlinger und
- *Ein himmlischer Platz* von Guus Kuijer.

Methodische Anregungen

Das Projektthema lässt sich durch **verschiedene methodischen Möglichkeiten** vertiefen. Wichtig für die Auswahl der Möglichkeiten ist es, die Reaktionen und Interessen der Kinder aufgrund der individuellen Leseerlebnisse zu erkennen und zu berücksichtigen. Die pädagogische Fachkraft weiß oft nicht, wie das Projekt sich entwickelt, da die Kinder und die Situation in der Einrichtung den weiteren Verlauf entscheidend mitbestimmen.

Im weiteren Verlauf könnte z. B. Kontakt zu alten Menschen aufgenommen werden: die Großeltern einladen, ein Seniorenwohnheim besuchen oder einen Nachmittag mit älteren Menschen in der Einrichtung veranstalten. Die ausgewählten Kinderbücher könnten auch kreativ umgesetzt und bei einer solchen Begegnung vorgeführt oder dargestellt werden.

Die Kinder könnten Interviews von Passanten über das Thema „Altsein" durchführen und daraus eine Reportage mit eigenen Geschichten in Form einer Zeitschrift herausgeben. So oder auf eine andere Art und Weise könnten individuelle Eindrücke zum Thema „Wenn ich alt bin, dann ..." verarbeitet und ausgedrückt werden.

7 Jugendbuch – Zwischen Fantasie und Wirklichkeit

Aufgabe

Suchen Sie eine Buchhandlung auf und informieren Sie sich über Jugendbuchklassiker und über Jugendbücher, die sich zurzeit am besten verkaufen. Fragen Sie nach Broschüren oder Prospekten, in denen Jugendbücher aufgeführt und mit einer Inhaltsangabe versehen sind. Erstellen Sie an einer Pinnwand eine Tabelle mit den beiden Rubriken Jugendbuchklassiker und Aktuelle Jugendbücher.

Jede Schülerin heftet ihre gefundenen Buchtitel an die Wand. Beginnen Sie mit einer Vergleichsanalyse, die ein signifikantes Ergebnis zulässt. Decken sich die Ergebnisse oder sind deutliche Unterschiede erkennbar? Fassen Sie die Ergebnisse zusammen, um eine konkrete Aussage zu den Rubriken zu erhalten. Bitte bewahren Sie die Broschüren der Buchhandlung für die Bearbeitung der nachfolgenden Kapitel auf.

7.1 Was ist ein Jugendbuch?

Unter Jugendbuch werden alle Bücher zusammengefasst, die für heranwachsende Jungen und Mädchen ab etwa dem zwölften Lebensjahr konzipiert sind. Die Themenbereiche sind weit gefasst und beschäftigen sich mit der alltäglichen Lebenssituation von Jugendlichen, aber auch mit frei erfundenen und fantastischen Geschichten. Jugendbücher weisen in aller Regel ein hohes Spannungspotenzial auf. Jugendliche wollen nicht nur Hilfe und Identifikationsfiguren zur Bewältigung ihrer momentanen Lebenssituation, für sie sind auch Bücher, die sie in andere Welten und Abenteuer entführen und von konkreten Problemen eher ablenken, von Interesse.

Kategorien von Jugendbüchern

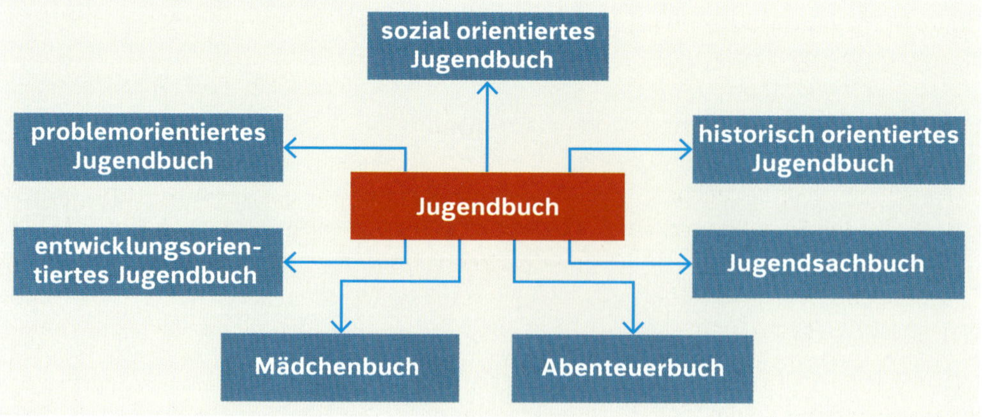

7.1.1 Das problemorientierte Jugendbuch

Seit jeher versuchen junge Menschen konfliktbehaftete Themen durch verschiedene Literatur zu verarbeiten. Die literarische Form des problemorientierten Jugendbuches erhofft sich einerseits, dass ihre Leserschaft Wissen und andererseits ein Bewusstsein für die Ursache gesellschaftlicher Probleme erkennt. Durch das Lesen sozialkritischer Inhalte sollte dem Rezipienten die Möglichkeit der Welt- und Ich-Findung aufgezeigt werden. Der Leser erlebt die Vielfalt der Wirklichkeit und kann sich mit der Außenwelt identifizieren. Im Nach- und Miterleben menschlicher Empfindungen, wird die Eigenwelt überprüft und eingeordnet. Das Jugendbuch sollte immer auch eine Selbstreflexion ermöglichen. Die Jugendbuchautoren versuchen die junge Leserschaft nicht mehr vor Problemen zu schützen, sondern möchten sie aktiv in die gesellschaftlichen Herausforderungen miteinbeziehen. Sie sollen ernst genommen werden und Mietverantwortung übernehmen.

Themenbereiche des problemorientierten Jugendbuches

• Freundschaft • Liebe • Sexualität • eigene Identität • Reifungsprozess • Erwachsenwerden • Emanzipation • Familie • Ablösung und Krise	• Außenseiter • Gesellschaftspolitik • Zeitgeschichte • Krieg • Gewalt • Kriminalität • Kultur • Religion • Sekten	• Krankheit • Behinderung • Tod • Todessehnsüchte • Suizid • Drogen • Sucht	• Schule • Ausbildung • Berufswahl • Jobs

Das problemorientierte Jugendbuch befasst sich inhaltlich mit den Zuständen innerhalb der Gesellschaft und versucht Missstände und Widersprüche aufzudecken. Hochgesteckte Ziele wie **Toleranz, solidarisches Verhalten und die Bereitschaft zur Verständigung** können aber nicht durch einseitige Betrachtung erreicht werden. Das problemorientierte Jugendbuch sollte eine Grundlage bieten, um den Jugendlichen eine Orientierung und Sozialisierung zu ermöglichen.

7.1.2 Das historisch orientierte Jugendbuch

In historischen Jugendbüchern finden sich **Darstellungen** geschichtlicher Ereignisse, die z. B. durch das Eingehen auf Vorurteile, Verfolgung oder Krieg zu persönlichen Erkenntnissen und Einsichten verhelfen sollen (Beispiel: *Das Tagebuch der Anne Frank*). Diese Erfahrungen können dazu beitragen, die Hintergründe genau zu beleuchten. Konflikte des menschlichen Zusammenlebens werden aufgezeigt und bieten die Möglichkeit, globale Zusammenhänge zu erfassen und soziale Kompetenz zu vermitteln.

Bücher über den Zweiten Weltkrieg und den Nationalsozialismus gibt es reichlich auf dem Markt. Interessant und informativ ist *Warum warst du in der Hitler-Jugend? Vier Fragen an meinen Vater* von Horst Burger. Warum habt ihr da mitgemacht? Wie konnte es so weit kommen?, sind Fragen, die bis heute nichts an Brisanz verloren haben.

Der Autor Klaus Kordon erzählt in seinen Romanen von Jugendlichen vor historischem Hintergrund, z. B. in *1848, Die roten Matrosen oder Ein vergessener Winter* oder *Mit dem Rücken zur Wand*.

7.1.3 Das sozial orientierte Jugendbuch

Jugendbücher, die sich mit sozialen Problemen auseinandersetzen, sind vielfältig. So werden aktuelle und relevante soziale Probleme in der Gesellschaft wie **Aggressivität oder Gewalt, Krisen, Konflikte oder Erpressung** aufgegriffen. Das Jugendbuch zeigt sich hier – wie andere literarische Gattungen auch – wegweisend und hilfreich zur Entwicklung autarken Verhaltens. Jugendliche werden immer wieder zu Opfern krimineller Banden und müssen „Schutz- und Wegegeld“ bezahlen. Aus Angst vor Gewalt und Bloßstellung sind sie gezwungen, die Forderungen zu erfüllen. In *Supertrick* von Geneviev Gray werden diese Situationen aufgegriffen und **Lösungen aufgezeigt**, allerdings ist dieses Buch inzwischen leider nur noch in der Bücherei ausleihbar oder auf Bücherflohmärkten erhältlich. In *Schlachtfeld* von Luca Blooms wird die Steigerung von anfänglichem Geplänkel bis hin zur Eskalation der Gewalt drastisch dargestellt, allerdings ohne Lösungen aufzuzeigen. Es gibt kein Happy End, dafür greift es deutlich die Problematik an den Schulen auf. Im *Schokoladenkrieg* von Robert Gomier zerbricht der Held an seinem Versuch, sich gegen eine Bande zu stellen, die eine ganze Schule unter Druck setzt.

Auch die Auseinandersetzung mit der **Außenseiter- oder Minderheitenproblematik,** die inzwischen sogar in Bilderbüchern aufgegriffen wird, ist ein aktueller Themenbereich des Jugendbuches. *Katzensprünge* von Heike Brandt ist ein Roman, der Mut macht, Stellung zu beziehen: Der elfjährige Dirk zieht nach Berlin. In der Großstadt wird er mit Konflikten zwischen Ausländern und Neonazis konfrontiert. Dirk setzt sich mit dem Thema auseinander und bezieht Stellung. In *Luke und John* beschreibt Robert Williams ein großartiges Jugendbuch über die Freundschaft zweier Verlierer. Die Geschichten sollten die Lebensweisen von Menschen aus anderen Ländern nicht nur exotisch und interessant darstellen, sondern müssen **Anteilnahme** und eine **Erkenntnisbildung ermöglichen,** z. B., dass auch Menschen aus anderen Ländern ein Recht auf Gesundheit und Glück haben. Einseitige Schilderung, Schuldzuweisung und Polemik bieten sich nicht an, sondern sind abzulehnen. Soziale und wirtschaftliche Not kann, wenn sie realistisch dargestellt ist, dem Jugendlichen eine **Mitverantwortung übertragen und einen Einblick in die Zusammenhänge bieten.** Nachfolgende Bücher sind geeignete Beispiele, die sich mit dieser Thematik auseinandersetzen:

Die Rotte von Manfred Theisen: Als der sechzehnjährige Marvin auf den einige Jahre älteren Sascha trifft, bekommt sein ödes Leben ein bisschen Glanz. Bei Sascha findet er Kameradschaft, Anerkennung und eine plausible Weltsicht. Marvin hängt sich rein, besteht die Mutprobe mit Bravour – ist glücklich. Doch dann muss er feststellen, dass es Sascha und seinen Kumpels nicht nur um Ehre und Vaterland geht, sondern vor allem um

Geld ... Manfred Theisen schildert in diesem Buch die Anziehungskraft einer rassistischen Gruppierung und gewährt einen Einblick in die Machenschaften dieser Szene.

Rohlinge von Claire Beyer handelt von dem elfjährigen Donald, der mit seinem Vater aus Lettland nach Deutschland gekommen ist. In seiner neuen Heimat hat er nicht nur mit der Sprache zu kämpfen: Mitschüler und andere Jugendliche schikanieren ihn. Die Lehrerin Karin Beerwald erkennt das Leid des Jungen und will ihm helfen.

Ich hab dich gesehn von C. Z. Nightingale: Caryn wird Zeugin, wie eine Gruppe von rassistischen Typen einen pakistanischen Jungen zusammenschlägt, Alltag in London. Sie hält dicht – selbst als der Junge an seinen Verletzungen stirbt. Jetzt werden die Täter nervös. Sie bedrohen auch Caryns kleinen Bruder. Nun wird ihr klar: Sie muss zur Polizei. Ein Albtraum beginnt ...

Die Welle von Morton Rhue: Macht durch Disziplin! Macht durch Gemeinschaft! Macht durch Handeln! Ein junger Lehrer entschließt sich zu einem ungewöhnlichen Experiment: Er möchte seinen Schülern beweisen, dass Anfälligkeit für faschistoides Handeln und Denken immer und überall vorhanden ist. Doch die Welle, die er auslöst, droht ihn und sein Vorhaben zu überrollen. Das Experiment gerät außer Kontrolle. Dieses Buch entstand nach einer wahren Begebenheit an einer amerikanischen Highschool.

Ein Schatten wie ein Leopard von Myron Levoy: Ramon Santiago will ein Macho sein. Wenn er sein Messer blitzschnell zückt, fühlt sich der eher schmächtige Puertoricaner in den Straßen von New York stark. Sein Vater und auch Harpos Gang sollen stolz auf ihn sein. Doch dann bringt der Überfall auf den alten Maler Glasser seine Wunschträume durcheinander. Ramon beginnt nachzudenken und entdeckt ganz allein, wer er eigentlich ist. Aber damit ist Harpos Gang überhaupt nicht einverstanden ...

Adile: Ein Mädchen aus Istanbul von Anja Tuckermann. Anfang der Siebzigerjahre kommt Adile mit ihrer Familie aus der Türkei nach Deutschland. So viele blonde Menschen! Hunde werden an Leinen gehalten, und es gibt Pärchen, die sich mitten auf der Straße küssen. Adile findet dieses Land merkwürdig. Dennoch begegnet sie ihm und seinen Menschen voller Neugier und lässt sich auch vom Jähzorn ihres Vaters nicht unterkriegen. Dann kommt der Tag, an dem Adile alleine zurück zur Oma nach Istanbul geschickt wird. In der alten Heimat fühlt sie sich fremd. Wohin gehört sie eigentlich? Die packende wahre Geschichte einer bewegten türkisch-deutschen Kindheit.

Werden aktuelle Ereignisse ausschließlich im Fernsehen und Radio verfolgt, können diese bisweilen eine recht einseitige Betrachtung vermitteln. Interessierten Jugendlichen bieten sich viele geeignete Jugendbücher, die ihnen die Möglichkeit geben, hinter die Kulissen von Auseinandersetzungen zu schauen.

Soziale Kälte und Gleichgültigkeit; in einer Ellenbogengesellschaft zu leben, hat jeder Jugendliche schon einmal am eigenen Leibe erfahren. Muss man sich anpassen, funktionieren, um geliebt zu werden und Erfolg zu haben? In dem Buch von Willi Fährmann *Es geschah im Nachbarhaus. Geschichte eines Verdachts* erfahren die Leser, wie jeder eine **Chance hat, gegen Feigheit und Gleichgültigkeit** vorzugehen.

7.1.4 Das entwicklungsorientierte Jugendbuch

Die Entwicklungsproblematik von Heranwachsenden bildet die Grundlage dieser Jugendbücher. **Das Jugendalter ist gekennzeichnet durch körperliche Veränderungen im biologischen und psychosozialen Bereich** und erstreckt sich von der Vorpubertät (Entwicklung bis zur Geschlechtsreife) über die Pubertät (Selbstorientierung und -findung), bis zur Adoleszenz (Übergang ins Erwachsenenalter). Ungewohnte sexuelle Regungen, konfuses Innenleben, Ziellosigkeit, fehlende Selbsteinschätzung und übersteigerte Reaktionen können u. a. diese Entwicklung begleiten. Auf der **Suche nach Anerkennung und Selbstfindung** orientiert sich der Heranwachsende immer stärker am sozialen Umfeld und versucht sich häufig vom Elternhaus zu lösen, indem er sich seinen Eltern widersetzt. In der Gruppe der Gleichaltrigen (Peer-Groups) versucht er einen **Status zu erwerben.** Das Streben nach Verselbstständigung und Ablösung vom Elternhaus kann nur gelingen, wenn ein Anschluss an eine Peer-Group bereits erfolgt ist.

Freundschaft

Ein Bedürfnis des Menschen ist es, Freundschaften zu erlangen, die sich als tragfähige Beziehung erweisen. Sich jemandem anvertrauen können, sich verstanden zu fühlen, sich austauschen können, sich ohne „Maske" anerkannt und geliebt zu fühlen, davon träumen gerade junge Leser.

Beschreibung eines Jugendbuches zum Thema Freundschaft: *Und der Himmel rot* von Gabi Kreslehner, nominiert für den Deutschen Jugendliteraturpreis 2012, Kategorie Jugendbuch.

Oliver Darm ist 17. Sein Leben ist verpfuscht, verrutscht. Kein Wunder, wenn man Darm heißt. Sein Name ist gewissermaßen Prophezeiung. Aber Jana bringt das Eis zum Schmelzen. Muss ja. Der neue Roman von Gabi Kreslehner ist so bitter und schön wie das Leben selbst. Darm ist ein Eisklotz und lässt niemanden an sich rankommen, seinen Onkel Kurt nicht und Muskat nicht, mit dem er so oft auf den Wasserwiesen am Fluss sitzt. Auch Jana nicht. Jana liebt Darm. Aber Darm liebt Jana nicht. Darm liebt niemanden. Doch als die Polizisten auftauchen, kommt alles wieder hoch. Was damals, vor mehr als tausend Tagen, passiert ist, als seine Schwester auf tragische Weise verschwand, seine Mutter anfing zu trinken und überhaupt sein ganzes Leben auseinanderfiel. Darm braucht diesen ganzen langen Sommer, bis er endlich reden kann. Doch irgendwann, als Darm mit Jana auf dem Hügel sitzt und der Himmel rot wird, beginnt der Anfang vom Ende. „Vielleicht, dachte er, kann Jana das Wunder vollbringen. Vielleicht ist sie die Prinzessin und ich der Frosch."

Von Freundschaften erzählen viele Jugendbücher, aber immer in Verbindung mit anderen Themenbereichen, wie z. B.

- Freundschaft und Behinderung (Beispiele: *Die Vorstadtkrokodile* von Max von der Grün, *Clara und Spinki. In meinen Träumen ist immer noch Licht* von Elke Hermannsdörfer)
- Freundschaft und Drogen

- Freundschaft und Abenteuer
- Freundschaft und Kriminalität
- Freundschaft und Sexualität

Aufgaben

Suchen Sie aus den Broschüren der Buchhandlung (siehe Aufgabe zu Kapitel 7 Jugendbuch auf S. 201) diese und weitere Verknüpfungen heraus und erstellen Sie an Ihrer Pinnwand Rubriken zu diesen Bereichen. Suchen Sie weitere Beispiele und heften Sie die verschiedenen Titel unter diese Einteilung. Gehen Sie in die Bücherei und suchen Sie ein Buch aus diesen Themenbereichen heraus, lesen Sie dieses und stellen Sie den Mitschülern das Buch mit einer kurzen Inhaltsangabe vor.

Liebe und Sexualität

Autonomie, Identität, Abhängigkeit, Rollenfindung und Sexualität sind Themenbereiche, die den Reifungsprozess von Heranwachsenden begleiten. Die geschlechtliche Entwicklung, der Bereich zwischen Kindheit und Erwachsenenwelt wurde lange Zeit tabuisiert oder nur oberflächlich abgehandelt.

© Verlag Friedrich Oetinger, Hamburg.

Es gibt Bücher, die diesen Lebensabschnitt authentisch und einfühlsam beschreiben und das Gefühlswirrwarr von Jugendlichen sehr deutlich machen, z. B. *Entscheide dich!* von Annika Thor, ein eindrückliches Buch über das Dilemma von Freundschaft und erster Liebe. Jesper und Abbe sind beste Freunde, solange sie denken können. Aus Kinderzeiten stammt ihr Gedankenspiel „Wie würdest du entscheiden, wenn du die Wahl hättest zwischen ...?“. Doch Jesper hat inzwischen anderes im Kopf, er ist glücklich verliebt. Abbe wendet sich daraufhin der Klassenclique zu und gerät in ein Durcheinander aus Kraftproben und Alkoholexzessen. Als einer der Jungen die Clique anstiftet, sich brutal an seiner Ex-Freundin zu rächen, wird für Abbe aus dem alten Gedankenspiel plötzlich Ernst. Und ausgerechnet in diesem Moment lässt Jesper ihn im Stich ...

Von Anders Jacobsson und Sören Olsson ist im Oetinger Verlag eine ganze Serie erschienen, die sich mit der Titelfigur namens Bert auf humorvolle Weise den Problemen dieser Altersgruppe stellt, z. B. *Berts Herzenskatastrophen*, *Berts hemmungslose Katastrophen* und *Berts jungfräuliche Katastrophen.*

Leseprobe zum Thema unerfüllte Liebe und Sinnsuche: *Die neuen Leiden des jungen W.* von Ulrich Plenzdorf

„Ich wurde einfach das Gefühl nicht los, Dieter sollte vielleicht gar nicht wissen, dass Charlie mich eingeladen hatte. Ich ging auch höchstens einen Schritt in das Zimmer.
Komischerweise sagte Charlie: Haben wir eine Rohrzange?
Ich analysierte rasant die Lage und kam zu dem Schluss, dass Charlie die Sache mit der Rohrzange mitspielte. Sofort kriege ich wieder diesen Schüttelfrost. Dieter fragte: Wozu brauchst du 'ne Rohrzange? Rohrbruch?
Und ich: Kann man so sagen. Übrigens brauchte ich tatsächlich diese Zange. Für die Spritze. Ich hatte zwar etwas in der Art aufgerissen in einem ollen Schuppen. Bloß, die war dermaßen vergammelt, dass einer sich damit höchstens noch ein Loch ins Knie hauen konnte. Dann gaben wir uns die Pfoten, und Dieter machte: Na?
Das war dieses Onkel-Na. Hätte bloß noch gefehlt, dass er rangehängt hätte: junger Freund. Haben wir uns denn seit unserer letzten Zusammenkunft gebessert, oder haben wir immer noch diese Flausen im Kopf? Für gewöhnlich brachte mich so was sofort auf die Palme, und auch diesmal war ich sofort oben. Aber ich nahm mich zusammen und kam wieder runter und war ganz der bescheidene, vernünftige, gereifte Junge, der ich seit kurzem war, Leute. Ich weiß nicht, ob sich das einer vorstellen kann – ich und bescheiden …
Außerdem *sah* ich natürlich, dass Charlie rot wurde. Ich meine, ich sah es nicht. Ich konnte sie die ganze Zeit einfach nicht ansehen. Ich hätte sonst wahrscheinlich irgendeine Riesenidiotie gemacht. Aber ich merkte es. Wahrscheinlich ging in dem Moment ihr größter Traum in Erfüllung, dass ich und Dieter gute Freunde wurden."

(Plenzdorf, 1976, S. 118 f.)

Die Sprache des Buches orientiert sich sehr stark an der Ausdrucks- und Denkweise der jungen Leserschaft und ist doch tiefgründig. Verschiedene literarische Formen werden zu einer Einheit zusammengefügt. Es ist ein Roman, der sowohl eine Dokumentation, eine persönliche Schilderung und zum Teil auch Elemente eines Berichtes aufweist.

Aufgaben

Sind Sie jetzt neugierig geworden? Dann leihen Sie sich das Buch in der Bücherei aus und lesen Sie es unter folgenden Gesichtspunkten:

- *persönliche Daten des Edgar Wibeau*
- *Freundschaften*
- *Problemsituation zu Hause*
- *Problematik in der Beziehung zu Charlotte*
- *Todesfolge (Unglück oder Suizid?)*

Tod

Alle Belange des menschlichen Daseins finden auch in der Jugendliteratur ein Forum. Das Thema Tod ist ein Bereich, der auch Heranwachsende betrifft. Sie erleben Todesfälle in der Familie, in der Nachbarschaft oder im eigenen Freundeskreis. Trotzdem werden sie häufig in die Verarbeitung nicht miteinbezogen. Sie stehen mit ihren Gefühlen und Ängsten alleine. Der Umgang mit dem Tod ist komplex und bedarf einer genauen Betrachtung. Oft entstehen Befürchtungen und Ängste durch den Verlust eines geliebten Menschen. Aber auch ohne äußeren Anlass setzen sich Jugendliche intensiv mit der Endlichkeit des Lebens auseinander.

Buchbeschreibung eines Jugendbuches zum Thema Tod und Gefühle: *Ich übe für den Himmel* von Marie-Thérèse Schins

Eine Geschichte vom Leben, von der Freundschaft und vom Tod. Ishas Eltern heißen nicht Mama und Papa, sondern Mammamoma und Pappapipo, denn sie sind Krankenhausclowns auf einer Kinderkrebsstation. Auch Isha möchte später einmal Krankenhausclown werden. Manchmal darf sie mitkommen, wenn ihre Eltern den Kindern ihre Show vorführen. Dabei lernt sie Tommy kennen, der einen Gehirntumor hat. Als ihre Eltern eines Tages ins Krankenhaus gerufen werden, weil es Tommy schlecht geht, steht plötzlich auch Isha vor ihrem ersten Auftritt. Dabei begegnet sie nicht nur zum ersten Mal dem Tod. Sie erfährt auch, wie viel Kraft in der Freundschaft steckt und wie schön es ist, sich nicht nur gemeinsam freuen, sondern auch gemeinsam weinen zu können.

Aufgaben

- *Gefühlsbox: Wut, Ärger, Eifersucht ... welche Gefühle fallen Ihnen noch ein? Notieren Sie je ein Gefühl auf einer Karteikarte und legen Sie diese in einen Kasten. Anschließt zieht jeder einen Zettel und versucht die Gefühle pantomimisch darzustellen.*
- *Berichten Sie, wie in Ihrer Familie Entscheidungen getroffen werden, und schildern Sie den Umgang und die Verarbeitung von wichtigen oder bedrohlichen Ereignissen. Wie gehen Sie heute mit Kummer und Ängsten um? Können Sie sich mitteilen, austauschen oder versuchen Sie, das Problem alleine zu lösen? Welche Voraussetzungen müssen für Sie geschaffen werden, damit Sie sich öffnen können? Sollten Ihre Mitschüler bzw. Mitschülerinnen ihr Verhalten ändern, damit man besser über Gefühle sprechen kann? Schreiben Sie auf, was für Sie eine Voraussetzung zum gegenseitigen Vertrauen darstellt. Jede Schülerin heftet ihren Wunsch an die Pinnwand. Ist Ihre Klasse in der Lage, eine Umgebung des Vertrauens zu schaffen? Was muss sich eventuell verändern?*

Ausbruch und Fluchtmotiv

Ein Ausbruch aus der alltäglichen Situation und die Flucht vor Auseinandersetzungen mit den Eltern ist ein Motiv, mit dem sich viele Jugendbücher auseinandersetzen. Es zeigt die Stimmung und Probleme junger Menschen, den Generationskonflikt, Anforderungen, die nicht erfüllt werden können oder wollen, und Belastungen, die scheinbar oder tatsächlich nicht mehr verarbeitet werden. Der Jugendliche scheut die Konfrontation und flieht. Das Ausreißen, die Flucht, die Suche nach einem Ausweg aus verfahrenen Situationen, die Suche nach einem alternativen Leben sind Ursachen für ein Problemlösungsverhalten, das den Jugendlichen gefährden kann. Die Flucht in Drogen, Alkohol, Gewalttätigkeit, Kriminalität, Sekten usw. bieten den Heranwachsenden eine scheinbare Alternative und versprechen Ablenkung von ihren Problemen. Dogmen und eine klare autoritäre Führung werden von manchen Jugendlichen gerne angenommen, da sie auf diese Weise selbst keine Entscheidungen mehr treffen müssen und sie sich sicher und geborgen in einer Gemeinschaft fühlen. Dies erklärt z. T. auch die Flucht in Sekten oder rechtsgerichtete Gruppierungen. Das Buch *Engel und Joe* von Isabell Lenz stellt eine Ausbruchssituation dar. Die familiäre Situation treibt Joe aus dem Haus. Auf dem Alex (Berlin) trifft sie den siebzehnjährigen Punk Engel und verliebt sich in ihn. Sie schwören sich ewige Liebe, doch die Liebe wird auf eine harte Prüfung gestellt, denn Drogen, Eifersucht, Schwangerschaft und Ärger mit der Polizei bestimmen nun ihr Leben.

Aufgabe

Nehmen Sie die gesammelten Broschüren aus der Buchhandlung und suchen Sie Buchtitel aus, die sich mit folgenden Bereichen beschäftigen: Sekten, Drogen, Gewalt, Kriminalität und Ausländerfeindlichkeit.

Wählen Sie eines der beschriebenen Bücher aus und versuchen Sie, den Ursprung und die Zusammenhänge für das Verhalten der Protagonisten (Drogenkonsum, Gewalttätigkeit o. Ä.) zu erfassen. Erstellen Sie ein Plakat mit Ursachen und Auswirkungen von Fehlverhalten und ein zweites mit möglichen Alternativen. Stellen Sie sich folgende Fragen: Wie könnte man mit schwierigen Situationen umgehen? Welche Hilfen gibt es? Kennen Sie gefährdete Jugendliche? Können Sie selbst hilfreich einwirken? Wo erleben Sie Überforderungen und wie gehen Sie damit um?

7.1.5 Das Jugendsachbuch – die Welt, die mich umgibt

Das Sachbuch gewinnt immer stärker an Bedeutung in der Jugendliteratur. Es soll v. a. Leser ab dem zwölften Lebensjahr ansprechen. In diesem Alter lässt sich ein starkes Interesse an Wissensbüchern feststellen. Jugendsachbücher werden fast ausschließlich im privaten Bereich gelesen. Der Jugendliche setzt sich eigenständig mit den Sachinformationen auseinander, ohne dabei von Schule und Lerntätigkeit belastet zu sein. Dadurch wird die Interpretation dem Jugendlichen selbst übertragen. Die Auseinandersetzung mit Sachgebieten und Ereignissen wird für Jugendliche dann interessant, wenn sie unterhaltend dargeboten werden. Während beim

Vorschulkind Sachbücher aus der näheren Umgebung (Spiel, Hobby, Haustiere usw.) das Interesse am Lesen wecken, stehen beim jugendlichen Leser häufiger Themen aus Wissenschaft und Technik im Vordergrund. Häufig sind diese auch Bücher über Software und Internet, die Wissen spielerisch oder unterhaltend vermitteln. Im Jugendsachbuch gehen die formalen Anforderungen und die inhaltliche Auseinandersetzung weit über die des Kindersachbuchs hinaus.

Formale Unterscheidungskriterien

Man unterscheidet, wie bereits beim Kindersachbuch erwähnt, zwischen sachlich informierenden und unterhaltenden, erlebnishaften Sachbüchern.

Das unterhaltende, erlebnishafte Sachbuch

Das unterhaltende Sachbuch versucht Wissenswertes so aufzubereiten, dass es für den Jugendlichen nicht nur informativ, sondern auch motivierend und spannend geschrieben ist. Die Begegnung mit rationalen Sachverhalten wird zum Erlebnis und führt zu einem höheren Lesegenuss. Schicksale, Ereignisse, Taten und Charaktere können als Kulisse dienen, dürfen aber nicht das Thema, die Sachinformation bzw. die Fakten in den Hintergrund treten lassen. Wissen wird erlebbar transportiert und erreicht den Leser unmittelbar, da nüchterne Schilderungen der lebendigen Erzählung weichen.

Viele Verlage bieten bereits mehrere Reihen zu verschiedenen Themenbereichen an. Der Tessloff Verlag hat sich erfolgreich auf dem Sachbuchmarkt behauptet. Neue und interessante Themen werden in der Reihe WAS IST WAS? ständig erweitert und aktualisiert.

Aus der Baobab Buchreihe, einer besonderen Buchreihe mit Bilderbüchern, Kindergeschichten und Jugendromanen aus Afrika, Asien, Lateinamerika und dem Nahen Osten, gibt es u.a. einige interessante und zeitgeschichtlich relevante Jugendsachbücher, z.B. *Im Schatten des Zitronenbaums* von Kagiso Lesego Molope.

Das sachlich, informierende Jugendsachbuch

In diesen Büchern versuchen die Autoren den Wissensdrang und die Neugierde bzw. den Lerntrieb der Jugendlichen anzusprechen. Sie sind zweckgerichtet und möchten unterrichten, ein Thema aufzeigen und Zusammenhänge verdeutlichen. Das Wissen des Lesers soll bereichert und gesteigert werden, ohne Verklärung und mit dem Verzicht auf „Transportmittel". Das reine Wissen, die Tatsachen als solche, sollen für sich alleine sprechen. Bei der Darlegung von Sachverhalten wird auf eine ausmalende Erzählung verzichtet. Kulissen oder Rahmenhandlungen spielen keine Rolle, spezifische Fachbereiche stehen im Vordergrund.

Die Verlage haben erkannt, dass rein informativ gehaltene Sachbücher beim jugendlichen Leser wenig Interesse wecken. Außer den Nachschlagwerken und Lexika gibt es nur noch wenige Sachbücher in diesem Bereich. Der Tessloff Verlag hat mit seiner zurzeit 130 Bände umfassenden Buchreihe WAS IST WAS? acht- bis vierzehnjährige Kinder als Zielgruppe mit Themen aus den Bereichen Geschichte, Biologie, Wissenschaft und Technik.

Themenbereiche des Jugendsachbuches

Der Antrieb des Menschen, sich mit Neuem auseinanderzusetzen, ergibt sich aus der Neugierde und dem Wunsch, etwas über Zusammenhänge zu erfahren. Beim Menschen spricht man auch von einem angeborenen Lerntrieb: Er betrachtet die Umwelt, was häufig ein Bedürfnis nach Begreifen, Verstehen und Erfassen hervorruft.

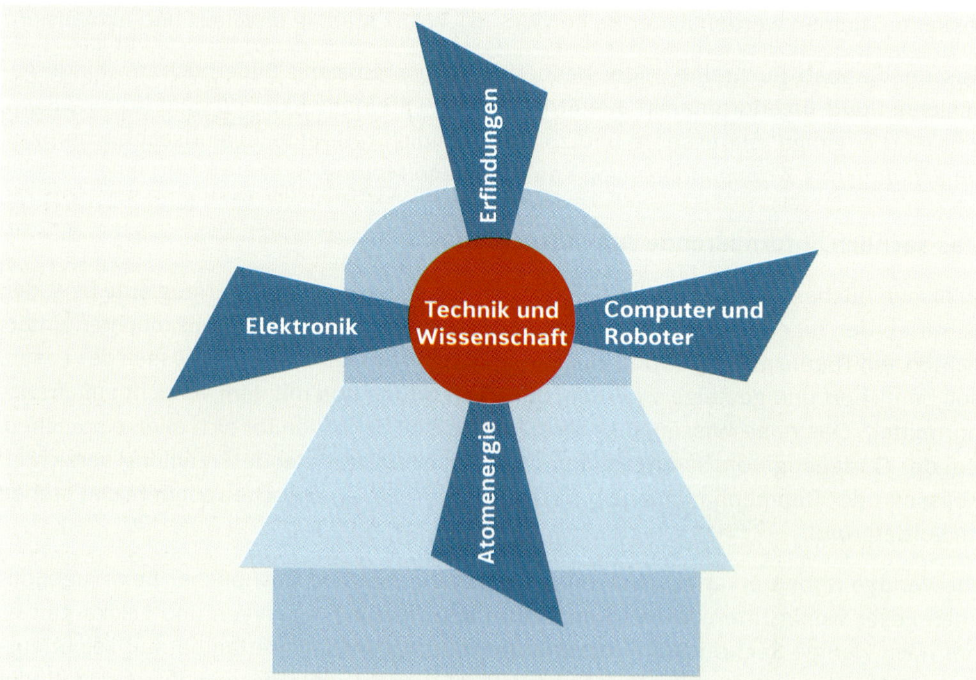

Die Windmühle soll verdeutlichen, dass alles, was uns umgibt, das Interesse wecken und die Fantasie „beflügeln" kann.

Aufgabe

Erstellen Sie mithilfe Ihrer Broschüren weitere Windmühlen zu den auf S. 211 oben genannten Themenfeldern.

Kriterien zur Beurteilung eines Jugendsachbuchs

Grundsätzlich erschließt sich ein rein informatives Sachbuch in der Regel nur Jugendlichen, die bereits über Vorkenntnisse verfügen oder ein ausgeprägtes Interesse an einem bestimmten Bereich haben. Die meisten jugendlichen Leser lassen sich eher von Büchern begeistern, die über das Wissenswerte hinaus auch unterhaltend und spannend geschrieben sind.

Ideal sind Sachbücher, die schwierige Themenbereiche spannend aufbereiten und dabei das Interesse wecken. Sie verknüpfen spielerisch Inhalt und Sprache und informieren mit Leichtigkeit und gleichzeitig sachlich richtig. Tiefgründige Sachinformationen werden lebhaft und faszinierend beschrieben. Figuren und Charaktere sind ansprechend und bewegend dargestellt und entführen den Jugendlichen in die Welt des Wissens. Gleichzeitig befriedigen Sie das Sensationsbedürfnis des Jugendlichen.

Das Jugendsachbuch sollte spielerisch, leicht verständlich, tiefgründig, informativ, präzise, fachkundig, wirklichkeitsnah, bewegend, realistisch, spannend, sachlich richtig, lebensnah und faszinierend sein. Bei einer Sachbuchanalyse müssen diese Begriffe einer Überprüfung standhalten. Nur dort, wo der Jugendliche motiviert und begeistert werden kann, ist er auch bereit, sich mit neuen Sachverhalten auseinanderzusetzen.

Einsatzmöglichkeiten des Jugendsachbuchs in der sozialpädagogischen Praxis

Wie bereits am Anfang erwähnt, versteht sich das Sachbuch als Lektüre für den privaten Bereich. Der Jugendliche sollte sich frei mit den Themenbereichen auseinandersetzen können, die ihn ansprechen oder zu denen er eine Affinität hat. Es gibt jedoch Möglichkeiten, auch diese Altersgruppe über interessant gestaltete Ausstellungen oder Autorenlesungen zu animieren.

Außerdem können bestimmte Themen, die heute fast jeden Jugendlichen ansprechen, zu einer tiefgründigeren Betrachtung genutzt werden: Viele Jugendliche verbringen ihre Freizeit am Computer oder an der Spielkonsole. Diese Erkenntnis kann man nutzen und gezielt Bücher, z. B. zum Thema Sicherheit im Internet, anbieten.

Aufgabe

Übertragen Sie das nachfolgende Schema auf ein gesondertes Blatt und überlegen Sie, welche Faktoren das Leseverhalten und die Auswahl des Lesestoffes von Kindern und Jugendlichen beeinflussen.

Übersicht über die das Leseverhalten beeinflussenden Faktoren

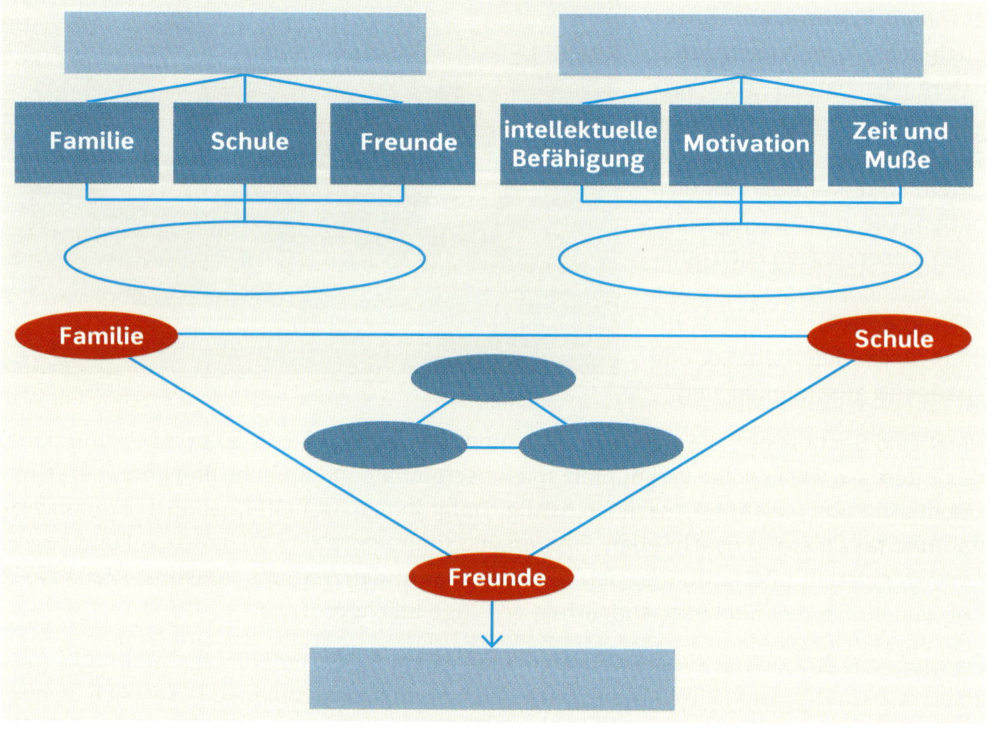

Web

Aufgabe

Lesen Sie die folgende Geschichte und finden Sie die 37 darin versteckten Titel von Jugendbüchern und Jugendsachbüchern.

Rätseltext zu Jugend- und Jugendsachbüchern

„Ich schreckte plötzlich aus dem Schlaf, was war das? So viel ich wusste, befanden sich keine Vulkane in der direkten Nachbarschaft. Ein lautes Donnern und Stampfen war zu vernehmen. Vor Panik konnte ich kaum atmen und doch wollte ich wissen, was los war. Trotz des Lärms konnte ich mein Herz schlagen hören. Ich versuchte, ins Wohnzimmer zu gelangen, und kam mir vor, als wäre ich betrunken oder befände mich auf einem Schiff, ich konnte mich nur schwankend von Wand zu Wand bewegen, so stark waren die Erschütterungen, die durchs

Haus gingen. Das Wunder unseres Körpers ist, dass wir einfach nicht fähig sind in extremen Situationen, die Ruhe zu bewahren. Ich stolperte und fiel, und stolperte und [...], Mensch, hatte ich 'was vor der Linse? Ich sah nur noch die Sterne funkeln, in meinen Beinen war die Eiszeit ausgebrochen, sie wollten mir einfach nicht mehr gehorchen. War das noch unser Planet Erde? Im Wohnzimmer übten die Möbel einen neuen Gesellschaftstanz ein, den Vibrationsblues der Urmenschen. Ich schaute durch die Gardine im Wohnzimmer, HILFE, MIST, SCHEI ..., Dinosaurier, die alten Säugetiere der Vorzeit trampelten gerade unsere Garage nieder. Sie benahmen sich nicht gerade wie Heimtiere, die sich stärker, als ihr denkt, gegen jeden Widerstand erhaben fühlten. Ich dachte, geht doch zurück in die endlose Steppe des Vergessens und lieber singe ich so lonely und nagle einen Pudding an die Wand, als jetzt, bei Nacht, das Versteck unter den Klippen aufzusuchen. Ich wünschte mich fünf Faden tief unter die Erde, um das alte Testament neu zu schreiben. Von wegen ich ganz cool, das total normale Chaos herrschte hier. Mich hat man vergessen in diesem Vorhof zwischen Himmel und Hölle. Da sind Berts Megakatastrophen doch nur kleine peinliche Angelegenheiten mit Lady Punk und so interessant wie das Geheimnis des Uhrmachers. Plötzlich war es wieder ganz still und dann spürte ich einen Schauder auf meiner Haut, wie ein Schrei aus der Stille drang das Getöse jetzt direkt aus dem Vorgarten zu mir herüber. Wer konnte mir jetzt nur helfen? Wen konnte ich anrufen, falls die Telefonleitung noch in Ordnung war? Die Auskunft? Die Polizei? Die Feuerwehr? Den Fremdenverein? Die zentrale Anlaufstelle für Asylbewerber? Die Einwanderungsbehörde? Ich war fix und fertig, mit dem Rücken zur Wand versuchte ich, mir meinen Stundenplan zu vergegenwärtigen, um nicht mehr an die Ungetüme im Vorgarten zu denken. Ich war fast fünfzehn und hilflos wie ein Baby. Mensch, das Internet musste helfen, da gab's bestimmt Informationen. Nein, ich will keine Hausaufgabenhilfe und nichts Wissenswertes über Dinosaurier, und schon gar keine genaue Informationen über ihre Zahnreihen und das Fressverhalten. Was soll ich nur tun und wo war Heinz Sielmann? Was hier geschah, war mir wirklich eins zu viel! Von wegen ausgestorbene Tiere und so'nen Mist. Ich wohnte glatt in der Straße des Schreckens. Wenn ich neun Leben hätte, wäre ich so mutig gewesen und hätte mein Luftgewehr gepackt, raus in den Garten und lauthals geschrien: ‚Ihr wolltet es nicht anders, dann eben mit Gewalt!‘

Okay, jetzt mal ganz ehrlich, das ist natürlich alles totaler Quatsch, das könnt ihr euch ja denken. Das ist wieder mal so'ne Geschichte für das Museum der gestohlenen Erinnerungen.“

(Vera Schmitt)

7.1.6 Das Abenteuerbuch – in der Welt des Außergewöhnlichen

Das Abenteuerbuch findet seine Anhänger in der Altersgruppe der zehn- bis fünfzehnjährigen Kinder und Jugendlichen und kann an bestimmten Merkmalen erkannt werden.

Merkmale des Abenteuerbuches

- **Hohes Spannungspotenzial mit einer gesteigerten Dynamik**
  Es müssen Gefahren überwunden, Probleme bewältigt, Umwege und Verwicklungen erlebt und Bedrohungen standgehalten werden, bevor es zu einem befriedigenden Ende kommen kann.

- **Fremde Handlungsorte, die spannend und außergewöhnlich sind**
  Nicht das Alltägliche, sondern das Besondere und das Überraschende stehen im Vordergrund der Handlung. Sie entfernt sich vom Vertrauten und entführt die Leser in extreme Situationen, die von der Heldenfigur unter schwierigsten Umständen gemeistert werden müssen, um die persönliche Sicherheit und Unversehrtheit zu garantieren. Dabei helfen den Helden besonderer Einfallsreichtum und Erfindungsgabe, ihre Aufgabe zu meistern.

- **Wirklichkeitsnähe und Schilderungen, die für den Leser gut nachvollziehbar sind**
  Bei allem Wunderbaren und Außergewöhnlichen geraten die Helden in Situationen, die tatsächlich lösbar sind. Die Leistungen der Helden liegen nicht außerhalb des Möglichen, sie haben keine Superkräfte und sie erhalten keine Hilfe von übersinnlichen Mächten. „Milieu und äußere Umstände können zwar sehr ungewöhnlich sein, Ereignisse und Zufälle erstaunliche Ausnahmen darstellen, sie bewegen sich aber innerhalb der faktisch existierenden oder jedenfalls denkbaren Welt“ (Maier, 1980, S. 122).

Eine Abgrenzung zum erlebnishaft geschriebenen Sachbuch ist nicht immer leicht. Das Sachbuch hat einen höheren Informationsgehalt, das Abenteuerbuch ist spannend und führt in fremdartige Gegenden, in denen Außergewöhnliches stattfindet. Gemeinsam ist beiden Gattungen, dass sie den Erlebnishunger, das Bedürfnis nach Sensation und Freiheit stillen wollen. Die Suche nach Freundschaft und das Fernweh sind Elemente, die in der Abenteuerliteratur einen höheren Stellenwert aufweisen. Auch die Abgrenzung zur Abenteuerliteratur für Erwachsene ist manchmal schwierig. Oftmals kann nur aufgrund der Aufmachung und an evtl. vorhandenem Bildmaterial eine klare Einteilung erfolgen. Hinzu kommt, dass häufig auch keine klaren Altersempfehlungen auf dem Bucheinband oder in Verlagswerbungen gegeben werden. Jugendliche Leser, die bereits eine Affinität für dieses Genre aufweisen, sind meist auch im Erwachsenenalter begeisterte Anhänger dieser Literatur.

Aufgabe

Schreiben Sie auf ein Blatt, was für Sie persönlich ein Abenteuer sein könnte. Jeder legt nun seinen Beitrag in eine Kiste. Die Kiste wird der Reihe nach herumgegeben, einzelne Blätter werden gezogen und vorgelesen. Nun soll erraten werden, von wem der Beitrag stammen könnte. Stimmen Fremd- und Selbsteinschätzung überein oder müssen Sie Ihr Bild, das Sie sich von Ihren Mitschülerinnen bzw. Mitschülern gemacht haben, überdenken?

Bedeutung des Abenteuerbuches

Es erfüllt Sehnsüchte des Lesers hinsichtlich Fernweh, Kameradschaft, Abenteuer und Faszination, bietet Identifikation mit den Helden, mit Rollenzuweisungen und dem Wunsch nach Freiheit und zeigt Konfliktlösungen wie Auswege aus schwierigsten Situationen zu finden, sich Aufgaben zu stellen und diese bewältigen.

Funktionen und Gefahren der Abenteuerliteratur

Der Spannungsgehalt dieser Gattung ist gleichzeitig die Begründung für den Konsum als auch ihre größte Gefahrenquelle. Wenn Jugendliche sich ausschließlich mit Abenteuerliteratur beschäftigen, laufen sie Gefahr, anderer Literatur gegenüber abzustumpfen. Häufig ist der Leser nicht mehr in der Lage, die unwichtigen Details zu lesen, er blättert weiter zur nächsten Attraktion, zum nächsten Höhepunkt. Triviale Abenteuerbücher oder Fortsetzungsromane bergen die Gefahr, dass die Spannung den Leser nicht mehr loslässt.

Gerade vor und in der Pubertät müssen Jugendliche eine Vielzahl von Entwicklungsschritten bewältigen. Sie sind auf der Suche nach der eigenen Persönlichkeit, der eigenen Identität. Die psychischen und physischen Veränderungen erleben sie z. T. als sehr belastend. Der Eintritt in die Erwachsenenwelt, die Ablösung vom Elternhaus und schließlich die vielfältigen sexuellen Empfindungen stellen eine große Herausforderung dar. Da ist es nicht verwunderlich, dass die Jugendlichen auf der Suche nach Entlastung, Ablenkung und Entspannung, aber auch, um Niederlagen und Enttäuschungen zu überwinden, häufig nach Abenteuergeschichten verlangen.

Gerade die fiktive Welt des Abenteuers, in dem magische Kräfte wirken und Fabelwesen wie Drachen, Elfen, Feen und Trolle wundersame Heldentaten vollbringen können, erzeugen eine packende Dramaturgie, die nicht nur von Jugendlichen begeistert aufgenommen wird.

Systematisierung und Einteilung des Abenteuerbuches

Das Abenteuerbuch besteht aus vielen Facetten und Spielarten. Seine Einteilung kann nach verschiedenen Gesichtspunkten erfolgen.

- **Der entwicklungspsychologische Gesichtspunkt**
  Nach dem entwicklungspsychologischen Gesichtspunkt erfolgt eine Einteilung nach den verschiedenen Alters- bzw. nach Jahrgangsstufen.
- **Der literarische Gesichtspunkt**
  Hierbei erfolgt die Einteilung entsprechend der literarischen Form des Abenteuerbuches, z. B. handelt es sich um einen Roman, eine Erzählung oder eine persönliche Schilderung?
- **Der inhaltliche Gesichtspunkt**
  Hierbei wird, um eine Übersicht über die Vielzahl der Abenteuerlektüren zu erhalten, eine Einteilung nach den verschiedenen inhaltlichen Kategorien vorgenommen.

(vgl. Maier, 1980, S. 122 ff.)

Inhaltliche Kategorien

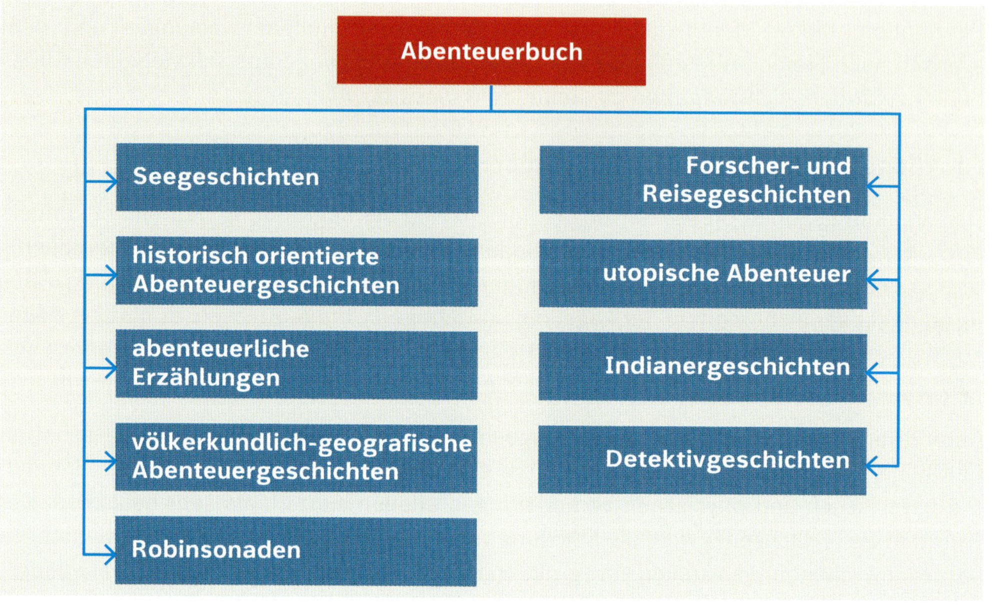

(vgl. Maier, 1980, verändert)

Robinsonaden

Daniel Defoe schrieb im 18. Jahrhundert das bekannte Abenteuerbuch *Robinson Crusoe*. Dieser Klassiker beschreibt die Charakterentwicklung eines Mannes, der in jungen Jahren England verlässt und durch einen Schiffbruch auf eine einsame Insel verschlagen wird. In den folgenden Jahren entwickelt sich Crusoe zu einem selbstverantwortlichen, pflichtbewussten und gottesfürchtigen Mann, der die Isolation nutzt, um über sein Leben und den Menschen in der Welt zu reflektieren. Viele Krisen lassen Crusoe erkennen, dass er die ihn umgebende Natur gestalten muss, um in ihr existieren zu können. Defoe beschreibt die Pionierarbeiten des Helden sehr detailliert.

Neben der individuellen Entwicklung des nun autarken Helden üben die politische und geistige Freiheit des Helden auf der Insel sowie die völlige Befreiung von gesellschaftlicher Bevormundung eine große Faszination auf den Leser aus. Aufgrund seines durchschlagenden Erfolges und seines richtungsweisenden Einflusses in der europäischen Literatur fand sein Werk viele Nachahmer.

Obwohl auch heute noch das zentrale Thema vieler Robinsonaden das Inselmotiv ist, besteht das wahre Kennzeichen dieser Gattung in der absoluten Abgeschiedenheit von Gesellschaft und Zivilisation. Die sich daraus ergebenden Konsequenzen, die ursprunghafte Anfangslage, in der sich der einzelne Mensch oder die Gruppe zurechtfinden und bewähren muss, sind Inhalt einer echten Robinsonade.

Seefahrergeschichten

Die mutige, abenteuerliche, und gerade auch männliche Auseinandersetzung mit dem Meer ist Thema historischer Seefahrergeschichten. Der Kampf gegen die Elemente, das Wagnis der Eroberung neuer Wege, die Verlässlichkeit wahrer Kameradschaft, die Auseinandersetzung mit Piraten, aber auch berechtigter oder unberechtigter Ungehorsam lassen heute noch die Herzen der Leser höher schlagen. Entstanden sind viele dieser Geschichten zur Zeit der Segelschifffahrt in England. Klassiker dieser Gattung sind *Die Schatzinsel* von Robert Louis Stevenson, aber auch die Walfängergeschichte *Moby Dick* von Herman Melville. Erwähnenswert sind auch *Der Seewolf* von Jack London und *Die Meuterei auf der Bounty* von Charles Bernard Nordhoff und James Norman Hall. Auch viele der neuen Seefahrergeschichten handeln in vergangenen Zeiten.

Völkerkundlich-geografische Abenteuergeschichten

Diese Bezeichnung beschreibt die wohl am häufigsten geschriebene und gelesene Form des Abenteuerbuches. Vor dem Hintergrund ferner Länder und Landschaften, aber auch fremder Kulturen und kultureller Gepflogenheiten werden hier außergewöhnliche Begebenheiten, Taten und Schicksale geschildert. Eine Abgrenzung zum Sachbuch, das über fremde Länder informiert, besteht darin, dass hier Kenntnisse über andere Lebensformen, aus der Intention der Autoren heraus, eher zweitrangig sind. Dennoch sollte der bildende Anteil nicht unterschätzt werden, den der Leser, sozusagen als Beiwerk, aufnimmt. Fakten, die in spannende Begebenheiten eingebettet sind, prägen sich häufig mehr ein als durch pure Informationsvermittlung.

Bei der Auswahl eines völkerkundlichen Abenteuerbuches sollte darauf geachtet werden, dass gesellschaftliche, politische und auch wirtschaftliche Verhältnisse in anderen Ländern objektiv dargestellt werden.

Das historisch orientierte Abenteuerbuch

Auch beim historisch orientierten Abenteuerbuch ist die Abgrenzung zum Sachbuch nicht immer deutlich. Eine eindeutige Zuordnung zur Abenteuerliteratur lässt sich immer dann vornehmen, wenn der Schwerpunkt auf Einzelschicksalen oder speziellen Ereignissen liegt und die Dynamik und Besonderheit der Handlung erkennbar ist. Die Anziehungskraft dieser Gattung liegt mit Sicherheit in dem Erlebnisreiz, der von der Handlung ausgeht. Häufig gehen die Autoren von bereits vorhandenen Vorkenntnissen über die geschichtlichen Hintergründe aus. Eine Analyse zeigt, dass nicht alle historischen Epochen gleichmäßig bearbeitet wurden, hier spielt vermutlich der entsprechende Zeitgeist eine große Rolle. Abgelehnt werden sollte eine verklärende historische Abenteuerliteratur, die falsch verstandene patriotische Gesinnungen und Kriegsbegeisterung vermittelt. Als ein gelungenes Beispiel ist der Roman *Die Zeit der Wunder* von Anne-Laure Bondoux zu nennen, der für den deutschen Jugendliteraturpreis 2012 nominiert ist.

Indianergeschichten

Eine Verbindung völkerkundlicher, aber auch historischer Abenteuerliteratur stellen die Indianergeschichten dar. Die Bandbreite der Erzählungen erstreckt sich seit über zweihundert Jahren von Geschichten über die Brutalität mancher Stämme bis hin zu sensiblen Beschreibungen der Lebensumstände der Indianer Nordamerikas. Seit der jüngsten Vergangenheit gab und gibt es eine neue Entwicklung in der Indianerliteratur. Die Thematik wird nun von der sozialpolitischen und ethnologischen Seite aufgerollt, wobei auf ein abenteuerliches Element weitgehend verzichtet wird. Sozialkritisch geschrieben, beeindruckt das Schicksal dieser Völker viele junge Leser.

Indianergeschichten sollten altersgemäß aufgeteilt werden. Während die klassische Indianerliteratur sich für den jugendlichen Leser eignet, sind für jüngere Kinder solche Bücher vorzuziehen, die das Leben der Indianer eingebunden in eine Umweltgeschichte und bezogen auf Kindheitserlebnisse und -probleme aufzeigen, z. B. *Bei den Indianern* aus der Wieso?Weshalb?Warum?-Reihe, die im Ravensburger Verlag erschienen ist.

Utopische Abenteuergeschichten

Bereits in den vergangenen Jahrhunderten entwarfen die Menschen Utopien, Schilderungen von Zuständen und Ereignissen der Zukunft, die an keinem bestimmten Ort festzumachen sind. Es handelt sich hierbei um gedankliche Konstrukte, die sich mit dem politischen, wirtschaftlichen, naturwissenschaftlich-technischen, aber auch sozialen Leben der Zukunft befassen. Zum Teil liegt den romanhaften Ausführungen eine erzieherische Intension zugrunde, die in überzogener Weise die zukünftige gesellschaftliche Entwicklung aufzeigen will. Eine andere Form der utopischen Abenteuergeschichten zeichnet Wunschbilder idealer Gesellschaften auf. Der Franzose Jules Verne (1828–1905) gilt als Vater der neueren utopischen Literatur, wobei sein Roman *Die Reise von der Erde zum Mond* inzwischen zu den ersten realistischen Abenteuergeschichten zählt. Dabei handelt es sich um ein frühes Werk des Science-Fiction-Genres, das die Mondfahrt um etwa hundert Jahre vorwegnimmt.

Neben gesellschaftskritischen Werken, u. a. *1984* von George Orwell und Aldous Huxleys *Schöne neue Welt*, bestimmt moderne Science-Fiction-Literatur heute häufig das Bild der utopischen Abenteuergeschichten. Technische Spekulationen, verbunden mit dem Eroberungsgeist der Menschheit und den sich vielleicht in der Zukunft ergebenden Möglichkeiten der Überwindung menschlicher Grenzen, z. B. bei der Überwindung von Zeit und Raum, finden vor allen Dingen bei jugendlichen Lesern großen Anklang.

Die breite Masse der Science-Fiction-Literatur verzichtet zugunsten von sensationellen Geschehnissen und Spannungseffekten auf eine tiefergehende und plausible Erläuterung der möglichen zukünftigen Umstände. Dennoch gibt es etliche gelungene utopische Abenteuergeschichten, die es dem Leser ermöglichen, alternative Sicht- und Denkweisen zu entwickeln, sich im Bereich des Möglichen zu bewegen und kreative Übertragungen durchzuführen, z. B. *Jenseits des Jahrtausends* von Kai Meyers.

Fantastische Abenteuergeschichten

Im Gegensatz zu den utopischen Abenteuergeschichten erhebt die fantastische Abenteuergeschichte nicht den Anspruch, an mögliche realistische Gegebenheiten anzuknüpfen. Ähnlich wie im Märchen können hier zwei Welten nebeneinander existieren: die Handlung spielt in die magische irreale Welt hinein. Eine weitere Gattung dieses Genres ist der Fantasyroman. In Fantasyromanen existieren dagegen keine parallelen Welten, sondern ausschließlich eine fantastische Welt. Außernatürliche und unerklärliche Begebenheiten tragen zur Handlung bei, Themen und Inhalte sind häufig Sagen und Legenden entliehen. Bereits Mitte des 20. Jahrhunderts begeisterte Perry Rhodan die Gemüter, später waren es die Nebel von Avalon und andere. Heute sind Harry Potter (Contemporary und Urban Fantasy), der Herr der Ringe, Eragon (High Fantasy) und Bartimäus jedem Kind bekannt.

Unter dem Genre Fantasyromane lassen sich u. a. folgende Unterteilungen treffen:

- **High Fantasy:** Zumeist mittelalterlich und episch geprägt, mit Betonung auf Magie. Weitere Beispiele: *Das Geheimnis der großen Schwerter* von Tad Williams und *Erdsee* von Ursula K. Le Guin.

  Oder meist über mehrere Bände angelegte Erzählungen aus einer Welt, in der Magie das Leben bestimmt und Menschen ganz selbstverständlich, Seite an Seite mit fantastischen Wesen leben, z. B. *Das Schwert der Wahrheit* von Terry Goodkind, aber auch *Der Herr der Ringe* von Tolkien.

- **All Age Fantasy:** Fantastische Romane jenseits von Altersgrenzen, die Jugendliche und Erwachsene im gleichen Maße begeistern, wie z. B. *Die Drachenkämpferin* von Licia Troisi.

- **Dark Fantasy:** Diese Gattung ist tendenziell eher dem Horror zugetan: Die traumartige Welt ist mit düsteren und unheimlichen Elementen vermischt, z. B. *Die Saga von Kane* von K. E. Wagner, *Die schwarzen Juwelen* von Anne Bishop und einige Werke von Stephen King, u. a. *Der dunkle Turm.*

- **Historische Fantasy:** Bezeichnet eine Mischform aus historischem Roman und Fantasyroman, wie z. B. *Die Bruderschaft der Schatten* oder *Das Blut der Ketzer*, beide von Corina Bomann.

Der Vollständigkeit halber sind noch folgende Unterteilungen des Fantasyromans zu nennen: Science Fantasy bzw. Romantische Fantasy, Space Opera bzw. Heroische Fantasy, Funny Fantasy bzw. Humorvolle Fantasy, Hard Science Fiction und Military Science Fiction.

Detektivgeschichten

Auch Detektivgeschichten werden zur Abenteuerliteratur gezählt. Kriterien sind die bereits beschriebenen Merkmale wie gesteigerte Dynamik, außergewöhnliches Geschehen, besondere Gefährdung oder Leistung der Handlungsträger und der Bezug zum real Möglichen. Der Held der Detektivgeschichte zeichnet sich durch logisches Denkvermögen, Kombinationsgabe und Schnelligkeit in der Auffassung aus. Auf körperliche Stärke wird zugunsten von besonderem Mut und Kaltblütigkeit verzichtet. Zu den klassischen Detektivgeschichten zählt insbesondere Charles Dickens' *Oliver Twist*, als Vorläufer kann man auch Geschichten von Mark Twain benennen. Die Jugenddetektivgeschichte, mit Kindern oder Jugendlichen als aktiven Handlungsträgern, hat sich im Laufe des 20. Jahrhunderts entwickelt, bekanntes Beispiel hierfür ist Erich Kästners *Emil und die Detektive*. In diesen Geschichten spielen Erwachsene eine untergeordnete Rolle. Der einzelne Detektiv oder die Gruppe von Jugendlichen bewegt sich in einer relativ autonomen Jugendwelt.

Das Angebot an Detektivgeschichten erstreckt sich über eine große Bandbreite. Beliebt sind Detektivgeschichten, die sich als Serien über Jahre hinweg erstrecken und bei denen die Helden immer neuen Kriminalfällen gegenüberstehen, z. B. Die drei Fragezeichen ???, die von verschiedenen Autoren geschrieben wird oder *Kalle Blomquist* von Astrid Lindgren.

7.1.7 Das Mädchenbuch – ein Buch, wirklich nur für Mädchen?

In der Literatur wird ein Mädchenbuch als Buch beschrieben, das sich ausschließlich an Mädchen zwischen dem neunten und dem sechzehnten Lebensjahr wendet. Die Intention des Mädchenbuches ist es, das Mädchen bei der Findung seiner sozialen Rolle zu unterstützen. Dass diese Intention sowohl negative als auch positive Aspekte aufweist, beweist die schon seit Jahren anhaltende Diskussion um die Sinnhaftigkeit dieser Abspaltung von der übrigen Jugendliteratur.

Alle Kinder sind gleich, nur Jungen sind gleicher?

Die vermeintliche Dominanz des männlichen Geschlechtes über das weibliche Geschlecht wurde jahrhundertelang durch verschiedenste Theorien und Auslegungen immer wieder beschworen. Zum Beweis der universellen und naturgegebenen Überlegenheit führten Männer Argumente aus der Religion, z. B. „das Weib ist dem Manne untertan, weil es von Gott so geschaffen wurde", später auch aus angeblich wissenschaftlichen Quellen an. Die Mutterschaft als wesentliche Aufgabe von Frauen definierte kinderlose Frauen als von ihrer ursprünglichen Bestimmung schuldhaft abweichend und rechtfertigte geschlechtsbedingte Arbeitsteilung. Auch die scheinbare biologische Unterlegenheit der Frau hinsichtlich Kraft, Ausdauer und Aggressivität mehrte den Ruhm des Mannes als Jäger, Beschützer, Krieger und Ernährer. Im 19. Jahrhundert bestätigten darwinistische Theorien diese Überzeugung, indem sie per Unterordnung der individuellen Bedürfnisse gegenüber der Arterhaltung den Ausschluss der Frauen aus Bildung und Erwerbstätigkeit zum Wohle des Überlebens der Gattung propagierten. Auch der von Freud als „normal" betrachtete Mensch war männlich, für Frauen bedeutete ihre Anatomie ihr Schicksal.

Die traditionelle Entwicklungspsychologie, die von einer unterschiedlichen Entwicklung der Geschlechter ausgeht, ist umstritten. Wissenschaftler scheiden an der Frage, ob geschlechtsspezifische Verhaltensweisen angeboren oder sozial erworben wurden, da typisch männliches oder weibliches Verhalten sehr früh erlernt und später als angeboren interpretiert werden kann.

Die Psychologin Lotte Schenk-Danzinger unterschied in der vorpubertären Entwicklung die Knaben von den Mädchen und beschrieb diese Entwicklungsphase des Jungen als eine Zeit des erhöhten Bewegungsbedürfnisses, der gesteigerten Aggressivität und einer ausgeprägten Freude an Sinneseindrücken. Abenteuerlust und Unfugbereitschaft lebten Jungen zumeist in einer Gruppe Gleichaltriger und Gleichartiger aus. Körperliche Hygiene, aber auch Pünktlichkeit und pedantische Ordnung könnten bei männlichen Jugendlichen beinahe als Zeichen einer Zwangsneurose gewertet werden. Haltungsverfall in der Schule wäre durch unordentliche Schultaschen und Schriftbilder erkennbar, nicht jedoch in einem Nachlassen der intellektuellen Leistungsfähigkeit.

Ganz im Gegenteil würde das formale Denken beim Knaben nun in zunehmendem Maße leistungsfähig. „Die Vorpubertät des Knaben ist durch eine ausgeprägte Wissbegierde gekennzeichnet [...], das Interesse richtet sich auf die Anfänge, Urheber, Konstrukteure, Erfinder und Entdecker." (Schenk-Danzinger, 1985, S. 287): Das konstruktive Spiel der Knaben wandelt sich. Statt mit dem „sieht aus wie" zufrieden zu sein, möchte das Kind nun Dinge, die tatsächlich funktionieren. Jungen schätzen als Spielsachen Zauber- und Chemiekästen. Tagträume von Knaben werden als Folge des Bedürfnisses nach einem Eigenleben dargestellt. Den Erlebnishunger, die Abenteuerlust und der Wissensdurst der Knaben wird in der heutigen großstädtischen Umgebung bevorzugt durch Bücher gestillt. „Abenteuerbücher, Wildwester und utopische Romane gewinnen an Bedeutung" (Schenk-Danzinger, 1985, S. 287).

Dieser Entwicklung stellte Schenk-Danzinger die Vorpubertät der Mädchen gegenüber. Diese setzt bereits etwas früher ein und beginnt als „positiv getönte Erregungsphase mit körperlicher Unruhe, starkem Rededrang und der Bereitschaft, über alles ohne Grund zu lachen" (Schenk-Danzinger, 1985, S. 287). Nachdem Mädchen anfänglich noch bereit seien, an kleineren Unternehmungen teilzunehmen oder diese gar zu organisieren, folge häufig eine Phase der „labilen Affektivität". Die Mädchen zeigten nun ein launisches, zerfahrenes und albernes Benehmen, würden inaktiv und scheuten jegliche Bewegung. Das Lesen betrachteten sie dabei als Lieblingsbeschäftigung. Haltungsverfall beim Mädchen führt Schenk-Danzinger auf eine Umschichtung der Wertungen und Interessen im Zusammenhang mit einer zunehmenden Erotisierung der Umwelt zurück.

Es handelt sich auch nicht um einen Verfall der Arbeitshaltung, sondern eher um ein Zurücktreten der sachlichen Interessen. Die Mädchen empfänden weniger Lust beim Lernen und neigten zu rezeptivem Verhalten. Mädchen hätten wenig Bedürfnis nach Gruppenbildungen, „hingen Tagträumen nach", die zunehmend erotischen Charakter annähmen. Konflikte mit dem Elternhaus entsprängen nicht dem Gefühl der Ungerechtigkeit, sondern aus der Überempfindlichkeit und Bequemlichkeit des Mädchens.

Obwohl Schenk-Danzinger berechtigte Zweifel an der Naturgegebenheit dieser Phase anmeldete, spiegelt sowohl die Wortwahl als auch der Abschluss des Kapitels über die Vorpubertät des Mädchens eine allgemeine gesellschaftliche Einstellung wider. „Jeder Anlass zur Klage verschwindet allerdings, sobald das Mädchen vor eine echte Aufgabe gestellt wird, etwa in einem Krankheitsfall zu pflegen oder Haushaltspflichten zu übernehmen." (Schenk Danzinger, 1985, S. 287)

Ein Mädchen oder eine Frau zu sein ist eben nicht nur das Ergebnis biologischer Prozesse, sondern die gesellschaftliche Rolle, die einem durch Erwartungen und Einstellungen der sozialen Umgebung zugewiesen wurde. Rollenverhalten wird heute häufig auf subtile Art und Weise vermittelt, die Möglichkeiten, dies aufzudecken sind heute wesentlich schwerer als früher, da das Bemühen um eine geschlechterrollenneutrale Erziehung gewollt ist. Rollenspezifische Muster werden unter einer Decke vermeintlicher Liberalität, Großzügigkeit und Toleranz gehalten. Auf diese Weise werden alte Vorurteile ungewollt bestätigt. Wen wundert dann der Einsatz typischer Mädchenbücher, früher wie auch heute noch, als Instrument zur Prägung vom Frausein?

Das traditionelle Backfischbuch – was Mädchen (damals) wissen sollten

Die Ursprünge des traditionellen Backfischbuches reichen bis zum Beginn des 19. Jahrhunderts zurück. Der Backfisch ist eine inzwischen veraltete Bezeichnung für Mädchen im Teenager-Alter. Ausgehend von der bürgerlichen Aufklärung mit ihrem Erziehungsoptimismus, dem sich allmählich herausbildenden Wertekanon von Pflicht, Selbstbeschränkung, Altruismus und Tugend sowie der Entstehung eines bürgerlichen Literaturmarktes und der Freude an Unterhaltungsromanen, handelte es sich hierbei zunächst um Erziehungsromane, die die Sozialisation der höheren Töchter erleichtern sollten. Lehrhafte Unterhaltung sollte dem noch außerhalb der staatlichen Erziehungsinstitutionen stehenden Mädchen Standesbewusstsein und rollenangepasstes Verhalten vermitteln. Inhaltlich handelte es sich zumeist um Erbauungsschriften und Sittenlehren, deren Hauptfigur, das bürgerliche Mädchen, durch tugendhaften Lebenswandel von ihrem Glück – einem Mann – gefunden wurde oder sich durch unangepasstes Verhalten ins wohlverdiente Unglück trieb. Geschrieben wurden diese Bücher von Frauen wie Thekla von Gumpert mit ihren *Backfisch* – Geschichten, Emmy von Rhoden mit

Das Nesthäkchen von Else Ury

Der Trotzkopf und Else Ury mit *Das Nesthäkchen*. Die moderne Buchindustrie des 20. Jahrhunderts brachte die großen und sehr bekannten Serien von Marie-Luise Fischer und Enid Blyton hervor, die trotz zunehmendem Rollenbewusstsein, Kenntnis der Rollenproblematik und einem differenzierteren Blick auf die Entwicklung im Jugendalter noch viele alte Stereotype bei äußerlichem Kulissenwandel beinhalten.

Das konventionelle Backfischbuch – Kinder, Küche, Kirche?

Das konventionelle Backfischbuch orientiert sich dagegen am bürgerlichen Mittelstand, wobei die Hauptperson noch immer das wohlbehütete Mädchen in einer heilen Welt ist. Trotz zeitgenössischer Bezüge werden gesellschaftliche Konflikte zumeist ausgespart, manchmal gar beschönigt. Probleme bei der Übernahme der Geschlechterrolle werden, soweit sie überhaupt vorhanden sind, auf individueller und persönlicher Ebene gelöst. Das Bezugsfeld der Figur ist eindeutig die Familie, sowohl die Herkunftsfamilie als auch die zukünftige. Politische Einflussmöglichkeiten werden ausgeblendet. Die Protagonistinnen erhalten größere Freiräume in der eigenen weiblichen Lebensgestaltung, häufig dargestellt als Rebellion des Mädchens gegen Rollenzumutungen, finden aber am Ende doch zu sich selbst, geben ihre eigenen Ziele auf, besinnen sich auf ihre traditionellen Frauenrollen, um als passiv abwartende und anschmiegsame Braut erkannt zu werden. Daher spielen auch Berufswünsche eine lediglich untergeordnete Rolle, meist findet eine Beschränkung auf typisch weibliche Berufe statt, die die eigentliche Hausfrauen- oder Mutterrolle erweitern. Die Arbeitswelt im sozialen, künstlerischen oder haushälterischen Bereich wird beschönigt. Stereotype weibliche Eigenschaften und Verhaltensweisen vermitteln noch immer das Leitbild des „richtigen" Mädchens. Hierzu zählen unter anderem Tier- und Kinderliebe, Selbstlosigkeit, Opferbereitschaft, Fürsorglichkeit und Harmoniesucht. Weibliche Sexualität wird tabuisiert, die Mädchen wirken asexuell, spröde, passiv und kaum sinnlich und werden vom Partner, der als Mischung von Vater und Bruder dargestellt wird, niemals bedrängt.

Spezifische Strukturmerkmale des Backfischbuches

Die Erzählung in Ich-Form erleichtert die Identifizierung und baut Distanz ab. Durch eine subjektivierende Erzählweise wird alles Geschehen (Handlung, Personen) auf die Person der Heldin hin zentriert. Literarische Mittel, die der Leserin über den Abstand vom Erzählten einen Abstand von sich selbst verschaffen, fehlen dabei komplett.

Die Handlung

Der Erzählinhalt besteht aus der Beschreibung von Lebensabschnitten von Mädchen, wobei den Alterserwartungen entsprochen wird. Die vorpubertierenden Mädchen können als „wilde Hummeln" manchen fröhlichen Streich spielen, bevor sie als Pubertierende wahrhaft neugierig auf ihr Leben als Frau werden. Vor dem Happy End kommt es regelmäßig zu einer Ansammlung gerade noch nachsichtig geduldeter weiblicher Entgleisungen: „Aus unserer kleinen wilden Pucki war vor einigen Jahren ein schlimmer Puck geworden. Jetzt hat sich dieser Puck wieder in eine liebenswerte Pucki verwandelt. Möge dies in Zukunft so bleiben. Oder es sind noch einige intrigenhafte Hindernisse zu überwinden bevor der eine kommt, der Herz und Seele gefangen nimmt." (aus Magda Trotts *Pucki*)

Aufgaben

1. *Bilden Sie Vierergruppen und übertragen Sie dann in jeder Gruppe die folgenden Charaktereigenschaften auf Karteikarten. Ordnen Sie die Begriffe anschließend als „typisch für Jungs“ und „typisch für Mädchen“ zu.*

   Stellen Sie zuletzt gegenseitig die Ergebnisse in der gesamten Klasse vor. Gibt es Abweichungen? Diskutieren Sie diese.

   Charaktereigenschaften:
   flexibel, vorsichtig, selbstsicher, kontaktfreudig, frech, treu, tolerant, zärtlich, sozial, genau, höflich, liebevoll, sensibel, mutig, asexuell, sportlich, fantasievoll, offen, ehrlich, rücksichtsvoll, stark, gelassen, konfliktfähig, still, pünktlich, durchsetzungsfähig, ordentlich, kreativ, geduldig, belastbar, aktiv, freundlich, fürsorglich, verlässlich

2. *Überprüfen Sie verschiedene Formen der Mädchenliteratur hinsichtlich der genannten Charaktereigenschaften.*

Das emanzipatorische Mädchenbuch

Neben den Mädchenbüchern, in denen die gesellschaftliche Rolle als Essenz des biologischen Schicksals dargestellt wird und solchen, in denen individuelle, sozial irrelevante Mädchenschicksale dargestellt werden, entwickelte sich seit den 1960er-Jahren ein neues Genre, das emanzipatorische Mädchenbuch. Einflussreich waren hier v. a. Bücher aus den skandinavischen Ländern, die mit dem Anspruch auf Selbstverwirklichung, auch im sexuellen Bereich warben sowie Mädchenbücher aus der DDR, in denen die Protagonistinnen politisch interessiert waren und sich primär auf ihre berufliche Verwirklichung konzentrierten.

Zielsetzung

Die Zielsetzung dieser Mädchenbücher beinhaltet Aufklärung und Emanzipation. Sie sind eine sinnvolle und produktive Möglichkeit, die Leserin über ihre Situation aufzuklären und ihr neue und weitere Rollenmöglichkeiten vorzustellen. Emanzipatorische Mädchenbücher sind also eine tatsächliche Hilfe bei der Identitätsfindung.

Empfehlenswert sind solche Mädchenbücher, die ...

- sich mit der Lebensrealität von Mädchen und jungen Frauen kritisch auseinandersetzen, statt glatte, rein private Lösungen anzubieten.
- Emanzipation als langwierigen, gesamtgesellschaftlich relevanten Prozess darstellen, in dem sowohl Konfliktbereitschaft als auch Solidarität benötigt wird.
- Rollenklischees hinterfragen und statt fester Leitbilder ein variantenreiches, kreatives und rollenflexibles Verhalten aufzeigen.

- eine Auseinandersetzung mit alternativen Lebensformen ermöglichen und durch realistische Darstellung konkreter Beispiele weiblicher Lebensgestaltung – zu allen Zeiten und an allen Orten – der Leserin zu einem distanzierten Blick auf die eigene Entwicklung verhelfen und sie bei der Bewältigung von Identitätskrisen unterstützen.
- die weibliche Sexualität nicht tabuisieren, sondern einen aktiven, selbstbestimmten, lustbetonten Umgang mit weiblicher Erotik und Sexualität und deren Folgen propagieren.
- aktives weibliches Konfliktlösungsverhalten beschreiben und nicht immer ein Happy End haben müssen.
- den Berufsalltag realistisch darstellen und der Leserin vermitteln, dass sogenannte typische Männerberufe natürlich auch einem Mädchen offenstehen.

Empfehlenswerte Mädchenbücher

Tilde Michels beschreibt in *Lena vom Wolfsgraben* das Leben in den 1920er-Jahren in einem abgelegenen Teil Österreichs. Lena wird mit zwölf Jahren heimatlos und muss als Magd auf einem fremden Hof arbeiten. In den folgenden Jahren entwickelt sie zunehmend Mut und Selbstbewusstsein, genug, um in einer Stadt eine Lehre als Näherin zu beginnen.

Der Autorin Monika Feth ist in ihrem Buch *Die blauen und die grauen Tage* neben der einfühlsamen Schilderung des Zusammenlebens zwischen Alt und Jung auch eine sehr gute Beschreibung der an Alzheimer erkrankten Großmutter gelungen, die nicht in ihrem Leid erstarrt, sondern aktiv ihr Leben gestaltet, solange sie hierzu noch in der Lage ist.

Bereits 1973 erschien *Das rosarote Mädchenbuch* von Hedi Wyss, einer Schweizer Jugendbuchautorin. Sie schrieb das erste Mädchenbuch, das sich im Gegensatz zum traditionellen Mädchenbuch mit der Emanzipation der Frauen auseinandersetzt. Zusammen mit ihrem weiteren Werk *Rotstrumpf* durchbrechen diese beiden Bücher, inhaltlich wie stilistisch, die Grenze zwischen den Jugendbüchern und der Erwachsenenliteratur. Leider sind sie nicht mehr über den Buchhandel zu beziehen, aber vielleicht haben Sie Glück und finden die Titel noch im Antiquariat oder auf einer Buchbörse.

Die Österreicherin Christine Nöstlinger schreibt seit Beginn der 1970er-Jahre sehr erfolgreiche Jugend- und insbesondere Mädchenbücher. Fast schon als Klassiker könnte ihre Geschichte von *Ilse Janda, 14* gelten. Da das Buch leider nicht mehr im Handel erhältlich ist, versuchen Sie bitte, es in Ihrer Bücherei auszuleihen. In *Einen Vater habe ich auch* setzt sich die Autorin als Ich-Erzählerin voller Ironie, aber auch Selbstironie mit ihrer Lebenssituation als Scheidungskind auseinander und betreibt aktive Lebenshilfe an sich selbst.

Auch die emanzipatorische Mädchenliteratur beschäftigt sich häufig mit dem beginnenden Interesse am anderen Geschlecht, der Veränderung des eigenen Körpers. Peter Härtlings Darstellung einer Kinderliebe in *Ben liebt Anna* beschreibt die Aufregungen und Unsicherheiten, die Jugendliche durchleben, wenn sie zum ersten Mal Zuneigung oder Liebe zu einem Menschen außerhalb der eigenen familiären Bande entwickeln.

Liebe und Sexualität wird heute in vielen Mädchenbüchern sehr offen dargestellt, auch von gleichgeschlechtlichen Beziehungen. Gleichzeitig werden auch Gefahren und Folgen von Sexualität wie z. B. Aids oder ungewollte Schwangerschaften angesprochen.

7.2 Kriterien zur Beurteilung eines Jugendbuches

Inhalt

Achten Sie darauf, dass im ausgewählten Buch kein Hass oder eine menschenverachtende Polemik verbreitet, sondern sachlich und umfassend informiert wird. Zusammenhänge müssen deutlich werden. Übertreibungen sind nur zu akzeptieren, wenn sie als solche eindeutig zu erfassen sind. Aggressionen, Gewalttätigkeiten und Fremdenhass dürfen nicht verherrlicht oder stillschweigend geduldet werden. Durchsetzungsvermögen und Erfolg sollte nicht als Ergebnis von Ausgrenzung, Hinterlist, Betrug oder Erpressung dargestellt sein. Liebe, Sexualität und ein positives Körperbewusstsein dürfen nicht nur mit konservativen Wert- und Normvorstellungen verknüpft sein, sondern sollten Verständnis für die spezifischen Schwierigkeiten dieser Lebensphase ausdrücken. Indirekte erzieherische Beeinflussung und die Verkündung absoluter Wahrheiten ist abzulehnen.

Erziehungsfunktion

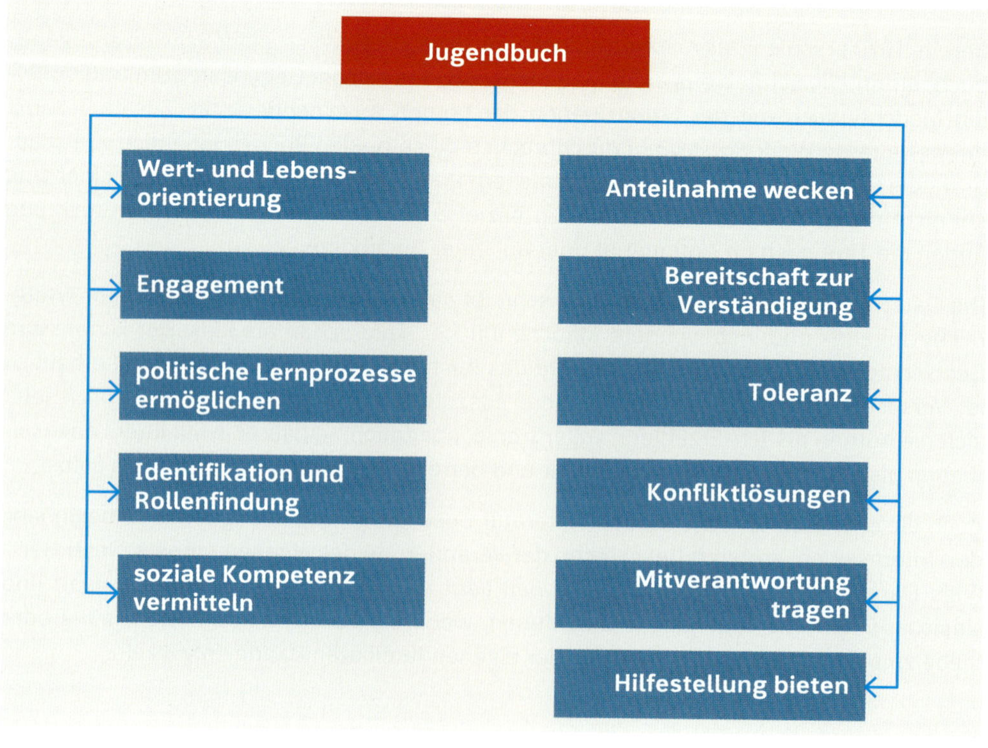

Aufgabe

Welche Anforderungen stellen Sie an ein gutes Jugendbuch?

Überprüfen Sie an einigen bekannten Jugendbüchern, ob diese nur unterhalten wollen oder ob sie sich in Sprache und Inhalt ernsthaft mit Problemfeldern auseinandersetzen. Achten Sie auch darauf, ob die Gestaltung altersgerecht und ansprechend ist.

7.3 Praktische Umsetzung von Jugendbüchern

Web

Der Anspruch von Jugendliteratur auf Freizeitgehalt und eigener Interessenlage widerspricht der Einsatzmöglichkeit, die gezielt eine bestimmte Problematik vermitteln will. Um dennoch das Interesse des Jugendlichen zu wecken, gibt es z. B. diese Möglichkeiten:

- Fragenkatalog zum Interessengebiet der Jugendlichen erstellen, um ihnen gezielt Bücher empfehlen zu können.
- Buchausstellungen zu bestimmten Problemfeldern durchführen.
- Jugendliche selbst ihre Lieblingsbücher vorstellen lassen.
- Gemeinsame Besuche von Buchmessen, möglichst mit Autorengesprächen.
- Zu Autorenlesungen mit anschließender Diskussionsrunde einladen.

Der Bundesverband des Friedrich-Bödecker-Kreises e. V., der sich Leseförderung und Literaturvermittlung für Kinder und Jugendliche zur Aufgabe gemacht hat, veröffentlicht auf seiner Homepage www.boedecker-kreis.de ein Verzeichnis von Autoren, in dem leseförderende Veranstaltungen, Autorenlesungen und Workshops aufgeführt sind. Alle darin enthaltenen Autoren sind bereit, Lesungen in Schulen und Freizeiteinrichtungen durchzuführen.

8 Comics – Literatur in Bildern

8.1 Begriff und Definition

Web

Das Wort Comic hat das Komische, Komödiantische zum Inhalt. Die ersten Comics hatten diesen Begriff auch zu Recht, denn über die Witzzeichnungen und lustigen Bildergeschichten sollte gelacht werden. Wer heute von Comics spricht, meint nicht nur lustige Geschichten, sondern **jede Form** von **Bildergeschichten, die in einer Bild-Text-Kombination eine Handlung erzählen**. Der Comic ist damit eine literarisch-künstlerische Ausdrucksform und eine Erzählung in wenigstens zwei stehenden Bildern. Damit ist ‚Comic' auch der Oberbegriff für Comic Strip, Bildergeschichte, Manga und Graphic Novel. Wichtig: Es gibt Comics für Kinder und für Erwachsene.

Comics für Erwachsene erreichen ihre Leserinnen und Leser über die Zeitung, Illustrierte, Heft, Album und Buch in **großer Auflage**.

Viele Comicfiguren werden durch eine **multimediale Vermarktung** vom Kinofilm über Fernsehserien bis zum Spielzeug und zur Bettwäsche einem viel breiteren Publikum vertraut. Man spricht in diesem Zusammenhang auch von einem Medienverbund.

Aufgaben

1. *Überlegen Sie, welche Comicfiguren Sie aus Ihrer Kindheit kennen. Notieren Sie sich auf einzelnen Kärtchen je eine Comicfigur. Tauschen Sie sich in der Kleingruppe aus:*
   - *Beschreiben Sie die Comicfiguren, die Sie kennen.*
   - *Beschreiben Sie, was Ihnen an dieser Figur gefallen oder missfallen hat.*
   - *Beschreiben Sie, wie Ihre Umwelt auf das Lesen von Comics reagiert hat.*
2. *Ihre Klasse wird nun in zwei Gruppen eingeteilt. Pro Gruppe wählen Sie mindestens zehn Comicfiguren aus, die jeweils der anderen Gruppe pantomimisch vorgestellt werden. Dabei können Tücher oder andere Requisiten zur Verkleidung genutzt werden. Die andere Gruppe versucht nun die pantomimisch vorgestellten Comicfiguren zu erraten, anschließend wechseln Sie.*
3. *Diskutieren Sie in der Klasse über das Pantomimenspiel und tauschen Sie Ihre Erfahrungen aus:*
   - *Zeigen Sie auf, ob Sie als Kind/Jugendliche gerne Comics gelesen haben.*
   - *Beschreiben Sie die Reaktion der Umgebung (Eltern/Freunde) auf das Lesen der Comics.*

8.2 Entstehungsgeschichte bis heute

Web

Der Comic als solcher hat eine lange Vorgeschichte. Verschiedene Autoren verweisen dabei auf die grafisch erzählten Geschichten in **alten Kulturen** (Papyrusrollen, Wandzeichnungen, Fresken), auf mittelalterliche Flugblätter und Bilderbögen (*z. B. Nürnberger*

Bilderbogen) und auf die **Vorläufer der Comics** im 19. Jahrhundert, z. B. Heinrich Hoffmanns *Der Struwwelpeter* (1844) und Wilhelm Buschs *Max und Moritz* (1858).

Die eigentliche **Entstehung der Comics** liegt in den USA um die Jahrhundertwende begründet. Die damaligen Zeitungsverleger konkurrierten um ihre Leser und setzten dazu erstmals Abenteuer- und Bildgeschichten in Fortsetzungen ein. Wer die besten Bildgeschichten und damit die beliebtesten Illustratoren besaß, konnte mit einer Steigerung der Auflagenzahlen rechnen. Beispiele sind *The Yellow Kid* 1895 und *The Katzenjammer Kids* 1897.

In den Jahren **zwischen 1923 und 1938 entstanden die heutigen Klassiker** des modernen Comicstrips: Pat Sullivan mit *Felix the cat* 1923, Walt Disney mit *Mickey Mouse* 1928, Edgar Rice Borroughs mit *Tarzan, Herr des Dschungels* 1929, Elzie Segar mit *Popeye* 1929, Alexander Raymond mit *Flash Gordon* 1934, Jerry Siegel und Joe Schuster mit *Superman* 1937 und schließlich Harold Foster mit *Prinz Eisenherz* 1938.

Der Comic entwickelte sich zu einer Art **internationalen Sprache**, die in der ganzen Welt populär wurde und eine erste nationale Begegnung und Auseinandersetzung mit Comics in der jeweiligen Landessprache ermöglichte. Mit dem Ende des Zweiten Weltkriegs und der Naziherrschaft kam es zu einer weiteren Comicwelle in Deutschland, z. B. mit *Pogo* von Walter Kelly oder *Die Peanuts* von Charles Schulz.

In den **1950er-Jahren wurden Comics heftigst kritisiert** und vonseiten der Pädagogen und der Jugendschutzbehörden damals angegriffen. Als Hauptkritik wurde damals angeführt, dass Comics Gewalt verherrlichen und zur Kriminalisierung der Jugend beitragen würden. Als eine Art Gegenbewegung wurde in den 1960er-Jahren eine differenziertere und emotionsfreiere Analyse der Comics gefordert. Doch letztendlich konnte der Erfolg der Comic-Literatur nicht eingeschränkt werden. Dazu beigetragen haben erfolgreiche Comics wie z. B. *Asterix und Obelix* von Albert Uderzo und René Goscinny und die Verarbeitung von Comics in der Kunstszene, z. B. Pop-Art mit ihrem bekanntesten Vertreter Roy Lichtenstein.

Zu Beginn des 21. Jahrhunderts befindet sich der Comic im Internet auf einer neuen Entwicklungsstufe. Es wird mit Teilanimationen und Ton experimentiert, wodurch der Comic sich formal auf den Trickfilm zubewegt.

8.3 Gestaltungselemente

Web

Im Laufe der Zeit haben sich einzelne Gestaltungselemente von Comics weiterentwickelt. Alle Comic-Arten haben aber bestimmte gleiche oder ähnliche Merkmale in ihrer bildlichen und ihrer inhaltlichen Gestaltung.

In Comics wird immer eine Geschichte oder Szene in Bildern erzählt. Hinzu kommt oft ein erklärender Text, der in verschiedenen Erscheinungsformen in das Bild integriert wird. Von einer Bildgeschichte kann man sowohl bei einem Einzelbild als auch bei der Aneinanderreihung von mehreren Bildern sprechen. Hier sind zwei grundsätzliche Gestaltungsmöglichkeiten erkennbar.

Die weite Bildfolge

Sie arbeitet mit relativ komplexen Einzelbildern, zwischen denen ein großer zeitlicher Abstand liegen kann.

Die enge Bildfolge

Von einer engen Bildfolge spricht man, wenn zwischen den Bildern ein geringer zeitlicher Abstand und ein Schwerpunkt auf der Darstellung von Bewegungsprozessen liegt.

8.3.1 Formale Bildgestaltungsmerkmale

- Die bildhafte Gestaltung der Comicfiguren und Handlungsorte wird auf die wesentlichen Merkmale reduziert und damit oft auch schematisiert.

So stehen bestimmte Darstellungsformen der Comicfiguren für bestimmte Wesensmerkmale der dargestellten Personen (z. B. ein Stoppelbart für zwielichtige Charaktere).

- Die Bewegung innerhalb der Bildgeschichte wird durch unterschiedliche Formen des zeichnerischen Ausdrucks erzeugt, z. B. durch Bewegungslinien oder Staubwölkchen, oft aber auch durch die Aneinanderreihung von Bilderfolgen.

- Die Illustration der Comics wird mit immer wiederkehrenden Bildsymbolen (der sogenannten Zeichensprache) ausgestattet. Dadurch sollen u. a. Gefühlslagen dargestellt werden.

- Bei der farblichen Gestaltung der Comic-Hauptfiguren werden oftmals Signalfarben (rot, blau, gelb) gewählt, damit das Wiedererkennen leichter fällt.
- Verschiedene Darstellungsmöglichkeiten des Films können auf das Medium Comic übertragen werden, z. B. Einstellungsgrößen wie Totale, Zoom/Detailaufnahme oder Kameraperspektiven wie z. B. die Froschperspektive.

Beispiel für Froschperspektive

- Die zeichnerische Integration des Textes kann auf verschiedene Arten erfolgen: Meist geschieht dies durch eine Sprechblase mit einem zum Sprecher zeigenden Dorn. Auch die Art und Weise, wie gesprochen wird, kann durch die Illustration und Textgestaltung ausgedrückt werden, z. B. Schreien durch fett linierte Sprechblasen und Text in Großbuchstaben oder Flüstern durch eine gestrichelte Linie. Was eine Figur denkt, wird durch eine sogenannte Denkblase angezeigt. Der sogenannte Erzähltext, der z. B. Auskunft über Ort oder Zeit der Handlung gibt, ist anhand einer Textbox dargestellt, die sich in der Regel am Rand eines Einzelbildes oder einer Bildfolge befindet.

Sprechblase

Denkblase

Erzähltext

- Geräusche werden durch die sogenannte Comicsprache sichtbar gemacht (lautmalende Geräuschveranschaulichung).

Aufgabe

Wählen Sie verschiedene Comicgeschichten aus (z. B. aus der Bücherei) und untersuchen Sie deren Vielfältigkeit anhand von Bildgestaltungsmerkmalen.

8.3.2 Inhaltliche Merkmale

Der heutige Comicmarkt bietet eine Fülle von unterschiedlichen Comic-Arten. Anhand der inhaltlichen Ausrichtung ist eine, wenn auch grobe Einteilung des Comics möglich.

- **Adventure-Comics (Abenteuer-Comics):**
  Hier wird das Abenteuer, das Abenteuerlich-Futuristische, die Action zum Thema der Comics gemacht. Dieser Themenbereich ist wohl der umfangreichste im gesamten Comicangebot, z. B. *Superman, Tim und Struppi, Asterix und Obelix.*

- **Funnies (Lustige Comics):**
  In dieser Comic-Kategorie soll amüsant unterhalten werden. Das „Lustige" wird durch Karikaturen, Wortwitz, hintergründige Anspielungen, Situationskomik, aber auch durch Schadenfreude thematisiert, z. B. *Mickey Mouse, Hägar, Peanuts, Felix*.

- **Educational Comics (Informationscomics):**
  Mit dem Medium Comic werden Informationen oder Lerninhalte an den Leser/Rezipienten herangetragen, z. B. *Die zehn Gebote, Bibel im Bild, Safer-Sex-Comic*.

- **Adult Comics (Erwachsenencomic):**
  Dieses Comic-Genre wendet sich an den erwachsenen Leser. Die für diese Zielgruppe produzierten Comics setzen bestimmte Fähigkeiten beim Leser wie z. B. Ironieverständnis oder Wortspielereien voraus, um die Inhalte der Comics überhaupt vollständig erfassen zu können. Zudem sind die Themen wie z. B. Sexualität oder Kriminalistik ganz auf die Erwachsenenwelt abgestimmt, z. B. *Barbarella, Werner*.

Je nach inhaltlicher Ausrichtung der Comics sind bestimmte Typen von Handlungsfiguren notwendig. So brauchen Adventure-Comics unbedingt einen Helden. Die **Heldenfigur** ist eine starke und überlegene, Gerechtigkeit ausübende Persönlichkeit, der es mithilfe ihrer individuellen, oft auch übermenschlichen Kraft (sogenannte Superkräfte), Intelligenz und ihrem Mut gelingt, die unglaublichsten Schwierigkeiten zu meistern – meist aber nur bis zur nächsten Comicfolge. Durch das Schema der Heldenfigur ist die Handlungsstruktur damit ebenso klar vorgegeben: Es **kämpft immer das Gute** – vertreten durch die Heldenfigur – **gegen das Böse**. Das geschieht in den verschiedensten Variationen mit immer dem gleichen Ausgang, denn weder das Gute noch das Böse haben je eine Chance auf Veränderung.

Die Funnies benötigen für ihre Handlungsfiguren eher **Antihelden oder Versagertypen**. Bei diesen Figurentypen werden Eigenschaften hervorgehoben, die sonst in unserer Gesellschaft einen eher negativen Stellenwert haben, nämlich z. B. Dummheit oder mangelnden Realitätssinn. Beispiele für solche Figurentypen sind Homer Simpson, Charly Brown oder Donald Duck. Der Antiheld ist den anderen Comicfiguren oft unterlegen. Hier baut die schematische Handlungsstruktur der Comics auf die **Schadenfreude** bzw. **auf einen hintergründigen Humor**.

Eine weitere Haupthandlungsfigur der Comics ist die **vermenschlichte Tierfigur**, der menschliche Züge und Eigenschaften zugeordnet werden. Je nach Ausrichtung dieser Eigenschaften erscheinen die Figuren eher schlau *(Mickey Mouse)*, tollpatschig *(Donald Duck)* oder auch feinsinnig *(Snoopy)*. Viele jugendliche Leser besitzen grundsätzlich eine große Affinität zu Tieren, die durch diese Comictypenfigur aufgegriffen wird.

Aufgabe

Erweitern Sie Ihre bisherige Comicanalyse, indem Sie die vorherrschenden Hauptfigurentypen mit deren besonderen Eigenschaften und einer dementsprechend schematisierten Handlungsstruktur herausarbeiten.

8.4 Comics für Kinder

Um die gesamte Bandbreite der Comics für Kinder erfassen zu können, erhalten Sie hier einen Überblick über das Angebot. Diese Palette ist sehr kurzlebig und kann deshalb nur der ersten, eigenen Orientierung dienen. Grundlage für diese Zusammenfassung ist der Beitrag von H. Jürgen Kogelmann *Das Comic-Angebot* aus dem *Handbuch der Medienerziehung im Kindergarten* (vgl. Vogelmann, 1994, S. 307 ff.).

Disney-Comics

Die wichtigste Gruppe der Kindercomics sind die Funnies, unter ihnen besonders die Disney-Comics. Die Micky Maus (im englischsprachigen Raum: Mickey Mouse) als Comic-Heftreihe wird in Deutschland seit 1951 produziert. Seither macht sich ein steigendes Interesse, auch an anderen Disney-Comics bemerkbar. Begründbar ist dies u. a. auch an der zeitgleichen Einführung neuer Zeichentrickserien im Fernsehen (z. B. Disney Club 1991 bis 2001).
Beispiele: *Micky Maus, Ducktales, Donald Duck*.

Fernsehcomics

Das Fernsehen spielt als Werbetrommel eine wichtige Rolle für die Kindercomics. Seit der ersten Hälfte der 1970er-Jahre, als im deutschen Fernsehen Zeichentrickserien in großem Umfang und mit viel Erfolg angelaufen waren, gab es schnell produzierte Comic-Hefte mit diesen Figuren. In der Branche werden diese Kindercomics als TV-Ableger bezeichnet und sie existieren fast immer nur so lange, wie das Pendant im Fernsehen läuft.
Beispiele: *Bob der Baumeister, Biene Maja, Heidi, Benjamin Blümchen, Tom & Jerry.*

Comics für Vier- bis Sechsjährige

Auch jüngere Kinder sind inzwischen als Zielgruppe für Comics entdeckt worden. Unterschieden werden dabei zwischen typischen Vorschulmagazinen für „Noch-nicht-Leser“ und Comic-Magazinen für die „Schon-etwas-Leser“. Inhalte sind traditionelle Bilder-, Lese- bzw. Vorlesegeschichten.
Beispiele: *Winnie Puuh, SpongeBob, Bussi Bär* und *Sesamstraße.*

Comics aus der Spielzeugwelt

Zielgruppe Mädchen

Diese Comics kann man angesichts der vorherrschenden farblichen und inhaltlichen Töne als „Plüschfiguren-Comics“ bezeichnen. Die wichtigsten auf dem Markt befindlichen Serien basieren auf Figuren, die von der amerikanischen Spielzeugindustrie (z. B. Mattel) entwickelt wurden. Meist sind die ins Bild gesetzten weiblichen Figuren anziehend, hübsch und sehr an ihrem Aussehen interessiert. Beispiele: Prinzessin Lillifee, *Barbie*.

Zielgruppe Jungen

Auch hier gehen die wesentlichen Impulse von den großen amerikanischen Spielzeugkonzernen aus. Inhaltlich handelt es sich um Actiongeschichten mit oftmals einem hohen Anteil an Fantasy-Elementen.
Beispiele: *SpongeBob* und *Cars*.

Pferdegeschichten

In dem Leben vieler Mädchen gibt es eine Phase der Begeisterung für Pferde. Erfahrungsgemäß werden alle Medien, die sich dieses Themas annehmen, von Mädchen gerne gelesen. Die typischen Pferdegeschichten für Mädchen bieten neben abgeschlossenen Comicgeschichten einen kurzen Teil mit Nachrichten über Turniere, Reiter und Pferde, Pferdequiz oder eine Reportage über Pferderassen.
Beispiele: *Jessy, Wendy, Bibi & Tina.*

Superheldencomics

In den 1930er-Jahren entwickelten die beiden US-Amerikaner Jerry Siegel und Joe Shuster die Figur *Superman*, die zum Prototyp eines ganzen Typus von Geschichten werden sollte. Wegen der grafischen Komplexität und des dynamischen Stils der Zeichnungen werden diese Comics nur selten von jüngeren Kindern gelesen. Nach Batman und Superman ist heute inzwischen eine neue Superhelden-Generation herangewachsen. So sind z. B. viele Protagonisten in Manga-Comics auch Superhelden.
Beispiele: *Superman, Batman, Spiderman.*

Gagcomics

Besonders erfolgreich wurden im deutschen Sprachraum die Geschichten mit den tollpatschigdummen Geheimagenten *Clever und Smart*. Eine deutsche Produktion ist *Werner*. Für diese Art Humorcomics interessieren sich vor allem männliche Jugendliche.
Beispiele: *Werner, Clever und Smart.*

Abenteuercomics

In diesen Comics geht es um Spannung, Abenteuer, Dynamik und überraschende Lösungen. Handlungsträger können sowohl weibliche als auch männliche Figuren sein. Diese Comics behandeln – ähnlich wie Abenteuerbücher – eine in sich abgeschlossene Geschichte pro Comicband.
Beispiele: *Tim und Struppi, Yoko Tsuno, Lucky Luke.*

Kostenlose Comics

Die Gruppe der kostenlosen Comics ist von der Auflagenhöhe her nicht zu unterschätzen, wird aber selten beachtet. Einige Serien existieren schon seit vielen Jahren. Die kostenlos meist bei Banken und im Handel abgegebenen und regelmäßig erscheinenden Comics mit einem meist kleinen Beschäftigungs- und Korrespondenzteil dienen in erster Linie der Kundenbindung.
Beispiele: *Lurchis Abenteuer, Sumsi, JUNIOR, Knax.*

Folgende Trends sind bei den Kindercomics festzustellen:

- Comics sind ein Teil des Medienverbundes. Fernsehen, Spielwaren, Computer- und Konsolenspiele, Kino, CDs und DVDs mit den entsprechenden immer wiederkehrenden Figuren stehen den Kindern zur Auswahl und begünstigen sich gegenseitig in ihrer Popularität.
- Comics werden genau auf bestimmte Zielgruppen hin produziert. Die Differenzierung wird immer weiter vorangetrieben und Alter, Geschlecht und Interessen dabei besonders berücksichtigt.

8.5 Graphic Novel – das Comicbuch

Das Kinderbuch trifft auf den Comic – und das mit Erfolg. Mittlerweile erscheinen immer mehr Graphic Novels, die zeit- und altersgemäß Themen umsetzen.

Was sind Graphic Novels?

„Graphic Novels gehören der literarischen Gattung der Comics an und erzählen Geschichten mit den Mitteln desselben. Graphic Novels sind, vergleichbar mit Romanen, längere komplexere Geschichten von mehrteiligem Aufbau. Sie sind in sich abgeschlossen. Das unterscheidet sie von beispielsweise Comicserien, die von vorneherein ganz anders, eben auf die serielle Erscheinungsweise, angelegt sind. [...] Die Bezeichnung ‚Graphic Novel' ist in den vergangenen Jahren in der Comicszene und von Comicforschern heftig diskutiert worden. Eine letztgültige Definition gibt es bislang nicht."

Oehler, Sebastian: Was sind Graphic Novels?, https://graphic-novel.info, unter: www.graphic-novel.info/was-sind-graphic-novels/ [06.09.2021]

Graphic Novels sind also Comics im Buchformat und können dadurch – genau wie Romane – mehrere Bände umfassen. Sie haben sich im Buchhandel etabliert, gelten als anspruchsvoller und höher ambitioniert als Comics – wobei die literarische Form der Graphic Novel an sich kein alleiniges Qualitätskriterium ist.

Beispiele für Graphic Novels (Comicbücher) für Kinder

Ein Beispiel: *„Gregs Tagebuch" von Jeff Kinney/Dietmar Schmidt (Übersetzer), Baumhaus Verlag, Ersterscheinung 2008, Band 1 „Von Idioten umzingelt!", ab 8 Jahren empfohlen – dies sagt der Klappentext:*

„Ein neues Schuljahr hat angefangen. Der 13-jährige Greg Heffley geht jetzt auf die Junior High-School, und das ist so ungefähr die bescheuerste Idee aller Zeiten. Dort werden Kinder, frisch aus der Grundschule, zusammengeschmissen mit riesigen Gorillas, die sich zwei Mal täglich rasieren müssen. Und da wundern sich alle, dass es so viele Prügeleien gibt. So ein Leben als Teenager steckt voller ungeahnter Gefahren und komischer Missverständnisse. Also beginnt Greg einfach mal in seinem Tagebuch zu notieren, was er alles erlebt und das ihm tierisch auf die Nerven geht. Allen voran wäre da sein trotteliger Kumpel Rupert, der manchmal ganz schön peinlich sein kann. Doch als Ruperts Popularität in der Schule plötzlich steigt, versucht Greg seinen eigenen Vorteil daraus zu ziehen ..."

(Kinney, 2008)

Inzwischen sind 13 Bände dieser Reihe erschienen; vier wurden verfilmt und sind als DVD erhältlich. Zudem bietet die Internetseite https://www.gregstagebuch.de Spiele, Downloads, Zeichen- und Bastelideen. Das Comicbuch hat eine große Fangemeinde, doch auch Neulinge können in die abgeschlossenen Bände immer wieder einsteigen. Greg ist eine Art ‚Lucky Loser', bei dem so ziemlich alles schief geht, was schief gehen kann – und der am Ende doch einigermaßen glimpflich davonkommt. Die vielen einfachen schwarz-weiß Zeichnungen drücken feinsinnig die Stimmungen der Hauptfiguren aus. Jedoch muss man kritisch anmerken, dass Greg gegenüber Schule, Familie und auch Freunden negativ gestimmt ist – wobei zu hoffen bleibt, dass hier eine Weiterentwicklung der Figur im Buch möglich ist.

hier eingerückt das Titelbild von Seite 253 zu mein Lotta-Leben einfügen. Ein weiteres Beispiel: „Mein Lotta-Leben" von Alice Pantermüller und Daniela Kohl (Illustrationen), Arena Verlag, Ersterscheinung 2012, Band 1: „Alles voller Kaninchen", empfohlen ab 9 Jahren – dies sagt der Klappentext

„Eigentlich ist Lotta ein ganz normales Mädchen. Komisch ist nur, dass ihr immer diese Missgeschicke passieren. Zumindest seit Mama Lotta diese indische Blockflöte geschenkt hat. Seitdem erscheinen wie von Zauberhand peinliche Sätze an der Schultafel und Lottas Lieblingsessen schmeckt nach Rosenkohl. Und das, wo Lotta gerade ein ganz anderes Problem hat. Sie will nämlich unbedingt ein eigenes Haustier haben! Und sie hat auch schon einen Plan, wie sie es schafft ... solange ihr die verflixte Flöte nicht in die Quere kommt."
(Pantermüller, 2012)

„Sternchen, Herzchen, Krakelzeichnungen, beste Freundinnen – ein erstaunlich lesefreundliches Layout – und eine Heldin, die kein Fettnäpfchen auslässt," so urteilt Stiftung Lesen 2019.

Inzwischen wurde das Lotta Leben auch verfilmt und avancierte zur Bestsellerreihe – 17 Bände sind bereits erschienen. Dabei überzeugt das Comicbuch mit einem sehr hohen Illustrationsanteil, der auch für wenig geübte Leser geeignet ist.

Lesepädagogische Bedeutung von Graphic Novels

Die Bilder der Gaphic Novels wirken – sie wecken Emotionen und sprechen dadurch die Kinder sofort an. So kommen diese ganz leicht in die Geschichte hinein, können sofort lachen oder mitfiebern. In dieser besonderen Art von emotionalem Erleben liegt der Reiz der Graphic Novels, welche die Neugier der Kinder auf den weiteren Inhalt des Buches weckt und gleichzeitig dazu motiviert, die kurzen Texte zu entschlüsseln.

Dabei schult die Interpretation der Emotionen im Bild die Empathiefähigkeit der Kinder. Das Erkennen von Gestik, Mimik und Körperhaltung der dargestellten Figur hilft den Kindern, sich in die Gedanken- und Gefühlswelt anderer hineinzuversetzen und das Verhalten anderer besser nachzuvollziehen.

Das genaue – auch wiederholte – Betrachten und Entdecken von Details im unbewegten Bild schult die visuelle Wahrnehmungfähigkeit und trainiert auch die kritische Auseinandersetzung mit dem Medium Bild. Dadurch wird in dieser bildlastigen Welt eine wichtige medienpädagogische Fähigkeit erworben.

Das Lesen von Graphic Novels ist ein kognitiv komplexer Prozess, denn das Kind muss selbständig zwischen den unbewegten Bildern und den Textstücken eine sinnstiftende Verbindung herstellen. Es geht darum, die Welt im Comicbuch – wie auch insgesamt – besser zu verstehen und einordnen zu können. Dafür bieten die Hauptfiguren Projektionsfäche für die eigene Identifikation und Auseinandersetzung.

8.6 Manga

Mit dem Manga-Kult lebt die ganze Comic-Szene neu auf, denn auch in Deutschland mögen die meisten Kinder und Jugendlichen diese Comics. Die japanischen Manga-Comics haben einen wahren Siegeszug durch die Buchhandlungen angetreten. Die nachfolgenden Ausführungen basieren auf einem Text von Gabriele Fischer (vgl. Fischer, 2006).

8.6.1 Begriffsklärung

Der Begriff Manga wird in Japan gleichberechtigt mit dem Begriff Comic für alle Arten von Comics verwendet, unabhängig von ihrer Herkunft. In Europa bezeichnet man mit Manga ausschließlich japanische Comics bzw. Comics, die sich am japanischen Stil orientieren.

8.6.2 Entstehung von Manga

Die ältesten bekannten Vorläufer der japanischen Comics sind Zeichnungen aus dem 8. Jahrhundert, die man in Nara in einem Tempel auf der Rückseite von Deckenbalken entdeckt hat. Im 11. Jahrhundert zeichneten buddhistische Mönche auf Papierrollen Vogel- und Tierkarikaturen. Auf Holzschnitten aus dem 16. Jahrhundert fand man Darstellungen von Tieren, vom Leben nach dem Tod, vom Alltag und sogar erotische Bilder. Erste fortlaufende Geschichten entstanden im 18. Jahrhundert mit hauptsächlich satirischen oder lustigen Inhalten. Rakuten Kitazawa (1876–1955) gilt als Autor der ersten Vorläufer von Manga im heutigen Sinne. Er gründete die erste japanische Schule für Karikaturen und Manga. Der einflussreichste Wegbereiter der modernen Manga ist Osamu Tezuka (1928–1989), der die Grundlagen des heutigen Manga-Stils entwickelte und die Basis für die moderne Anime-Industrie (sprich Trickfilmindustrie, die japanische zählt zur weltweit größten) legte. Seine bekanntesten Werke sind *Astro Boy* und *Kimba, der weiße Löwe*.

2015 kamen weniger als 500 neue Manga-Bände in Deutschland heraus, doch 2020 waren es schon 1532. Ein rasanter Anstieg! Damit nimmt der Manga eine klare Sonderrolle innerhalb der deutschen Comic-Branche ein. (vgl. Tagesspiegel 21.05.2021).

8.6.3 Kennzeichen von Manga

Das auffälligste Unterscheidungsmerkmal der Manga ist der Schwarz-Weiß-Druck und die japanische Leserichtung, d. h., Manga werden von rechts nach links und von hinten nach vorne gelesen. Dies gilt sowohl für die Seiten als auch für die Einzelbilder. Die koreanischen Manhwa werden dagegen in westlicher Richtung gelesen, sind klarer strukturiert, zeigen detailliertere Zeichnungen bei einer sich ständig wechselnden Perspektive.

Judith Park: Y Square © Carlsen Verlag GmbH, Hamburg 2005

Was dem Betrachter beider Comicarten sofort auffällt, sind die inzwischen schon berühmten großen Kulleraugen und im Gegensatz dazu stehenden überlangen Gliedmaßen. Die weiblichen Figuren sind allesamt mit einer Wespentaille und mit einer unproportional großen Oberweite ausgestattet.

Auf den ersten Blick wirken Manga durch ihren expressiven Bildstil chaotisch und unübersichtlich. Manga enthalten pro Szene sehr viele Bilder, wobei die Künstler mit vielen perspektivischen Mitteln arbeiten, z. B. langsames Heranzoomen oder Betrachtung eines Objektes aus unterschiedlichen Blickrichtungen. Sämtliche Aspekte der Situation werden sehr detailliert bildlich dargestellt: Bewegungen, Gefühle oder Gedanken. Im Manga erstrecken sich einzelne Szenen über zwanzig und mehr Seiten, während sie in einem nach westlicher Machart gezeichneten Comic nur eine halbe Seite einnehmen. Generell kann man festhalten, dass ein Manga mit sehr wenig Text auskommt, sodass sie sehr schnell lesbar sind.

Charakteristisch für Manga ist die radikale Verfremdung von Bildern und Figuren in extremen emotionalen Situationen: So können die Figuren, je nach emotionaler Befindlichkeit, plötzlich in einem Kinderkörper dargestellt werden oder aber verzerrte und monsterartige Züge annehmen. Eine Eigenart mancher Mangaautoren ist es, mitten in der Geschichte Textblöcke einzufügen, in denen sie ihre eigenen Gedanken oder Hintergrundinformationen zu den Manga festhalten.

In Japan scheinen der Themenvielfalt bei den Manga keine Grenzen gesetzt. Ebenso ist die Zielgruppe sehr breit gefächert und reicht von Kleinkindern über Schulkinder und Jugendlichen bis zu Erwachsenen, auch Senioren gehören zu den Lesern von Manga. In Deutschland konnten sich vorerst hauptsächlich Manga mit Fantasy- und Science-Fiction-Themen durchsetzen, doch durch das große Interesse an allem Japanischen ergänzen nun auch realitätsnahe Geschichten das Angebotsspektrum.

Judith Park: Y Square © Carlsen Verlag GmbH, Hamburg 2005

Erfolgreich sind die Manga hier v. a. bei den Jugendlichen – neben ihrer Aufmachung, jedoch hauptsächlich wegen der Themenauswahl: Freundschaft, erste Liebe, Finden der eigenen Rolle innerhalb der Peer-Group, der eigene Körper und die Entdeckung der Sexualität.

Oft enthalten sie daneben noch sehr ernste Motive und Themen wie Gewalt unter Jugendlichen, Probleme mit Eltern und Lehrern, Einsamkeit, sexueller Missbrauch oder Drogensucht und sind dadurch nicht weit von dem eigentlichen „klassischen" Jugendbuch entfernt.

8.6.4 Lesepädagogische Bedeutung von Manga

Jugendliche sind vermutlich deshalb so von Manga fasziniert, weil viele Erwachsene mit Unverständnis und Ablehnung darauf reagieren. Manga sind ein Mittel, sich der Elterngeneration gegenüber neu zu definieren und abzugrenzen. Sie sind unruhig, modern und aktuell und kommen mit ihrer besonderen Visualität dem heutigen multimedialen Freizeitverhalten von Kindern und Jugendlichen entgegen.

Manga wirken lesefördernd, da es ihnen gelingt, auch Kinder und Jugendliche, die ansonsten vermutlich kein Buch in die Hand nehmen würden, zum Lesen zu verlocken. Gerade Jungen, die statistisch gesehen in stärkerem Maße von Leseschwäche und -unlust betroffen sind, werden in besonderem Maße von diesen Comics angesprochen. Manga sind eine gute Vorbereitung auf die nicht-linearen Texte des Internets, denn sie sind mit ihren Text-Bild-Botschaften genauso komplex aufgebaut. Durch das Mangalesen wird die

Antizipation von Bild und Text trainiert, d. h., die Jugendlichen üben ein vorausschauendes Lesen von Bild- und Textzusammenhängen.

Das Lesen findet aber nicht einsam und alleine statt, sondern eine noch nicht erwähnte Besonderheit von Manga macht das Diskutieren über die Charaktere und Handlungen in Gleichgesinntengruppen aus: sei es real bei bestimmten Veranstaltungen von Verlagen, Buchhandlungen und Büchereien oder virtuell im Internet in Fanforen und Comicbörsen. Die Jugendlichen werden durch diesen Austausch oft selbst kreativ und entwickeln ihre eigenen Figuren oder ganze Geschichten im Mangastil. Es gibt auch Workshops zu Mangathemen wie z. B. kreatives Zeichnen, Zeichenwettbewerbe oder das Nachnähen von Kostümen der Lieblingsfiguren. Das Lesen von Manga kann also zu einem richtigen Event werden, wobei in Schulen oder Horten durchaus mehr in dieser Angebotsrichtung für Jugendliche unternommen werden könnte.

Zudem ist festzuhalten, dass viele Comics trotz aller Bilderfülle mitunter hohe sprachliche und inhaltliche Ansprüche an die Lesefähigkeit der Kinder und Jugendlichen stellen.

Einer der häufigsten Kritikpunkte an Manga ist die Darstellung von Gewalt und Erotik, die über die Maßstäbe westlicher Comics weit hinausgeht. Wie bei den übrigen Comics ist es auch bei diesem Leseangebot also wichtig, dass die Manga entsprechend ihrer Zielgruppe ausgewählt werden und insbesondere hinsichtlich der Kriterien Sprache, Gewalt, Sexismus und Rassismus überprüft werden.

8.7 Kriterien für die Beurteilung von Comics

Comics gehören zu unserer Literaturlandschaft und werden zudem von Kindern gerne gelesen. Warum lesen Kinder gerne Comics? Sie finden Comics lustig, leicht zu lesen, erfreuen sich an den vielen bunten Bildern, finden sie spannend oder aufregend. Außerdem sind Comics billiger als Bücher.

Kinder greifen aber meist wahllos zu einem Comic-Angebot am Kiosk oder im Buchhandel – oft aufgrund von Empfehlungen der Freunde. Folgende Gesichtspunkte können bei der Comicauswahl helfen, um qualitativ hochwertige Comics herauszufiltern:

- Welche Eigenschaften besitzen die Haupthandlungsfiguren? Besitzen die Figuren individuelle, originelle Eigenschaften oder werden sie als auswechselbare Charaktere dargestellt?
- Welche bildnerische und inhaltliche Gestaltungsmittel werden vom Comicautor gewählt?
- Welche Textqualität ist vorhanden? Sprechen die handelnden Figuren ganze Sätze? Werden Informationen sachlich richtig dargestellt? Muss man den Text lesen, um die Geschichte zu verstehen oder genügt das alleinige Betrachten der Bilder?

- Stehen brutale gewaltsame Action-Szenen im Vordergrund oder handelt es sich um eine kindgemäße bzw. jugendgerechte bebilderte Geschichte?
- Lässt der Illustrationsstil der Comics Freiräume für die eigene Fantasie und die eigenen Vorstellungen? Sind die Bilder originell gezeichnet, von guter Farbqualität oder sind es Massenproduktionen?
- Ist die Handlungsstruktur durchschaubar oder gibt es überraschende Wendungen und Entwicklungen im Handlungsverlauf?

Aufgabe

Beurteilen Sie verschiedene Comics, z. B. die Sie bereits in vorangegangenen Aufgaben zusammengetragen haben, mithilfe dieses Kriterienkataloges und erstellen Sie eine Empfehlungsliste.

8.8 Pädagogischer Umgang mit Comics

Um die Anforderungen, die an einen Comic-Leser gestellt werden, besser einschätzen zu können, wird nachfolgend der Lesevorgang eines Comics genauer analysiert.

Wie wird ein Comic gelesen?

Das Lesen von Comics ist ein komplexer Prozess, der mit der Entschlüsselung eines Codes verglichen werden kann. Zuerst muss der Leser den Beginn und die Reihenfolge der Bildergeschichte erkennen. Aus der erlernten Schreib- und Leserichtung geht deshalb jeder Comicleser von links oben nach rechts unten vor. Die weitere Reihenfolge bestimmt dann der Illustrator oder der Autor des Comics – manchmal sogar mit Pfeilen, durch das Hervorheben bestimmter Bilder oder das Nummerieren der Bilder.

Bei den Bildern muss der Leser verstehen, die einzelnen Bildzeichen zu deuten, d. h. zum einen die Symbole der Bildzeichen zu erkennen und in den inhaltlichen Kontext der Comic-Handlung einzuordnen und zum anderen die Körper- und Bewegungssprache der handelnden Figuren richtig zu interpretieren.

Zugleich muss aber auch der Text gelesen und interpretiert sowie den sprechenden Personen zugeordnet werden. Im weiteren Verlauf müssen die sogenannten Leerstellen zwischen den einzelnen Comicbildern erfasst und gefüllt werden. Dadurch ergibt sich erst aus der Aneinanderreihung der Bilder eine komplexe Handlungsfolge. Bild- und Texterfassung geschehen oft gleichzeitig bzw. werden in ihrer Intensität und in ihrer Schwerpunktbetrachtung vom jeweiligen Leser bestimmt.

Erwachsene, die in ihrer Kindheit keine Comics gelesen haben, bereitet dieses heute manchmal Schwierigkeiten. Die meisten Kinder haben eine gute Auffassungsgabe, wozu sicherlich auch die zunehmende Visualisierung unserer Umwelt beiträgt.

Leseförderung mit Comics

Kindercomics sind ein hervorragendes Mittel, um die Lesefähigkeit von Kindern und Jugendlichen zu stärken und zu fördern. Auch die Stiftung Lesen als renommiertes Institut für Leseförderung empfiehlt den pädagogischen Einsatz von Comics. Diese fördern die Lust am Lesen und erleichtern das Lesenlernen. Comics sind ein Bindeglied

- zwischen Bilderbuch und Kinderbuch, sowie
- zwischen den hohen intellektuellen Fähigkeiten und den geringen Lesefertigkeiten im Grundschulalter.

Gerade manche Erstleser haben Schwierigkeiten mit dem Lesefluss und der Erfassung der Inhalte eines Textes. Die Bilder der Comics unterstützen die Kinder bei der Bedeutungscodierung, geben einen ‚visuellen Anker' und helfen so, den Aufbau der Geschichte gut nachzuverfolgen. Insgesamt wird das Verständnis des Textes durch die Bilder im Comic leichter. Zudem schult die Darstellung von Emotionen die Fähigkeit zur Empathie. Selbst unbekannte Wörter lassen sich visuell erschließen und fördern damit die Wortschatzerweiterung. Auch werden die Kinder durch den emotionalen Zugang zum Text motiviert, die kurzen Abschnitte ebenfalls zu lesen bzw. überhaupt weiterzulesen.

Die Anzahl der Texte sind im Comic überschaubar und klar strukturiert: Der Erzähltext steht im rechteckigen Kasten, gesprochener Text in Sprechblasen, Gedanken in Gedankenblasen. Kinder finden sich in dieser klaren Struktur leicht zurecht und können durch die knappe, treffende und prägnante Sprache dem Textverlauf gut folgen. Gerade in der Phase des Schriftspracherwerbs ist dies für Kinder eine grundlegende Einsicht, die sie gewinnen müssen, und ein grundlegendes Verfahren, wenn sie selbst etwas schreiben wollen: Was in den Sprechblasen steht, kann ich laut aussprechen; was ich spreche und denke, kann ich in Schrift sichtbar machen.

Die Bewältigung der übersichtlichen Textanforderungen ermöglicht den Kindern schnelle Erfolgserlebnisse. Zudem kann man Comics auch seitenweise lesen und wieder weglegen. Dadurch können sich die Leseanfänger die Lektüre in kleinen Portionen einteilen und der Zugang zum Weiterlesen gestaltet sich niederschwellig. Auch der spielerische-spaßige Aspekt des Lesens darf nicht unerwähnt bleiben. Durch die Laufmalerei, die kreative Gestaltung der Bilder oder auch der Typographie wird der Unterhaltungswert gesteigert und damit die Lesemotivation angesprochen

Wichtige Aspekte bei der Auswahl von Comics für Leseanfänger

- eine mittlere Anzahl von Bildern pro Seite (zwei bis sechs), im Unterschied zu der oft zwanzig und mehr umfassenden Anzahl bei kommerziellen Comics, und eine klare Anordnung der Bilder von links nach rechts;
- eine ausreichend große, einfache Schrift, im Gegensatz zu kleinen und handgeletterten Schriften: Originalcomics verwenden häufig nur Großbuchstaben. Für Leseanfänger ist diese Alternative (als Druckschrift) denkbar.;
- eine klare Unterscheidung zwischen Sprech- und Denkblasen einerseits und Kommentarzeilen andererseits: Dies ist grafisch lösbar (Farbe und Positionierung); hierdurch wird die Abfolge in der Wahrnehmung gezielter gelenkt und verwirrende Sprünge werden ausgeschlossen.;

- eine klare Zuordnung von Sprechen und Sprechblase durch den Dorn (= aus wessen Mund kommt das?);
- eine grafisch klare Ausgliederung der Lautwörter und anderer Zeichen;
- keine Überschneidung und Überdeckung von Bild und Text.

Wenn diese Kriterien beachtet werden, stellen Comics ein motivierendes Medium für Leseanfänger dar. Dabei sind die Themen keineswegs auf die klassischen Comics zu beschränken. Neben lustigen und abenteuerlichen Motiven sollen gerade auch Themen des Alltags und fantastisch-fiktive Geschichten berücksichtigt werden. Jugendliche, die Schwierigkeiten mit dem Lesen haben und traditionelle Bücher meiden, lesen – wenn überhaupt – Comics.

Manfred Wespel, Professor für Germanistik, wirbt für Comics als Leselernlektüre – jedoch nicht ausschließlich, sondern ergänzend:

„Für den Schriftspracherwerb kann die Comic-Lektüre den Beginn einer sinnvollen Entwicklung darstellen. Sie kann völlig verschwinden, sie kann als Teilbereich bestehen bleiben, sie sollte auf jeden Fall durch viele andere Formen des Lesens ergänzt werden." (vgl. Wespel, 1998, S. 60 ff.)

Beurteilung der Wirkung von Comics

In den 1950er-Jahren wurden Comics in Deutschland pauschal als Kitsch-, Schund- und Schmutzliteratur verdammt und waren in pädagogischen Kreisen sehr verpönt. Inzwischen hat sich die pädagogische Diskussion gewandelt hin zu einem differenzierten Sachurteil. In nachfolgender Tabelle finden Sie alte und neue Argumente der Gegner und Befürworter von Comics.

Argumente gegen Comics:	Argumente für Comics:
• Sie lähmen die Fantasievorstellungen (sogenannter Bildidiotismus). • Sie hemmen die Sprachentwicklung bzw. die Erweiterung des Wortschatzes. • Sie beeinträchtigen die Lesefähigkeit und lassen die Lesekultur schwinden. • In Comics werden Gewalttätigkeiten und Brutalitäten verherrlicht. • In Comics werden antisoziale Verhaltensweisen verstärkt. • Sie sind ein Medium, um der Realität zu entfliehen.	• Sie steigern die Wahrnehmungsfähigkeit. • Sie sind eine besondere eigene literarische Ausdrucksform. • Sie stimulieren die Lesefähigkeit und schulen die Aufmerksamkeit. • Sie bieten eine Ventilfunktion bei Aggressionen an (Katharsisfunktion). • Sie erfüllen ein Bedürfnis nach Abenteuer und Spannung. • Sie sind unterhaltend, informativ und bieten die Möglichkeit, im Alltag einmal abzuschalten.

Eine exakte empirische Erforschung der Wirkungen von Comics auf den Rezipienten steht immer noch aus.

Aufgabe

Mithilfe der Karusselldiskussion (zur Durchführung siehe Kapitel 1.3.2) werden Sie den nachfolgenden Fragenkatalog in Ihrer Klasse gemeinsam bearbeiten.

- *Haben Sie Comics als Kind gerne gelesen? Wenn ja, welche? Wenn nein, warum nicht?*
- *Welche Meinung haben Ihre Eltern zum Thema Comics vertreten?*
- *Würden Sie es erlauben, dass Schulkinder Comics in Ihrer Einrichtung lesen? Begründen Sie Ihre Entscheidung!*
- *Würden Sie das Lesen von Comics fördern?*
- *Fördern Comics Ihrer Meinung nach den sprachlichen Ausdruck? Begründen Sie Ihre Meinung!*
- *Welche Comicfigur wären Sie als Kind/Jugendliche/r gerne gewesen? Was hat Sie an dieser Figur fasziniert?*
- *Glauben Sie, dass Kinder Sachinhalte (z. B. Englisch) durch Comics leichter lernen? Begründen Sie Ihre Meinung.*
- *Warum glauben Sie, dass Comics in einem schlechten pädagogischen Ruf stehen?*
- *Warum lesen Kinder Comics gerne? Welche Gründe sehen Sie dafür?*
- *Glauben Sie, dass Comics die Lesefähigkeit beeinträchtigen?*
- *Unter welchen Bedingungen finden Sie Comics gewaltverherrlichend, z. B. bei Superman?*

Tauschen Sie sich anschließend zur Auswertung der Karusselldiskussion über die folgenden Aspekte aus:

- *Wie haben Sie die Karusselldiskussion erlebt und empfunden?*
- *Haben Sie neue Erfahrungen/Meinungen kennengelernt?*
- *Sind Ihre eigenen Einstellungen bestätigt worden?*
- *Gibt es noch Wünsche nach vertiefendem Austausch?*

Aufgabe

Wählen Sie aus dem breiten Spektrum der Kinder-Comics spezielle Comics für den Erstleser aus. Berücksichtigen Sie dabei die nachfolgenden Auswahlkriterien (vgl. Wespel, 1998):

- *Titel, Autor, Verlag, Preis*
- *Anzahl von Bildern pro Seite*
- *Klare Anordnung der Bilder*
- *Druckschrift/Großbuchstabenschriften*
- *Klare Unterscheidung Sprech-/Denkblase*
- *Kommentarzeile*
- *Klare Zuordnung Sprecher – Sprechblase*
- *Keine Lautwörter oder Zeichensprache*
- *Keine Überschneidung Bild – Text*
- *Gesamturteil*

Educational Comics (Informationscomics)

Educational Comics verarbeiten Sachinhalte in Comicform z. B. biblische Geschichten.

Ein Wagnis als Bestseller

„Die erste Comic-Biografie Johann Wolfgang Goethes. Für viele schien es unvorstellbar, wenn nicht gar als Sakrileg, als das deutsche Goethe-Institut und der Stuttgarter Egmont Ehapa Verlag Presse und Publikum erstmals über die zweibändige Comic-Geschichte zu Leben und Werk unseres Dichterfürsten informierten. Ein Jahr später, Szenenwechsel: Der von Friedemann Bedüftig und Christoph Kirsch inszenierte erste Band platziert sich in der Bestsellerliste der Zeit, wird von der Süddeutschen über die Welt bis zu Bild gepriesen, von der Frankfurter Rundschau abgedruckt und schließlich von der ARD mit dem Prädikat sehr empfehlenswert geadelt."

(Buchvorstellung „Goethe – Die Comicbiographie" im Egmont Ehapa Magazin „Alles über Comics")

Die Goethe-Comicbiographie ist derzeit erhältlich als Sammelband (Bd. 1 und 2) *Zum Sehen geboren/Zum Schauen bestellt.*

Der erfolgreiche Weg der Geschichtscomics

„Fünfzig Jahre Bundesrepublik, vierzig Jahre davon in einem geteilten Land, zehn Jahre nach dem spektakulären Fall der Mauer – ein halbes Jahrhundert Deutschland [...] Nach dem Bestsellertitel zum 150. Jahrestag der deutschen Revolution von 1848/49 legt das gleiche deutsch-französische Autoren- und Zeichnerteam nun sein zweites Projekt vor, mit dem Geschichte lebendig wird. Das authentisch recherchierte Schicksal zweier in Ost und West lebenden Schwestern lässt nicht nur die wichtigsten politischen Eckpunkte deutscher Nachkriegsgeschichte Revue passieren, sondern präsentiert vor allem auch jene Zeitereignisse, die die Gefühle der Menschen berührten. Eine Familiengeschichte aus

Deutschland – zwischen Rock'n'Roll, Hula-Hoop und Twist, zwischen WM-Finale '54 und Olympiade '72, zwischen Care-Paketen und Mauerspechten [...]"

(Buchvorstellung „Geht doch rüber!" im Egmont Ehapa Magazin „Alles über Comics")

Aufgabe

- *Beschaffen Sie unterschiedliche Beispiele von Informationscomics und beurteilen Sie diese.*
- *Welche Vorteile bietet Ihrer Meinung nach das Medium Comic in der Informationsvermittlung? Begründen Sie bitte Ihre Antworten.*
- *Sehen Sie auch Nachteile? Falls ja, worin? Begründen Sie bitte Ihre Antworten.*
- *Wann, wo und wie würden Sie diese Art von Comics einsetzen?*

8.9 Comics in der sozialpädagogischen Praxis

Aufgabe einer pädagogischen Fachkraft ist es, die **Comicpräsenz in ihrer Einrichtung herauszufinden**. Es gilt, das Interesse und das Bedürfnis nach Comics aufzuspüren. Dies kann durch Befragung oder Beobachtung geschehen.

Aufgabe

*Erstellen Sie eine **Situationsanalyse** bezüglich der Nutzung von Comics in Ihrer Praxiseinrichtung.*

1. *Beobachten oder befragen Sie die Kinder:*
   - *Wie viele Kinder bringen Comics mit in die Einrichtung?*
   - *Wer liest Comics? Welche Comics werden gelesen?*
   - *Welche Comicfiguren sind bekannt?*
2. *Lesen und betrachten Sie mit den Kindern Comics, befragen Sie die Kinder, was ihnen an den Comics gefällt.*
3. *Kommen Sie mit Kollegen oder Eltern ins Gespräch über ihre Comicerfahrungen und ihre pädagogische Bewertung der Comics.*
4. *Stellen Sie die Ergebnisse Ihrer eigenen Untersuchung zusammen und werten Sie diese aus. Sie können die Untersuchungsergebnisse durch Plakate, Stellwände usw. den Kollegen, Kindern oder Eltern präsentieren.*

Anhand dieser Situationsanalyse zum Thema Comics haben Sie als pädagogische Fachkraft **Comics zu einem Thema in Ihrer Einrichtung** gemacht. Sie können durch die Auswertung entscheiden, ob ein Interesse oder ein Bedürfnis für eine intensivere Auseinandersetzung mit diesem Medium vorhanden ist. Je nach Zielgruppe (Schulkinder, Vorschulkinder, Eltern) und Interessenslage muss die **Auseinandersetzung** dann geplant und gestaltet werden.

Sozialpädagogische Angebote

Sicher ist ein Austausch über das Medium Comic alleine durch die Situationsanalyse in Gang gesetzt worden. Diese **Gespräche** können aber durch genauere Fragestellung noch vertieft werden:

- Sie können eine Diskussion über die Art der Spannung (wodurch wird Spannung im Comic erzeugt?) oder die Art des Witzes (was ist daran jetzt lustig und komisch?) in den Comics stattfinden lassen.
- Arbeiten Sie die Comic-Hauptfiguren mit ihren jeweiligen Charaktereigenschaften heraus.
- Tauschen Sie sich über Besonderheiten in der bildnerischen oder textlichen Darstellung aus, wobei gleichzeitig auch das Spektrum der Comics, die die einzelnen Kinder kennen, durch unbekannte Comics erweitert werden kann.

Bei bloßen Gesprächen sollte eine Auseinandersetzung mit Comics nicht stehen bleiben. Gerade ein kreativer Umgang mit Comics ist anregend und kann eine künstlerische Auseinandersetzung mit dem Herstellungsprozess eines Comics in Gang setzen.

- So können z. B. eigene Comics mit bekannten Comicfiguren neu zusammengestellt und unter ein besonderes Thema gestellt werden, z. B. „Asterix trifft Snoopy“ oder „Superman, der traurige und kraftlose Versager“.
- Comics werden mit leeren Textblasen in verschiedenen Gruppen neu getextet und dann verglichen.
- Ein Fotocomic könnte zu einem freien Thema selbst erfunden (oder auch nachgestellt), hergestellt und getextet werden.

Aufgabe

Ich als Comicfigur (für Kinder und Erwachsene)

Stellen Sie sich vor, Sie wären eine Comicfigur.

1. *Erstellen Sie schriftlich eine Rollenkarte für sich:*
   - *Welchen Charakter haben Sie als Comicfigur?*
   - *Wie drückt sich das in Ihrer Mimik aus? (Besonderheiten der Gesichtsform, Augen, Nase, Mund, Ohren)*
   - *Wie sind Ihr Körperbau und die Körperhaltung?*
   - *Welche Besonderheiten gibt es bei Ihrer Kleidung?*
2. *Fotografieren Sie Ihr Gesicht mit dem Handy.*

3. *Legen Sie ein durchscheinendes Papier darüber und zeichnen Sie die wesentlichsten und charakteristischsten Gesichtszüge (siehe 1) nach. Versuchen Sie, dabei stark zu vereinfachen.*
4. *Entwerfen Sie evtl. auch Ihren Comickörper passend zum Gesicht – achten Sie dabei auf Übertreibungen und Vereinfachungen.*
5. *Tragen Sie die Zeichnungen zusammen und raten Sie, wer auf welcher Zeichnung jeweils dargestellt wurde.*

Aufgabe

Mimik im Comic

Die Richtung der Augenwinkel, der Augenbrauen und der Mundwinkel bestimmen den Ausdruck des Gesichtes. Zusätzliche Möglichkeiten bieten die Form und die Größe der Augen und des Mundes.

1 2 3 4 5 6 7

1. *Überlegen Sie, welche Nummer zu welcher Emotion passt:*
   verärgert – fröhlich – ratlos – wütend – traurig – fies/gemein
2. *Diskutieren Sie in Zweier- oder Dreiergruppen Ihr Ergebnis. Was stellen Sie fest?*

- Eine Comicgeschichte kann die Rahmenhandlung für einen Film werden (evtl. mit Musik unterlegt).
- Eine Comicgeschichte kann auf Folien (Overhead-Projektor) farbig gestaltet und mit Schatteneffekten inszeniert werden.
- Comicgeschichten werden auf leeren Diarahmen selbst gestaltet.

8.10 Entwicklung von Comicfiguren als handlungsfeldübergreifender Unterricht

Die Figuren in einem Comic sind für den Leser von großer Bedeutung. Sie gestalten die Geschichte. Jede Figur verkörpert einen bestimmten Typus. Bevor ein Comic gezeichnet wird, werden die Figuren unabhängig von der Geschichte entworfen und mit einem Steckbrief versehen, in dem die Eigenschaften, Rolle und Aussehen der Figuren aufgeführt werden.

Im Entwicklungsstadium werden die Figuren so lange variiert, bis die Proportionen und der Ausdruck stimmen. Durch die Figuren in den Nebenrollen werden bestimmte Klischees und typische Charaktereigenschaften vermittelt. Die Hauptfiguren hingegen stellen in allen Lebenslagen bedeutende Persönlichkeiten dar.

Bei der Entwicklung der Hauptfiguren ist es wichtig, die Story des Comics genau aufzuschreiben, um dadurch einen differenzierten Eindruck der Figuren zu gewinnen. Als Hilfestellung zur Gestaltung der Figuren sollte man sich Bilder, Zeitschriften und Fotografien anschauen, um die Gesichtsausdrücke festzuhalten und in die Zeichnung umzusetzen.

Der Kopf einer Figur ist das Wichtigste, da er die Wesenszüge und Stimmungen darstellt. Die Gestaltung des Kopfes wird stufenweise ausgeführt:

- Grundform des Kopfes
- Nase, Mund
- Augenpartien
- Profil, Haltung des Kopfes

Nach und nach wird die Figur fertiggestellt und der Grundtyp des Körpers festgelegt. Die Kleidung wird auf die Figur abgestimmt. Zum Schluss wird Bewegung in die Figur gebracht und in die Geschichte eingesetzt.

Für einen handlungsfeldübergreifenden Unterricht (z. B. Pädagogik, Psychologie, Deutsch, Kunst, Zusammenarbeit mit Eltern etc.) lassen sich u. a. Lehrcomics erstellen. Als Inspiration sind folgende Beispielthemen aufgeführt: Gruppenphasen, Erziehungsstile, Lern- und Erziehungsziele, konzeptionelle Ansätze im Kindergarten, Tagesablauf im Kindergarten, Bedeutung des Freispiels etc.

Diese Comics lassen sich einfach mit dem Comic Board des NLSQ (Niedersächsischen Landesinstitut für schulische Qualitätsentwicklung) bzw. mit Windows PowerPoint erstellen. Hinweise und Tipps dazu finden Sie auf https://www.nibis.de/comics-multimedial_9252.

9 Kinder- und Jugendzeitschriften – Meine eigene Zeitschrift!

9.1 Kinder- und Jugendzeitschriften

Web

Mit dem Begriff Kinderzeitschrift werden speziell für Kinder bis zu zwölf Jahren produzierte und periodisch (wöchentlich, monatlich, vierteljährlich) erscheinende, gedruckte Publikations- und Kommunikationsmittel bezeichnet. Sie enthalten einerseits Informationen zur Wissensvermittlung, andererseits Unterhaltung und Verhaltensanleitungen für die Kinder. Jugendzeitschriften werden in der Regel für Jugendliche ab zwölf Jahren produziert.

Erscheinungsformen von Kinder- und Jugendzeitschriften

- Eigenständige kommerzielle Kinder- und Jugendzeitschriften, die entweder am Kiosk als Einzelausgabe erhältlich sind oder über Verlage mit einem Abonnement bezogen werden können.
- Eigenständige, nichtkommerzielle, zum Teil auch kostenlose Kinder- und Jugendzeitschriften von Verbänden, Gemeinschaften und Vereinigungen.
- Eigenständige und kostenlose Werbezeitschriften für Kinder und Jugendliche, die oft als Beigabe oder Werbegeschenk abgegeben werden.
- Integrierte, evtl. herausnehmbare Kinderseiten in Erwachsenenzeitschriften und Erwachsenenzeitungen.

Aufgaben

Wie sehen Ihre eigenen Erfahrungen mit Zeitschriften aus?

1. *Sprechen Sie in Kleingruppen über Ihren heutigen Zeitschriftenkonsum:*
   - *Überlegen Sie, welche Zeitschriften Sie regelmäßig lesen.*
   - *Beschreiben Sie, bei welcher Gelegenheit Sie Zeitschriften lesen.*
   - *Analysieren Sie, warum Sie Zeitschriften lesen.*

   Sprechen Sie in Kleingruppen über Ihren Zeitschriftenkonsum als Kind bzw. Jugendliche:
   - *Überlegen Sie, welche Zeitschriften Sie damals gelesen haben.*
   - *Analysieren Sie, warum Sie als Kind/Jugendlicher diese Zeitschrift gelesen haben.*
   - *Beschreiben Sie Reaktionen Ihres Umfeldes auf das Lesen von Zeitschriften.*
2. *Erstellen Sie in Kleingruppenarbeit eine Collage aus Zeitschriften zum Thema* Das schöne Leben in den bunten Magazinen. *Vergleichen Sie die einzelnen Elemente der Collage und entdecken Sie Unterschiede und Gemeinsamkeiten. Analysieren Sie, welche Wirkung diese Darstellung der Realität auf die Betrachter hat.*

9.2 Entstehungsgeschichte der Kinder- und Jugendzeitschrift

Kinderzeitschriften stehen am **Anfang** der Geschichte **der deutschen Kinderliteratur** überhaupt. Die Kinder des gehobenen Bürgertums und des Adels waren die Adressaten der am Ende des 18. Jahrhunderts erscheinenden Kinderzeitschriften. Es existierte zum einen eine Kinderbeilage *Wochenschrift zum Besten der Erziehung und der Jugend* von C. Böckh (1771) und zum anderen die eigenständige Zeitschrift für Kinder *Leipziger Wochenblatt für Kinder* von J. Ch. Adelung (1772) bzw. *Der Kinderfreund* von Ch. F. Weiße (1775–1782). Diese Kinderzeitschriften enthielten moralische Belehrungen und Verhaltensregeln, kurzweilige Unterhaltungselemente und sachkundige Unterweisungen.

Bis zur zweiten Hälfte des 19. Jahrhunderts gab es inhaltlich nur wenige Veränderungen: Lediglich die moralischen Belehrungen wurden mehr und mehr verdrängt. Aber **gestalterisch** war es jetzt möglich, den **Text farbig** zu **illustrieren**. Im 20. Jahrhundert gelang es weder den Comics noch dem Fernsehen, die Kinder- und Jugendzeitschriften auf dem Medienmarkt zu verdrängen.

Der Kinder- und Jugendzeitschriftenmarkt ist schwer erfassbar, denn es gibt vielfältigste Erscheinungen bzw. auch Einstellungen, die die Übersicht erschweren. In Deutschland gibt es weltweit die größte Zeitschriftenvielfalt: Die geschätzte Gesamtzahl der angebotenen Zeitschriftentitel liegt bei ca. 20 000 Titeln. Der Zielgruppe Kinder wurde in den letzten Jahren besondere Aufmerksamkeit geschenkt. Deutlich wird hier folgende Entwicklung: die **anvisierte Zielgruppe** des Zeitschriftenangebotes **wird immer jünger**.

9.3 Kinderzeitschriften

9.3.1 Überblick über den Kinderzeitschriftenmarkt

Im deutschsprachigen Raum wurden die ersten Zeitschriften für Vorschulkinder durch die Diskussion um die Vorschulerziehung in der 1960er-Jahren entwickelt. Die intensive Förderung ihrer Kinder ist natürlich auch heute vielen Eltern ein großes Anliegen. Die Kinder sollen in den verschiedensten Bereichen für die Schule und das spätere Leben gut vorbereitet werden. Meist suchen die Eltern für sich selbst Rat und Unterstützung in Erziehungsfragen und gleichzeitig Anregungen zum Lernen, Basteln, Spielen und Beschäftigen für ihre Kinder.

Diese Bedürfnisse werden mit verschiedenen **Zeitschriftenkombinationen für Erwachsene und Kinder** aufgegriffen. Innerhalb der Erwachsenenzeitschriften gibt es eine Extra-Beilage, eine eigene Kinderzeitschrift für sich, z. B. *Eltern family* mit *Quix, Familie & Co.* mit *Spiele & Co., Spielen und lernen* mit *Spiel mit*. Neben der Förderung steht die Beschäftigung der Kinder mit diesen Zeitschriften im Vordergrund. So werden einzelne Themen (z. B. Computer, Fußball) angerissen und viele Anregungen (z. B. Bastelbogen) zur Selbstbeschäftigung gegeben.

Zeitschriften für Kinder im Vorschulalter

Spezielle eigenständige Zeitschriften nur für Kinder mit schulvorbereitenden bzw. schulvertiefenden Inhalten sind sowohl am Kiosk als auch über den Abonnementvertrieb zu erwerben. Hier wird ein **breites Themenspektrum** für die Vorschulkinder angeboten: Farben sollen sortiert, Zahlenräume erfasst werden, erste Leseversuche oder Schreibversuche werden unterstützt, Übungen zur Verkehrserziehung werden angeboten, sachkundliche Inhalte werden speziell für diese Altersgruppe aufbereitet, aber auch Spiel- und Bastelthemen werden berücksichtigt. Beispiele: *Bussi Bär, Winnie Puuh, Olli und Molli.*

Zeitschriften für Grundschulkinder

Für Grundschulkinder erscheinen **Schülermagazine** mit einem **vielfältigen Themenspektrum**. Mal-, Schreib- und Rechenanregungen, verschiedene Beiträge aus Natur, Umwelt und Technik, unterschiedliche Themen in einer Fremdsprache, Beiträge aus der Geschichte und der Gesellschaft werden mit farbigen Illustrationen versehen und meist im Abonnement vertrieben. Während manche Zeitschriften sehr viel Werbung enthalten, wird bei anderen völlig darauf verzichtet. Beispiele: *Benni, Flohkiste, O!kay!*

Eine weitere Erscheinungsart der **Kinderzeitschriften** beschäftigt sich schwerpunktmäßig **mit nur einem Themengebiet** und versucht über dieses spezielle Thema ihre Zielgruppe anzusprechen. Beispiele zum Thema Natur und Tiere: *Geolino, ich TU WAS!, Tierfreund*; zum Thema Spielzeug *Barbie*.

Weitere Arten von Kinderzeitschriften

Auf dem Zeitschriftenmarkt gibt es viele Titel, die im Medienverbund mit Fernsehsendungen oder Hörspielkassetten vertrieben werden, z. B. *Bob der Baumeister, Löwenzahn, Disneys Art Attack, Benjamin Blümchen* und *Bibi Blocksberg*.

Ganz andere Absichten haben die Werbe- und Marketingfachleute durch das Angebot von **kostenlosen Kinderzeitschriften**. Sie haben das Kauf- und Entscheidungspotenzial der Kinder erkannt und sprechen die Interessen der Kinder durch Werbeangebote wie z. B. Riesenposter mit Tierkindern an. Die Werbestrategen versuchen hier eine **emotionale Bindung** der zukünftigen Kunden an die jeweilige Marke, die jeweilige Bank oder Apotheke aufzubauen. *medizini* ist Europas größte kostenlose Kinderzeitschrift, in Apotheken erhältlich und vor allem bei Kindern im Grundschulalter sehr beliebt. Die Themen aus den Bereichen Natur, Umwelt, Technik und Sport sind für die Zielgruppe interessant aufbereitet. Das Besondere an dieser Zeitschrift ist das Layout, da es sich hierbei um ein Postermagazin handelt.

Als kostenlosen Download stellt die Kinder-Internetseite „blind-kuh" verschiedene Zeitungen für Kinder zur Verfügung (https://www.blinde-kuh.de/aktuell/kinderzeitungen.html), z. B. das Magazin für neugierige Forscher, Kiek Mal, kinatschu (Kinder und Naturschutz), Fessie, Mini Lok oder Lese Lok.

Die Stiftung Lesen vergibt seit einigen Jahren ein Qualitätssiegel für Kinder- und Jugendzeitschriften. Seit 2013 prüft eine Jury aus Experten zweimal jährlich die eingereichten

Titel und verleiht das Siegel an die Zeitschriften, die am stärksten die Ausrichtung auf die Bedürfnisse der Zielgruppe umsetzen. Auf der Internetseite der Stifung lesen werden dann die Kinder- und Jugendzeitschriften veröffentlicht, die aktuell das Qualitätssiegel tragen.

Kinder Medien Monitor 2020

Fünf Verlage für Kindermedien (u.a. Gruner und Jahr, DER SPIEGEL, die ZEIT) haben repräsentative Daten zur Mediennutzung gesammelt. Befragt wurden 7,38 Millionen deutschsprachige Kinder im Alter von vier bis 13 Jahren und deren Eltern. Bei den vier bis fünf Jahre alten Kindern ergab sich folgende Rangliste der bei ihnen beliebten Medien bzw. der daraus bekannten Figuren:

1. Feuerwehrmann Sam
2. Bob der Baumeister
3. Winnie Puuh
4. Peppa Pig
5. Barbie
6. GEOlino mini
7. Disney Prinzessin
8. Paw Patrol
9. Wendy
10. Pokèmon

Bei den sechs bis 13 Jahre alten Kindern wurden folgende Zeitschriften gelesen (Rangliste nach Beliebtheit):

1. Just Kick-it!
2. Disneys Lustiges Taschenbuch
3. GEOlino
4. Wendy
5. Micky Maus – Magazin
6. Mädchen
7. Popcorn
8. GEOlino Extra
9. Donald Duck Sonderheft
10. Dein Spiegel

Aufgabe

Fragen Sie in Ihrer sozialpädagogischen Praxis bei den Kindern und/oder Jugendlichen nach: ***Welche Zeitschriften kennt ihr?***
(vgl. Arbeitsblatt der Stiftung Lesen, 2019; Fragen 1–4)

1. *Welche Themen interessieren dich? Wähle drei aus!*

   Beispielthemen: Sport/Fußball, Technik, Fahrzeuge, Tiere und Tierschutz, Natur und Klimaschutz, Computerspiele, Schönheit, Religion, Mode, Rätsel, Filme, Comics, Berufe, Kinder/Jugendliche in der Welt, Stars und Prominente, Experimente, Musik, Geschichte.

2. *Kaufen sich deine Eltern/Kaufst du dir Zeitschriften? Wenn ja, welche?*
3. *Gibt es in eurer Einrichtungen Zeitschriften oder Zeitungen für Kinder und Jugendliche? Wenn ja, welche?*
4. *Kennst du kostenlose Zeitschriften für Kinder und Jugendliche? Wenn ja, welche?*
5. Ausflug zum Zeitschriftenkiosk: *Gehen Sie mit einer Kleingruppe von Kindern zum Kiosk (oder in die Zeitschriftenabteilung im Supermarkt). Betrachten Sie das breite und vielfältige Angebot für unterschiedliche Leseinteressen und einigen Sie sich dann mit den Kindern auf den Kauf einer Zeitschrift (– oder je nach Budget auch mehrerer Zeitschriften). Moderieren Sie den Einigungs-/Entscheidungsprozess.*

9.3.2 Bedeutung und Funktion von Kinderzeitschriften

Eine Kinderzeitschrift ist eine Publikationsform ganz eigener Art. Sie ist kein Buchersatz oder Comic, sondern stellt eine eigene Literaturform dar. Ihr besonderes Spezifikum liegt in ihrem periodischen Erscheinen und der dadurch möglichen jeweiligen **Aktualisierung von Themen, Inhalten und Bildern**.

Zu den Aufgaben einer qualitativ guten Kinderzeitschrift im Sinne der oben genannten Auswahlkriterien gehört eine ansprechende Darstellung der Vielschichtigkeit des Kinderlebens. Die Interessensvielfalt der Umweltbeziehungen und der Sachbezüge, mit denen die Kinder zurechtkommen müssen, sollte sich auch in der Kinderzeitschrift wiederfinden. Die Kinderzeitschrift hat somit eine **Funktion der Informations- und Wissensvermittlung**. Gerade die Schülerzeitschriften wollen kognitiv fördern und neue Themenbereiche eröffnen oder schon bekannte vertiefen. Dies geschieht in den einzelnen Beiträgen in Form von Reportagen, Interviews, Erklärungen, Vergleichen oder Darstellungen von Experimenten. Zum Wesen einer Kinderzeitschrift gehört es somit, vielfältige Themen anzureißen und Interesse an diesen zu wecken. Dies kann dann die Voraussetzung zum eigenen Nachdenken, zur eigenen Vertiefung und zur eigenen Aktivität schaffen.

Kinderzeitschriften wollen ihre Leser aktivieren. Erst durch die aktive Auseinandersetzung mit Inhalten kann Wissen und Information tatsächlich gespeichert und behalten werden. Durch das aktive Tun wird Lernen ganzheitlich und beschränkt sich nicht nur auf ein passives Aufnehmen von Lerninhalten. Die Möglichkeiten der Kinderzeitschriften, ihre Leser zu aktivieren, sind vielfältig: Anregungen für Experimente zum selbst Ausprobieren, Spielanregungen aller Art, Gestaltungsvorschläge für Feste und Feiern, Einkaufstipps, Zubereitungshinweise von Speisen, Sammlerhinweise, Vorschläge zur Lektüre von Kinderbüchern usw.

Die Verlage wollen die **Kinder in die Gestaltung der Zeitschrift einbinden**. Dadurch verstärkt sich der Identifikationsprozess mit der Zeitschrift und der Leser bleibt dieser Zeitschrift treu. Auch hier werden verschiedene Formen gewählt: Rätsel mit Preisausschreiben, Mal- oder Schreibwettbewerbe, Aufforderungen zu Stellungnahmen, Leserberatung. Welcher Leser möchte sein gemaltes Bild oder sein Gedicht nicht in der nächsten Erscheinung wiederfinden? Gleichzeitig wird auch der **Umgang mit periodisch erscheinenden Presseerzeugnissen** eingeübt. Die Einstellung, sich aktiv mit Zeitschriften oder Zeitung auseinanderzusetzen, sie zu nutzen und zu halten, soll angebahnt werden.

Neben Information und Aktivierung ist der **Bereich der Unterhaltung** in einer Kinderzeitschrift besonders wichtig. Kinder haben ein Recht auf Unterhaltung und Ablenkung von ihrem meist anstrengenden Alltag in der Schule. Zeitschriften können Wartezeiten oder Lücken angenehm füllen, sie können bei Termin- oder Leistungsdruck entspannen und trotzdem noch amüsant anregen. Zur Unterhaltung und Ablenkung dienen vor allem die Bilder, die Kurzgeschichten, Witze, Rätsel und Comic-Serien, auf den die Zeitschriftenmacher nicht gerne verzichten.

Eltern lesen mit

Der Kinder Medien Monitor 2020 (siehe S. 255) zeigt es deutlich: 4,4 Millionen der befragten Kinder von vier bis 13 Jahren lesen mindestens eine Zeitschrift – und 5,6 Millionen Elternteile lesen mit:

94 % bei den Vier- bis Fünfjährigen, 74 % bei den Sechs- bis Neunjährigen, 65 % bei den Zehn- bis 13-Jährigen.

Die Akzeptanz und das Vertrauen der Eltern den Zeitschriften gegenüber ist groß. Folgende Begründungen werden genannt:
- das Kind kann die Inhalte wiederholt nutzen,
- das Kind kann in seinem Tempo Inhalte aufnehmen,
- das Kind kann etwas lernen,
- komplexe Sachverhalte werden vereinfacht erklärt,
- Fantasie und Kreativität werden angeregt,
- sinnvolle Beschäftigung,
- Motivation, aktiv etwas zu tun,
- Wertevermittlung.

9.4 Jugendzeitschriften

9.4.1 Überblick über den Jugendzeitschriftenmarkt

Der Zeitschriftenmarkt für Jugendzeitschriften ist ebenso wie der für Kinderzeitschriften durch neue Programme und Neugründungen oder Fusionierungen von Verlagen ständig in Bewegung und deshalb schwer zu überschauen.

Insgesamt sind vier unterschiedliche Konzeptionen festzustellen:

- **Die mehrthematische Zeitschrift:** mit einer Vielzahl von Berichten aus der Musikszene, Aufklärung und Beratung, Fortsetzungsromanen und Feizeittipps. Beispiel für die mehrthematische Jugendzeitschrift ist *BRAVO*, sie steht für den Typ der unterhaltenden, konsumorientierten, kommerziellen Jugendzeitschrift, die sich wie keine andere auf dem Markt behauptet hat. Seit 1956 werden Generationen von der *BRAVO* geprägt. Sie setzt wiederholt neue Trends und richtet sich vorwiegend an weibliche Jugendliche zwischen zehn und dreizehn Jahren. Die *BRAVO* berichtet über Stars und trägt zur Aufklärung bei. *BRAVO* erscheint wöchentlich, hat einen Umfang von ca. 86 Seiten und ist der Marktführer im Bereich Jugendzeitschriften in Deutschland.
- **Die monothematische Zeitschrift:** hier steht nur ein spezielles Thema im Vordergrund. Dies können z. B. Sportthemen sein wie Basketball *(Basket)*, aber auch eine Spezialmusikzeitschrift *(Blackspin)*, die über das aktuelle Musikgeschehen berichtet.
- **Die Zielgruppenzeitschrift:** sie will durch ihre spezielle thematische Ausrichtung ausgewählte Lesergruppen ansprechen. Dazu gehören die rein auf Mädchen bezogenen Jugendzeitschriften wie *Young Miss* oder *Mädchen* oder die auf Jungeninteressen abgestimmten Zeitschriften wie *BRAVO Sport*.
- **Der pädagogisch-konfessionell orientierte Mischtyp einer Jugendzeitschrift *(X-mag)*:** hat eine klare erzieherische Funktion, die aber mit einer professionellen Machart wie z. B. Berichten aus dem Musikbereich verknüpft ist.

Die Unübersichtlichkeit des Kinder- und Jugendzeitschriftenmarktes wird verstärkt durch die Vielzahl an nichtkommerziellen Produkten, mit teilweise sehr begrenzten Auflagen oder regional begrenzten Verkaufsgebieten und unterschiedlichen Erscheinungsweisen. Hier sind Organisationen und Verbände zu nennen, die Presseprodukte für Jugendliche herausgeben, z. B. der Bund deutscher Pfadfinder, verschiedene Stadt- und Landesjugendringe, Bund der katholischen Jugend usw. Aber auch Zeitschriften, die z. B. in einer Grundschule oder einem Hort entstehen und die Kinder unter Anleitung von Sozialpädagogen, Lehrern und Bibliothekaren selbst herausgegeben. Dies geschieht ebenfalls regional sehr beschränkt und je nach Finanzlage auch unregelmäßig.

Wie lange gibt es die „BRAVO“ noch?

Die Jugendzeitschrift „BRAVO“ hatte in ihren besten Zeiten eine Auflage von 1,8 Millionen Exemplare. Im Jahr 2019 wurden nur noch 77.000 Zeitschriften verkauft. Mittlerweile erscheint dieses Jugendmagazin, das es seit 1956 gibt, nur noch einmal im Monat statt

14-tägig. Die Bauer Media Group begründet diesen Schritt mit dem veränderten Nutzungsverhalten der Jugendlichen. Folgende Gründe werden genannt:

- Die Jugendlichen sind mehr in Social-Media-Bereichen und im Internet aktiv.
- Die Jugendlichen interessieren sich mehr für politische Themen (z. B. Klimawandel, Diskriminierung, Bewegung gegen Sexismus), sodass die typischen „BRAVO"-Themen (Mode, Stars, erste Sexualerfahrungen) heutzutage eher ‚antiquiert' wirken.

Aufgabe

Betrachten Sie in einer Kleingruppe eine aktuelle Ausgabe der „BRAVO". Arbeiten Sie die in der Jugendzeitschrift angesprochenen Themen heraus und zählen Sie die Häufigkeit der vorkommenden Themen. Stellen Sie Ihr Ergebnis der Gesamtgruppe vor und diskutieren Sie die Relevanz der Themen für die heutigen Jugendlichen.

9.4.2 Bedeutung und Funktion von Jugendzeitschriften

Die Jugendzeitschrift *BRAVO* investiert sehr viel Zeit und Geld in Leserumfragen, Lesergespräche und Leserbriefe mit der Zielsetzung, die Bedürfnisse und Interessen der Jugendlichen zu ermitteln. So wird herausgearbeitet, welche Musikgruppe oder welcher Musikstar gerade bei der Zielgruppe angesagt ist oder welche Themen die Jugendlichen beschäftigen. Das bedeutet, dass dem **Bedürfnis nach einer eigenen Ausdrucksform** (einer eigenen Jugendkultur), **nach eigenen Interessen** – unabhängig von den Erwachsenen – nachgegangen wird. Diese dargestellte Jugendkultur ist konsum- und profitorientiert und nicht nur in der Jugendzeitschrift wiederzufinden, sondern auch in anderen Medien wie z. B. dem Fernsehen *(BRAVO-TV)*.

Die **heimlich implizierten Wertvorstellungen** (z. B. Darstellung der Geschlechterrollen oder Harmonisierung in der Darstellung) werden vor allem durch Bilder vermittelt, verstärkt oder auch verworfen. **Die Jugendlichen finden sich in den Jugendzeitschriften wieder**: Sie können anonym Informationen zu sexuellen Fragen beantwortet finden, sie können die neuesten Bilder ihrer Lieblingsgruppe oder ihres Lieblingsstars betrachten und so ein wenig an deren Leben teilhaben. Sie identifizieren sich mit den Jugendlichen der Fotostories oder den „Das-erste-Mal-Geschichten" und können die in diesem Alter so wichtigen Vergleiche herstellen. Die Bedeutung dieser Themen und Bedürfnisse hält aber je nach Pubertätsentwicklung nicht sehr lange an, sodass es eine regelrechte Jugendzeitschrift-Entwicklungsphase geben kann. Die Jugendlichen werden hier mit **ihren Bedürfnissen und Interessen ernst genommen** – allerdings auf eine sehr kommerzielle Art und Weise. Jugendzeitschriften haben auch ein großes, nicht zu unterschätzendes **Themengewicht in der Jugendgruppe/Peer-Group**. Über sie wird geredet, sie werden gemeinsam gelesen oder ausgetauscht.

9.5 Beurteilung von Kinder- und Jugendzeitschriften

Web

Kinder- und Jugendzeitschriften spielen zwar im Gesamtmedienbereich eine eher untergeordnete Rolle, jedoch können sie grundsätzlich – je nach Qualität – eine Lesemotivation darstellen und damit die eigene Auseinandersetzung mit bestimmten Themen anregen. Kinder im Vorschul- und Grundschulalter entscheiden selten alleine bei der Wahl der Kinderzeitschrift. Vielfach laufen Bestellungen über Eltern und Lehrer bzw. Erzieherinnen, die sich wiederum auf dem Zeitschriftenmarkt kundig machen müssen. Folgende Aspekte sollen helfen, Kinder- und Jugendzeitschriften zu beurteilen.

Themen und Inhalte

Zuerst ist es notwendig zu klären, für welche Inhalte und Themen sich das einzelne Kind bzw. der einzelne Jugendliche interessiert: Womit beschäftigt sich das Kind bzw. der Jugendliche? Welche Hobbys hat es bzw. er? Eine Zeitschrift, die an den Interessen der Zielgruppe vorbeigeht, wird nicht genutzt und nicht gelesen.

Bei der thematischen Ausrichtung der Zeitschrift ist es wichtig, sich grundsätzlich zu entscheiden, ob nur eine **Spezial-Themen-Zeitschrift** gewählt wird oder ob die Zeitschrift **abwechslungsreich** und vielseitig sein soll. Beides hat Vorteile und es muss individuell entschieden werden. Die Themen sollten in der Zeitschrift kindgerecht und im **Schwierigkeitsgrad** dem Alter der Zielgruppe entsprechend dargestellt werden. Informationen müssen sachlich richtig, anschaulich und verständlich erklärt werden, möglichst auch über Fotos und Zeichnungen. Wichtig ist der **Aktivierungscharakter der Sachdarstellung**, welcher wirklich motivieren und anregen soll, sich eigenständig mit dem Thema auseinanderzusetzen. Unterhaltungsinhalte (Rätsel, Bastelanleitungen) sollten fantasievoll und kreativ sein, Aufgaben müssen ausführlich erklärt und nachvollziehbar sein. Die Inhalte und Themenbereiche müssen übersichtlich angeordnet sein.

Sprache

Für das sprachliche Verständnis ist es notwendig, dass **eine einfache zielgruppengerechte Wortwahl und Grammatik** gewählt wird. Es sollte mit dem passiven Vokabular der Zielgruppe gearbeitet werden, Begriffe und Fremdwörter müssen verständlich erklärt sein. Aufgabenstellungen und Anleitungen brauchen eine Schritt-für-Schritt-Erklärung, auch mit Bildbegleitungen. Jugendzeitschriften müssen sich natürlich ihrer Zielgruppe sprachlich anders annähern und eine stärker jugendorientierte Sprache verwenden. Ausgesprochene Themenzeitschriften (z. B. für Hobbys wie Snowboarden oder Motorrad fahren) haben sicherlich ihren Insider- bzw. Fach-Jargon.

Bildmaterial

Die **Qualität des Bildmaterials** ist oftmals **entscheidend für den Kauf** und damit die Nutzung einer Kinder- und Jugendzeitschrift. Für Jugendzeitschriften muss das Bildmaterial vor allem aktuell und nah am Geschehen sein. In Kinderzeitschriften sollten die Bilder Raum für die Fantasie der Kinder lassen und deren eigene Geschmacksbildung anregen. Kitschiggrelle Darstellungen mit Verniedlichungen sollten vermieden werden. Illustrationen in Form von Zeichnungen, Fotos usw. sollten genauso viel Informationen oder Unterhaltung vermitteln wie der Text.

Werbung

Die Art und Weise, wie Werbung innerhalb der Zeitschrift platziert wird, muss unbedingt auch als Beurteilungskriterium von Kinder- und Jugendzeitschriften gesehen werden. Kinder können noch nicht selbst **verdeckte Werbebotschaften** erkennen, denn sie verfügen noch nicht über eine kritische Einstellung zur Werbung. Demgegenüber stehen die ausgefeilten Vermarktungsstrategien großer Medien- und Spielwarenkonzerne. Unter dem Begriff Merchandising und Medienverbund werden umfassende Produktvermarktungsstrategien entwickelt, die für Kinder und Jugendliche nicht oder nur schwer durchschaubar sind. Besonders wichtig ist deshalb eine gut sichtbare Trennung zwischen Anzeigen-/Produktwerbung und redaktionellem Teil. Auch der Umfang an Werbung sollte grundsätzlich berücksichtigt werden.

9.6 Sozialpädagogischer Einsatz von Kinder- und Jugendzeitschriften

Werden Zeitschriften von Kindern und Jugendlichen in sozialpädagogischen Einrichtungen genutzt, sollte die Erzieherin diese **Lesemotivation ernst nehmen**, fördern und für eine vertiefende Verarbeitung in der Gruppe einsetzen. Dazu ist zuerst eine Analyse der Bedürfnisse und Interessen der Kinder notwendig. Eltern können oft gar nicht alle aktivierenden Anregungen der Kinderzeitschrift aufgreifen und realisieren, sodass hierfür Raum in der sozialpädagogischen Einrichtung eingeräumt werden sollte. Experimente und Beobachtungen können dann tatsächlich mit den Kindern durchgeführt und manchmal auch relativiert werden, weil andere Zusammenhänge sich ergeben. Hier findet dann eine kritische Auseinandersetzung mit den Zeitschriften statt. Erzieherinnen können auch für ihre eigene sachliche Vorbereitung gut aufbereitete Informationen in Zeitschriften finden.

Zeitschriften und Leseförderung

Es gibt zahlreiche Initiativen, die die Lesekompetenz der Kinder und Jugendlichen fördern und ihnen Freude und Spaß an der Lektüre vermitteln sollen. Betrachtet man die Merkmale von Kinder- und Jugendzeitschriften, zeigt sich schnell, dass diese aufgrund ihrer Themen und ihres Aufbaus zur Leseförderung geeignet sind. Neben kurzen Artikeln, die den Lesegewohnheiten der Kinder und Jugendlichen entgegenkommen, zeichnen sich die Zeitschriften vor allem durch ihre hohe Aktualität in den verschiedenen Themengebieten aus. Zudem sprechen sie beide Geschlechter an, sind leicht zu lesen und optisch meist ansprechender gestaltet als so manches Buch. Dies kann sich eine sozialpädagogische Einrichtung zunutze machen und konkrete Angebote oder Projekte zu den Kinder- und Jugendzeitschriften durchführen.

Projekt: „Zeitschriften in der Schule" – Zusammenarbeit zwischen sozialpädagogischer Einrichtung und Schulen

Seit 2014 gibt es von der Stiftung Lesen das Projekt „Zeitschriften in der Schule". Jedes Jahr erhalten ca. 500.000 Schülerinnen und Schüler an weiterführenden Schulen einen Monat lang ein kostenloses Zeitschriften-Paket mit ungefähr 30 verschiedenen Titeln. Von der Stiftung Lesen selbst gibt es zahlreiche Download-Materialien für den Unterricht oder die Arbeitsgruppen. Wissenschaftliche Studien belegen die positiven Auswirkungen der Zeitschriften auf das Leseimage, die Lesemotivation und das Leseverhalten von Jugendlichen, die als besonders ‚lesefern' gelten. Eine Zusammenarbeit zwischen Schule und sozialpädagogischer Einrichtung bietet sich hier besonders an, um Inhalte der Zeitschriften zu vertiefen und kreativ nachzubearbeiten.

Personen in Zeitschriften beschreiben

Vor allem in Jugendzeitschriften finden sich viele Bilder von prominenten Models, Musikern, Sportlern oder Stars. Die Jugendlichen suchen sich aus einer Zeitschrift eine Person ihres Interesses aus, schneiden die Bilder der Person aus und kleben diese mittig auf ein Plakat. Im oberen Bereich des Plakats tragen sie Informationen über die Person zusammen (Alter, Interessen, Geburts-/Wohnort usw.). Im unteren Bereich werden die Eigenschaften der Person festgehalten, bzw. was die Person gut kann oder wofür er/sie berühmt/bekannt ist. Eine Adjektivliste kann bei der Eigenschaftsbeschreibung helfen.

In Dreiergruppen wird das Plakat mit der ausgesuchten prominenten Person vorgestellt. Dabei werden Einschätzungen zu den vorgestellten Prominenten abgeglichen und Gründe für deren Popularität gesucht (in Anlehnung an Stiftung Lesen, 2020, Arbeitsmaterial zu Jugendzeitschriften).

Was ist „typisch Mädchen" – was ist „typisch Junge"?

Zu zweit betrachten die Kinder/Jugendlichen Bilder und Artikel von Mädchen/Frauen und Jungen/Männern in einer Zeitschrift. Dabei wird die untenstehende Tabelle ausgefüllt:

	„typische" Mädchen/Frauen	„typische" Jungen/Männer	Name 1	Name 2
Aussehen				
Eigenschaften				
Hobbys				
Sonstiges				

Die Kinder/Jugendlichen diskutieren über ihre Ergebnisse und beziehen sich selbst in die Tabelle bzw. ihre Überlegungen mit ein. Dabei werden Geschlechtsrollenbilder untersucht und die Kinder/Jugendlichen tauschen sich über ihre entsprechenden Einstellungen aus.

Jugendliche Redakteure

Das Ziel des Projektes ist das eigene Erstellen von Teilen einer Zeitschrift. Besonders geeignet ist dafür die Foto-Story. Beim Erstellen einer Fotostory sind verschiedene Inhalte denkbar: zwischenmenschliche Beziehungen sowie Inhalte literarischer Texte. Als Einstieg setzen sich die Jugendlichen mit dem allgemeinen Aufbau und der Form einer Fotostory auseinander, um sich dann gemeinsam für ein eigenes Thema zu entscheiden. In einer Schreibwerkstatt wird das Drehbuch verfasst. Hier besteht je nach Einrichtung ggfs. auch die Möglichkeit, mit professionellen Medienpädagogen zusammenzuarbeiten, da die unterschiedlichen Bildbearbeitungsprogramme am Computer viele Möglichkeiten bieten.

Eine eigene Zeitschrift herstellen

In der sozialpädagogischen Einrichtung kann es sich anbieten, nach einem Austausch und einer Analyse der Lieblingszeitschriften eine eigene Zeitschrift herzustellen. Dies verdeutlicht den Kindern und Jugendlichen den Herstellungsprozess einer Zeitschrift und lässt jeden im Rahmen seiner Möglichkeiten an der Herstellung einer eigenen Zeitung mitwirken. Beispielsweise brauchen Kinder sehr viel Mut und Selbstbewusstsein, um fremde Menschen zu interviewen und in der Zeitschrift darüber zu berichten. Doch gerade die Bewältigung dieser selbstgestellten Aufgabe (evtl. zu zweit und mit pädagogischer Begleitung) kann die eigene Person bestärken und ihr neue Fähigkeiten aufzeigen. Das Projekt „Herstellung einer einrichtungsspezifischen Zeitschrift“ kann alle Altersstufen einbinden. Zudem kann die Zeitschriftenerstellung eine Möglichkeit der Öffentlichkeitsarbeit sein. Wichtig für die Herstellung einer hausinternen Zeitschrift sind folgende Rahmenüberlegungen:

- Wer soll die Zeitschrift lesen? Wer soll durch die Zeitschrift angesprochen werden?
- Wer arbeitet über einen längeren Zeitraum an diesem Projekt mit? Wie können Kinder und Jugendliche motiviert werden?
- Gibt es einen Raum oder einen festen Arbeitsbereich für die Mitarbeiter der Zeitschrift? Gibt es Geräte und Material für die Herstellung? (Schreibmaschine, Computer, Papier, Kassettenrekorder, Ablage, Sammelordner usw.)
- Wer finanziert die Kopierkosten/die Druckereikosten? Was darf die Zeitschrift kosten? Wie viele Exemplare sollen hergestellt werden?
- Über welche Themen soll in der Zeitschrift berichtet werden? Nur über ein Thema (Natur, die Einrichtung selbst, Tiere) oder bringt jeder seine Themenideen mit ein und es ergibt sich so eine bunte Zeitschrift?
- Wie soll der Rahmen der Ersterscheinung dieser Zeitschrift gestaltet werden? Werden die Eltern eingeladen? Gibt es ein Zeitschriftenfest?

Einen besonderen Anreiz und neue Erfahrungen kann eine Exkursion in eine Redaktion oder auch in einen Verlag oder eine Druckerei bieten. Vielleicht bahnt sich dadurch ein Kontakt zwischen der regionalen Zeitung und der sozialpädagogischen Einrichtung an.

10 Verfilmte Kinder- und Jugendliteratur – Das Buch im Film

10.1 Kinder- und Jugendliteratur im Film

Kinder brauchen Märchen und Bücher. Dieser Aussage stimmen alle pädagogischen Fachkräfte einhellig zu. Kinder brauchen aber auch gute Filme. Filme, die anspruchsvoll gemacht sind und die Kinder und Jugendliche interessieren und ansprechen. Gerade verfilmte Kinder- und Jugendbücher sind hierfür gute Beispiele, denn sie bieten eine weitere Möglichkeit eines Zugangs zur Literatur an: zur Ursprungsliteratur, auf deren Grundlage die Verfilmung stattfand. Kinder genießen die unterschiedlichen Zugänge und Interpretationen einer guten Geschichte. Es wird ihnen dabei nicht langweilig, das gleiche Thema auf unterschiedliche Art und Weise mehrfach erzählt zu bekommen. Dies ist ein Weg vom Medium Film zurück zum Medium Buch.

Web

Wenn Kinder die gleiche Geschichte unterschiedlich präsentiert erleben, dann verliert sie nicht, sondern gewinnt an Bedeutung, weil erst durch die unterschiedlichen Zugänge die **Interpretationsvielfalt des Inhalts** deutlicher erkennbar wird. Die Übertragung der literarischen Vorlage auf den Film gelingt dann, wenn der Film eine eigenständige gelungene Interpretation – eine kreativ-schöpferische Eigenleistung darstellt. Dann können sich im besten Fall Film und Buch ergänzen.

Aufgabe

Web

Überlegen Sie, welches Kinder- bzw. Jugendbuch Sie als Film oder Fernsehsendung gesehen haben.

- *Wie haben Sie den Film im Vergleich zum Buch erlebt?*
- *Welche Übereinstimmungen gab es bezüglich Ihrer Vorstellungen der Hauptfiguren im Buch mit denen im Film?*
- *Wo kam es in der Handlung zu Übereinstimmungen oder Abweichungen?*
- *Beschreiben Sie, wie und wo der Film Sie bereichert hat und wo er Sie ggf. enttäuscht hat.*
- *Erkunden Sie in Ihrer sozialpädagogischen Praxiseinrichtung, welche Literaturverfilmungen die Kinder gesehen haben und kennen.*

Das Lesen und Erfassen der Bilder, Charaktere, Handlungen und der Sprache im Film muss von den Kindern ebenso beherrscht werden wie das Lesen an sich. Dabei geht es um ein Verstehen und Einordnen der filmischen Erlebnisse, also um eine **Filmkompetenzentwicklung**. Kinder- und Jugendfilme sind nicht für einen ausschließlich passiven Konsum gedacht, sondern sollten den Kindern einen **differenzierten Blick für die Inhalte, Aussagen und die Bildersprache eröffnen**. Es geht darum, bei den Kindern und Jugendlichen die Fähigkeit zu fördern, mit diesem Medium kritisch umzugehen, die Qualität eines Filmes beurteilen zu können. Hierzu brauchen die Kinder Unterstützung und Begleitung.

Mit dem **Begriff des Kinderfilms** setzte sich Steffen Wolf auseinander, der darunter Filme versteht, „die inhaltlich und formal auf Verständnis, Auffassungsvermögen und

Bedürfnisse von Kindern besondere Rücksicht nehmen und mit der Absicht konzipiert und produziert wurden, der Unterhaltung, Entspannung, Information, Bildung und Erziehung [...] zu dienen" (Wolf, 1977, S. 176, gekürzt). Der literarische Kinderfilm basiert dementsprechend auf einer literarischen Vorlage, also einem Märchen, einer Bilderbuchgeschichte, einem Kinder- oder Jugendroman. Das Ursprungswerk wird dabei mehr oder weniger für das Fernsehen oder das Kino bearbeitet.

Verfilmte Kinderliteratur ist dennoch eine sehr **unspezifische Begrifflichkeit**: Unklar ist, ob es sich um eine Kinoverfilmung oder eine reine Fernsehproduktion handelt, ob es ein Spiel- oder ein Kurzfilm ist, ob es sich um einen Zeichentrickfilm, eine computeranimierte Produktion oder um einen Realfilm handelt.

Vonseiten der pädagogischen Fachkräfte herrscht gegenüber Kinderfilmen eine eher **skeptische Position**. Auch hier gilt, genauer hinzusehen und die qualitativ guten Filme herauszufinden.

10.2 Faszination von Film und Fernsehen

Film und Fernsehen ist für Kinder **Bestandteil** ihrer **kindlichen Lebenswelt**. Es nimmt einen ganz selbstverständlichen, wenn auch unterschiedlich gewichteten Platz in der Familie ein. Viele Kinder sind von klein auf fasziniert vom Fernsehen, weil sie von der Bewegung und den Farben der Bilder angesprochen werden.

Ähnlich wie Erwachsene wollen auch Kinder vor dem Fernseher entspannen und abschalten von ihrem oft unterschätzten und auch anstrengenden Alltag. Zudem sind ihre Spielwelten meist nur begrenzt für das Ausleben von Fantasie- und Abenteuerspiel geeignet. Hier können die verschiedenen Sendungen legitime kindliche Bedürfnisse nach Harmonie und heiler Welt, nach Spaß und Spiel, nach Spannung und Abenteuer erfüllen. Kinder bevorzugen Filme, wie auch Bücher, in denen **Themen** aufgegriffen werden, die für sie selbst wichtig sind. Das Programmspektrum bietet den Kindern Material an, mit dem sie ihre **eigenen Erfahrungen** verknüpfen und im Spiel neue, den eigenen Bedürfnissen angepasste, Szenen erfinden können.

Aufgaben

1. *Informieren Sie sich anhand verschiedener Fernsehzeitschriften und Kinoprogramme über aktuelle Sendungen und Filme.*
2. *Finden Sie heraus, welche Sendungen Kinder interessieren könnten. Spekulieren Sie über die Gründe.*
3. *Finden Sie heraus, zu welchen Zeiten die Programmanbieter Sendungen und Filme für die Kinder platzieren und wie lange diese dauern.*

Beim gemeinsamen Fernsehen mit Freunden, Eltern oder Geschwistern kann das Fernsehen auch eine Gelegenheit sein, in der die Kinder Nähe und Geborgenheit finden. Zudem hat man in dieser Gruppe ein Gesprächsthema, das über die eigentliche Fernsehzeit hinaus verbindet. Das Mitreden über bestimmte Sendungen und auch Nachspielen ist für Kinder im Kindergarten oder in der Schule sehr wichtig, um so **Kontakt und Anerkennung aus der Gleichaltrigengruppe** zu erfahren. Darüber hinaus ist jeder Erwachsene bezüglich der Faszination Fernsehen **Vorbild**, d. h., je nachdem welchen Stellenwert das Fernsehen bei den Erwachsenen hat, so wird das Kind dem Fernsehen ähnlich gegenüberstehen. Die Erfahrungen der Kinder mit dem elterlichen Medienumgang sind prägend, auch wenn ab dem Vorschulalter hier die außerfamiliären Einflüsse zunehmen.

Aufgabe

Suchen Sie mit Kindern und Jugendlichen in Ihrer Einrichtung das Gespräch über Filme und Fernsehsendungen und erörtern Sie folgende Fragen:

- *Sehen die Kinder gerne fern?*
- *Wie verbringen sie ihre Freizeit?*
- *Was schauen die Kinder und Jugendlichen am liebsten an?*
- *Was gefällt ihnen an diesen Sendungen?*
- *Welchen Kinofilm haben sie zuletzt gesehen?*

Vermeiden Sie, Ihre eigenen Wertungen und Urteile über Fernsehsendungen anzubringen, wenn Sie tatsächlich erfahren wollen, was die Kinder anschauen und was sie daran interessiert.

Vergleichen Sie anschließend die Antworten der Kinder mit Ihren eigenen Überlegungen.

10.3 Wie Kinder Filme und Sendungen wahrnehmen und verstehen

Die **Komplexität** der visuellen und auditiven Dramaturgie der Fernsehsendungen und Filme stellt große Anforderungen an das Aufnahmevermögen der Kinder, da die Voraussetzungen der Wahrnehmung und des Verstehens bei Kindern selbstverständlich ganz anders als bei Erwachsenen ist.

Kinder haben ein Recht darauf, dass sie in ihren Denk-, Handlungs- und Perspektivstrukturen sowie entsprechend ihrem emotional-sozialen Entwicklungsstand ernst genommen werden. Sie sind sich **entwickelnde Rezipienten**, das bedeutet, dass sich die Wahrnehmung und das Verstehen von Fernsehsendungen bei Kindern immer wieder wandeln und verändern. Kinder sind aber keine unfertigen oder defizitären Wesen, sondern eigenständige Individuen, die so, wie sie sind, ihre Geltung haben. Sie benötigen dort Unterstützung, wo ihre Fähigkeiten noch nicht ausreichen, um die (Medien-)Welt um sich herum zu begreifen.

Die nachfolgend dargestellten **Entwicklungsprozesse** orientieren sich an biologischen Altersangaben. Grundsätzlich kann die individuelle Entwicklung eines Kindes von allgemeinen Durchschnittsangaben abweichen. Diese können jedoch einen geeigneten

Rahmen bieten, um sich die generellen sensorischen, sozial-emotionalen und geistigen Fähigkeiten einer bestimmten Altersstufe zu vergegenwärtigen.

Kinder unter vier Jahren

Bewegte Bilder sind für Kinder bis zu vier Jahren **sinnlos** – und das im wahrsten Sinne des Wortes. Sie können in diesem Alter nur ganzheitlich Umwelteindrücke aufnehmen, also durch Riechen, Schmecken, Fühlen, Hören und Sehen die Umwelt erfassen und begreifen. Die Alltagserfahrungen, die ein Kleinkind bereits erfahren hat, kann es nur ausschnittweise im Fernsehen wiedererkennen. Kleinkinder werden fasziniert von den bewegten Bildern und können Figuren aus dem Fernsehen auf Gegenständen ihrer Umgebung und umgekehrt wiedererkennen.

In verschiedenen Untersuchungen mit sogenannten Augenkameras wurden sowohl die Richtung von Augenbewegungen sowie Dauer und Ort von Fixationen bei der Bildbetrachtung bestimmt. Im Vergleich zwischen Erwachsenen und Vorschulkindern zeigte sich dabei, dass die Kinder weniger in der Lage waren, informative Einzelheiten der Bilder herauszusuchen. Das heißt, dass die Kinder Bildbetrachtungen weniger systematisch und eher zufällig durchführen. Durch dieses **assoziative Sehen** können Kinder unter vier Jahren Handlungsverläufe oder Inhalte der Sendungen nicht wiedergeben.

Vier- bis siebenjährige Kinder

In diesem Alter können Kinder **kürzeren Filmhandlungen folgen** und nehmen dabei sehr genau Einzelheiten wahr, die sie erstaunlich präzise wiedergeben können. Wenn Kinder bereits eigene Erfahrungen mit gleichen oder ähnlichen Situationen gemacht haben, **verbinden** sie **Gesehenes und Selbsterfahrenes miteinander**. Filmische Mittel wie Rückblenden, Zeitsprünge und Rahmenhandlungen verstehen die Kinder dagegen nicht. Bei Sendungen mit Magazincharakter (z. B. *Siebenstein, Sendung mit der Maus*) können die Kinder die kurzen unterschiedlichen Beiträge je nach Interesse und Konzentrationsvermögen verfolgen oder auch nicht. Ruhige Bilder und langsame Szenen werden von Kindern grundsätzlich besser wahrgenommen und verstanden als Sendungen mit vielen Bildschnitten und einer vorherrschenden Bilderhektik.

Das Kind im Vorschulalter **glaubt, was es sieht:** Es kann Fantasie und Realität noch nicht trennen und empfindet das als real, was die Augen erkennen. Man spricht hier auch vom sogenannten magischen Denken. Das Kind kann noch keine Kameraeffekte, Tricks usw. durchschauen: Eine blutende Verletzung nimmt es als real war und nicht etwa als Ergebnis eines Maskenbildners. **Fernsehsendungen** werden **als Wirklichkeit erlebt**.

Die Acht- bis Zehnjährigen

Kinder in diesem Alter sind bereits in der Lage, einfachen **logischen Filmhandlungen** zu folgen: Sie können die Einzelheiten eines fortlaufenden Bildes erfassen und nach

Wichtigkeit beurteilen. Nach und nach entwickelt sich in diesem Alter das konkret-logische Denken, sodass das Kind auch Geschichten, die aus **verschiedenen Blickwinkeln** erzählt werden, folgen kann. Ab einem Alter von ca. acht Jahren halten Kinder gezeichnete Figuren nicht mehr für reale Personen, sie können **Realität und Fiktion** immer mehr **auseinanderhalten**, sind aber für stimmungsvolle Fantasiedarstellungen sehr empfänglich.

Kinder ab zehn Jahren

Im Alter ab zehn Jahren können die Kinder Wirkliches von Unwirklichem sicher unterscheiden. Sie können Gesehenes immer mehr kritisch hinterfragen und auch Rückblenden, Rahmenhandlungen und Nebenstränge erfassen. Nachrichtensendungen sind für diese Altersstufe verkraftbar und sinnvoll, um die Realitätssicht der Jugendlichen zu differenzieren.

Zusammenfassung

Anhand verschiedener Untersuchungen konnte man sehen, dass Kinder Filminhalte sehr selektiv aufnehmen. Szenen, die sie beschäftigen, in deren Inhalten sie schon Erfahrungen haben, begreifen sie am ehesten. **Kinder erleben wortwörtlich Filme im Fernsehen:** Sie leben, freuen und leiden mit den Helden mit.

Weiterführende Informationen enthält die kostenlose Broschüre der Bundeszentrale für gesundheitliche Aufklärung (BZgA): *Gut hinsehen, gut zuhören, aktiv gestalten! Tipps für Eltern zum Thema „Mediennutzung in der Familie“,* in: https://www.bzga.de. Köln 2019. unter: https://www.bzga.de/infomaterialien/kinder-und-jugendgesundheit/gut-hinsehen-und-zuhoeren-ratgeber-fuer-eltern/ [20.09.2021].

Aufgaben

1. *Beobachten Sie Kinder während des Fernsehens. Achten Sie auf ihre Mimik, Gestik, Äußerungen, Sitzhaltungen, Bewegungen usw. Was fällt Ihnen auf? Wo gibt es Gemeinsamkeiten, wo Unterschiede?*
2. *Finden Sie heraus, wie Fernsehsendungen auf Sie selbst wirken. Wählen Sie dazu einen frei bestimmbaren Film oder eine Sendung aus und beobachten Sie sich selbst während des Fernsehens.*

   Tauschen Sie sich in Kleingruppen über Ihre Selbstbeobachtungen aus.
   - *Gibt es Gemeinsamkeiten, wo liegen die Unterschiede?*
   - *Welche Erklärungen haben Sie für die Reaktionen?*
   - *Wie reagiert mein gesamter Körper auf den Film? Bin ich unruhig, angespannt, entspannt oder ausgeglichen?*
3. *Vergleichen Sie Ihre Selbstbeobachtung mit der Beobachtung von Kindern vor dem Fernseher: Gibt es hierbei Gemeinsamkeiten? Welche Unterschiede können Sie finden?*

Kinder erleben eine Filmhandlung erst einmal **ganzheitlich**, also mit ihrem ganzen Körper, mit allen Sinnen und Emotionen. Sie sind vollständig vom Bild- und Tongeschehen ergriffen. Dabei ist das Reaktionsrepertoire der Kinder breit und deutlich ablesbar an ihrer Mimik und Gestik, den Kommentaren zu einzelnen Szenen und ihren Bewegungen während des Zusehens.

Unterschiedliche Beteiligungsgrade des ganzheitlichen Erlebens

Web

Der Medienpädagoge Jan-Uwe Rogge stellte beim Filmerleben der Kinder vier verschiedene Ausprägungen fest:

Erster Beteiligungsgrad

„Die Kinder wechseln ab zwischen aufmerksamen Phasen des Zuschauens und scheinbarem Desinteresse an der Sendung. Sie beschäftigen sich z. B. mit etwas anderem oder gehen kurz aus dem Raum. Diese Reaktionen zeigen sowohl jüngere Kinder, die einer Sendung geistig nicht folgen können, als auch ältere, die Entlastung bei besonders emotional erregenden Situationen suchen.

Zweiter Beteiligungsgrad

Beim zweiten Beteiligungsgrad verfolgen die Kinder mit großer Aufmerksamkeit die Handlung, aber ohne sich in ihr zu verlieren. Die Kinder sind ganzheitlich aktiv an der Sendung beteiligt, also durch Mimik, Gestik, Bewegung usw.

Dritter Beteiligungsgrad

Der dritte Beteiligungsgrad des Filmerlebens ist geprägt durch einen Identifikationsprozess mit den Hauptfiguren und der damit für die Kinder verbundenen Empathie und emotionalen Anteilnahme. Die Kinder sind in ihrer eigenen Gefühlswelt und reagieren wenig auf Ansprache, gleichzeitig zeigen sie weniger Aktivitäten, um Spannungen abzubauen.

Vierter Beteiligungsgrad

Das intensivste Erleben der Sendungen zeigt sich bei den Kindern, die gebannt und überwältigt vor dem Fernseher sitzen: ihnen stockt der Atem, der Puls beschleunigt sich, sie schwitzen, die Bewegungen sind Ausdruck großer Erregung, sie können sich nicht von der Filmhandlung lösen und diese danach meist nicht bewältigen."
(vgl. Rogge, 1990, S. 67 ff.)

Oftmals schließen sich an das Fernsehen **Aktivitäten der Bewegung und Unruhe** an, bei denen es den Kindern um einen Abbau, um eine Entlastung und damit Bewältigung der inneren Unruhe und Anspannung geht.

Wirkung der Filme

Die Wirkung der Filme auf das kindliche Erleben darf und kann nicht isoliert gesehen werden, es gibt vielmehr unterschiedliche Einflüsse, die mit in Betracht gezogen werden müssen:

- die Situation, in der der Film angesehen wird,
- die Lebensverhältnisse der Kinder,
- die Art der Beziehung, die die Kinder zur Filmhandlung entwickeln,
- die gesamte Familiensituation und bisherigen Erziehungs- und Entwicklungsgeschichte des Kindes und
- die Veränderung in der individuellen Entwicklung des Kindes.

Nicht zuletzt ist die Art des Medienkonsums ein sich fortentwickelnder ausdifferenzierter Vorgang und somit auch dessen Wirkung.

Kinder übernehmen umso wahrscheinlicher Verhaltensweisen, die sie in Filmen gesehen haben, wenn ...

- ein bestimmtes Verhalten im Film belohnt, d. h. als gut und richtig dargestellt wird.
- die Kinder sich mit der Person, die dieses Verhalten zeigt, identifizieren können.
- die dargestellte Situation einer alltäglichen Situation ähnlich ist.
- Kinder in ihrem Verständnis des Dargestellten von anderen Personen, insbesondere von Freunden, bestärkt werden.

10.4 Beurteilungskriterien bei der Auswahl von Kindersendungen

Kinderfilme und Fernsehsendungen können ein sinnvolles Vergnügen sein, wenn geeignete Angebote mit den Kindern gemeinsam ausgewählt werden und die Zeit, die vor dem Fernseher oder im Kino verbracht wird, begrenzt ist. Dafür kann z. B. ein tägliches Fernsehzeitkontingent zur Verfügung stehen. Als **Zeitrahmen** für den **täglichen Fernsehkonsum** oder auch den Kinobesuch sollte laut der Bundeszentrale für gesundheitliche Aufklärung und der Aktion Jugendschutz Folgendes berücksichtigt werden: Vorschulkinder sollten nicht länger als dreißig Minuten am Stück fernsehen, Sechs- bis Achtjährige höchstens eine Stunde und ältere Grundschüler nicht mehr als neunzig Minuten.

Die nachfolgenden Kriterien sollen Ihnen dabei helfen, geeignete Kindersendungen und -filme kennenzulernen und zu beurteilen:

Das **Thema der Sendung** sollte an die bisherigen Lebenserfahrungen, Bedürfnisse und Wünsche der Kinder anknüpfen, muss also auf den Entwicklungsstand der jeweils zuschauenden Kinder abgestimmt sein. Wenn Inhalte und Themen von Sendungen schwer verständlich oder gar problematisch sind, dann sind diese für Kinder ungeeignet.

Problematisch können Sendungen dann sein, wenn sie ...

- Vorurteile enthalten und diese damit in den Köpfen der Kinder verfestigen (z. B. einseitige Rollenverteilung der Hausarbeit, Gewaltbereitschaft von Migranten).
- Konsumwünsche wecken, die angeblich für ein glückliches und harmonisches Leben notwendig sind.
- die Realität falsch wiedergeben (z. B. gefährlichen Tieren menschliche Eigenschaften wie Hilfsbereitschaft zugesprochen werden).
- positive Handlungsträger zeigen, die Gewalt ausüben und sich nicht an bestehende Gesetze halten.
- Gewalt lustig oder schön darstellen und damit Schadenfreude erzeugen.
- Gewalt als ein legitimes Mittel zur Durchsetzung von Interessen darstellen.
- Mitleid und Gewaltlosigkeit als Charakterschwäche und Feigheit zeigen.
- für Kinder angstauslösende Darstellungen enthalten.

Gerade auf die zuletzt genannten **angstauslösenden Darstellungen** sollte bei der Auswahl von Kinderfilmen besonders geachtet werden. Hierbei wiederum sollte vor allem auf den sparsamen Einsatz von Musik und Geräuschen geachtet werden, denn das Hören auf der emotionalen Ebene spielt besonders bei jüngeren Kindern eine wichtige Rolle.

Web

Folgende Darstellungsinhalte lösen bei Kindern erfahrungsgemäß am ehesten Ängste aus:

- Darstellung von verletzten, von Gefahr bedrohten oder verlassenen Kindern bzw. kleinen Tieren,
- Darstellung von Dunkelheit und Feuer,
- Darstellung von drastisch sichtbaren Folgen der Gewaltanwendung, z. B. blutende Wunden und
- Gewaltdarstellungen, die in Situationen stattfinden, die etwas mit der Lebenswirklichkeit der zuschauenden Kinder zu tun haben, z. B. Gewalttätigkeiten bei Personen, die als Vater und Mutter erscheinen.

Die **Handlung der Filme** selbst muss für die Kinder gut durchschaubar und nachvollziehbar sein, die verwendete Sprache akustisch gut hörbar und verständlich. Auch der Wortschatz sollte den Kindern größtenteils bekannt sein. Filmische Gestaltungsmittel wie Rückblenden, Zeit- und Raumschnitte, Low-Motion usw. sind für Vorschulkinder noch nicht nachvollziehbar und sollten deshalb vermieden werden. Auch Bild und Ton müssen übereinstimmen.

Gerade für die jüngeren Zuschauer ist ein positives Ende einer spannenden und abenteuerlichen Episode unabdingbar. Ein gutes Ende bietet den Kindern emotionale Sicherheit. Deshalb sind Serien, die an einer besonders spannenden Stelle abbrechen, für Kinder oft problematisch.

Die **handelnden Personen und Figuren** der Sendung müssen individuell und gut unterscheidbar dargestellt sein. Da sie Identifikationsfiguren darstellen, sollten sie die kindlichen Bedürfnisse nach Heldenfiguren aufgreifen und Eigenschaften wie Größe, Mut, Kraft, Autonomie, Können und Wissen verkörpern, also Eigenschaften, die sich die Kinder für sich selbst wünschen. Kinder brauchen Heldenfiguren, die sich innerhalb einer Geschichte in der Auseinandersetzung mit anderen weiterentwickeln. Je jünger die zuschauenden Kinder sind, desto eher benötigen sie von ihrer moralischen Entwicklungsstufe her eine polarisierende Darstellung der Hauptfiguren z. B. in Gute und Böse oder Starke und Schwache. Auch das ästhetische Aussehen der Hauptfiguren sollte genau betrachtet und beurteilt werden.

Der **Gesamtverlauf des Films** sollte eher lustig als ängstigend sein: Er muss in erster Linie Spaß machen!

Aufgaben

1. *Übertragen Sie die aufgeführten Kriterien auf Kinderfilme und Kindersendungen, die Sie auf Video, DVD oder direkt auf der Festplatte Ihres Computers aufgezeichnet haben.*
2. *Beurteilen Sie diese Sendungen und entwickeln Sie Beispiele für gute Kinderfilmqualität. Die Deutsche Film- und Medienbewertung (FBW, Sitz: Wiesbaden) begutachtet Filme auf ihre Qualität und zeichnet herausragende Werke mit den Prädikaten „wertvoll" und „besonders wertvoll" aus. Seit 2014 wurden von der FBW geschulte Jurys mit Schülerinnen und Schülern ab zehn Jahren als sogenannte FBW-Jugendfilmjury ins Leben gerufen. Auf der Homepage werden u. a. die Bewertungskriterien veröffentlicht. (https://www.fbw-filmbewertung.com/)*
3. *Ergänzen Sie die Bewertungskriterien der FBW mit den Beurteilungskriterien bei der Auswahl von Kindersendungen.*
4. *4. Fragen Sie beim örtlichen Kinobetrieb nach, ob Sie als Klasse (evtl. einer sozialpädagogischen Einrichtung) einen ausgewählten Kinderfilm ansehen können. Hierbei können Sie die o. g. Bewertungskriterien mit den Wirkungsweisen und den Einschätzungen der Zielgruppe abgleichen.*

10.5 Sozialpädagogische Einsatzmöglichkeiten des literarischen Kinderfilms – Allgemeine didaktisch-methodische Überlegungen

Kinder kommen von klein auf mit den filmischen Medien in Berührung und haben zugleich ein hohes Interesse daran. Medienkompetenz ist deshalb ein wichtiges Bildungsziel, um am Leben in der Informationsgesellschaft zu partizipieren und es aktiv mitzugestalten.

Medienkompetenz bedeutet in diesem Sinne einen bewussten, kritisch-reflektierten, sachgerechten, selbstbestimmten und verantwortlichen Umgang mit den filmischen Medien.

Bildungs- und Erziehungsziele

Die filmische Medienkompetenz beinhaltet entsprechend folgende Bildungs- und Erziehungsziele:

- Filmerlebnisse emotional und verbal verarbeiten und reflektieren, z. B. durch kreative Techniken.
- Filminhalte mit anderen diskutieren. Botschaften und Aussagen von Filmen durchschauen und kritisch reflektieren, z. B. Trennung von Realität und Fiktion oder Reflektieren von Rollenklischees.
- Filme bewusst auswählen, Bewertungskriterien kennenlernen und anwenden.
- Medientechnik verstehen und z. B. Kinobetriebe oder Fernsehsender kennenlernen.
- Medienverbände und Merchandising kritisch reflektieren.
- Medien selbst aktiv produzieren, z. B. Fotogeschichten, Hörspiele, Videofilme.

Möglichkeiten zur Einstimmung auf den Film

- Gestaltung der Raumatmosphäre, z. B. Dekoration je nach Filmgenre.
- Kiste oder Koffer mit Gegenständen aufstellen, die im Film oder Buch eine besondere Bedeutung haben.
- Steckbriefe der Hauptfiguren aus dem Film mit Foto, Charakterbeschreibung oder treffenden Filmzitaten aufhängen oder verteilen.
- Informationen über historische, länderkundliche, technische Hintergründe des Filmes geben.

Nachbereitung

Nach der Filmvorführung selbst sollten spontane Äußerungen möglich sein: Ganz allgemeiner Art, z. B. Wie fand ich den Film? Oder mit beschreibenden Adjektiven als Vorgabe bzw. Hilfe für die Formulierung: Fand ich ihn ... spannend, langweilig, lustig, traurig, komisch, witzig, verblüffend, öde, deprimierend? Bin ich ... beeindruckt, enttäuscht, nachdenklich?

Nach dieser ersten spontanen Beurteilung sollte sich unbedingt ein vertiefendes Gespräch anschließen. Folgende Leitfragen sind dafür möglich:

- Welchen Charakter haben die Hauptpersonen? Welche waren sympathisch/unsympathisch? Welche Sprache haben sie verwendet? Wie war das Erscheinungsbild? Wie wird das Verhalten der Hauptpersonen beurteilt?

- Welches sind die wichtigsten Szenen bzw. Situationen im Film?
- Was ist die Hauptaussage/Hauptbotschaft des Films?
- Welche filmischen Mittel wurden verwendet (Tricks, Geräusche, Musik, Kameraperspektive)?
- Welche Szenen haben besonders beeindruckt und warum?
- Welche Note bzw. wie viele Sterne sollte der Film erhalten und warum?

Aufgabe

Vergleichen Sie nun anhand der nachfolgenden Tabelle das Buch und seine Verfilmung: Übertragen Sie die Tabelle dazu auf ein Blatt Papier. Notieren Sie, was neu hinzukam, was weggelassen und was verändert wurde. Tragen Sie dies in die Tabelle ein. Geben Sie Ihre persönliche Einschätzung ab: Was hat Ihnen besser gefallen? Das Buch oder der Film? Begründen Sie Ihre Antwort.

Vergleich von Film und Buch

Neu hinzugefügt	***Weggefallen***	***Geändert***
Beispiele:	*Beispiele:*	*Beispiele:*

Praxisbeispiel – Grundschulkinder schauen zusammen mit ihren Großeltern/ Eltern den Film „Max und die wilde 7“

Das Detektiv-Kinderbuch „Max und die wilde7“ wurde von Lisa-Marie Dickreiter und Winfried Oelsner geschrieben und ist 2014 im Oetinger Verlag, Hamburg, erschienen. Die Illustrationen stammen von Ute Krause. Drei Bände gibt es bisher; der erste Band ist 2020 von Christine Deggau verfilmt worden. Zum Film (inzwischen auch auf DVD) gibt es auch ein Hörspiel und ein Antolin-Quiz ab Klasse 4. Empfohlen wird der Film ab neun Jahren.

„Ich heiße Max. Ich bin neun und wohne im Altersheim“. HILFE! So hat sich Max seiner neuen Klasse auf keinen Fall vorstellen wollen!“ (Dickreiter, Oelsner, S. 9) Dennoch findet Max das Altersheim cool, denn es ist in einer echten Ritterburg untergebracht und seine Mutter hat als neue Altenpflegerin keinen weiten Arbeitsweg. Max lernt nicht nur seine neue Klasse kennen, sondern auch die „wilden“ Senioren vom Tisch Nr. 7. Als dann Wertgegenstände gestohlen werden, macht sich Max, unterstützt von der „Wilden 7“ auf, den Dieb zu fassen.

Das Drehbuch des Filmes hält sich dicht an die Kinderbuchreihe; es wird nichts überzeichnet. Ein kindgerechter Krimi, mit Tiefgang und zum Lachen. Ein generationsübergreifender Film über Freundschaften: Jeder ist anders. Freundschaft, Respekt und Zusammenhalt sind grundlegende Werte, die für Menschen jeden Alters wichtig sind.

Die Deutsche Film- und Medienbewertung vergibt die Auszeichnung: *Kinderfilm, besonders wertvoll.*

Aus der Beurteilung:

„Mit der Kinderbuchreihe MAX UND DIE WILDE 7 haben Lisa-Marie Dickreiter und Winfried Oelsner eine sehr erfolgreiche Geschichte für Kinder erdacht, die nun ebenfalls in ihrer Umsetzung für die Kinoleinwand begeistert. In seiner ersten Kino-Hauptrolle agiert Jona Eisenblätter mit großer Natürlichkeit und ist, gerade weil er keinen Helden darstellt, sondern sich in seiner Schüchternheit und Vorsicht eher zurückhält [sic!], als Identifikationsfigur für die junge Zielgruppe ideal. Unterstützt wird Eisenblätter von einem hochkarätig besetzten Ensemble mit Alwara Höfels als verständnisvoll-umsorgende Mutter sowie Uschi Glas, Günther Maria Halmer und Thomas Thieme als verschroben-gewitzte Seniorentruppe. Auch dank eines einfallsreichen Drehbuchs, für das die Buchautor*innen selbst verantwortlich zeichnen, ist dieses Trio das beste Beispiel dafür, dass Spielfreude nichts mit dem Alter zu tun hat. Ganz ohne Holzhammer gelingt es Regisseur Winfried Oelsner mit MAX UND DIE WILDE 7 eine Geschichte zwischen den Generationen zu erzählen und dabei die Botschaft zu verbreiten, dass man kein Held sein muss, um trotzdem mit Freunden, Aufrichtigkeit und Mut alles zu erreichen. Auch durch eine schöne Farb- und Bildgestaltung wird die Alltags- und Gedankenwelt von Max auf ganz natürliche Weise umgesetzt, die musikalische Untermalung ist unaufdringlich und das Erzähltempo nicht zu schnell. Spannende, heitere und auch nachdenkliche Momente wechseln sich ab, und dank einer ebenso starken Mädchenfigur (Max‘ beste Freundin) ist der Film für Jungs und Mädchen gleichermaßen geeignet – ebenso für begleitende Eltern und Großeltern –, sodass dieser Film einen schönen gemeinsamen Kinotag verspricht.“
(Deutsche Film- und Medienbewertung, 2021)

- Schauen Sie noch einmal die Kernszenen ohne Ton an und lassen Sie die Kinder anschließend nacherzählen.
- Erfinden Sie gemeinsam einen anderen Filmschluss oder erzählen Sie eine Nebenhandlung weiter.
- Erstellen Sie Zeichnungen oder Collagen zu einer ausgewählten Filmszene.
- Gestalten Sie einen Guckkasten (ausgestalteter Schuhkarton) zu ausgewählten Filmszenen.
- Entwerfen Sie mit den Kindern ein neues Filmplakat.

- Spielen Sie Filmszenen nach oder verändern Sie diese.
- Erfinden Sie ein dazu passendes Hörspiel.
- Fotografieren Sie eine eigene Fotostory oder drehen Sie ein eigenes Video.
- Bereiten Sie einen Kinotag in der sozialpädagogischen Einrichtung vor und führen ihn durch.
- Geben Sie Sachinformationen zum Thema Filmtechnik „Wie entsteht ein Film?“.

Literaturverzeichnis

Anders, Florentine: Faktencheck – Wie sollten Kinder Lesen und Schreiben lernen?, in: www.deutsches-schulportal.de; Dezember 2018, www.deutsches-schulportal.de/Unterricht/wie-sollten-kinder-lesen-und-schreiben-lernen/ [17.09.2021]

Arndt, Marga/Singer, Waltraud (Hrsg.): Das ist der Daumen Knudeldick ... Fingerspiele und Rätsel, Ravensburg, Ravensburger Buchverlag, 2004.

Austermann, Marianne/Wohlleben, Gesa: Zehn kleine Krabbelfinger, München, Kösel-Verlag, 1989.

Ayres, Jean: Bausteine der kindlichen Entwicklung. Die Bedeutung der Integration der Sinne für die Entwicklung der Kinder. Heidelberg, Springer Verlag 2002.

Baur, Alfred: Die Finger tanzen. Fingerspiele für Kinder von 3 bis 9 Jahren, Schaffhausen, Novalis Verlag, 1992.

Bedürftig, Friedemann/Kirsch Christoph; Goethe, Die Comic-Biographie, 2 Bde., Ehapa Verlag 2001.

Behe Joseph, Schwebel Frederique, Noel Patrick: Geht doch rüber! Ehapa Comic Collection, 1999.

Beltz Verlagsgruppe, Beltz & Gelberg, Pressemappe „100 Jahre Leo Lionni", Leo Lionni „Meine Bücher für Kinder". In: https://www.beltz.de/fileadmin/beltz/presse/pdf/Pressemappe_100GeburtstagLeoLionni.pdf.

Bereznai, Anja/Albers, Timm: Glossar Sprachliche Bildung & Förderung, in: Niedersächsisches Institut für frühkindliche Bildung und Entwicklung (nifbe): nifbe-Online-Text#4, https://www.nifbe.de, Osnabrück 2016, https://www.nifbe.de/nifbe-publikationen (glossaronline(4).pdf) [20.09.2021]

Bertuch, Friedrich Justin: Das Bilderbuch für Kinder, 1792.

Bettelheim, Bruno/Zelan, Karen: Kinder brauchen Bücher, übersetzt v. Liselotte Mickel und Ernst Mickel, München, © dtv Verlagsgesellschaft, 1980.

Birkenstock, Heidi: Welche Kompetenzen benötigen Kinder, um ihnen einen möglichst Erfolg versprechenden Einstieg in die Schule zu sichern, 2014, https://www.kindergartenpaedagogik.de/fachartikel/gestaltung-von uebergaengen/uebergang-von-der-kita-in-die-schule/2283 [22.09.2021].

Brender, Irmela: Wir, in: Gedichte für Anfänger, hrsg. v. Joachim Fuhrmann, Reinbek b. Hamburg, Rowohlt, 1980.

Bravo Zeitschrift, Nr. 44, Hamburg, Heinrich Bauer Verlag KG, 2007.

Brentano, Clemens v.: Loblied, Stuttgart, C. H. Mellinger Verlag, 1989.

Breuer, Helmut/Weuffen, Maria: Lernschwierigkeiten am Schulanfang, Weinheim, Beltz Verlag, 2006.

Brüder Grimm: Kinder- und Hausmärchen, hrsg. v. Ludwig Richter, Bayreuth, Gondrom Verlag, 2003.

Bundeszentrale für gesundheitliche Aufklärung (BZgA): www.loveline.de

Bundeszentrale für gesundheitliche Aufklärung (BZgA): Gut hinsehen, gut zuhören, aktiv gestalten! Tipps für Eltern zum Thema „Mediennutzung in der Familie", in: https://www.bzga.de. Köln 2019. unter: https://www.bzga.de/infomaterialien/kinder-und-jugendgesundheit/gut-hinsehen-und-zuhoeren-ratgeber-fuer-eltern/ [20.09.2021].

Carlgren, Frans: Erziehung zur Freiheit. Die Pädagogik Rudolf Steiners, 8. Auflage, Verlag Freies Geistesleben, Stuttgart, 1996.

Claus, Uta/Kutschera, Rolf: Ein bockstarkes Märchen – Ein Typ erzählt Rotkäppchen, in: Total Tote Hose – 12 bockstarke Märchen, illustriert v. Rolf Kutschera, München, Eichborn, 1986.

Conrady, Peter: Wie kann man Kindern den Spaß am Lesen wecken? In: Jugendliteratur – Fachzeitschrift für Kinder- und Jugendliteratur, Arbeitskreis für Jugendliteratur e. V.; München, Heft 1, 1998, S. 10–16.

Conrady, Peter: Zum Lesen verlocken. Grundschule. Unterrichtmaterialien für die Grundschule, Arena Verlag, 2003.

Deutsche Film- und Medienbewertung: Max und die wilde 7 (FBW-Pressetext), in: https://www.fbw-filmbewertung.com, 2021, https://www.fbw-filmbewertung.com/film/max_und_die_wilde_7 [06.09.2021].

Deutsches Jugendinstitut (Hrsg.): Handbuch der Medienerziehung im Kindergarten, Band 1 und 2, Opladen, Leske und Budrich, 1994.

Diekhof, Mariele: Phantasien aus der Schatzkiste, Berlin, Pädagogik Verlag, 2014.

Dierks, Andreas: Bestseller in Buchläden In: https://www.comic.de/, 09.10.2003, unter www.comic.de/buchmesse2003/bericht2.html [13.12.2007].

Doderer, Klaus (Hrsg.): Lexikon der Kinder- und Jugendliteratur, 2. Band, Weinheim, Beltz Verlag, 1982.

Doderer, Klaus (Hrsg.): Lexikon der Kinder- und Jugendliteratur, 3. Band, Weinheim, Beltz Verlag, 1979.

Doderer, Klaus: Literarische Jugendkultur, Weinheim/München, Juventa, 1992.

Ehmig, Simone C.: Vorlesestudie 2018, Die Bedeutung von Vorlesen und Erzählen für das Lesenlernen, in: www.stiftunglesen.de, 2018, https://www.stiftunglesen.de/ueber-uns/forschung/studien/vorlesestudie#jmIndex2 [20.09.2021].

Eine Welt der Vielfalt e. V.: Diversity – Was ist das?. In: https://www.ewdv-diversity.de. unter: https://www.ewdv-diversity.de/diversity/diversity-was-ist-das/ [02.09.2021].

Ende, Michael: Die unendliche Geschichte, Stuttgart, Thienemann Verlag, 1979.

Enzensberger, Hans Magnus (Hrsg.): Allerleirauh. Viele schöne Kinderreime, Frankfurt a. M., Suhrkamp, 1974.

Feilke, Helmut: Literale Praktiken und literale Kompetenz. In: Deppermann, Arnulf/Feilke, Helmut/Linke, Angelika (Hrsg.): GruyterSprachliche und kommunikative Praktiken, Berlin/Boston: de Gruyter 2016, SS. 253–277.

Fetscher, Iring: Wer hat Dornröschen wachgeküsst? Frankfurt, Fischer Verlag, 2000.

Fischer, Gabriele: Manga zwischen Aversion und jugendlicher Trendkultur, in: köb – Katholische öffentliche Bücherei, Heft 3, 2006, S. 2–12.

Frank, Karlhans: Ist mal im blauen Märchenwald ein Frosch in eine Frau verknallt (BoD, Book on Demand), Buch & media GmbH, München, 2001.

Gärtner, Hans: Spaß an Büchern – Wie Kinder Leselust bekommen, München, Don Bosco Verlag, 1997.

Gaupp, Berthold/Jürgens, Ute/Link, Bernhard/Schnurrer, Achim: Phänomen Comics – transparent gemacht, Fellbach, Bonz Verlag, 1978.

Gelberg, H. J.: Geh und spiel mit dem Riesen, Weinheim, Beltz Verlag 1971.

Götte, Rose: Sprache und Spiel im Kindergarten, Cornelsen Verlag Scriptor, 2002.

Gordon, Thomas: Die neue Beziehungskonferenz, Heyne Verlag, München, 2002.

Grünewald, Dietrich (Hrsg.): Kinder- und Jugendmedien, Weinheim, Beltz Verlag, 1990.

Grünewald, Dietrich: Vom Umgang mit Comics, Berlin, Volk und Wissen Verlag, 1996.

Guggenmos, Josef: Was denkt die Maus am Donnerstag? Recklinghausen, Georg Bitter Verlag, 1986.

Guggenmos, Josef: Was denkt die Maus am Donnerstag? Weinheim/Basel, Beltz Verlag, 2001.

Günther, Sybille: Willkommen im Kinder-Märchenland, Ökotopia Verlag, Münster, 2007.

Haas, Gerhard: Kinder- und Jugendliteratur, Stuttgart, Reclam Verlag, 1984.

Hauser, Uli/Hüter, Gerald: Jedes Kind ist hochbegabt. Die angeborenen Talente unserer Kinder und was wir aus ihnen machen. München: Knaus Verlag 2012.

Heinevetter Lehrmittelverlag: Lara Tabelle A1, Grund- und Druckschrift.

Herrndobler, Ilse/Michalitzky, Christa: Lesen mit Uli, Braunschweig, Schroedel Verlag, 1992.

Hessisches Ministerium für Soziales und Integration (Hrsg.): Qualifizierte Schulvorbereiung (QVS). Erfolgreiche Bildungspraxis in Kindertageseinrichtungen. Eine Handreichung zum Hessischen Bildungs-und Entwicklungsplan für Kinder von 0 bis 10 Jahren. in: https://bep.hessen.de/, Wiesbaden 2014. https://bep.hessen.de/grundlagen/die-neue-internetseite-zum-bildungs-und-erziehungsplan-f%C3%BCr-kinder-von-0-bis-10-jahren (Download) [20.09.2021].

Hobmair, Hermann (Hrsg.): Pädagogik, Bildungsverlag EINS, Köln, 2012.

Hofbauer, Friedl: Was die Waschmaschine sagt, in: Weißt du, dass alles sprechen kann? Wippschaukelgedichte, Wien, Dachs-Verlag, 1999.

Hofbauer, Friedl: Der Fernsehwurm, in: Weißt du, dass alles sprechen kann? Wippschaukelgedichte, Wien, Dachs-Verlag, 1999.

Hoff, Helga: Märchen geben Kindern Mut, Freiburg, Herder Verlag, 1995.

Holstein, Miriam: Vorlesen mit Apps in der Grundschule, Stiftung Lesen, Mainz 2019.

Hurrelmann Bettina (Hrsg.): Klassiker der Kinder- und Jugendliteratur, Frankfurt, Fischer Verlag, 1995.

Institut für Qualitätsentwicklung an Schulen Schleswig-Holsteins (IQSH) (Hrsg.): Eingangsphase an Grundschulen: Individuelle Förderung im Unterricht ausbauen // Deutsch. Praxishilfen Deutsch, https://publikationen.iqsh.de, September 2009, https://publikationen.iqsh.de/deutsch/eingangsphase-an-grundschulen-iduvidu-elle-f%C3%B6rderung-im-unterricht-ausbauen.html [20.09.2021].

Institut für Qualitätsentwicklung an Schulen Schleswig-Holsteins (IQSH) (Hrsg.): „Schulen und Bibliotheken – Gemeinsam für die Förderung von Lesekultur. Praxisnahe Informationen für Lehrkräfte", bzw. „Niemanden Zurücklassen. Lesen macht stark – Grundschule. Zertifikatskurs zum Lesecoach für die Jahrgangsstufen 1/2 und 3/4", Broschüren im Fach Deutsch, http://www.iqsh.schleswig-holstein.de, August 2009, https://publikationen.iqsh.de/pdf-downloads-deutsch.html bzw. https://nzl.lernnetz.de/index.php/lesetagebuecher.html [21.09.2021].

Iven, Claudia: Sprache in der Sozialpädagogik, Bildungsverlag EINS, Köln, 2012.

Jambor-Fahlen, Simone: Neuer Faktencheck: Wie lernen Grundschüler in Deutschland am besten Lesen und Schreiben?, https://www.mercator-institut-sprachfoerderung.de, 03.12.2018, https://www.mercator-institut-sprachfoerderung.de/de/aktuelles/meldung/2018/neuer-faktencheck-wie-lernen-grundschueler-in-deutschland-am-besten-lesen-und-schreiben/ [21.09.2021].

Jaszus, Rainer/Büchin-Wilhelm, Irmgard/Mäder-Berg, Martina/Gutmann, Wolfgang: Sozialpädagogische Lernfelder für Erzieherinnen – 1BKSP, Stuttgart, Holland und Josenhans Verlag, 2014.

Janosch (Horst Eckert): Hokuspokus Kokosnuss, in: Die Stadt der Kinder. Gedichte für Kinder in 13 Bezirken, hrsg. v. Hans-Joachim Gelberg, München, © dtv Verlagsgesellschaft, 1972.

Janosch (Horst Eckert): Janosch erzählt Grimms Märchen, Weinheim/Basel, Beltz Verlag, 1991.

Jeuk, Stefan/Schäfer, Joachim: Schriftsprache erwerben – Didaktik für die Grundschule. 4. Auflage. Berlin: Cornelsen, 2019.

Jöcker, Detlev: Heile heile Kätzchen, Menschenkinder Verlag, Münster, 1987.

Jöcker, Detlev: Bim bam Bommel, in: Das Krabbelmäuse Liederbuch.

Kalwitzki, Sabine: Unser Kind kommt in die Schule, München, Dtv Verlag, 1996.

Kästner, Erich: Das große Erich Kästner Lesebuch, hrsg. v. Sylvia List. 3. Auflage, München, © dtv Verlagsgesellschaft, 1999.

Keller-Bittner, Barbara: Projekt Jung und Alt, München, Internationale Jugendbibliothek, 1997.

Kinney, Jeff: Gregs Tagebuch: Von Idioten umzingelt! Ein Comic-Roman, Bd. 1, übersetzt von Dietmar Schmidt, Baumhaus Verlag, 2008.

Kogelmann, H. Jürgen: Das Comicangebot, in: Handbuch Medienerziehung im Kindergarten, Band 1, hrsg. v. Deutschen Jugendinstitut München, Opladen, Leske und Budrich, 1994.

Korte, Claudia Maria: Comics multimedial. In: https://www.nibis.de, 2018, https://www.nibis.de/comics-multimedial_9252 [07.09.2021].

Kredel, Fritz: Eia popeia. Alte Kinderreime und Lieder, 3. Auflage, Zürich, Verlag Pro Juventute, 1986.

Krempin, Maren/Mehler, Kerstin/Tracy, Rosemarie: Sprache macht stark! Offensive Bildung Wissenschaftliche Ergebnisse auf einen Blick. In: offensive-bildung.de. Veröff. 11.2009 unter https://www.offensive-bildung.de/p05/engagement/de/function/conversions:/publish/images/projekte/sprache/Sprache-macht-Stark.pdf [07.09.2021].

Krenz, Armin: Ist mein Kind schulfähig? München Kösel Verlag 2012.

Kreusch-Jakob, Dorothée: Ich schenk dir einen Regenbogen, Düsseldorf, Patmos Verlag, 1993.

Krüss, James: Der Zauberer Korinthe, hrsg. v. Kerstin Kipker und Janko Zannos. Hamburg, Oetinger Verlag, 1982.

Krüss, James: Das Feuer, in: Morgen, Kinder, kommt das Christkind, Würzburg, Arena, 2001.

Küls, Holger/Moh, Petra/Pohl-Menninga, Margreth: Lernfelder Sozialpädagogik, Troisdorf, Bildungsverlag EINS, 2004.

Kürsten, Frank/Schöler, Hermann: Arbeitsbericht aus dem Forschungsprojekt Dysgrammatismus, Bericht Nr. 15, in: Ärztliche Jugendkunde 71, 1980.

Leisen, Josef: Sachtexte im Grundschulunterricht lesen – aber wie? In: Grundschulunterricht Deutsch 2/2010, SS. 4–7.

Lionni, Leo: Das größte Haus der Welt, übersetzt v. Robert Wolfgang Schnell, Köln/Zürich, Middelhauve, 1990.

Lionni, Leo: Meine Bücher für Kinder, in: Frederick, du bist ja ein Dichter. Gesammelte Bilderbuchgeschichten, Middelhauve, München, 1991.

Lindgren, Astrid: Das entschwundene Land, übersetzt v. Anna-Liese Kornitzky, Hamburg, Oetinger Verlag, 1977/1992.

Lindgren, Astrid: Pippi Langstrumpf, Friedrich Oetinger Verlag, Hamburg, Sonderausgabe 2012.

Lorz, Alexander: „Gutes Lesen und korrektes Schreiben sind Kernaufgabe der Schule." Kultusminister Lorz betont gemeinsamen Willen zur Stärkung der Bildungssprache Deutsch, Hessisches Kultusministerium, https://kultusministerium.hessen.de, Pressemitteilung 08.05.2017, https://kultusministerium.hessen.de/pressearchiv/pressemitteilung/kultusminister-lorz-betont-gemeinsamen-willen-zur-staerkung-der-bildungssprache-deutsch [21.09.2021].

Ludwig, Sven: Lesen durch Schreiben – eine Methode von Jürgen Reichen www.lehrer-online.de/unterricht/grundschule/sprache/lesen-und-schreiben/artikel/fa/lesen-durch-schreiben-eine-mehtode-von juergen-reichen/ [5.5.2021].

Ludwig, Volker: Das Gripsliederbuch, Berlin, Alexander Verlag, 1999.

Lüthi, Max: Das europäische Volksmärchen. Form und Wesen, Francke, Bern, 1974.

Maar, Paul: Die Eisenbahn-Oma, Hamburg, Oetinger Verlag, 1999.

Mähler, Bettina/Kreibich, Heinrich: Bücherwürmer und Leseratten, Reinbek b. Hamburg, Rowohlt Verlag, 1994.

Maier, Karl Ernst: Jugendliteratur, Bad Heilbrunn, Klinkhardt Verlag, 1993.

Mallet, Carl-Heinz: Das Einhorn bin ich, München, dtv Verlag, 1986.

Marquart, Manfred: Einführung in die Kinder- und Jugendliteratur, Troisdorf, Bildungsverlag EINS, 2003.

McCloud, Scott: Comics richtig lesen, Hamburg, Carlsen Verlag, 2001.

Merkel, Johannes: Weißt du was, sprechen macht Spaß. Sprachliche Bildung anregen und unterstützen, Handbuch, Bildungsverlag EINS, Troisdorf, 2010.

Morrow, Lesley: Literacy-Center. Contexts for reading and writing, 2nd edition, Postland, Maine: Stenhouse Publishing 2002.

Näger, Sylvia: Literacy – Kinder entdecken Buch-, Erzähl- und Schriftkultur. 2. Auflage, Freiburg: Herder Verlag, 2006.

Nickels, Sven: Family Literacy – Sprach- und Literalitätsförderung in der Familie. In: Fachforum „Orte der Bildung im Stadtteil", Dokumentation der Veranstaltung am 16./17. Juni 2005 in Berlin, http://www.eundc.de, Berlin 2005, www.eundc.de/pdf/36019.pdf [20.09.2021].

Neumeister, Nicole: Den Übergang fachdidaktisch sinnvoll gestalten. Kita und Grundschule – Schriftspracherwerb, in: Bildung und Wissenschaft der Gewerkschaft Erziehung und Wissenschaft Baden-Württemberg, Heft Nr. 2/2021 (10.03.2021).

Nietzsche, Friedrich Wilhelm: Die fröhliche Wissenschaft (La gaya scienza). Scherz, List und Rache. Vorspiel in deutschen Reimen, 1882.

Nitsch, Cornelia: Das große Buch der Kinderreime, München, Bassermann Verlag, 2003.

Noack, Hans-Georg: Die Jugendliteratur – ein Spiegel der Gesellschaft, Interview in „Die Zeit", 1999.

Oehler, Sebastian: Was sind Graphic Novels?, in: https://graphic-novel.info, www.graphic-novel.info/was-sind-graphic-novels/ [06.09.2021] hinzufügen: Orghandl, Franz/Strozyk, Theresa: Der Katze ist es ganz egal, Klett Verlag, 2020.

Österreichisches Bundesministerium für Unterricht und Kunst (Hrsg.): Buch – Partner des Kindes, Ravensburg, Otto Maier Verlag, 1980.

Pantermüller, Alice/Kohl, Daniela (Illustr.): Mein Lotta-Leben. Band 1: Alles voller Kaninchen, Würzburg: Arena Verlag 2012.

Pausewang, Freya: Ziele suchen – Wege finden, Berlin, Cornelsen Verlag, 1994.

Plenzdorf, Ulrich: Die neuen Leiden des jungen W., Frankfurt, Suhrkamp, 1976.

Pousset, Raimund: Fingerspiele und andere Kinkerlitzchen. Spiel-Lust mit kleinen Kindern, Reinbek b. Hamburg, Rowohlt, 1996.

Praxis Deutsch, Zeitschrift für den Deutschunterricht: Klassiker der Kinder- und Jugendliteratur, Seelze, Erhard Friedrich Verlag, 1996.

Preetorius, Johanna: Knaurs Spielbuch, München/Zürich, Drömer-Knaur, 1980.

Reichen, Jürgen: Lesen durch Schreiben Heft 1: Wie Kinder selbstgesteuert lesen lernen, 3. Auflage, Zürich: Sabe Verlag 1988.

Riegel, Christian (Hrsg.): Lesen, was Sache ist, Weinheim, Beltz Verlag, 1986.

Rogge, Jan-Uwe: Kinder können fernsehen. Vom Umgang mit der Flimmerkiste, Reinbek bei Hamburg, Rowohlt, 1999.

Roux, Susanne (Hrsg.): PISA und die Folgen: Sprache und Sprachförderung im Kindergarten, Landau: Verlag Empirische Pädagogik 2005, SS.130–142.

Schaufelberger, Hildegard: Märchenkunde für Erzieher, Freiburg, Herder Verlag, 1987.

Schenk-Danziger, Lotte: Entwicklungspsychologie, Wien, Österreichischer Bundesverlag für Unterricht, Wissenschaft und Kunst, © G&G Verlagsgesellschaft mbH, 1985.

Schmitz, Ursula: Das Bilderbuch in der Erziehung, Donauwörth, Auer Verlag, 1993.

Schubiger, Jürg: Alles Schwein – Geschichten und Bilder, Weinheim, Beltz Verlag, 1998.

Singer, Waltraud/Schirmer, Erika: Der neue Daumen Knuddeldick, Ravensburg, Otto Maier Verlag, 1996.

Spielen und Lernen, Freiburg, Family Media Verlag, Heft 8, 1990.

Spohn, Jürgen: Honig, Milch und Knäckebrot, in: sing sang song, Reinbek b. Hamburg, Rowohlt Verlag, 1980.

Stiftung Lesen/Bundesministerium für Familie, Senioren, Frauen und Jugend (Hrsg.): Jugendzeitschriften, Mainz, 2020

Stiftung Lesen/Bundesministerium für Familie, Senioren, Frauen und Jugend (Hrsg.): Lesen ist Familiensache, Mainz, 1995.

Stöcklin-Meier, Susanne/Scharff-Kniemeyer, Marlis: Die Geschichte vom Korb mit den wunderbaren Sachen, in: Kinder brauchen Geheimnisse. Über Zwerge, Engel und andere unsichtbare Freunde, München, Kösel, 1996.

Tietze, Wolfgang/Rossbach, Hans-Günther/Grenner, Katja: Kinder von 4 bis 8 Jahren. Zur Qualität der Erziehung und Bildung in Kindergarten, Grundschule und Familie. Weinheim/Basel: Beltz Verlag 2005.

Trägerkonsortium BISS – Bildung durch Sprache und Schrift (Hrsg.): Handreichung Durchgängige Leseförderung – Überblick, Analysen und Handlungsempfehlungen, April 2016, bzw.: www.biss-sprachbildung.de, 2016, https://www.biss-sprachbildung.de/publikationen/handreichungen/ (pdf) [20.09.2021].

Troll, Thaddäus: Das große Thaddäus-Troll-Lesebuch, Hamburg, Hoffmann und Campe, 1981.

Trott, Magda: Pucki, Stuttgart, Titania-Verlag.

Urlen, Marc: Kinder-Apps, in: https://www.dji.de/ueber-uns/projekte/projekte/digitale-medien-in-der-lebenswelt-von-klein-und-vorschulkindern/datenbank-apps-bewertungskriterien.html [07.09.2021].

Wagner, Petra: Zweisprachige Erziehung in Kindertagesstätten, in: Erziehung: interkulturell, politisch, antirassistisch. Von der interkulturellen zur antirassistischen Erziehung, hrsg. von Helmut Essinger und Ali Uçar, Felsberg, Migro, 1993.

Wien, Karen: Tipps aus der Leseförderungspraxis, Arbeitshilfe Nr. 82, in: Schulbibliothek aktuell, Heft 1, 2000, S. 101–105.

Wieners, Tanja: Wie lebt die Familie denn so in der Kinderliteratur? In: TPS – Theorie und Praxis der Sozialpädagogik, Heft 4, 2000.

Wendt, Irmela: Tik Tak, in: Geh und spiel mit dem Riesen, hrsg. v. Hans Joachim Gelberg, Weinheim, Beltz & Gelberg, 1971.

Wendlandt, Wolfgang: Sprachstörungen im Kindesalter, Thieme Verlag, Stuttgart, 2011.

Wespel, Manfred: Wie wird mein Kind zum Leser? Praktische Tipps und alles Wissenswerte zum Lesenlernen, München, Ars Edition, 1998.

Wolf Steffen: Kinderfilm in Europa, ebook, 2014.

Zoller, Eva: Die kleinen Philosophen, Freiburg, Herder Verlag, 1995.

Nützliche Adressen

Internationale Jugendbibliothek
Schloss Blutenburg
81247 München
Tel. 089 8912 110
E-Mail: info@ijb.de
Internet: www.ijb.de

Deutscher Jugendliteraturpreis
Arbeitskreis für Jugendliteratur e. V.
Steinerstraße 15, Haus B
81369 München
Tel. 089 4580 806
E-Mail info@jugendliteratur.org
Internet: www.jugendliteratur.org

Stiftung Lesen
Römerwall 40
55131 Mainz
Tel. 06131 288 900
E-Mail: Mail@StiftungLesen.de
Internet: www.stiftunglesen.de

Eine Welt der Vielfalt e. V.
Schillerstraße 59
10627 Berlin
Telefon: 030 – 312 10 80
E-Mail: kontakt(@)ewdv-diversity.de
Internet: www.ewdv-diversity.de/

Museumsstiftung Post und Telekommunikation
10117 Berlin
Tel. 030 202 940
E-Mail: museumsstiftung@mspt.de
Internet: www.museumsstiftung.de
Die Museumsstiftung Post und Telekommunikation führt je ein Museum für Kommunikation in Berlin, Frankfurt am Main und Nürnberg sowie das Archiv für Philatelie in Bonn.

Europäische Märchengesellschaft
Nordflügel Kloster/Schloß Bentlage
Bentlager Weg 130
48432 Rheine
Tel. 05971 918 420
E-Mail: info@maerchen-emg.de
Internet: www.maerchen-emg.de/

Arbeitsgemeinschaft Jugendliteratur und Medien der GEW
c/o Ulrich H. Baselau
Osterstr. 30
26409 Wittmund
E-Mail: ulrich.baselau@ajum.de
Internet: www.ajum.de

Bundesverband der Friedrich-Bödecker-Kreise e. V.
Brandenburger Str. 9
39104 Magdeburg
Tel. 0391 2445169
E-Mail: bgf.boedecker@gmail.com
Internet: www.boedecker-kreis.de

Akademie für Leseförderung der Stiftung Lesen an der Gottfried Wilhelm Leibniz Bibliothek
Waterloostr. 8
30169 Hannover
Tel. 0511 1267 308
E-Mail: alf@gwlb.de
Internet: www.alf-hannover.de

Weitere nützliche Internetadressen:

https://www.deutschepost.de/de.html
https://www.blinde-kuh.de/aktuell/kinderzeitungen.html
https://www.situationsansatz.de/fachstelle-kinderwelten/
https://www.bilderimkopf.eu/home/unsere-perspektive/
https://www.meinekinderbücher.de/kriterien

Bildquellenverzeichnis

akg-images GmbH, Berlin: 236.1.

Arena Verlag GmbH, Würzburg: 254.1.

Bastei Lübbe AG, Köln: 253.1.

Brauer & Gregorzewski GbR, vertreten durch Agentur Brauer, München: Ali Mitgutsch 114.1.

Carl Hanser Verlag GmbH & Co. KG, München: Johann Wolfgang Goethe, Hexeneinmaleins, mit Illustrationen von Wolf Erlbruch © 2016 Carl Hanser Verlag GmbH & Co. KG, München 130.1.

Carlsen Verlag GmbH, München: 256.1, 257.1.

Diogenes Verlag AG, Zürich: 126.1.

fotolia.com, New York: 40.1; Alexander Petruk 251.2; Andre 285.1; andrus 231.1; BCDesigns 248.3; bellaniko 200.1; BooHoo 248.2; Buchheim, Jörn 113.1; canicula 228.1; ChantalS 242.1; contrastwerkstatt 11.1; Eléonore H 268.1; FAFANJA 123.1; Fengler, Christiane 251.1; Fotofreundin 159.1, 211.1; Gräf, Stefan 58.1; liusa 249.1; milenaVignali 247.3; natalkaprague 244.1; Nimmervoll, Daniel 59.1; redline1980 247.4; rivertracks 235.1; Shippee, Bruce 145.1; Sinuswelle 82.1; Werkmann, Bertold 71.2; Zakowski, Igor 246.3.

Georg Thieme Verlag KG, Stuttgart: 38.2.

iStockphoto.com, Calgary: FatCamera Titel; Kais Tolmats 80.2.

Kranenberg, Hendrik, Drolshagen: 248.1.

Loewe Verlag GmbH, Bindlach: 166.2; Gotzen-Beek, Betina 169.1.

Orangefluid Gbr, Detmold: 1.1, 1.2, 8.1, 13.1, 15.1, 19.1, 33.1, 60.1, 71.1, 84.1, 85.1, 94.1, 98.1, 99.1, 99.2, 128.1, 132.1, 133.1, 135.1, 146.1, 147.1, 160.1, 165.1, 166.1, 170.1, 178.1, 182.1, 183.1, 185.1, 187.1, 189.1, 194.1, 195.1, 197.1, 197.2, 200.2, 202.1, 226.1, 241.1, 243.1, 243.2, 244.2, 269.1, 277.1, 282.1, 282.2, 287.1, 289.1.

Peter Hammer Verlag GmbH, Wuppertal: 126.2.

Picture-Alliance GmbH, Frankfurt a.M.: Baumgarten, Ulrich 225.1; dpa 49.1, 281.1; dpa/Deck, Uli 137.1; dpa/dpaweb 179.1.

Rowohlt Verlag GmbH, Hamburg: 193.1.

Shutterstock.com, New York: Africa Studio 118.1; BestPhotoStudio 213.1; Molyneux, Ben 233.1; Monkey Business I 136.1; pixelliebe 266.1, 266.2, 266.3, 266.4, 266.5, 266.6, 266.7.

SINA Spielzeug GmbH, Neuhausen: 105.1.

stock.adobe.com, Dublin: AlexF76 110.1; Kuzmina, Oksana 79.1, 79.2, 80.1; Mario 74.1; Monkey Business 38.1; pete pahham 180.1; Pixel-Shot 15.2.

Thienemann-Esslinger Verlag GmbH, München: 196.1.

ullstein bild, Berlin: 21.1; JOKER / Karl-Heinz Hick 222.1; Specialpress 115.1.

Verlag Freies Geistesleben & Urachhaus GmbH, Stuttgart: 83.1, 83.2, 83.3, 83.4, 127.1.

Verlag Friedrich Oetinger GmbH, Hamburg: 167.1, 173.1, 193.2, 196.2, 219.1.

Verlagsgruppe Beltz, Weinheim: 129.1, 142.1, 176.1.

Wetterauer, Oliver, Stuttgart: 37.1, 202.2, 245.1, 245.2, 246.1, 246.2, 247.1, 247.2, 266.8.

© dtv Verlagsgesellschaft mbH & Co. KG, München: 2019 207.1.

© Klett Kinderbuch Verlag GmbH, Leipzig: 198.1.

Stichwortverzeichnis